示范性高等职业教育精品规划教材
旅游与酒店管理专业

旅游礼仪

主　编　金丽娟
副主编　刘　艳　周智杰　刘晓红
参　编　刘晓芬　李远慧　李　艳

天津大学出版社
TIANJIN UNIVERSITY PRESS

内容提要

本书为旅游专业基础教材，以学生未来就业岗位的使用技能培养为宗旨，围绕学生就业岗位的核心能力要求，针对岗位需要整合教学模块，突出技能训练。本书系统而简明地阐述了旅游从业人员个人礼仪、旅游从业人员日常交往礼仪、饭店和旅行社服务礼仪、会展服务礼仪、国际交往礼仪、宗教礼仪、我国部分民族及地区习俗礼仪、我国主要客源国习俗礼仪等内容。

本书涉及面广、实用性强，既可作为高职高专旅游管理类专业学生的教科书，也可作为其他服务性行业、各类培训机构的教材或各类从业人员提高自身礼仪修养的参考用书。

图书在版编目（CIP）数据

旅游礼仪／金丽娟主编．—天津：天津大学出版社，2011.2（2016.7重印）

示范性高等职业教育精品规划教材．旅游与酒店管理专业

ISBN 978-7-5618-3863-1

Ⅰ.①旅… Ⅱ.①金… Ⅲ.①旅游业—礼仪—高等学校：技术学校—教材 Ⅳ.①F590.63

中国版本图书馆CIP数据核字（2011）第022551号

出版发行	天津大学出版社
地　　址	天津市卫津路92号天津大学内（邮编：300072）
电　　话	发行部：022-27403647
网　　址	publish.tju.edu.cn
印　　刷	昌黎太阳红彩色印刷有限责任公司
经　　销	全国各地新华书店
开　　本	185mm×260mm
印　　张	16.25
字　　数	406千
版　　次	2011年2月第1版
印　　次	2016年7月第5次
定　　价	29.00元

丛书编委会名单

前言

Preface

随着旅游业的飞速发展，旅游交往日趋频繁，研究和学习旅游交往礼仪已成为当今社会发展的迫切需要。对于旅游从业人员来说，掌握旅游交往礼仪，不仅是树立旅游企业形象的基础，更是提高旅游接待质量的重要保证，同时对在实践中丰富和发展我国的礼仪文化具有更直接的现实意义。《旅游礼仪》是高职院校旅游及饭店管理专业学生的核心专业课程，为了进一步适应旅游服务工作的需要和旅游业人才培养的要求，在天津大学出版社的组织和帮助下，我们邀请了有关院校多年从事礼仪教学工作的老师编写了本书。

本书根据旅游行业的特点和国际旅游领域的发展趋势，在内容和形式上进行了全面创新，既注重理论知识的阐述，又重视情境实训的设计、学生技能训练的强化以及学生综合实践能力的培养。

本书系统而简明地阐述了旅游从业人员个人礼仪、旅游从业人员日常交往礼仪、饭店和旅行社服务礼仪、会展服务礼仪、国际交往礼仪、宗教礼仪、我国部分民族及地区习俗礼仪、我国主要客源国习俗礼仪等内容。每个学习情境后设计了相关的情境实训练习，要求学生在学习必要的礼仪知识的基础上，重点掌握从事旅游服务工作的基本技能，提高应用能力，以适应现代旅游业发展的需求。

本书由金丽娟任主编，刘艳、周智杰、刘晓红任副主编。具体编写分工为：金丽娟（鄂州职业大学）拟定提纲和负责全书的统稿，同时编写学习情境一、二、九；刘艳（湖北三峡旅游职业技术学院）编写学习情境三；周智杰（湖北省旅游学校）编写学习情境五；刘晓红（武汉航海职业技术学院）编写学习情境八；刘晓芬（湖北省旅游学校）编写学习情境四；李远慧（湖北三峡职业技术学院）编写学习情境六；李艳（黄冈科技职业学院）编写学习情境七。

书中有关饭店的图片由深圳皇廷假日酒店提供，在编写过程中参考并引用了相关文献与资料，在此，谨向皇廷假日酒店和文献与资料编者致以真诚的感谢！由于编者水平有限，书中错误和不足之处在所难免，恳请广大读者批评指正。

金丽娟

2010 年 10 月

目录

Contents

学习情境一
绪　论

学习目标

1. 了解礼仪的起源和发展；
2. 理解礼仪及相关概念的含义；
3. 掌握旅游礼仪的特征与原则；
4. 明确提高自身礼仪修养的途径；
5. 认知并能有意识地培养自己的礼仪素养。

导入案例

文明只在信手之间

2010年10月7日央视一台午间新闻报道：十一“黄金周”期间，黄山景区的垃圾由日常的6~8吨暴涨到了15吨，为了清理这些垃圾，近200名清洁工每天工作10多个小时。记者在黄山分别体验了黄山清洁工最苦、最累、最险的活。

在秀美怡人的黄山之上，有并不和谐的一面，主要表现为某些游客有乱丢乱扔的不文明行为。塑料袋、空矿泉水瓶、方便面盒、用过的面巾纸、水果皮、瓜子皮等随处可见，很多石缝处都有垃圾，在优美的景色中十分碍眼。新闻画面中，一位十多岁的男孩随手将垃圾往远处一扔，坐在石凳上的一中年男子将剥下的鸡蛋壳丢在地上，一对青年男女坐在离垃圾桶大约不到一米处嗑瓜子，瓜子皮扔了一地。记者说：“请赶紧注意一点，你看你坐得这么近就别往地上扔了，好吗?”画面中穿红色衣服的女子这才往垃圾桶旁移动了一下身子。

最难解决的是游客扔在悬崖峭壁上的垃圾，这些形形色色的垃圾，只有靠黄山的“放绳工”冒着危险进行清理。“放绳工”是黄山风景区环卫工人中受过专业登山训练的特殊群体，他们每天都要借助绳索，在黄山的悬崖峭壁间捡拾游客丢下的垃圾，平均每人每天弯腰近万次，一年攀爬的高度相当于15座珠穆朗玛峰。一名女记者在一处不太陡峭的山崖体验了一回，只下降了10米就感到头晕目眩。记者一边拾垃圾一边气喘吁吁地说道：“沿途都设了垃圾桶，为什么不扔到垃圾桶里去呢?”一名“放绳工”在接受记者采访时说：“黄山景区沿途都有垃圾桶，希望游客们不要乱扔垃圾了。”

当然，也有不少游客在吃栗子、剥橘子时，要么将瓜果皮壳集中放进随身携带的塑料袋里，要么攥在手中然后扔到垃圾桶里，大多数人都能保持文明的休闲习惯。

不仅仅是黄山，在我国的很多景区都存在游客乱扔垃圾的现象。景区内均设立了很多垃圾桶，但令人遗憾的是，往往垃圾桶旁的地上、树边乱扔的垃圾最多。手一伸就能把这些垃圾扔在垃圾桶内了，可有人就是偏偏要乱扔在地上。也有的游客在扔垃圾时还是有羞愧感的，所以会把垃圾扔在草丛中、路边不太显眼的地方，可是这些地方往往更难打扫。

景区是供游人放松休闲的地方，景区的秩序也好，卫生也好，要靠大家共同维持，否则，就算清洁工有三头六臂也难以保持黄山等景区美好的一面。保持优美整洁的景区环境需要每一个游客懂得自律，在观赏美景的同时，更要注意自己的行为。每一个游客都要为文明出行、保护环境尽到自己的一份责任。

文明礼仪是中华民族的传统美德，从古至今，源远流长。孔子曰："不学礼无以立。"荀子云："人无礼则不生，事无礼则不成，国无礼则不宁。"对个人来说，礼仪是一个人的思想道德水平、文化修养和交际能力的外在表现；对社会来说，礼仪是一个国家社会文明程度、道德风尚和生活习惯的反映。中华民族素有"礼仪之邦"的美誉，礼仪在中华文化的历史演进过程中，起着积极的推动作用。今天，经济的全球一体化和信息共享的网络化把现代人引领到了一个无限伸展而又不断浓缩的空间，这就是"地球村"。在这个有着60亿居民的村庄里，交往和沟通日益频繁，说服和理解更加重要，其中，作为交往"第一印象"的礼仪就更显得不可或缺。因此礼仪修养不仅是人们必备的基本素质，而且是社会交往、旅游活动和其他各项事业成功的一个重要条件。

任务一　礼仪及其相关概念

一、礼仪的含义

古人云：致福曰礼，成义曰仪。中国古代的"礼"和"仪"实际是两个不同的概念。"礼"是制度、规则和一种社会意识观念；"仪"是"礼"的具体表现形式，它是依据"礼"的规定和内容形成的一套系统而完整的程序。

时至今日，礼仪的含义已随着时代的发展而有了相应的变化。今日的"礼"指的是尊重，即在人际交往中既要尊重自己，也要尊重别人。古人讲"礼者，敬人也"，实际上就是一种待人接物的基本要求；而礼仪的"仪"字，顾名思义，"仪者，仪式也"，即尊重自己和尊重别人的表现形式。

礼仪是指人们在各种社会交往中所形成的，用以美化自身、敬重他人的行为规范和准则。具体表现为礼貌、礼节、仪表、仪式等。

为了更完整、更准确地理解"礼仪"这一概念，可以站在不同的角度上，对礼仪这一概念做不同的表述。

从个人修养的角度来看，礼仪可以说是一个人的内在修养和素质的外在表现。也就是说，修养和素质体现于对礼仪的认知和应用。

从道德的角度来看，礼仪可以被界定为为人处世的行为规范，或标准做法、行为准则。

从交际的角度来看，礼仪可以说是人际交往中适用的一种交际方式或交际方法，也可以说是一种艺术。

从民俗的角度来看，礼仪既可以说是人际交往中必须遵守的律己敬人的习惯形式，也可以说是人际交往中约定俗成的对人尊重、友好的习惯做法。简而言之，礼仪是待人接物的一种惯例。

从传播的角度来看，礼仪可以说是一种在人际交往中进行相互沟通的技巧。

从审美的角度来看，礼仪可以说是一种形式美，它是人的心灵美的必然的外化。

了解上述各种对礼仪的解释，可以进一步加深对礼仪的理解，并且更为准确地对礼仪进行把握。

二、礼、礼貌、礼节、礼仪

1. 礼

礼的本意为敬神，后引申为表示敬意的通称。礼的含义比较丰富，它既可以指为表示敬意和隆重而举行的仪式，也可以泛指社会交往中的礼貌和礼节，是人们在长期的生活实践中约定俗成、共同认可的行为规范。它还特指奴隶社会、封建社会等级森严的社会规范和道德规范。在《中国礼仪大辞典》中，“礼”定义为：特定的民族、人群或国家基于客观历史传统而形成的价值观念、道德规范以及与之相适应的典章制度和行为方式。

礼的本质是“诚”，有敬重、友好、谦恭、关心、体贴之意。

礼是人际间乃至国际交往中，相互表示尊重、亲善和友好的行为。

2. 礼貌

礼貌，是人们在交往过程中相互表示敬意和友好的行为准则和精神风貌，是一个人在待人接物时的外在表现。它通过仪表及言谈举止来表示对交往对象的尊重，侧重于表现人的品质与素养，反映了时代的风尚与道德水准，体现了人们的文化层次和文明程度。

3. 礼节

礼节，是指人们在日常生活中，特别是在交际场合中，相互表示问候、致意、祝愿、慰问以及给予必要的协助与照料的惯用形式。礼节是礼貌的具体表现，具有形式化的特点，主要指日常生活中的个体礼貌行为。

4. 礼仪

礼仪包括“礼”和“仪”两部分。“礼”，即礼貌、礼节；“仪”，即仪容、仪表、仪态、仪式，是对礼节、仪式的统称。

5. 礼、礼貌、礼节、礼仪之间的关系

礼是一种社会道德规范，是人们社会交际中的行为准则。礼、礼貌、礼节、礼仪都属于礼的范畴，礼貌是表示尊重的言行规范，礼节是表示尊重的惯用形式和具体要求，礼仪是由一系列具体表示礼貌的礼节所构成的完整过程。礼貌、礼节、礼仪三者尽管名称不同，但都是人们在相互交往中表示尊敬、友好的行为，其本质都是尊重人、关心人，三者相辅相成，密不可分。有礼貌而不懂礼节，往往容易失礼；谙熟礼节却流于形式，充其量只是客套。礼貌是礼仪的基础，礼节是礼仪的基本组成部分。礼是仪的本质，而仪则是礼的外在表现。礼仪在层次上要高于礼貌和礼节，其内涵更深、更广，是由一系列具体的礼貌和礼节构成的；礼节只是一种具体的做法，而礼仪则是一个表示礼貌的系统、完整的过程。

三、仪表、仪态、仪式

1. 仪表

仪表，是指人的外表，包括容貌、姿态、风度、服饰和个人卫生等，是礼仪的重要组成部分。莎士比亚曾说过："一个人即使他默默无语，从他的着装也可以了解到他的过去。"

人的仪表美包括容貌美、形体美和在前两者基础上通过装束打扮而取得的修饰美。仪表之美当然首先是个人所好，但也表现了对他人、对社会的尊重与否，同时还反映出民族的习俗和社会的风尚。同时，一个人的仪表，还表现了他的经历、精神状态和文明程度。如果某人不修边幅、衣冠不整，那么别人便很自然地将他与缺乏教养、不拘小节、不稳重联系起来。

2. 仪态

仪态，指的是人的姿势、举止和动作。不同国家、不同民族以及不同的社会历史背景，对不同阶层、不同群体的仪态都有不同标准或不同要求。仪态美是指人的仪表、举止、姿态所显现出的美，是人类把自身作为审美对象进行自我观照的结果，也是人类按照美的规律实现自身外在改造的结果。

3. 仪式

仪式，是礼的秩序形式，即为表示敬意或隆重而在一定场合举行的、具有专门程序的规范化的活动，如签字仪式、剪彩仪式、开幕式等。

任务二　礼仪的起源与发展

中国是世界公认的文明古国之一，也是人类文明的发源地之一。中国自古以来都崇尚礼仪，素有"礼仪之邦"的美称。礼仪的起源，可以追溯到久远的过去。应当说，中华民族的历史掀开第一页的时候，礼仪就伴随着人的活动，伴随着原始宗教而产生了。礼仪制度正是为处理人与神、人与鬼、人与人的三大关系而制定出来的。中国古代有"五礼"之说，祭祀之事为吉礼，冠婚之事为嘉礼，客人之事为宾礼，军旅之事为军礼，丧葬之事为凶礼。民俗界认为礼仪包括生、冠、婚、丧四种人生礼仪。

一、中国礼仪的起源

中国上下五千年，从西周视礼为"国之大柄"到现在的"八荣八耻"；从荀子的"国无礼而不宁"到今天的精神文明建设，礼仪一直是传统文化的核心。

古人有言："中国有礼仪之大，故称夏；有服章之美，故称华。"古代华夏民族正是因丰富的礼仪文化而受到周边其他民族的赞誉。几千年来，中国创造了灿烂的文化，形成了高尚的道德准则、完整的礼仪规范，中国人也以其彬彬有礼的风貌而著称于世。礼仪文明作为中国传统文化的一个重要组成部分，对中国社会历史的发展有着广泛深远的影响，其内容十分丰富。礼仪究竟何时何故而起？自古以来，人们作过种种探讨，归纳起来，以下两种说法得到了学术界更多的认可。

1. “礼”产生于人的自然本性

从理论上说，“礼”的产生，是人类为了协调主客观矛盾的需要。从历史唯物主义的观点来看，“礼”属于上层建筑，是与社会经济基础相适应的。作为一种文化现象，它最早产生于人与人的交往之中。在原始社会时期，人类为了生存和发展，必须与大自然抗争，不得不以群居的形式相互依存，人类的群居性使得人与人之间相互依赖又相互制约。人们在共同的采集、狩猎、饮食生活中所形成的习惯性语言、动作，构成了“礼”的最初萌芽。

在群体生活中，男女有别，老少有异，这既是一种天然的人伦秩序，又是一种需要被所有成员共同认定、保证和维护的社会秩序。那时的人们，常常有意无意地用一些象征性动作来表示他们的意向、感情。这些动作，有的后来成为社会生活的习惯，并常常被用作维护社会秩序、巩固社会组织和加强部落之间联系的手段。因此，人们逐步积累和自然约定出一系列“人伦秩序”，这就是最初的“礼”。

2. “仪”产生于原始的祭祀活动

从具体的仪式上看，“仪”产生于原始宗教的祭祀活动。现代人类学、考古学的研究成果表明，“仪”起源于人类最原始的两大信仰：一是天地信仰，二是祖先信仰。从“禮”字的造字结构可以看出，“禮”的本意是敬奉神明的。“禮”字左边是“示”字旁，为祭祀的容器；右边加上一个“豊”字，这是有历史根源的。在原始社会，生产力极其低下，人类尚处于愚昧无知的状态，对于千变万化的自然现象，如日月、星辰、山川、河流、风雨、雷电等无法解释，于是把自然的力量神秘化、人格化，按照人的形象想象出各种神灵作为崇拜的偶像。他们猜想，照耀大地的太阳是太阳神，催生万物的风是风神，喜怒无常的河是河神……他们敬畏“天神”，崇拜“天神”，原始崇拜便由此而生。

随着人类对自然与社会各种关系认识的逐步深入，仅以祭祀天地、鬼神、祖先为礼，已经不能满足人类日益发展的精神需要和调节日益复杂的现实关系。于是，人们将事神致福活动中的一系列行为，从内容和形式扩展到了各种人际交往活动，从最初的祭祀之礼扩展到了社会各个领域的各种各样的礼仪。

二、中国礼仪的发展

在漫长的历史沿革和岁月洗礼中，礼仪经历了一个从无到有，从低级到高级，从零散到完整的渐进过程。追根溯源，礼仪的发展史大致可以分为以下几个阶段。

1. 礼仪的萌芽时期（公元前5万年—公元前1万年）

礼仪起源于原始社会时期，在长达100多万年的原始社会历史中，人类逐渐开化。在原始社会中、晚期出现了早期礼仪的萌芽。例如，生活在距今约1.8万年前的北京周口店山顶洞人，就已经知道打扮自己。他们用穿孔的兽齿、石珠作为装饰品，挂在脖子上。他们还在去世的族人身旁撒放赤铁矿粉，举行原始的宗教仪式，这是迄今为止在中国发现的最早的葬仪。

原始社会的礼仪较为简单和虔诚，且不具阶级性。内容包括：明确血缘关系的婚嫁礼仪，区别部族内部尊卑等级的礼制，为祭天敬神而确定的一些祭典仪式以及一些在人们的相互交往中表示礼节和表示恭敬的动作。

2. 礼仪的草创时期（公元前1万年—公元前22世纪）

公元前1万年左右，人类进入了新石器时期，不仅能制作精细的磨光石器，而且开始从事农耕和畜牧。在其后数千年岁月里，原始礼仪渐具雏形。例如，在今西安附近的半坡遗址中，发现了生活距今约5 000年前的半坡村人的公共墓地。墓地中坑位排列有序，死者的身份有所区别，有带殉葬品的仰身葬，还有无殉葬品的俯身葬等。此外，仰韶文化时期的其他遗址及有关资料表明，当时人们已经注意尊卑有序、男女有别。长辈坐上席，晚辈坐下席；男子坐左边，女子坐右边等礼仪日趋明确。

3. 礼仪的形成时期（公元前21世纪—公元前771年）

公元前21世纪至公元前771年，中国由金石并用时代进入青铜时代。金属器的使用使农业、畜牧业、手工业生产跃上一个新台阶。随着生活水平的提高，社会财富除消费外有了剩余，并逐渐集中在少数人手里，因而出现了阶级对立，原始社会由此解体。

公元前21世纪至公元前15世纪的夏代，中国开始从原始社会末期向早期奴隶社会过渡。在此期间，尊神活动日渐升温。

人类进入奴隶社会，统治阶级为了巩固自己的统治地位，把原始的宗教礼仪发展成符合奴隶社会政治需要的礼制，“礼”被打上了阶级的烙印。

以殷墟为中心展开活动的殷人，在公元前14世纪至公元前11世纪活跃在华夏大地。他们建造了中国第一个古都——地处现河南安阳的殷都，而他们在婚礼习俗上的建树，被其尊神、信鬼的狂热所掩盖。

推翻殷王朝并取而代之的周朝，对礼仪建树颇多。特别是周武王的兄弟、辅佐周成王的周公，对周代礼制的确立起了重要作用。他制礼作乐，将人们的行为举止、心理情操等全部纳入一个尊卑有序的模式之中。在这个阶段，中国第一次形成了比较完整的礼仪制度。如“五礼”就是一整套涉及社会生活各方面的礼仪规范和行为标准。古代的礼制典籍亦多撰修于这一时期，如周代的《周礼》、《仪礼》、《礼记》就是我国最早的礼仪学专著，它们被后世合称为“三礼”或“礼学三著作”。“三礼”的出现，标志着“周礼”已达到了系统、完备的阶段，礼仪的内涵也由单纯祭祀天地、鬼神、祖先的形式，跨入了全面制约人们行为的领域。而周公提出的所谓“礼仪三百”、“威仪三千”，则更是将“礼”推崇到了高于一切的地步。

知识拓展

《周礼》（又名《周官》），本为一官职表，后经整理成为讲述周朝典章制度的书。《周礼》原有6篇，详细介绍了六类官名及其职权，现存5篇，第六篇用《考工记》弥补。六官分别称为天官、地官、春官、夏官、秋官、冬官。其中，天官主管宫事、财物等；地官主管教育、市政等；春官主管五礼、乐舞等；夏官主管军旅、边防等；秋官主管刑法、外交等；冬官主管土木建筑等。

春官主管的五礼即吉礼、凶礼、宾礼、军礼、嘉礼，是周朝礼仪制度的重要方面。吉礼，指祭祀的典礼；凶礼，主要指丧葬礼仪；宾礼，指诸侯对天子的朝觐及诸侯之间的会盟等礼节；军礼，主要包括阅兵、出师等仪式；嘉礼，包括冠礼、婚礼、饮食礼等。由此可见，许多基本礼仪在商末周初已基本形成。此外，成书于商周之际的《易经》和在周代大体定型的《诗经》，也有一些涉及礼仪的内容。

在西周，青铜礼器是个人身份的象征。礼器的多寡代表身份地位的高低，形制的大小显示权力的等级。当时，贵族佩带成组饰玉为风气；而相见礼和婚礼（包括纳采、问名、纳吉、纳征、请期、亲迎等“六礼”）也成为定式，流行于民间；此外，尊老爱幼等礼仪，也已明显确立。

4. 礼仪的发展、变革时期（公元前770年—公元前221年）

西周末期，王室衰微，诸侯纷起争霸。公元前770年，周平王东迁洛邑，史称东周。承继西周的东周王朝已无力全面恪守传统礼制，出现了所谓“礼崩乐坏”的局面。

春秋战国时期是我国奴隶社会向封建社会转型的时期。这一时期，学术界形成了百家争鸣的局面，在此期间，以孔子、孟子、荀子为代表的诸子百家对礼教进行了研究和发展，对礼仪的起源、本质和功能进行了系统阐述，第一次在理论上全面而深刻地论述了社会等级秩序划分及其意义。

知识拓展

孔子，中国古代大思想家、大教育家。他对礼仪非常重视，把“礼”看成是修身、齐家、治国、平天下的基础。他首开私人讲学之风，打破了贵族垄断教育的局面。他删《诗》、《书》，定《礼》、《乐》，赞《周易》，修《春秋》，为历史文化的整理和保存做出了重要贡献。他编订的《仪礼》，详细记录了战国以前贵族生活的各种礼节仪式。孔子认为，“不学礼，无以立”（《论语·季氏篇》），“质胜文则野，文胜质则史。文质彬彬，然后君子”（《论语·雍也》）。他要求人们用道德规范约束自己的行为，要做到“非礼勿视，非礼勿听，非礼勿言，非礼勿动”（《论语·颜渊》）。他倡导“仁者爱人”，强调人与人之间要有同情心，要互相关心，彼此尊重。总之，孔子较系统地阐述了“礼”及礼仪的本质与功能，把礼仪理论提高到了一个新的高度。

孟子，是战国时期儒家主要代表人物。他说：“礼之用，和为贵。”他把礼解释为对尊长和客人严肃而有礼貌，即“恭敬之心，礼也”，并把“礼”看做是人的善性的发端之一。在政治思想上，孟子把孔子的“仁学”思想加以发展，提出了“王道”、“仁政”的学说和“民贵君轻”说，主张“以德服人”。在道德修养方面，他主张“舍生而取义”。（《孟子·告子上》），讲究“修身”和培养“浩然之气”等。

荀子，是战国末期的大思想家。他把“礼”作为人生哲学思想的核心，看做是做人的根本目的和最高理想。“礼者，人道之极也”。他认为“礼”既是目标、理想，又是行为过程。他主张“隆礼”、“重法”，提倡礼法并重。他说：“礼者，贵贱有等，长幼有差，贫富轻重皆有称者也。”（《荀子·富国》）荀子指出：“礼之于正国家也，如权衡之于轻重也，如绳墨之于曲直也。故人无礼不生，事无礼不成，国家无礼不宁。”（《荀子·大略》）荀子还提出，不仅要有礼治，还要有法治。只有尊崇“礼”，法制完备，国家才能安宁。荀子重视客观环境对人性的影响，倡导学而至善。

5. 礼仪的强化时期（公元前221年—公元1796年）

在我国长达2 000多年的封建社会里，尽管在不同的朝代礼仪文化具有不同的政治、经济、文化特征，但却有一个共同点，就是一直为统治阶级所利用，是维护封建社会等级秩序的工具。

公元前221年，秦王嬴政最终吞并六国，统一中国，建立起中国历史上第一个中央集权的封建王朝。

西汉初期，叔孙通协助汉高帝刘邦制定了朝礼之仪，突出发展了礼的仪式和礼节。西汉思想家董仲舒将封建专制制度的理论系统化，提出“唯天子受命于天，天下受命于天子”的“天人感应”之说，把儒家礼仪具体概括为“三纲五常”。

知识拓展

“三纲五常”

“三纲”和“五常”这两个词，来源于西汉董仲舒的《春秋繁露》一书；但作为一种道德原则、规范的内容，它源于先秦时代的孔子。孔子曾提出了君君臣臣、父父子子和仁义礼智信等伦理道德观念。孟子进而提出“父子有亲，君臣有义，夫妇有别，长幼有序，朋友有信”的“五伦”道德规范。董仲舒按照他的大道“贵阳而贱阴”的阳尊阴卑理论，对五伦观念做了进一步的解释，提出了三纲原理和五常之道。

三纲是指君为臣纲，父为子纲，夫为妻纲。它要求为臣、为子、为妻必须绝对服从于君、父、夫，同时也要求君、父、夫为臣、子、妻做出表率，反映了封建社会中君臣、父子、夫妇之间的一种特殊的道德关系。

五常即仁、义、礼、智、信，是用以调整、规范君臣、父子、夫妇、兄弟、朋友等人伦关系的行为准则。

董仲舒认为，在人伦关系中，君臣、父子、夫妇三种关系是最主要的，而这三种关系存在着天定的、永恒不变的主从关系：君为主、臣为从；父为主，子为从；夫为主，妻为从。三纲皆取于阴阳之道，具体地说，君、父、夫体现了天的“阳”面，臣、子、妻体现了天的“阴”面；阳永远处于主宰、尊贵的地位，阴永远处于服从、卑贱的地位。董仲舒还认为，仁、义、礼、智、信五常之道则是处理君臣、父子、夫妻、上下尊卑关系的基本法则，治国者应该给予足够的重视。

汉代时，《礼记》问世。《礼记》堪称集上古礼仪之大成，上承奴隶社会、下启封建社会的礼仪汇集，是封建时代礼仪的主要源泉。

盛唐时期，《礼记》由“记”上升为“经”，成为“礼经”三书之一。

宋代将封建礼仪推向了一个新的高峰，出现了以儒家思想为基础，兼容道学、佛学思想的理学，程颐兄弟和朱熹为其主要代表。“二程”认为，自然界天地万物无不体现天理，“理”是天下万物都要遵循的普遍原则，是永恒存在的；“理”不仅是自然的，也是社会的最高原则，而人性的本质就是天理的体现。

朱熹继承了“二程”的“理”，强调天地万物的对立与差别，认为这种对立与差别是不能改变的，即使山河大地都陷了，“理”仍将存在。他进一步指出，“仁莫大于父子，义莫大于君臣，是谓三纲之要，五常之本。人伦天理之至，无所逃于天地间”。

“家礼”的兴盛是宋代礼仪发展的另一个特点。道德和行为规范是这一时期封建礼教强调的中心，“三从四德”成为这一时期妇女的道德礼仪标准。

明代时，交友之礼更加完善，而忠、孝、节、义等礼仪日趋繁多。这一时期礼仪的重要特点是尊君抑臣、尊夫抑妇、尊父抑子、尊神抑人。在漫长的历史演变过程中，它逐渐成为妨碍人类个性自由发展、阻挠人类平等交往、窒息思想自由的精神枷锁。

纵观封建社会的礼仪，内容大致有涉及国家政治的礼制和家庭伦理两类。这一时期的礼仪是构成中华传统礼仪的主体。

知识拓展

“三从四德”

“三从四德”是为适应父权制家庭稳定和维护父权、夫权家族利益需要，根据“内外有别”、“男尊女卑”的原则，由儒家礼教对妇女的一生在道德、行为、修养方面进行的规范要求。

“三从”，即未嫁从父，既嫁从夫，夫死从子。引申为作为女儿、妻妇和母亲的妇女应对男性服从。

“四德”是指：德、言、容、功。即妇女的一切言行要符合忠、孝、节、义。“妇德”，就是说女子第一要紧是品德，能正身立本；“妇言”，即妇女说话要小心谨慎，与人交谈要会随意附义，能理解别人所言，并知道自己该言与不该言的语句；“妇容”，即女子容貌打扮要端庄稳重持礼，不要轻浮随便；“妇功”，即出嫁女要把侍奉公婆和丈夫当做最重要的事情来做。按照当时封建统治阶级的设想，只要人人在家尽“孝”，在社会尽“忠”，每个妇女对丈夫尽“节”，那么社会和谐相处，封建统治自然就长治久安了。

6. 礼仪的衰落时期（公元 1796—1911 年）

元、明、清三代，封建制度越来越走向集权专制，传统礼仪也随之暴露出专制、残暴、繁冗、僵化的一面，封建礼仪开始走向衰落。元朝蒙古人一统天下，大量的游牧民族风俗习惯对中原传统礼仪造成了很大的冲击。清政府在满族的统治下，导致一些礼仪显得虚浮、烦琐。例如，清代的品官相见礼，当品级低者向品级高者行拜礼时，动辄一跪三叩，重则三跪九叩。清代后期，清王朝政权腐败，民不聊生，古代礼仪盛极而衰。而伴随着西学东渐，一些西方礼仪传入中国，中国传统礼仪一统天下的局面不复存在，礼仪开始走向新生。

7. 现代礼仪时期（公元 1911—1949 年，民国时期）

1911 年末，清王朝土崩瓦解，当时远在美国的孙中山先生火速赶回祖国，于 1912 年 1 月 1 日在南京就任中华民国临时大总统。受西方资产阶级自由、平等、民主、博爱等思想的影响，中国的传统礼仪规范、制度受到强烈冲击。孙中山先生和战友们破旧立新，用民权代替君权，用自由、平等取代宗法等级制；普及教育，废除祭孔读经；改易陋俗，剪辫子、禁缠足等。五四新文化运动对腐朽、落后的礼教进行了清算，符合时代要求的礼仪被继承、完善、流传，那些繁文缛节逐渐被抛弃，同时接受了一些国际上通用的礼仪形式。新的礼仪标准、价值观念得到推广和传播，从而正式拉开现代礼仪的帷幕。

民国期间，由西方传入中国的握手礼开始流行于上层社会，后逐渐普及民间。20 世纪 30—40 年代，中国共产党领导的苏区、解放区，重视文化教育事业及移风易俗，进而谱写了现代礼仪的新篇章。

8. 当代礼仪时期（1949 年至今）

新中国成立后，以平等相处、友好往来、相互帮助、团结友爱为主要原则的新型社会关系和人际关系逐渐确立。改革开放以来，随着中国与世界的交往日趋频繁，西方一些先进的礼仪、礼节陆续传入中国，同中国的传统礼仪一道融入社会生活的各个方面，构成了社会主义礼仪的基本框架。

当代中国的礼仪发展大致可以分为三个阶段。

（1）礼仪革新阶段（1949—1966 年）

1949 年至 1966 年，是中国当代礼仪发展史上的革新阶段。此间，摒弃了昔日束缚人们的“神权天命”、“愚忠愚孝”以及严重束缚妇女的“三从四德”等封建礼教，确立了同志式的合作互助关系和男女平等的新型社会关系，而尊老爱幼、讲究信义、以诚待人、先人后己、礼尚往来等中国传统礼仪中的精华，得到继承和发扬。

（2）礼仪退化阶段（1966—1976 年）

1966 年至 1976 年，中国进行了“文化大革命”。十年动乱使国家遭受了难以弥补的严重损失，也给礼仪文化带来一场“浩劫”。许多优良的传统礼仪被当做“封资修”扫进垃圾堆。礼仪受到摧残，社会风气逆转。

（3）礼仪复兴阶段（1977 年至今）

1978 年党的十一届三中全会以来，改革开放的春风吹遍了祖国大地，中国的礼仪建设进入新的全面复兴时期。从推行文明礼貌用语到积极树立行业新风，从开展“18 岁成人仪式教育活动”到制定市民文明公约，各行各业的礼仪规范纷纷出台，岗位培训、礼仪教育日趋红火，人们学习礼仪知识的热情空前高涨。讲文明、讲礼貌蔚然成风。《公共关系报》、《现代交际》等一批涉及礼仪的报刊应运而出。《中国应用礼仪大全》、《称谓大辞典》、《外国习俗与礼仪》等介绍、研究礼仪的图书、辞典和教材不断问世。广阔的华夏大地上再度兴起礼仪文化热，许多礼仪从内容到形式都在不断变革，具有优良文化传统的中华民族掀起了精神文明建设的新高潮。

三、西方礼仪发展概要

在西方，礼仪一词最早见于法语的“Etiquette”，原意为“法庭上的通行证”。但它一进入英文后，就有了礼仪的含义，意为“人际交往的通行证”。西方的文明史，同样在很大程度上表现着人类对礼仪追求及其演进的历史。人类为了维持与发展血缘亲情以外的各种人际关系，避免“格斗”或“战争”，逐步形成了各种与“格斗”、“战争”相对的动态礼仪。例如，为了表示自己的友好与尊重，愿在对方面前“丢盔卸甲”，于是创造了脱帽礼等。

从古希腊到当代，西方文坛巨匠、学界泰斗对礼仪都做过许多精彩的论述。例如，毕达哥拉斯率先提出了“美德即是一种和谐与秩序”的观点。苏格拉底认为，哲学的任务不在于谈天说地，而在于认识人的内心世界，培植人的道德观念。他不仅教导人们要待人以礼，而且在生活中身体力行，为人师表。柏拉图强调教育的重要性，指出理想的四大道德目标：智慧、勇敢、节制、公正。亚里士多德指出，德行就是公正。他说：“人类由于志趣善良而有所成就，成为最优良的动物，如果不讲礼法、违背正义，他就堕落为最恶劣的动物。”（亚里士多德：《政治学》）

公元1世纪末至公元5世纪是罗马帝国统治西欧时期。此间，教育理论家昆体良撰写了《雄辩术原理》一书。书中论及罗马帝国的教育情况，认为一个人的道德、礼仪教育应从幼儿期开始。而诗人奥维德通过诗作《爱的艺术》，告诫青年朋友不要贪杯，用餐不可狼吞虎咽。

公元476年，西罗马帝国灭亡，欧洲开始封建化过程。12世纪至17世纪，是欧洲封建社会鼎盛时期。中世纪欧洲形成的封建等级制，以土地关系为纽带，将封建主与附庸联系在一起。此间，制定了严格而烦琐的贵族礼仪、宫廷礼仪等。例如，于12世纪写定的冰岛诗集《埃达》，详尽地叙述了当时用餐的规矩，内容有嘉宾贵客居上座、举杯祝酒有讲究等。

14世纪至16世纪，欧洲进入文艺复兴时代，从上层社会对遵循礼节的烦琐要求到20世纪中期对优美举止的赞赏，一直到适应社会平等关系的比较简单的礼仪规则，欧美的礼仪有了新的发展。该时期出版的涉及礼仪的名著有：意大利作家加斯梯良编著的《朝臣》，论述了从政的成功之道和礼仪规范及其重要性；尼德兰人文主义者伊拉斯谟撰写的《礼貌》，着重论述了个人礼仪和进餐礼仪等，提醒人们讲究道德、清洁卫生和外表美。英国哲学家弗兰西斯·培根（公元1561—1626年）指出：“一个人若有好的仪容，那对他的名声大有裨益，并且，正如女王伊丽莎白所说，那就‘好像一封永久的推荐书一样’。”（《培根论说文集·论礼节与仪容》）

英国政治家切斯特菲尔德勋爵在其名著《教子书》中指出：“世间最低微、最贫穷的人都期待从一个绅士身上看到良好的教养，他们有此权利，因为他们在本性上是和你相等的，并不因为教育和财富的缘故而比你低劣。同他们说话时，要非常谦虚、温和，否则，他们会以为你骄傲，而憎恨你。”

西方现代学者编撰、出版了不少礼仪书籍，其中比较著名的有：法国学者让·赛尔著的《西方礼节与习俗》，英国学者埃尔西·伯奇·唐纳德编的《现代西方礼仪》，德国作家卡尔·斯莫卡尔著的《请注意您的风度》，美国礼仪专家伊丽莎白·波斯特编的《西方礼仪集萃》以及美国教育家卡耐基编撰的《成功之路丛书》等。

任务三　旅游礼仪的特征、作用与原则

旅游礼仪是在旅游接待服务过程中，对旅游者表示尊重和友好的一系列行为规范，是礼仪在旅游接待服务过程中的具体运用。旅游礼仪以礼仪为基础和内容，具有以下特征、作用和基本原则。

一、旅游礼仪的特征

旅游礼仪作为一种旅游行业交往规范，与其他社会规范相比，具有以下特征。

1. 广泛性

现代旅游业包含行、吃、住、游、购、娱六大环节，是综合性强、跨度大的服务性行业，其接待与服务工作涵盖面广。旅游业的六大环节都需要按照一定的礼仪规范做好服务与接待工作，旅游礼仪贯穿整个旅游活动的全过程，任何一个环节工作出现差错，都会影响旅游业的整体形象。因此，只有提高全行业的礼仪素养，每个环节都严格按照旅游礼仪的各种规范接待客人，并注意各行业（部门）间的协调与衔接，才能适应旅游者的消费需求。

2. 实用性

旅游礼仪直接服务于旅游行业，是礼仪在旅游活动中的具体应用，具有很强的实用性和针对性。不同的旅游服务门类，各有其特点，接待程序、操作规范也不相同。因此，不同的服务门类、不同的部门甚至不同的岗位，都有自己针对性很强的礼仪规范。例如，饭店、旅行社都有自己一整套礼仪规范；在旅游交通服务方面，飞机、火车、轮船和汽车的接待服务礼仪也各有区别。

3. 共同性

旅游礼仪的共同性是指它的一些规范要求，是人们在旅游接待过程中应该共同遵守的。尽管旅游业涉及的“六大要素”有接待程序和接待规范上的差异，但都是在旅游接待活动中调节客人与业者之间相互关系的行为规范，礼仪基本内涵是一致的。宾客至上、把尊贵让给客人应该是旅游行业各个部门共同的行为准则，是旅游行业全体成员应该共同遵守的人际和社交的准则。

4. 灵活性

旅游礼仪的规范是具体的，但不是死板的教条，是灵活的、可变的。旅游工作者应该在不同的场合下，根据交往对象的不同特点，灵活地处理各种情况。同时旅游工作者要特别注意了解来自不同国家、地区、民族的旅游者在文化背景、风俗习惯上的差异，充分尊重他们的礼俗禁忌，更加体贴周到地接待好每一位客人。

二、旅游礼仪的作用

礼仪一直是传统文化的核心，古人云，“礼义廉耻，国之四维”，将礼仪列为立国的精神要素之本。在旅游工作中，遵守礼仪，应用礼仪，有利于提高企业服务质量、服务水平，树立良好的形象，加强对客关系。旅游礼仪的作用主要体现在以下几个方面。

1. 有利于塑造自我形象

在旅游工作中讲究礼仪，可以充分展示旅游从业人员良好的教养与优雅的风度，可以更好地向交往对象表示尊重、友好和诚意。讲究礼仪，遵守礼仪规范也能帮助人们修身养性，完善自我，不断提高个人道德修养。

2. 有助于树立企业形象

旅游工作者是旅游企业的代表，他们的个人形象代表着企业的形象，代表地方和国家形象。因此，从旅游企业的角度来说，无论是领导还是员工，都应该有强烈的形象意识。旅游企业可以通过规范周到的服务来塑造企业的整体形象，提高企业的信誉和竞争力。从礼仪角度来说，任何组织内的个人，都应重视礼仪的学习，自觉掌握礼仪的常识，塑造良好的组织形象。

3. 有利于促进旅游活动的顺利进行

在市场经济条件下，旅游企业的竞争就是服务的竞争。怎样把客户服务放在首位，最大限度为客户提供规范化、人性化的服务，以满足客户需求，是现代旅游企业面临的最大挑战。所以，现代旅游企业必须在服务上下功夫，才能在同行业中获得持续、较强的竞争力。对于旅游工作者来说，懂得服务礼仪规范、具有热情周到的态度，有助于增强团体凝聚力和团队精神，从而使旅游活动顺利进行。

案例解读

做文明有礼的中国人

为大力开展文明礼仪宣传实践活动，提高公民文明素质和社会文明程度，为成功举办上海世博会、广州亚运会、喜迎国庆61周年营造文明和谐的浓厚氛围，中央文明办等部门联合组织开展了“文明观世博、热情迎亚运、和谐迎国庆——做文明有礼的中国人”网上签名寄语活动。

活动由中央文明办、全国总工会、共青团中央、全国妇联、光明日报社主办，中国文明网、中国网络电视台承办，人民网、新华网、中国网、光明网、中工网、中青网、中国妇女网协办。

活动于2010年8月8日正式启动，提倡人们自觉做到“六个文明有礼”：言谈举止文明有礼、公共场合文明有礼、邻里相处文明有礼、行路驾车文明有礼、旅游观光文明有礼、网上交流文明有礼。

这项活动是深入推进全国范围“讲文明树新风”活动，弘扬北京“人文奥运”成果，促进公民文明素质和社会文明程度不断提高的重要举措，为成功举办上海世博会和广州亚运会、迎接新中国成立61周年营造了良好的氛围。

活动以“做文明有礼的中国人”为主题，引导人们说文明话，做文明事，当文明人，为文明中国、礼仪之邦增光添彩。活动对提高公民文明素质和社会文明程度将会产生有力的推动作用。

三、旅游礼仪的原则

1. 真诚平等原则

有位名人曾说过，人与人相交贵在交心，人与人相知贵在知品，人与人相敬贵在敬德。真诚向来是为人称道的美德，是真心真意的友善表现，是实事求是的客观态度。平等指的是人格的平等和礼仪活动中各方所执之礼的大体相当。平等既是人的尊严的平等，也是礼仪规则的相对应表现。无论双方的身份、背景、民族等有何种不同和差异，在旅游接待中，双方都要有一个平等的态度。要尽可能保证双方处在平等的人格、国格水平，做到不卑不亢，这样才能保证旅游接待工作的顺利进行。

2. 尊重守时原则

礼仪的各种规范是人们在旅游接待工作中应该遵循的礼仪原则和方法，应自觉、自愿地遵守并以其规范指导自己的言谈举止。现代旅游业强调“宾客至上”，要求把客人放在首位，一切为客人着想，主动热情地满足客人的各种合理需求和愿望。而在客人所有的需求和愿望中，求尊重的需求是最强烈和最敏感的，同时也是正常的、合理的和起码的要求，是客人的权利。尊重还包括对所有客人都应一视同仁，在这一点上决不能厚此薄彼。具体运用礼仪时，可以因人而异，根据不同的交往对象，采取不同的礼仪形式，但是在对客人表示恭敬和尊重的态度上一定要一视同仁。旅游接待岗位的不同从业人员还应做到遵守时间。

3. 热情有度原则

能否积极主动解决客人的各种要求、满足客人的各种心理需求，是衡量旅游服务质量的一个重要标准，因此旅游活动中的礼仪行为应该是积极主动的。但现代礼仪强调人际交往与沟通一定要把握适度性，注意社交距离，控制感情尺度，应牢记过犹不及的道理。要特别注意在不同情况下，礼仪程度、礼仪方式的区别，坚持因时、因地、因人的合宜原则。《菜根谭》中有这样一句话：“花看半开，酒饮微醉，此中大有佳趣，若至烂漫酕醄，则成恶境矣。履盈满者宜思之。”在哲学上，“度”指的是一定事物保持自己的质的数量界限，超过这个界限，就要引起质的变化。在旅游交往中感情的表达也要适度，这就是：待人既应彬彬有礼，又不低三下四；既要殷勤接待，又不失庄重；既要热情大方，又不轻浮谄谀。要注意维护自我和国家的形象。

4. 理解宽容原则

礼仪的宽容原则是指不过分计较对方礼仪上的差错过失。在旅游服务运用礼仪时，既要严于律己，更要宽以待人，要多理解他人、体谅他人，切不可求全责备、斤斤计较，甚至咄咄逼人。面对客人提出的过分的甚至是失礼的要求，工作人员应冷静而耐心地解释，不要穷追不放，把客人逼至窘境，否则会使客人产生逆反心理形成对抗，引起纠纷。当客人有过错时，要“得理也让人”，学会宽容，让客人体面地下台阶，保全客人的面子。在客人提出批评意见时，应本着“有则改之，无则加勉”的态度，认真倾听。

5. 尊重隐私原则

个人隐私，泛指一个人出于个人尊严和某些方面的考虑，不愿告之于人或不愿公之于众的个人情况。在礼仪交往中，尊重个人隐私权是至关重要的。在许多国家和地区，个人隐私是受到法律保护而且不容侵犯的。之所以重视个人隐私的保护，一方面是为了保护个人自由选择生活方式的权利；另一方面也是为了保护个人安全。在礼仪交往中，应有意识地回避涉及对方个人隐私的一切问题。不同国家、不同地区、不同民族，由于历史、文化、宗教等方面的不同，形成了各自特殊的风俗习惯，在旅游交往中应无条件地予以理解和尊重。因此，接待来自某一国家的客人，要事先了解该国的礼俗，以免犯忌。

6. 规范自律原则

礼仪虽然有种种的规则程序，有严格的规范性，但也并不是刻板僵硬的。礼仪规格要与受礼者的身份相应，礼仪的表现应该从容、不失态、不失格。礼仪的最高境界是自律，即在没有任何监督的情况下，仍能自觉地按照礼仪规范约束自己的行为。旅游工作者不仅要了解和掌握具体的礼仪规范，而且要在内心树立起一种道德信念和行为修养，从而获得内在的力量。在对客服务中从自我约束入手，时时检查自己的行为是否符合礼仪规范，在工作中严格按照礼仪规范接待和服务客人，做到有没有上级主管在场一个样，客前客后一个样，把礼仪的规范变成自觉的行为、内在的素质。

任务四　旅游从业人员提高礼仪修养的意义和途径

修养是指一个人在道德、学识、技艺等方面通过刻苦学习、自我磨炼和不断熏陶，逐渐使自己具有某些素质和能力或者达到一定的境界。

礼仪修养是指人们按照一定的礼仪规范要求自己，结合自己的实际情况，在礼仪品质、意识等方面进行的自我锻炼和自我修养。

一、旅游从业人员礼仪修养的意义

1. 提高礼仪修养利于旅游从业人员的个人发展

礼仪修养反映一个人的学识、品格、风度，是一个人人格的外在体现。人格是人类社会地位和作用的统一，是一个人做人的价值和品格的总和。因而礼仪修养是个体人生发展的重要内容，不仅能够促进个体人生的发展，而且能够提升个体的人生价值。礼仪也是现代社会的通行证。要顺利地步入社会和走向世界，求得个人发展，就必须有良好的礼仪修养，做一个有教养、有礼貌、受欢迎的现代人。

2. 提高礼仪修养利于树立良好的国家的形象

来自五湖四海的旅游者，不可能有较长时间来了解某一地区或者国家，他们往往通过与其接触的旅游从业人员来判断、评价一个国家或一个地区的文明程度和精神风貌。旅游从业人员良好的礼仪修养会产生积极的宣传效果，能为其所在的企业、城市、国家树立良好的形象，赢得荣誉。

3. 提高礼仪修养是旅游优质服务的关键

在旅游活动中旅游者除了物质需求外，更重要的是精神上的满足。研究表明，在旅游企业硬件设施相同的情况下，影响旅游服务质量的主要因素是服务意识和服务态度。旅游从业人员“宾客至上”的服务意识，热情友好、真诚和蔼的服务态度，优雅的举止，得体的言谈，会对旅游者的心理满意程度产生十分积极的效果，直接使客人在感官上、精神上产生尊重感和亲切感，给客人留下美好的印象。

4. 礼仪修养是解决旅游服务纠纷的润滑剂

旅游服务接待工作接触面广，不同国家、不同民族甚至不同个人的信仰与生活习惯都不相同，在旅游服务过程中，发生一些纠纷是不可避免的。要处理好纠纷，需要旅游从业人员有较高的礼仪修养水平。无论纠纷是物质性服务引起的还是精神性服务引起的，不管是从业人员的原因还是旅游者的问题，处理纠纷的第一原则是有理有节地进行处理。不管发生什么情况，都要发扬“礼让”的精神以平息事态，不允许有任何与旅游者争吵、打斗的不礼貌言行。旅游从业人员的不礼貌行为只会激化矛盾，使事态进一步恶化。

5. 提高礼仪修养可以改善企业内部的经营环境

一个旅游企业往往由多个分工不同的部门组成，每个部门之间都存在着相互协作、相互支持的关系。要想建立良好的内部和外部环境，提高自身的知名度和美誉度，就需要企业人员之间、部门与部门之间都能够相互支援、相互体谅，遇事能够从对方的角度着想，在沟通方面注意礼仪和分寸。这样不仅可以调节企业职工之间、部门之间的关系，形成相互尊重、团结协作的风气，而且可以减少工作内耗，提高工作效率。

二、旅游从业人员提高礼仪修养的途径

良好的礼仪素质和修养是经过长期地、有意识地学习、实践和积累而逐步形成的。旅游从业人员要在心里把礼仪修养放在重要的位置上，只有自己重视它，有意识地去培养，才能取得良好的效果。提高礼仪修养可以从以下几个方面着手。

1. 加强道德品质修养

道德品质，也称品德或德行，是社会道德现象在个人身上的具体体现，是指一定的社会的道德原则和规范在个人思想行动中所表现出的某种比较稳定的特征和倾向。加强道德品质修养和礼仪行为的养成有着密切的联系，二者是相辅相成的统一过程。礼仪行为从广义上说是一种道德行为，处处渗透和体现着一种道德精神。一个人想要在礼仪方面具有较深的造诣，离开了道德品质方面的修养是不可能的；一个人要形成一种高尚的道德品质，就应该从日常礼仪规范这一基础的层次做起。

2. 培养个性修养

个性是一个人所具有的各种比较重要的、稳定的、本质的和持久的心理特征的总和，也是一个人表现出的总的精神面貌。个性反映一个人的涵养，旅游从业人员要想取得事业上的成功，不但需要智商，更需要情商。所谓情商，外在的表现为一个人的心态如何，内在的本质是一个人与他人进行合作的能力。加强个性修养就是培养健康的、良好的性格和情感。在工作和生活中，应注意锻炼自身成熟、完善的性格，学会意识情感上的自我调节，努力提高自己的社会生存能力和适应能力。

3. 提高文化修养

礼仪学是一门综合性的专门学科，它和公共关系学、传播学、美学、民俗学、社会学等许多学科都有密切关系，一个人只有具备广博的文化知识，才能深刻理解礼仪的原则和规范。只有具备较高的文化层次，才能更加自如地在不同场合具体运用礼仪。因此要提高自己的礼仪修养，必须有意识地广泛涉猎多种科学文化知识，使自己具备见多识广的综合

知识素养，提高文学、艺术欣赏能力，提高审美能力。这样，就会有意无意地按照美的规律来认识生活和改造周围的环境，同时，在人际交往中，自己的言行也更具美感。

4. 自觉接受礼仪教育

世界各国的礼仪风俗千姿百态，我国各民族的礼节习俗也各不相同。在旅游工作中，若对其他国家或某一具体活动的礼仪知识不了解，只凭自己的经验办事，轻则闹笑话，重则影响工作效果，甚至造成误解。我国各个历史阶段都有浩繁的有关礼仪的知识，应该注意收集、学习和领会各种礼仪知识，以便在实践中运用。

5. 积极参加礼仪实践

实践是动机和效果由此及彼的桥梁。对礼仪知识的学习，仅仅停留在从理论上弄清礼仪的含义和内容，而不在实践中运用是远远不够的。在提高礼仪修养时，要以积极的态度，坚持理论联系实际，将自己学到的礼仪知识积极地运用于社会实践的各个方面。积极投身到实践之中，在文明气氛较浓的环境里去接受熏陶，对增强自己的文明意识，培养礼貌的行为，涤荡各种粗俗不雅的不良习惯，提高礼仪修养水平，是大有好处的。在旅游交往中，要自觉从大处着眼、小处着手，以礼仪来规范自己的言谈举止。在旅游交往场所，要多听、多看、多学，通过各种场合交往的接触强化，不断提高自己的礼仪修养。

6. 养成良好的行为习惯

礼仪是人们交际活动中的一种行为模式。这种行为模式只有通过长期的自觉练习，变成自身一种自动的动作，形成习惯，才能在交际活动中更好地发挥作用。提高礼仪修养实际上就是指人自觉用正确的思想战胜不正确的思想，用良好的行为习惯纠正不良行为习惯的过程。检验一个人的礼仪修养如何，很重要的一条标准就是看他是否已把交际礼仪规范变成自身个性中的稳定成分，是否能在各种交际场合自然而然地遵循交际礼仪要求。

情境实训与习题

一、思考题

1. 怎样理解礼仪的含义？
2. 礼仪是如何产生的？
3. 礼貌、礼节、礼仪的含义是什么？它们之间的关系是怎样的？
4. 旅游礼仪有哪些特征和作用？
5. 旅游礼仪的基本原则有哪些？
6. 旅游从业人员提高礼仪修养的意义是什么？
7. 你打算通过哪些途径提高自身的礼仪修养？

二、案例分析题

走失的游客

导游小陈带领一批老年外国游客在故宫以很快的速度一个景点一个景点地进行着游览，游客们都一路小跑地跟在她后面。一个游客追上来气喘吁吁地说：“导游，导游，好像史密斯先生不见啦！”小陈大惊：“什么？他去哪里啦？有谁看见他啦？”

大家七嘴八舌地说起来：有的说在大门那里看到过，有人说看到他买矿泉水，有人说他上洗手间去了……小陈大叫："不要吵了，现在大家分头去寻找，30分钟后在这里集合。现在开始行动。"大家四处分散跑开去寻找史密斯先生，小陈终于在一处卖中国结的商店门前找到了他，便不友好地批评他："史密斯老先生，你怎么能这么没有组织没有纪律呢？你怎么能只顾着自己购物忘了我们的整个队伍呢？"小陈再次清点人数后发现人数反而比原来少了3人。待旅游团的人员全部被找回以后，时间已经过去了半个多小时，游客怨声载道。原来大家在找史密斯先生的时候迷路了。本来很愉快的游览过程因此闹得不愉快。

1. 试从礼仪的角度分析，为什么此次游览闹得不愉快？

2. 从礼仪对塑造企业形象的作用的角度来考虑，说明导游员在工作中应注意哪些礼仪细节？

学习情境二
旅游从业人员个人礼仪

学习目标

知识目标：了解旅游从业人员个人礼仪规范的主要内容，包括仪容、仪表、仪态礼仪规范。

技能目标：能规范地进行个人仪容修饰，熟练掌握旅游从业人员在工作中应遵循的着装礼仪，正确表现站、立、行、蹲的姿势。

能力目标：掌握个人礼仪的基本知识，能将个人礼仪运用到实际的旅游交往活动中。

导入案例

文明礼仪为世博喝彩

2010 年 3 月 8 日上午 9 时，中国 2010 年上海世博会礼仪人员集中培训开营仪式在杭州休博园隆重举行。近 300 名准世博礼仪人员争艳全场，为期两个月的集中训练正式拉开序幕。

作为上海世博会最重要的服务人员之一，世博礼仪人员不仅要有服务技能，也不仅代表某一人的素质与形象，更将代表一个城市的文明程度和一个国家的礼仪文化与形象。为确保参加本届世博会的礼仪人员具备高水准的岗位服务技能，提高广大青年的礼仪文化素质，并以此为契机，在青年人中树立“学礼仪，改陋习，讲文明”的新风尚，本次集训集合了在全国范围内选出的近 300 名优秀选手，分别在杭州、上海开展相对集中的培训。

本次集中培训把弘扬志愿精神与开展礼仪服务结合，把礼仪服务的责任感、使命感与技能培训结合，强化奉献、友爱、互助、进步的服务精神，从世博知识、体能、应急能力、礼仪技能等方面对这些礼仪人员进行培训，由此评选出品行兼优、青春朝气、具有时代精神的优秀人才，为世博建立一支服务水平高、精神饱满的礼仪服务队伍。在整个训练的过程中，从体能、仪态、才艺和修养等方面分别考评，对礼仪人员进行由体力到智力、由外形到内涵的考核。

任务一　仪容礼仪

仪容是指人的容貌，包括面部、头发、手以及其他暴露在外的肢体部分。在旅游交往中，整洁的仪容一方面体现了本人的素养，另一方面还体现了对旅游活动和交往对象的重视，可以为双方的沟通交流与合作打下良好的基础。

个人仪容卫生最基本的要求是做到“五勤”，即勤洗头、勤洗澡、勤漱口、勤剪指甲、勤换衣袜。头发要保持干净无头皮屑，发式得体大方。要注意面部的清洁与修饰，不同的场合化妆要得体。做到早晚刷牙、饭后漱口，随时保持口气的清新。特别是在公共旅游活动前，不吃大葱、大蒜等带有异味的食物。

在任何情况下，服饰都应该是整洁的。衣服要熨烫平整，衬衣、袜子要勤洗、勤换，不能沾有污渍，不能有绽线的地方，更不能有破洞。尤其注意衣领和袖口处，皮鞋应光亮。

一、发式礼仪

头发整洁、发式大方是个人礼仪对发式最基本的要求。整洁大方的发式易给人留下神清气爽的印象，而披头散发则会给人以萎靡不振的感觉。一般来说，发式本身是无所谓美丑的，无论男女，只要一个人所选的发式与自己的脸形、肤色、体型相匹配，与自己的气质、职业、身份相吻合便能显现出真正的美。

1. 头发的清洁和保养

在正常情况之下，人们观察一个人往往是“从头开始”的，任何一名旅游从业人员如果不打算使自己“头上失礼”的话，就应该重视头部的修饰。发式礼仪的基本要求是保持干净、整齐的状态。

首先，要重视头发的清洁工作。任何一个健康而正常的人，头发都会随时产生各种分泌物。此外，它还会不断地吸附灰尘，并且使之与其分泌物或汗液混杂在一起，甚至产生不雅的气味。这类情况一旦出现，无疑便会影响到头部的外观。保持头发清洁的基本方法是做到勤洗头。

头发保养的关键在于从营养的调理与补充等方面着手。一般认为，辛辣刺激之物，若食用过量，将有损于头发。烟、酒对头发的危害尤为严重。欲减少发屑，应少吃油性高的食物，多吃含碘丰富的食物。欲使头发乌黑发亮，则适宜多吃蛋白质和富含维生素、微量元素的食物，尤其是要多吃核桃一类的坚果或黑芝麻一类的“黑色食品”。

2. 发型的选择

发型对旅游从业人员的个人形象有着重要的、不可替代的作用。旅游从业人员在为自己选定发型时，除了受到个人品位和流行时尚的左右之外，还必须考虑发型要与本人的职业、性别、年龄、脸形、身材、发质等因素相适应。

（1）发型与职业

从职业方面，旅游从业人员要注意保持头发干净，发型大方。女士不宜留披肩发，若留长发，最好对其稍加处理。例如，暂时将其盘起来，或者束起来。如果留短卷发，要选适合发质的产品保持头发的整洁和形状。男士的发型要求是前不覆额、侧不掩耳、后不及领。根据头发生长的一般规律，常人每一个月左右理发一次是最为恰当的。一些特殊的时候，如参加重要的庆典、宴会时，为显示自己郑重其事，特意临时再理一次发也是非常必要的。对中国人而言，一头乌黑发亮的黑发与黄皮肤、黑眼睛一样，都是自己应当为之自豪的民族特色。因此，不允许旅游从业人员有意将头发染成其他颜色，如红色、金色、亚麻色等。

（2）发型与性别

从性别方面，以发型来区分男女是旅游从业人员应当遵守的惯例。在日常生活中，发型一向被作为区分男女性别的重要“分水岭”之一。虽然近几年来，发型的选择逐渐呈现出多元化的倾向，明星人物和新潮青年们在选择自己的发型时，纷纷地“敢为天下先”：成年男子留披肩发或梳起小辫儿，而妙龄少女则理“板寸头”。但是在旅游业，能够以发型来分男女是一种惯例。

（3）发型与年龄

从年龄方面，旅游从业人员在为自己选择发型时，必须客观地正视自己年龄的实际状况，使自己的发型与年龄相协调。切勿“以不变应万变”，从而使自己的发型与年龄不相称。

（4）发型与脸形

从脸形方面，选择适合自己脸形的发型，既可以为自己的脸形扬长避短，更可以体现发型与脸形的和谐之美。圆脸形的人，五官集中，额头与下巴偏短，双颊饱满，可选择垂直向下的发型；方脸形的人，面部短阔，两腮突出，轮廓较为平直，在设计发型时，应重点侧重于以圆破方，以发型来增长脸形；长脸形的人，往往会给人以古典感，脸形较美，选择发型时，应重在抑“长”；“由”字型脸的人，额窄而腮宽，在选择发型时，应力求上厚下薄，顶发丰隆；“甲”字型脸的人，额宽而腭窄，俗称“倒三角形脸”，宜选短发型，并露出前额；颧骨明显者要避免直发型，并遮掩颧骨，在做短发时，要强化头发的柔美，并挡住太阳穴，做长发时，则应以“波浪式”为主，发型轮廓轻松丰满。

（5）发型与身材

从身材方面，人有高、矮、胖、瘦之别。身材不同的人，在选择发型时，往往会有许多不同的考虑。一般说来，身材高大者，由于他们身材方面的优势，在发型方面往往可以有比较多的选择。身材矮小者，在选择发型时往往会受到一定的限制，最好是为自己选择短发型，以便利用他人的视觉偏差使自己“显高”，不宜留长发型，尤其是女士们不要留长过腰部的披肩发，否则只会令自己显得更加矮小。身材高而瘦者，可适当地利用某些发型，如直发、长发或“波浪式”卷发，让自己显得丰盈一些。身材矮而胖者，一般不宜留长发，更不应该将头发做得蓬松丰厚。

（6）发型与发质

从发质方面，应根据自己的发质，选择不同的发型。中国人的发质通常被分成硬发、绵发、沙发、卷发四种类型。它们各具自己的特点，对发型的选择也有互不相同的要求。硬发的特点是头发又粗又硬，稠密并富有弹性，所以在塑造发型时应重点对其“删繁就简”；绵发俗称“软发”，其特点是头发既软又细，弹性也不大，这种发质的女士若选择“波浪式”发型，往往效果绝佳；沙发的主要特点是头发干涩稀疏，灰暗无光，并且常呈蓬乱之状，由于此类发质缺陷较多，使头发的直观效果不好，故切勿塑造中、长类型的发型；卷发又叫“自然卷”，主要特点是自然地呈现出弯曲之态，这种具有天然之美的发质，几乎可以塑造任何发型。

二、面容修饰礼仪

面容修饰礼仪主要是指化妆，有晨妆、晚妆、工作妆、社交妆、舞会妆、少女妆、主妇妆、结婚妆等多种形式，它们在浓淡的程度和化妆品的选择使用方面，都存在一定的差异。要求旅游从业人员在工作岗位上应当化淡妆，实际上就是限定在工作岗位上不仅要化妆，而且只宜选择工作妆这一化妆的具体形式。因此，有人将这一规定简洁地叫做“淡妆上岗”。

1. 面部的清洁与养护

面部的清洁首要的工作是洗脸。洗脸的时间一般都是早上起床之后和晚上睡觉之前，一天至少两次。但是，如果在天气炎热地区或者是皮肤为油性或者偏油性的人，可以适当增加洗脸的次数，或者是随身携带洁面湿纸巾，在面部不清爽的时候，适当地进行清洁。

面部清洁的具体步骤：取出适量洗面奶，用双手的中指和无名指的指腹在手掌心上沾取清水，揉搓至脸上打圈，由额头至鼻翼以及鼻梁两侧再到嘴巴四周，最后用清水洗净。

在基本的日常清洁之余，每周还要做 1 ~ 2 次的面部深层次的护理，敷上面膜，让皮肤吸收充分的营养，保持良好的状态。

2. 面部化妆

化妆最实际的目的是为了使自己更精神、美丽，光彩照人。经过化妆之后，人们大都可以拥有良好的自我感觉，身心愉快、精神振奋，缓解来自外界的种种压力。有人曾经发表高论：“化妆是使人放弃自卑，与憔悴无缘的一味最好的良药。它可以让人们表现得更加自爱，更加光彩夺目。”对于旅游从业人员而言，化妆的作用在于塑造形象，也是体现对旅游交往对象的尊重。

（1）化妆品选择

化妆品的选择要因个人和环境因素而定。一是依据皮肤类型选择：油性皮肤的人，要用爽净型的乳液类护肤品；干性肌肤的人，应使用富有营养的润泽型的护肤品；中性肌肤的人，应使用性质温和的护肤品。二是依据年龄和性别选择：儿童皮肤幼嫩，皮脂分泌少，须用儿童专用的护肤品；老年人皮肤萎缩，又干又薄，应选用含油分、保湿因子及维生素 E 等成分的护肤品；男性宜选用男士专用的护肤品。三是依据肤色选择：选用口红、眼影、粉底、指甲油等化妆品时，须与自己的肤色深浅相协调。肤色较白的人，应选用具有防晒作用的化妆品。四是依据季节选择：季节不同，使用的化妆品也应有所不同。在寒冷季节，宜选用滋润、保湿性能强的化妆品，而在夏季，宜选用乳液或粉类化妆品。

知识拓展

化妆品的类型

化妆品可以划分为四种类型，它们各有自己独特的功能。一是润肤型化妆品，它的主要功能是护理面部、手部以及身体其他部位的皮肤，使之更为细腻、柔嫩、滋润。这类化妆品常见的有乳液、洁面霜、润肤蜜等。二是美发型化妆品，它的主要功能是保护头发，止痒去屑以及为头发塑造造型等。主要有洗发露、护发素、发蜡、发胶、弹力素、染发水、生发水等。三是芳香型化妆品，它的主要功能是溢香祛臭、芬芳宜人，有的还兼有护肤、护发和防止蚊虫叮咬等作用，如香水、香粉、花露水等。四是修饰型化妆品，它的主要功能是通过在面部适当部位的着色，来为人们扬长避短，使化妆者看起来更加亮丽。最常见的有粉底乳、粉饼、唇膏、眉笔、睫毛膏等。

（2）女士化妆步骤和技巧

从技巧上讲，进行一次完整而全面的化妆，其步骤也有一定的规则。女性全套化妆的步骤大体如下。

1）洁面。用洗面奶去除油污、汗水与灰尘，使面部彻底清洁。随后，在脸上扑打化妆水，为面部化妆做好准备。

2）涂敷粉底。先用少量的护肤霜，以保护皮肤免受其他化妆品的刺激。要顺着脸颊纹路由内往外、由上到下推开。先从比较干燥的两颊开始，然后是嘴、鼻、额、眼睛周围。注意发际、脖子连接处不要留下清楚的分界线，嘴、眼周围等活动较多的部位，要仔细涂匀，使粉底与肤色自然融合。用清洁的海绵蘸取蜜粉，稍微用一点力气，按压在脸颊、鼻、额头等处，这些部位油脂分泌较旺盛，容易脱妆，要多补几次。不要忘了脸和颈部交接处和露出的颈部也要补上一层蜜粉。当蜜粉充分附着在肌肤上后，用粉刷由上往下刷落多余的粉。

3）画眼线。从内眼角往外眼角、沿着睫毛生长处画眼线，在外眼角处稍上扬。画内眼角线时，抬高下腭，眼睛往下看；画下眼线时，拉低下颚，眼睛往上看，这样比较容易描画。

4）刷睫毛膏。刷上睫毛时，眼睛稍微往下看，横拿睫毛膏；刷下睫毛时，则将睫毛刷直拿，利用其前端刷睫毛膏。

5）涂眼影。用深色的眼影，从外眼角开始上色后，再往内眼角方向晕开，内眼角处眼线的颜色要浅一些，可以呈现眼部的立体感。越靠近睫毛处颜色越深，渐渐往上淡开，体现一定的层次，给人干净自然的感觉。

6）鼻影。即画鼻侧影，使鼻形看起来更有立体感。

7）描眉。从鼻翼朝外眼角画一条无形的连线，最合适的眉尾就在这无形的连线上，而眉峰的位置在眉尾的三分之二处，这两点确定之后，画眉就很容易了。利用眉笔或眉粉将眉毛较稀疏处补上色彩，然后利用眉刷将眉毛刷整齐，呈现美丽的眉形。眉毛要定期修剪，保持一定的眉形，这样才能做到眉清目秀。

8）涂腮红。使用胭脂扑打腮红的目的，是为了修饰美化面颊，使人看上去容光焕发。涂好腮红之后，应再次用定妆粉定妆。

9）涂唇膏。先用唇笔描出唇形，修饰唇形。然后填入色彩适宜的唇膏，使红唇生色。

10）修正补妆。检查化妆的效果，进行必要的调整、补充、修饰和矫正。至此，一次全套化妆彻底完成。

（3）男士妆容要求

每一位职业男士，都希望自己获得上司的信任和公众的好感，更愿意赢得同性的尊敬和异性的青睐，给人留下深刻而美好的印象。要做到这一点，适当的修饰装扮和容貌的美化是必不可少的。旅游场合男士面部的修饰以干净、自然为主要原则。修饰的主要内容包括以下几个方面。

1）每天剃须、修面。每日清晨先用热水洗面，等毛孔张开后剃须，应从鬓角到脸颊到脖子然后到嘴唇周围及下巴。剃须后，应该用清水洁面，涂抹剃须水，然后在面部其他位置涂上润肤霜。

2）洁牙，保持口腔卫生。男士如果吸烟，要定期洁牙，使牙齿保持清洁，不要有牙垢及口腔异味。饭后适当地使用漱口水等，在旅游场合不要吃有刺激味道的食物。

3）定期修剪鼻毛，切忌让鼻毛露出鼻腔。

从根本上看，旅游场合中男士美容应当引起大家注意的是：职业男士们在做这一切的时候，不能像女性那样精描细画，一团脂粉气，而应当着力表现自己的气质美和风度美，面部化妆要自然而不露痕迹。

3. 颈部的护理

颈部是人体最容易显现一个人年龄的部位，也是在日常护理时容易忽略的地方，因此在平时要和脸部一样注意保养。保持颈部皮肤的清洁并加强颈部的运动与营养按摩会缓解颈部皮肤的松弛。颈部的按摩护理一般从20～25岁开始为宜，如果年龄增大，皮肤衰老，待出现皱纹以后再寻找消除的方法，恐怕会事倍功半。

4. 手部的护理

人们常说，“手是人的第二张脸”。在人际交往中，清洁、柔软的手能平添你的魅力，可以使自我整体形象更加完美。手是人际交往中人的身体上使用最勤、动作最多的一部分，而且其动作还往往被附加了多种多样的含义。一双健康、干净、无异味的手会给交往对象留下良好印象，手的清洁也反映了一个人的精神风貌，因此，保护和修饰自己的双手是很有必要的。手是常常露在服饰之外的，极易被他人所注意，但很多人往往重视面部肌肤的护理，却忽视了手部肌肤的护理。其实手部肌肤同样需要精心养护，尤其是女性，家务活干得比较多，更应该和护理脸部、颈部一样，注意整体的风采。在做日常的家务活时，如果干粗活或脏活，最好戴上手套以保护手部的肌肤。事后最好用洗手液洗手，并擦护手霜。

手部的美化大多侧重于指甲的美化，女性涂抹指甲油便是方法之一。指甲的美化不可随心所欲，涂抹指甲油对其色彩的选择一定要与身份、年龄等协调。一般来说，旅游从业人员应保持手部的清洁，不得留长指甲，指甲内部无污垢，指甲两侧无死皮，女士不涂色彩夸张的指甲油，不采用夸张的甲饰。

任务二　仪表礼仪

仪表是指人的外表，亦称人的外在形象，通常包括人的容貌、发型、服饰、个人卫生、姿态等方面。仪表是一个人的内心世界和修养的外在表现，体现出一个人的道德素养、教育程度和志趣品位，也反映了时代的特点和一个国家、民族的精神风貌。

一、仪表美的内涵与修饰要求

1. 仪表美的内涵

仪表美有三个层面的内涵。一是仪表的天然美。即所谓的天生丽质，先天娇好的面容和迷人的身段。二是仪表的修饰美。它是指根据相关的规范和个人特点，对仪表进行必要的修饰，扬长避短，从而塑造出良好的个人形象。三是仪表的内在美。它是指通过不断提高文化、艺术、道德等方面的修养，培养高雅的气质与美好的情操，给人以秀外慧中、表里如一的美感。仪表美是这三个层面的高度统一。

2. 仪表修饰的要求

旅游从业人员在职业岗位上进行合理的仪表修饰，不仅是对服务对象的尊重，也是客人识别的标志，同时也使其有一种职业的自豪感、责任感，是敬业、乐业在服饰上的具体表现。整洁是仪表修饰的首要条件，也是最好的修饰。

（1）整齐得体

制服必须整齐、合身，袖长至手腕，裤长至脚面，裙长过膝盖，尤其是内衣不能外露；衬衫的领围以插入一指大小为宜，裤裙的腰围以插入五指为宜。不挽袖，不卷裤，不漏扣，不掉扣；领带、领结、飘带与衬衫领口的吻合要紧凑且不系歪；如有工号牌或标志牌，要佩戴在左胸正上方，有的岗位还要戴好帽子与手套。

（2）清洁挺括

制服的清洁既表现了旅游从业人员的精神面貌，也反映了旅游企业的管理水平和卫生状态。制服要求无污垢、无油渍、无异味，领口与袖口处尤其要保持干净，与制服配套的鞋袜要光亮、干净。制服衣裤不起皱，穿前要烫平，穿后要挂好，做到上衣平整和裤线笔挺，利于从事旅游接待工作。

（3）自然和谐

仪表美是一种整体的美，同时也无法与周围环境割裂开来。只有当一个人的仪表从整体上表现出和谐，并与周围的环境相称时，才能体现真正的仪表美。“清水出芙蓉，天然去雕饰”是人们注重自然美的表现，和谐的美应该是个人良好内在素质的自然流露。但应注意，自然大方绝不等同于过分随便、不修边幅。要想有良好和谐的仪表，给交往对象以良好的印象，就必须从文明礼貌、文化修养、道德情操、知识才能等各方面来不断提高个人修养。

二、着装原则

正确的着装，能使形体、容貌等形成和谐的整体美。服饰的整体美构成因素是多方面的，包括人的形体和内在气质，服装饰物的款式、色彩、质地、加工技巧乃至着装的环境等。正如培根所说，“美不在部分而在整体”，孤立地看一个事物的各个部分可能不美，但就整体看却可能显得很美。

衣着影响着一个人生活的各个方面。每个人的具体情况千差万别，无论什么身份、地位，如何穿着可反映其审美能力，道德、礼仪水平。要使着装后的个人形象富有神韵和魅力，应遵循以下原则。

1. 协调原则

穿着要和年龄、职业、体型相协调。爱美是人的天性，人们对美的追求是没有年龄之分的，但是，不同年龄的人却有不同的穿着要求。年轻人热情奔放，充满着青春活力，可穿时尚的服装。有的服装如色彩鲜艳的超短裙，穿在少女身上会显得可爱，而少妇以上的女士却不适合穿着。中老年则应穿着成熟和稳重的服装。不能盲目地追求时尚，要根据自己的体型、职业合理穿着，扬长避短。

旅游从业人员的服装不一定要高档华贵，但一定要保持整洁、大方、得体。穿着还要因不同体型的人而异，个头不高、体型较胖的人，宜穿款式简单、“V 字领”、深颜色和竖条的衣服，因为深色给人以收缩感，身材较瘦的人则刚好相反，在颜色上应以浅色为宜。

2. TPO 原则

TPO 原则就是要求人们要因时间（Time）、地点（Place）和场合（Occasion）的变化而穿不同的服装，即着装应该与当时的时间、地点和所处的场合相协调。

（1）时间原则

时间涵盖了每一天的早中晚三个时间段，也包括每年春夏秋冬四个季节。因此在着装时必然要考虑时间因素，做到“随时更衣”。

1）早中晚的着装变化。在通常情况下，晨练着装应以方便、随意为宜，如可以选择运动服、便装、休闲服等；工作时间的着装要根据自己的工作性质的特点，以庄重大方为原则；晚间宴请、舞会、音乐会等正式社交活动居多，着装以晚礼服为宜。

2）一年四季的着装变化。夏季以轻柔、凉爽、简洁的着装为主，服饰色彩与款式的选择要充分考虑给他人的视觉与心理上的感受，同时也使自己感觉轻快凉爽；冬季应以保暖、轻便为着装的原则，避免着装过厚而显得臃肿不堪，也要避免为了风度而影响温度；春秋两季着装的自由度相对较大，但总体上以轻巧灵便、薄厚适宜为着装原则。

（2）地点原则

从地点上讲，置身于室内或室外，身处于单位或家中，这些不同的地点，着装的款式理当有所不同。身着西装革履步入金碧辉煌的高级饭店会产生一种人境两相宜的效果，而西装革履地出现在农田里，便会出现极不协调、反差强烈的局面。穿泳装出现在海滨、浴场，是人们司空见惯的，但若是穿着泳装去上班、逛街，则会令人哗然。在静谧的办公室里着一套随意性极强的休闲装，穿一双拖鞋，或者在绿草茵茵的运动场穿着一身挺括的西装，穿一双皮鞋，都会因地点与服饰特性的不协调而显得人境两不宜。所以有必要选择适宜的服饰款式与色彩，实现人境相融的最佳效应。

（3）场合原则

不同场合的衣着要与场合的气氛相协调。在喜庆的场合不能穿得太古板，在悲伤的场合不能穿得太艳丽，在庄重的场合不能穿得太随意，在休闲的场合也不必穿得过于正式。在较为正式的场合，如参加会议、庆典、招待会、酒会以及各种仪式、会见活动等，衣着应正式、稳重。去舞厅或听音乐会，男士一般以穿深色两件套或三件套西装为宜，女士可穿得华丽、高贵、漂亮，色彩也可以丰富一些。在运动场、朋友聚会、郊游等场合，着装应休闲、舒适，如牛仔装、运动装、T 恤衫和夹克衫等。去教堂或参加追悼会则要穿得庄严，宜穿黑色、灰色等深颜色的衣服。

三、正装礼仪

（一）男士正装礼仪

西装是一种国际性服装，它起源于欧洲，目前是世界上最流行的一种服装，也是旅游从业人员在正式场合的首选服装。

1. 男士西装的类型

（1）英式西装

英式西装的特点是肩部与胸部线条平坦、流畅，轮廓清晰明快，最能体现出绅士气派。面料一般采用纯毛织物，色彩以深蓝黑色为主，配以白衬衣和黑领结。整体效果是威严、高贵。许多上层人物在正式场合都喜欢选择英式西装，故英式西装素有“正式西装”之称。一般说来，在酒会、庆典、宴会、会见贵宾等正规、隆重的场合，应穿英式西装。

（2）美式西装

美式西装的特征是面料较薄，且有一定的伸缩性，也不强调光泽的强弱，在造型上略收腰身，后背开单衩或双衩，肩部不用过高的垫肩，保持自然形态。这种西装特别重视机能性，不刻板，穿着时比较随便，反映了美国人自由清新的着装理念。美式西装最适宜作为日常的办公服装，它可使人显得自然大方、平易近人。

（3）欧式西装

欧式西装剪裁得体，造型优雅、规矩，垫肩很高，有时甚至给人一种双肩微微耸起的感觉，胸部用上等的衬做得十分挺括。面料多以黑、蓝精纺棉织物为主，质地要求细密厚实。就整体效果来看，欧式西装和英式西装十分相似，但比英式西装更考究、更优雅，腰身紧收，背后开双衩，裤管窄瘦并呈锥形向下收紧。欧式西装给人以自信和挺拔之感，并略带一丝浪漫情怀。

（4）日式西装

日式西装的基本轮廓是 H 形的。没有宽肩，也没有细腰，多是单排扣式，衣后不开衩。这个款式的西装比较适合中国人的体形。

2. 男士西装的款式、面料和颜色

（1）西装的款式

男式西装分为两件套和三件套。一件上衣、一条裤子为两件套，一件上衣、一条裤子、一件西装背心为三件套。一般场合可以穿两件套，非常重要的场合可以选择三件套。西装的扣子有双排扣和单排扣之分。双排扣西装，一般更多地具有时装性质，表现男人的典雅和别致，往往适合于社交场合选择。而单排扣西装更适合作为公务套装。欧洲人偏向于选择双排扣的西装，而亚洲人则多选择单排扣的款式。单排扣西装又有两粒扣、三粒扣和四粒扣之分，两粒扣最正式，三粒、四粒则具有时装和休闲的性质。

（2）西装的面料

正式西装一般都是纯毛面料或者是含毛比例比较高的混纺面料。这种面料悬垂、挺括、透气，显得比较高档、典雅。而休闲西装的面料就比较多样，有麻的、棉的、皮质的等。

（3）西装的颜色

西装的颜色有黑色、灰色、藏蓝色、米色、棕色等。在正式的旅游场合，男士应该穿着深色西装，一般来说，藏蓝色西装适用于正式旅游场合，而黑色西装则更适合旅游正式晚宴或聚会时穿着。休闲西装的色彩可以是单色的，也可以是混合色的，如宝蓝色、灰蓝色、浅蓝色、咖啡色和黄色等比较随意，有的还有格子或者条纹，不拘一格。

3. 男士西装的穿着规范

一套合体的西装，可以使着装者显得潇洒、风度翩翩而又魅力十足。人们常说，“西装七分在做，三分在穿”，那么，怎样穿西装才算得体呢？

（1）衬衣

白色的长袖衬衫是搭配西装最好的选择，其次是浅蓝色带有细致的条纹或小格子图案的衬衫。衬衫大小要合身，不能有污垢，要熨烫平整，领子要挺括。衬衫袖口应露出西装外约1~2厘米，衬衫衣领应高出西装衣领0.5~1厘米，这样既可以显示衣着的层次，又可以起到保护西装的作用。

（2）领带

领带是西装的灵魂，一条打得漂亮的领带，在穿西装的人身上会发挥画龙点睛的作用。领带要注意与西装颜色和款式的搭配，如果西装和衬衫看上去比较平淡，可以系一条有图案的领带，但不要太过花哨。领带的长度要适当，以达皮带处为宜。系领带时衬衣的第一颗扣子一定要扣好（如果穿西装不系领带，第一颗扣子要解开）。如果佩戴领带夹，一般应夹在衬衣的第三、第四颗纽扣之间，领带结要饱满有形，下面介绍几种常见的领带的打法。

1）平结（见图2－1）。平结为男士最常选用的领结打法之一，几乎适用于各种材质的领带。要注意领结下方所形成的凹洞需让两边均匀且对称。

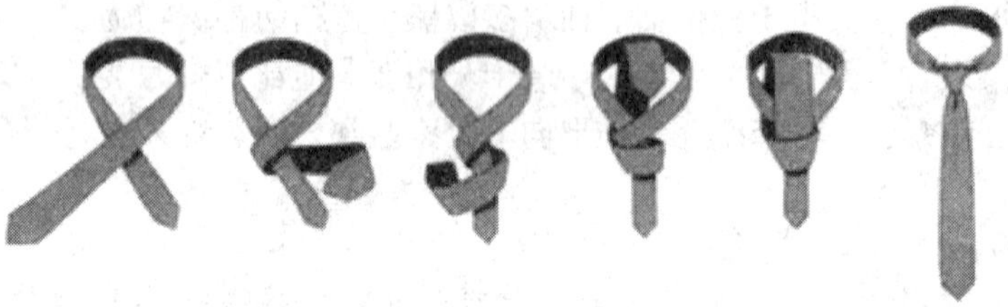

图2－1　平结

2）交叉结（见图2－2）。这是单色素雅质料且较薄领带适合选用的领结，对于喜欢展现流行感的男士不妨多加使用“交叉结”。

图2－2　交叉结

3）双环结（见图2－3）。一条质地细致的领带再搭配上双环结颇能营造时尚感，适合年轻的上班族选用。该领结完成的特色就是第一圈会稍露出于第二圈之外。

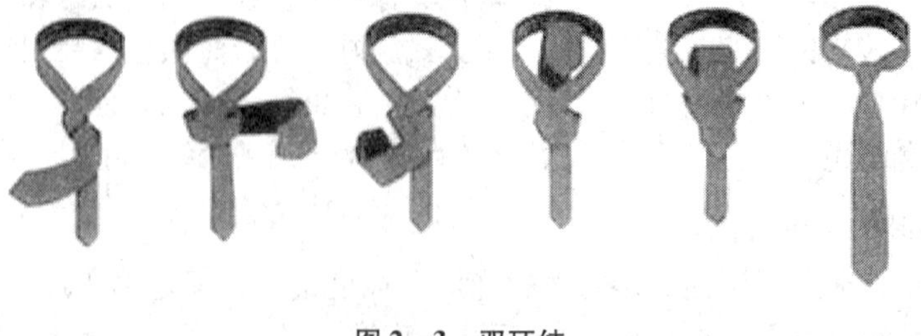

图2－3　双环结

4）温莎结（见图2-4）。温莎结适合用于宽领的衬衫，该领结应多往横向发展。应避免材质过厚的领带，领结也勿打得过大。

图2-4　温莎结

5）双交叉结（见图2-5）。这样的领结很容易让人有高雅且隆重的感觉，适合正式活动场合选用。该领结应多运用在素色丝质领带上，若搭配大翻领的衬衫不但适合且有种尊贵感。

图2-5　双交叉结

（3）毛衫

西装要穿得有“形”有“味”，除了衬衫与背心之外，在西装上衣之内，最好不要再穿其他任何衣物。因特殊情况必须在衬衫之外加穿背心、毛衫时必须注意，数量以一件为限，色彩必须与衬衫的色彩相近，款式上应短于衬衫，其领形以“U”、“V”领为宜。例如，寒冷季节可在西装上衣之内穿上一件薄的“V”领的单色羊毛衫或羊绒衫。但千万不要穿色彩、图案十分繁杂的羊毛衫或羊绒衫，也不要穿扣式的开领羊毛衫或羊绒衫，更不能同时穿上多件羊毛衫、羊绒衫、背心而使层次太多。

（4）纽扣

单排两粒扣的西装上衣，讲究“扣上不扣下”，即只扣上面一粒纽扣；单排三粒扣则扣中间的一颗，或扣上面的两颗。单排扣的西装有时也可以不扣纽扣。双排扣的西装上衣要把纽扣全部系上，以示庄重。穿西装背心，不论是与西装配套还是单独穿，都要扣上纽扣，单排扣背心最下面的纽扣也可以不扣。现在的西装裤都是使用的拉链，要时刻提醒自己将拉链拉好。

（5）口袋

在西装的上衣、背心、裤子、内衣等口袋里应少装东西，或者不装东西。西装上衣左侧的外胸袋除可插入一块用以装饰的真丝手帕外，不能再放其他任何东西，尤其不应当别钢笔、挂眼镜。西装上衣内侧的胸袋，可用来别钢笔、放钱夹或名片夹，但不要放过大或过厚的东西或无用之物。西装外侧下方的两只口袋，原则上以不放任何东西为佳。西装背心上的口袋多具装饰功能，除可以放置怀表以外，不宜再放别的东西。西装裤子上两侧的口袋只能够放纸巾、钥匙包或碎银包。其后侧的两只口袋大多不放任何东西。

（6）鞋袜

与西装配套的鞋子是皮鞋，皮鞋的颜色宜用深色，黑色的皮鞋可以和任何颜色的西装相配。不能穿旅游鞋、布鞋或露脚趾的凉鞋，这些都是与西装不搭配的。穿皮鞋要注意擦拭光亮，皮鞋要经常通风保持无异味。

穿西装、皮鞋时要搭配深色或单色的袜子，并且最好是黑色的，不能穿白色袜子和色彩鲜艳的袜子。袜子要经常换洗，以防止有异味。

（7）公文包

公文包被称为男士的“移动式办公桌”，是其外出之际须臾不可离身之物。公文包的面料以真皮为宜，并以牛皮、羊皮制品为最佳，非真皮包难登大雅之堂。公文包的色彩以深色、单色为好，浅色、多色的公文包均不适用于商界男士。在通常情况下，黑色、棕色的公文包是最正统的选择。若从色彩搭配的角度来说，公文包的色彩若与皮鞋的色彩一致是十分完美和谐的。

（二）女士正装礼仪

女士服装的款式和颜色比男士服装丰富许多，女士套裙在职业场合较为常见。作为职业女性，其工作场合的着装也有别于其他场合的着装，尤其是代表一个企业和一个单位的形象时，更要追求大方、简洁、素雅的风格。

1. 女士套装的选择

在正式场合，女士的服装是西装套裙，上身是女式西装，下身是半截式裙子。也有三件套的套裙，即女式西装上衣、半截裙和背心。套裙可以分为两种基本类型。一种是用女式西装上衣和随意的一条裙子自由组合成的“随意型”。一种是女式西装上衣和裙子成套设计、制作而成的“成套型”或“标准型”。

一套在正式场合穿着的套裙，应该由高档面料缝制，上衣和裙子要采用同一质地、同一色彩的素色面料。在造型上讲究为着装者扬长避短，所以提倡量体裁衣、做工讲究。上衣要注重平整、挺括、贴身。裙子要以窄裙为主，并且裙长要到膝或者过膝。

色彩方面以冷色调为主，应当清新、雅致而凝重，以体现着装者的典雅、端庄和稳重。藏青、炭黑、茶褐、土黄、紫红等稍冷一些的色彩可以用于旅游场合。套裙的上衣和裙子可以是一色，也可以是上浅下深或上深下浅等两种不同的色彩，这样形成鲜明的对比，可以强化它留给别人的印象。正式场合穿的套裙，可以不带任何图案，要讲究朴素而简洁。以方格为主体图案的套裙，可以使人静中有动，充满活力。一些以圆点、条纹图案为主的套裙，也可以穿着，但不能用花卉、宠物、人物等符号为主体图案。套裙上不要添加过多的点缀，否则会显得杂乱而小气。如果喜欢可以选择少而且制作精美、简单的点缀。

知识拓展

女性如何挑选西装

体型小巧的女性应穿掐腰的短西装，因为，长西装会盖住过多的躯体，使人仿佛淹没在衣服中似的。另外，短式西装最好是竖直的单排扣的，这道垂直的线条也能帮助你把身材拉长一些。

丰满的曲线型身材应穿比较合体的西装，且最适宜的是在一边系单扣的式样。这种微微下坠的式样既显示了颇具女性感的曲线，同时又能掩藏住一部分多余的体重。但不适合穿长方形西装，那样会让丰满的身材显得像个大盒子一样。

瘦高的细长型身材最配双排扣长方形的西装。这种盒状、刚好长过臀部的外衣能给人增添一些宽度和厚度，从而使身材不至于瘦长得难看。短西装会使人的下半身显得过长，给人不平衡的感觉，有点儿像踩高跷。

2. 女士着装规范

（1）衬衣

与职业套裙搭配的衬衣颜色最好是白色、米色、粉红色等单色，也可以有一些简单的线条和细格图案。最佳面料是棉、丝绸面料。穿衬衣时，衬衣的下摆必须放在裙腰之内，不能放在裙腰外。除最上端一粒纽扣按惯例允许不系外，其他纽扣必须扣上。在穿职业套裙时，不能在外人面前脱下西装，直接以衬衫面对对方。身穿紧身而透明的衬衫时，特别要注意这一点。

（2）裙子

套装的裙子要干净、整洁、熨烫平整。套裙的上衣和裙子的长短没有明确的规定。一般认为裙短不雅，裙长无神。最理想的裙长是裙子的下摆长及膝盖至小腿肚最丰满的地方之间。

（3）皮鞋

鞋子可以选择中高跟的，船鞋最适合搭配女士的职业套装。鞋子的颜色最好与手提包一致，并且要与衣服的颜色相协调。露出脚趾和脚后跟的凉鞋并不适合旅游场合。冬天，很多女士喜欢穿长筒的皮靴，但在旅游场合尤其是参加正式的旅游活动时，应该避免穿着靴子。皮鞋要保持光亮，不留灰尘和污迹。

（4）袜子

穿职业装时最好穿丝袜，肉色的丝袜可以搭配任何服装。穿长筒袜时，要防止袜子有破洞、跳丝现象，职业女性应在办公室或手袋里预备一两双袜子，以备替换。

四、饰物佩戴礼仪

旅游从业人员饰物的佩戴应与服装搭配协调。一要符合身份，这就要求旅游从业人员必须对自己的角色定位有正确的认知。二要以少为佳，旅游从业人员在其工作岗位上佩戴饰品时，一般不宜超过两个品种；佩戴某一种具体品种的饰品，则不应超过两件。旅游从业人员可以不佩戴任何首饰，对于男性从业人员来讲，尤其有必要如此。三是讲究场合，社会上流行的脚链、鼻环等不宜在工作时佩戴。

旅游活动中，在不同场合佩戴手表、戒指、耳环、项链、手链和手镯等饰物的要求如下。

1. 手表

手表一般佩戴在左手上，在正规的旅游场合，手表往往被视同饰物，对于平时只有戒指一种首饰可戴的男士来说，更是备受重视。有人甚至强调说，“手表不仅是男人的首饰，而且是男人最重要的首饰。”在西方国家，手表与钢笔、打火机曾一度被称为成年男子的“三件宝”，是每个男人须臾不可离身之物。佩戴手表，通常意味着时间观念强、作风严谨，也是一个人地位、身份、财富状况的体现。

手表在造型方面应当庄重、保守，避免怪异、新潮。男士，尤其是位尊者、年长者更要注意。一般而言，正圆形、椭圆形、正方形、长方形以及菱形手表，因其造型庄重、保守，适用范围极广，特别适合在正式场合佩戴。不论是单色手表还是双色手表，其色彩都要清晰、高贵、典雅。金色表、银色表、黑色表，即表盘、表壳、表带均是金色、银色、黑色的手表，是最理想的选择。

2. 戒指

戒指一般戴在左手，而且最好只戴一枚，至多戴两枚，戴两枚戒指时，可戴在左手两个挨着的手指上，也可戴在两只手对应的手指上。戒指的佩戴往往暗示佩戴者的婚姻和择偶状况，戒指戴在中指上，表示正处于恋爱之中；戴在无名指上，表示已订婚或结婚；戴在小手指上，则暗示自己是一位独身主义者，将终身不嫁（娶）；修女则把戒指戴在右手无名指上，这意味着将全部的爱奉献给上帝；如果把戒指戴在食指上，表示无偶或求婚。在西方，人们把结婚戒指戴在左手的无名指上，这是因为古罗马人相信人的无名指上有一条静脉血管直通心脏，将戒指戴在无名指上可以获得永恒的爱情。

较为正式的旅游场合佩戴戒指一定要考究，一只手上只戴一枚戒指，切忌同时戴两枚款式不同、风格迥异的戒指。

3. 耳环

耳环是女性的主要首饰之一，佩戴时应根据自己的脸形来选配。在正式场合，应避免佩戴发光、发亮、发声的耳环，应该选择比较低调的耳钉和耳坠。不同的脸形在耳环形状的挑选上也是不尽相同的。比如，方形脸可以选择纵向的、椭圆的，或者叶子形状的耳环，应尽可能避开方形与三角形的耳环；长形脸可以选择圆形、横向、扇形等较为圆润的形状，应避免纵向和长坠形；圆形脸可以选择偏长形的，如长方形和有柔和线条的，如水滴形，尽量避免横向的、圆形的或棱角尖锐的；“由”形脸，上小下大脸形，则建议选择上大下小型的耳环，如倒水滴形或长坠形；颧骨较大的中宽形菱形脸，则最好挑选下大上小的形状，如水滴形、心形或倒三角形；瓜子脸与鹅蛋形脸对于耳环的形状上并无太多禁忌，基本上任何类型都适合搭配。从整体上来说，体格骨架较小的人应当选择小巧轻盈的，而体格骨架相对较大的可以选择形状较大的或较重的耳环。

4. 项链

项链也是比较受女性青睐的首饰之一，佩戴项链，在视觉上对脸形有一定的改观作用。佩戴项链应和自己的年龄及体形协调，要根据不同的脸形来佩戴项链，可以获得令人满意的效果。一般来说，脖子粗短的人，宜戴细长的项链，这样就会使脖子有被拉长的错觉；脖子细长的人，佩戴方形或粗短形项链则比较好；圆形脸和方脸形的人不宜戴由圆珠串成的大项链，因为过多的圆线条不利于调整脸形的视觉印象，如果选择带坠子的项链，可以利用项链垂挂所形成的“V”字形，使脸部的视觉长度加强；长形脸应该选择圆形、扇形的项链坠子，项链长度也不可太长；椭圆形脸在项链款式的选择上几乎不受限制，要依照自己的爱好和场合来选择。

5. 手链和手镯

手链是一种佩戴于手腕上的链状饰物。手链和手镯的佩戴相似，与手镯不同的是，男女均可佩戴手链。在一般情况下，只在左手上配戴一条手链，一只手上不能同时戴两条或两条以上的手镯或手链，不能双手同时戴手链，手链与手镯同时佩戴也是不允许的，它与手镯均不应与手表同戴于一只手上。

任务三　仪态礼仪

仪态是指人们身体在日常生活中呈现出的具体表现和各种造型，包括举止动作、神态表情和相对静止的体态，它直接展示一个人的气质和风度。仪态在心理学上称为形体语言，是一种动态中的美，是风度的具体体现。旅游从业人员在工作中的站立、行走、手势和表情等，都应当体现职业素养，做到得体和优雅。在旅游交往中，举止优雅的人容易获得他人的好感，绝不亚于口头语言所发挥的作用。它有利于沟通和得到信任，从而取得良好的交往效果。

一、体态姿势

1. 站姿

（1）站姿的基本要求

站立是旅游从业人员在日常交往中一种最基本的举止，标准的站姿要求是“站如松”，就是说站立时身体要像松树一样挺拔。正确的要领是：双腿并拢、脚跟相靠、脚尖分开呈45°~60°，身体重心放在两脚中间至脚跟。挺胸收腹，提臀立腰，身体有向上的感觉，双肩放松，自然呼吸。双手自然下垂于两侧（侧放式），手指自然弯曲。头正肩平，下颌微收，面部平和自然，双目平视前方。体现出挺拔俊美、庄重大方、舒展优雅、精力充沛的面貌。

（2）服务性站姿类型

旅游从业人员在工作中为客人提供服务时的站姿一定要合乎规范，严格按照要求去做。以下几种旅游从业人员在工作中的站姿规范，分别适合于不同的部门、不同的场合。

1）前腹式（见图2-6）。女性在立正站姿的基础上，两脚脚尖略展开，两手在腹前交叉，身体重心置于两脚上，也可以置于一脚上，通过两脚重心的转移减轻疲劳。男性在立正站姿的基础上，左脚向左横迈一小步，两脚打开与肩同宽，约20厘米。两脚尖与脚跟距离相等。两手在腹前交叉，左手握成拳头状，右手握左手于手腕部位。身体立直，身体重心放在两脚上。

图2-6　前腹式站姿

2）后背式（见图 2－7）。双目平视，下颌微收，挺胸立腰，两手在身后交叉。男性两脚跟并拢，脚尖展开 60°～70°。

图 2－7　后背式站姿

3）单臂式。两脚尖展开 90°，左脚向前，将脚跟靠于右脚内侧中间位置，成左丁字步。左手单臂后背，右手下垂，身体重心置于两脚上。右脚向前，将脚跟靠于左脚内侧中间位置，成右丁字步，右手单臂后背，左手下垂。

站立时要适当放松，避免肌肉僵硬。为了维持较长时间的站立，可以稍作休息，稍息时上身仍然保持挺直的站立姿势，将身体重心转移在左脚或右脚上，两脚外沿宽度以不超过两肩的宽度为宜，替换也不能过于频繁。

2. 坐姿

（1）坐姿的基本要求

正确的坐姿要求是“坐如钟”，就是说坐立时要像钟一样的稳当。其基本要领是：上半身挺直，两肩放松，下巴向内微收，脖子挺直，挺胸收腹，并使背部和臀部成一直角，双手自然放在双膝上，两腿自然弯曲，小腿与地面基本垂直，两脚平落地面。两膝间的距离，男子以不超过肩宽为宜，女子则不开为好。表情亲切，目光柔和，双唇微闭。端庄优美的坐姿会给人以文雅、稳重、自然大方的美感。

（2）几种常见的坐姿

1）正襟危坐式。要求入座者上身与大腿、大腿与小腿均成直角，并使小腿与地面垂直，双膝双脚完全并拢。此种坐姿适用于最正规的旅游场合，男女都适宜，但是要注意在尊长者面前不宜坐满椅面，以占三分之二左右为宜，表示对尊长者的尊重。

2）垂腿开膝式。与第一种要求一致，只是双膝稍许分开，但不应超过肩宽，此坐姿多用于男士，女士不宜。

3）双腿交叉式。双膝并拢，双脚在脚踝部交叉后向身后并拢，此坐姿男女适宜。

4）双腿叠放式。双腿一上一下完全交叠在一起，叠放在上的那只腿，脚尖应垂向地面。采用此种坐姿，切忌双手抱膝，此坐姿适合穿短裙的女性。

5）双腿斜放式。双腿并拢后，双脚同时向右侧或左侧斜放，并与地面成 45°角（见图 2－8）。此种坐姿适用于穿短裙的女士在较低的座椅上就座。

图 2－8　世博会礼仪小姐坐姿训练

知识拓展

入座礼仪，你知道吗

入座时，走到座位前，转身后右脚向后撤半步，从容不迫地慢慢坐下，然后把右脚与左脚并齐。

女性入座要娴雅，坐下前应用手把裙子向前拢一下。双膝双腿并拢，两脚踝内侧互相并拢，两足尖约距10厘米左右。起立时，右脚先向后收半步，立起，向前走一步离开座位。

坐下时应该大方自然，轻轻落座。不要太快或太慢、太重或太轻。太快显得有失礼教，太慢显得磨磨蹭蹭；太重给人粗鲁不雅的印象，太轻给人谨小慎微的感觉。

坐下后上半身应与桌子保持一个拳头左右的距离，坐满椅子的三分之二为宜，不要只坐椅子边缘或深陷于椅子中，这样看起来很不雅观。

坐下后上半身应保持直立，不要前倾后仰，更不要耷拉肩膀、驼背、含胸等。

肩部放松，手自然下垂，交卧在膝盖上，五指并拢，或一手放在沙发或椅子扶手上，另一只放在膝盖上。勿将双手夹在两腿之间，这样显得胆怯害羞、缺乏自信，也显得不雅。

与人面对面会谈时，前10分钟左右不可松懈，开始就放松地靠在椅背上不礼貌。正面与人对坐会产生压迫感，应当稍微偏斜，这样双方都会感觉轻松自然。

坐时应避免内八字；当跷二郎腿时，悬空的脚尖应朝下或朝向他处，切忌朝天或指向他人，不可上下抖动，更不能把腿架在椅子、茶几、沙发扶手上。

3. 行姿

（1）行姿的基本要求

正确的行姿要求是“行如风”，就是说走起路来要像风一样轻盈。其基本要领是：上身保持站立姿势，头正肩平，目光平视前方，双臂前后自然摆动，步伐适中均匀，身体的重心随着前进的步伐而略向前倾，两脚之间的距离不宜太大。在旅游场合，要保持自己行姿的优美稳健，行走不要过于随意，注意两腿之间的重心转移要协调。步伐不要过快，不能弯腰驼背，不要摇晃肩膀，不要扭腰摆臀，不要左顾右盼，走路过程中脚跟不可以拖地。

（2）几种常见的行姿

1）前行行姿。行走时脚跟先着地，由脚跟向脚尖方向抬脚，注意走直线。要注意使腿部肌肉向内侧拉伸，背部拉长。迈出的脚要脚跟先着地，之后身体的重心再移至全脚，再由脚跟向脚尖方向抬起。男士的步幅一般在50厘米左右，女士的步幅一般在30厘米左右。行走时双臂前后摆动的幅度为30~40厘米。男士在行走时，两只脚踩出的是两条平行线；女士在行走时，两只脚尽可能走在一条直线上（见图2-9）。

图2-9　世博会礼仪小姐行姿训练

2）后退时的行姿。与人告别时，应当先后退两三步，再转身离去，退步时脚轻擦地面，步幅要小，先转身后转头。

（3）旅游服务不同场合中行姿规范

在具体的实践工作中，服务人员的行姿在不同情况下，有着不同的要求和规范，需要特别给予关注。

1）与客人迎面相遇时。在行进过程中，当客人从对面走来，员工应放慢步伐，在离客人大约两米处，目视客人，面带微笑，轻轻点头致意，并且伴随“您好”等礼貌问候语言。在与客人擦肩而过时，员工的头和上身应同时转动并向客人问候，不能斜视他人。在路面较窄的地方，或是在楼道上与客人相遇，应面向客人让客人先行，而不是将后背转向客人。

2）陪同引导客人时。在服务工作中，陪同指的是陪伴客人一同行进。引导指的是在行进中引领客人，为客人带路。服务工作者在进行陪同引导时，要注意以下几点。

与客人同行时，应遵循“以右为尊”的原则，服务人员应处在左侧。若双方单行行进时，则服务人员应居于客人左前方约一米左右的位置。当客人不熟悉行进方向时，不应让其走在外侧。

在陪同引导客人的时候，服务人员的行进速度须尽量配合客人的步幅，如果太快或太慢，都会显得我行我素。

陪同引导时，应及时给客人以关照和提醒。在经过拐角、楼梯或道路坎坷、昏暗之处时，须请对方加以留意。

3）上下楼梯时。作为旅游从业人员，尤其是在饭店工作的员工一定要走指定的楼梯通道，而且要减少在楼梯上的停留时间。在上下楼梯时，应坚持“右上右下”原则，以方便对面上下楼梯的人。另外还要注意礼让客人，如上下楼梯时，出于礼貌，可以请对方先行。在陪同引导中，如果是一位男士和一位女士同行，则应上楼梯时男士行在后，下楼梯时男士行在前。如果是服务人员和客人，则应为服务人员上楼梯时行在后，下楼梯时行在前。

（4）工作中行进姿态的礼仪要求

1）行进中，要有意避开人多的地方行走，切忌在人群中乱冲乱撞，甚至碰撞到客人的身体，这是极其失礼的。

2）在行进中，特别是在人多路窄的地方，对客人更应该礼让三分，让客人先行，而不应抢道先行；若有急事，则应该向对方声明，并道歉。

3）服务人员行走时脚步要轻。第一，行进落脚时不要过分用力；第二，上班不要穿带有金属鞋跟或钉有金属鞋掌的鞋子；第三，上班时所穿的鞋子一定要合脚，否则走动时会发出“啪嗒、啪嗒”的噪音。

4）服务人员在走路时一定要显得稳重大方，保持自己的风度，控制好自己的情绪，更要避免上蹿下跳，甚至是连蹦带跳的失态状况。如有急事要办，可以在行进中适当加快步伐。除非遇上紧急情况，最好不要在工作的时候跑动，尤其是不要当着客人的面突如其来地狂奔而去。那样通常会令其他人感到莫名其妙，产生猜测，甚至还有可能造成过度紧张的气氛。

5）在道路狭窄的地方，服务人员务必要注意避免悠然自得地缓步而行，甚至走走停停，而且应注意避免多人并排而行。在路上一旦发现了自己阻碍了他人，务必让开，请对方先行。

4. 蹲姿

通常人们对掉在地上的东西，一般是习惯弯腰或蹲下将其捡起。在欧美国家人们认为“蹲”这个动作是不雅观的，所以只有在非常必要的时候才蹲下来做某件事情。在日常交际活动中，必须要注重一些蹲姿的礼仪常识，保持美观、大方、端庄的蹲姿。

（1）蹲姿基本要领

下蹲拾物时应自然、得体、大方，脊背保持挺直，头、胸、膝关节应在一个角度上，使蹲姿优美。下蹲时，左脚在前，右脚在后向下蹲，左小腿垂直于地面，全脚掌着地，右脚前脚掌着地，右脚跟提起，左膝高于右膝，臀部向下，上身稍微向前倾，左脚为支撑身体的支点。蹲姿体现了举止礼仪的细节美。

（2）常见的蹲姿

1）高低式蹲姿。下蹲时一般是左脚在前，右脚稍后。左脚应完全着地，小腿基本上垂直于地面；右脚则应脚掌着地，脚跟提起。右膝须低于左膝，右膝内侧可靠于左小腿的内侧，形成左膝高、右膝低的姿态。女性应靠紧两腿，男性则可以适度分开。这种蹲姿的特征就是双膝一高一低，服务人员选用这种蹲姿既方便又优雅。

2）交叉式蹲姿。下蹲时，右脚在前、左脚在后，右小腿垂直于地面，全脚着地。右腿在上，左腿在下，两者交叉重叠。左膝由后下方伸向右侧，左脚脚跟抬起，并且脚掌着地。两腿前后靠近，合力支撑身体。上身略向前倾，臀部朝下。通常适用于女性，尤其是身着裙装的女性。它的优点是造型优美典雅，基本特征是蹲下后双腿交叉在一起（见图2-10）。

（3）蹲姿的注意事项

1）下蹲的时候，切勿速度过快，并注意与他人保持一定的距离，避免彼此迎头相撞。

2）在他人身边下蹲时，最好是与之侧身相向。正面面对他人或是背部对着他人下蹲，通常都是不礼貌的。

3）在大庭广众之前下蹲时，身着裙装的女性一定要注意下蹲的姿势，如下蹲时两膝盖间的距离，同时也要注意不要有弯腰、臀部向后撅起的动作（见图2-11）。

4）蹲姿是在特殊情况下的姿势，所以不可随意乱用。另外，不可蹲在椅子上，也不可蹲着休息。

图2-10 正确的蹲姿

图2-11 不雅的蹲姿

二、体态语言

体态语言包含人的表情、首语和手势以及人际交往的空间距离，是借助于神态情状和肢体动作来传递信息、表达感情、参与交际活动的。有专家认为，在人际交往中，7%的情绪信息由语言传递，声音担负38%，其余55%则靠体态语言等非语言来传递。可见体态语言在人际交往中发挥着重要的作用。

1. 表情

表情是发生在颈部以上（包括眼、眉、鼻、嘴等）各个部位的情感体验的反映，是一个人通过面部形态变化所表达的内心的思想感情。

（1）目光

目光又称眼神，是面部表情的核心，指的是人们在注视时，眼部所进行的一系列活动以及所呈现的神态。人的眼神能表达他的思想感情和对人及事物的倾向性，而且人们普遍对目光具有一定的解读能力。

目光在交际中是通过视线的接触来传递信息的。眼睛被认为是人体传递信息的一个最重要、最清楚和最正确的部位，因为外界的信息约有80%通过眼睛传入大脑。

旅游从业人员的目光应该是热情、礼貌、友善和诚恳的。注视、环视、虚视是常用的几种目光，应该很好地利用它们来调节交际现场气氛。

1）注视。在旅游工作中，常通过目光的正视——平视和注视结合的方式来表达尊重，正视会使人感到你的自信和坦率。视线停留在对方双肩和头顶所构成的一个正方形的区域内，以示态度的真诚。

值得注意的是，除关系十分亲近的人外，一般连续注视对方的时间是在1~2秒钟内。美国人习惯只用1秒钟，而中东一些地区以相互凝视为正常的交往方式。在许多文化背景中，长时间地注视对方都是失礼的行为，被认为是对对方占有空间或势力范围的侵犯，这往往会使对方把目光移开，以示退让，造成心理上的不舒坦，从而影响交际效果。

2）环视。环视是一种频繁而固定地缓慢扫视听众的目光运用方法。环视能够使每一个接受者感到本身没有被忽视，这就在一定程度上满足了他们的交际需要。

3）虚视。虚视是一种似视非视的目光透射技巧，常穿插在注视和环视间，既可削弱注视可能带来的呆板感，又有助于调整环视可能带来的飘忽感。同时可通过这种目光语的变化给别人留下勤勉、机敏的印象。虚视也常用来平复紧张心理，减轻心理压力。

（2）微笑

微笑，古人解释为“因喜悦而开颜”，是一种特殊的语言——情绪语言，其传播功能具有跨越国籍、民族、宗教、文化的性质，几乎在所有的社交场合下，都可以和有声的语言及行动相配合，起到“互补”作用，充分表达尊重、亲切、友善、快乐的情绪，拨动对方的心弦，沟通人们的心灵，缓解紧张的空气，架起友谊的桥梁，给人以美好的享受。微笑服务更是优质服务中不可缺少的内容。

微笑服务可以使被服务者的需求得到最大限度的满足，这是因为微笑服务提供高层次的精神愉悦和心理享受，而且微笑服务是一种“黏合剂”和“增效剂”。所谓“诚招天下客，客从笑中来；笑脸增友谊，微笑出效益”，说明微笑服务往往能够为企业带来意想不到的成功。著名的美国希尔顿饭店业创始人、集团董事长康纳·希尔顿，把一家名不见经传的旅馆，迅速发展成遍及世界五大洲，拥有70多家豪华宾馆的跨国公司，当人们问及他的成功秘诀时，他自豪地说："靠微笑的力量。如果缺少服务员的美好微笑，好比花园里失去了春日的太阳和风。假若我是顾客，我宁愿住进虽然只有残旧地毯，却处处见到微笑的旅馆，而不愿走进有第一流的设备而见不到微笑的地方。"因此，他经常问下属的一句话便是，"你今天对顾客微笑了没有?"他确信，微笑将有助于希尔顿饭店业在世界范围内的发展。

旅游接待微笑服务的基本要求有如下几个方面。

1）发自内心。微笑既然是一种情绪语言的传递，就必须以诚挚为基础。将发自内心的微笑充分运用于接待服务工作之中，对顾客笑脸迎送，并将微笑贯穿服务工作的各个环节。只有发自内心的诚挚微笑，才具有会心的魅力，才能感染对方，发挥情绪沟通的桥梁作用，营造良好的工作氛围并有益于自身的身心健康。

2）始终如一。微笑服务应当贯穿在综合服务工作的全方位、全过程的各个环节中。微笑服务作为规范化服务的重要内容之一，需要进行多方努力才能蔚然成风和持之以恒。为此，作为员工，要善于保持心理平衡，维系一种有助于微笑的良好心态，并通过微笑把尊重传递给对方。只有这样，才能最终发挥微笑服务的作用。

3）胸怀宽阔。服务人员要想保持愉快的情绪，心胸宽阔至关重要。接待过程中，难免会遇到出言不逊、胡搅蛮缠的客人，服务人员一定要谨记"忍一时风平浪静，退一步海阔天空"。我们尊客人为上帝，只有当你拥有宽阔的胸怀时，工作中才不会患得患失，你才能永远保持一个良好的心境，微笑服务也才会变成一件轻而易举的事。

4）"六个一样"。微笑服务要做到领导在与不在一个样；内宾与外宾一个样；消费高与消费低一个样；生客与熟客一个样；心境好与坏一个样；领导与员工一个样。

案例解读

微笑的境界

一位优秀的女服务员脸上总带着真诚的微笑。一次与人聊天，朋友问她："你一天到晚地笑着，难道就没有不顺心的事吗?"她说："世上谁没有烦恼啊? 关键是不要也不应被烦恼所支配。到单位上班，我将烦恼留在家里；回到家里，我就把烦恼留在单位，这样，我就总能有个轻松愉快的心情。"

若是服务人员都能善于做这种"情绪过滤"，就不愁在服务岗位上没有开心的笑容了。

服务人员遇到了不顺心的事，难免心情也会不愉快，这时再强求他们对客人满脸微笑，似乎太不符合心境。可是服务工作的特殊性，又决定了服务人员不能把自己的情绪发泄在客人身上。所以，服务人员必须学会分解和淡化烦恼与不快，时时刻刻保持一种轻松的情绪，让欢乐永远伴随自己，把欢乐传递给每一位客人。

2. 首语

首语通过头部活动来传递信息，包括点头语和摇头语。一般来说，点头表示首肯，也可以表示致意、感谢理解、顺从等意义；摇头则表示否定，还可以表示对抗、高傲的意思。

但首语因文化和环境的差异也具有不同的表现形式。如表示首肯的：塞孟人是将头向前；巴基斯坦旁遮普和信德人是把头向后一扬，然后再靠近左肩；斯里兰卡人是将下巴低垂，然后朝下往左移等。表示否定的：土耳其和阿拉伯人一般将头抬起。在保加利亚和印度的某些地方，他们的首语是“点头不算摇头算”，形式恰好同常规相反。

3. 手势

手势是人们在交往中运用手各种动作变化的姿势来表情达意，是一种极具表现力的体态语言。适当地运用这种无声的信息表达方式，能够收到很好的沟通效果。手势的运用要规范和适度，动作不宜过大，要给人一种优雅、含蓄和彬彬有礼的感觉。在不同的国家、民族和地区，由于文化习俗的不同，手势的含义也有很大区别，同一手势可能表达不同的含义。所以，手势的运用要合乎规范，常用的手势有如下几种。

（1）翘起大拇指

这是中国人最常用的手势，表示夸奖和赞许别人，表示“好”、“妙”、“了不起”、“高明”之意；在韩国，表示“首级”、“父亲”、“部长”和“队长”；在墨西哥、荷兰、斯里兰卡等国家，这一手势表示祈祷幸运；在美国、印度、法国，则是表示要搭车；在德国表示数字“1”；在日本表示数字“5”；在印度尼西亚，伸出大拇指指东西。在尼日利亚，客人来临，要伸出大拇指，表示对来自远方的友人的问候。但在澳大利亚，竖大拇指则是一个粗野的动作，表示骂人。

（2）大拇指向下

世界有相当多的国家和地区都使用这一手势，但含义不尽相同。在中国，把大拇指向下，意味着“向下”、“下面”；在英国、美国、菲律宾，表示“不能接受”、“不同意”、“结束”之义，或表示“对方输了”；墨西哥人、法国人则用这一手势来表示“没用”、“死了”或“运气差”；在泰国、缅甸、菲律宾、马来西亚、印度尼西亚，拇指向下表示“失败”。在澳大利亚，使用这一手势表示讥笑和嘲讽；在突尼斯，向下伸出大拇指，表示“倒水”和“停止”。

（3）向上伸食指

世界上使用这一手势的民族也很多，但表示的意思不一样。中国人向上伸食指，表示数目，可以指“1”，也可指“10”、“100”、“1 000”等这样的整数。在日本、韩国、菲律宾、斯里兰卡、印度尼西亚、沙特阿拉伯、墨西哥等国，食指向上表示只有一个（次）的意思。在美国，让对方稍等时，要使用这个手势。在法国，学生在课堂上向上伸出食指，老师才会让他回答问题。在新加坡，谈话时伸出食指，表示所谈的事最重要。在缅甸，请求别人帮忙或拜托某人某事时，都要使用这一手势。在澳大利亚，在酒吧、饭店向上伸出食指，表示“请来一杯啤酒”。在墨西哥、缅甸、日本、马来西亚，这一手势表示顺序上的第一。在中东，用食指指东西是不礼貌的。

（4）中指和食指交叉相叠

在中国内地，中指和食指交叉相叠表示数目“10”和“加号”；在中国香港地区，这一手势则表示“关系密切”。在英国、美国、法国、墨西哥、新加坡、菲律宾、马来西亚，这一手势表示“祝愿”、“祈祷幸运”；在澳大利亚，表示“期待”、“期盼”；在斯里兰卡，表示“曲折”和“邪恶”；在印度，表示“结束”、“完成”；在荷兰，表示“发誓”、“赌咒”或指“对方撒谎”；在尼日利亚，表示东西或数字“相加”。

（5）伸出食指和中指

在欧洲绝大多数国家，人们在日常交往中常常伸出右手的食指和中指，手掌向外，做“V”形（英语单词 Victory（胜利）的第一个字母）表示“胜利”。这种手势是二战时的英国首相丘吉尔首先使用的，现在已广为流传。世界大多数地区用此手势示数时表示“2”，在我国也表示数字“2”。如果掌心向内，在西欧则表示“侮辱”、“下贱”之意；在英国则指“伤风败俗之事”；在希腊，做这一手势的时候，即使手心向外，如手臂伸直，也有对人不恭之嫌。

（6）OK 手势

OK 手势源于美国，用大拇指和食指相接成圆形，其余三指伸直，掌心向外，表示“同意”、“很好”、“顺利”的意思。而在法国则表示“零”或“没有”；在日本、缅甸、韩国、缅甸是表示“金钱”；在泰国表示“没问题”、“请便”；在印度表示“正确”、“不错”；在突尼斯表示“傻瓜”。

4. 人际交往空间距离及其影响因素

人与人之间需要保持一定的空间距离。任何人都需要有一个自己的空间，它就像一个无形的“气泡”一样为自己“割据”了一定的“领域”。而当这个自我空间被人触犯就会感到不舒服、不安全，甚至恼怒起来。

一位心理学家做过这样一个实验：在一个刚刚开门的大阅览室里，当里面只有一位读者时，心理学家就进去拿椅子坐在他或她的旁边。试验进行了整整 80 人次。结果证明，在一个只有两位读者的空旷的阅览室里，没有一个被试者能够忍受一个陌生人紧挨自己坐下。可见，交往双方的人际关系以及所处的情境决定着相互间自我空间的范围。

（1）人际交往空间距离

由于交往性质的不同，人际交往空间的距离也有所不同。美国人类学家爱德华·霍尔博士认为，人在社会中与他人交往而产生的关系，其远近亲疏是可以用界域或距离的大小来衡量的。根据交往关系的不同程度，可以把人际交往空间距离划为四种。

1）亲密距离 。亲密距离为 50 厘米以内，这是人际交往中的最小间隔。一般来说，关系越密切，自我空间的范围就越小。

最亲密的距离在 15 厘米以内，即我们常说的“亲密无间”。交往双方彼此间可以肌肤相触，耳鬓厮磨，以至相互能感受到对方的体温、气味和气息。常发生于家庭成员、恋人与密友之间，是为了表现爱抚、安慰、保护等动作所必需的距离。

处于 15 ~ 50 厘米之间的距离，是身体不互相接触，但可以用手相互摸触到的距离，如挽臂执手或促膝谈心等，多用于兄弟姐妹、好朋友之间。

亲密距离属于私下情境，在同性之间往往只限于无话不谈的贴心朋友，可以不拘小节，而在异性之间只限于夫妻或恋人。因此，在人际交往中，不属于亲密距离内的人不要随意闯入这一空间，否则会引起对方的反感或被误解。

2）个人距离。个人距离为 50 ~ 120 厘米，这是人际间隔上稍有分寸感的距离，表现为较少的身体接触。

个人距离的近范围为 50 ~ 80 厘米，这是与熟人交往的空间距离，正好能相互亲切握手和友好交谈。

个人距离的远范围为 80 ~ 120 厘米，这是双方伸直手臂可以互相触到的距离，任何朋友和熟人都可以自由地进入这个空间。

在通常情况下，关系较好的朋友之间交往所保持的距离更趋向于近距离，而关系一般的朋友之间交往所保持的距离更趋向于远距离。

3）社交距离。社交距离为120～360厘米，超出了亲密或熟人的人际关系，没有直接的身体接触，体现了一种社交性或礼节上的较为正式的关系。

社交距离的近范围为120～210厘米，一般在工作场合和公共场所，人们都保持这种程度的距离。

社交距离的远范围为210～360厘米之间，表现为一种更加正式的交往关系，是会晤、谈判或公事上所采用的距离。例如，一些身份和地位较高的人与下属谈话时，需要与下属之间保持一定的距离，常常用一个大而宽的办公桌，并将下属的座位放在离桌子一段距离的地方来保持距离。国家领导人之间的谈判、上级和下级谈公务性的事情、工作招聘时的面谈等，往往都要隔一张桌子或保持一定距离，这样就增加了一种更为庄重的气氛。

4）公众距离。公众距离处于360～750厘米，这是人际接触中界域观念最大的距离。这种距离使人际沟通大大减少，很难进行直接交谈，是一个几乎能容纳一切人的“门户开放”的空间。这种距离是演讲、作报告、文艺演出时与听众、观众之间应当保持的距离。所以在这些活动的过程中常用手势、动作、表情等辅助行为来加强人际交往的效果，以缩短距离和实现有效的沟通。

在人际交往中，亲密距离与个人距离通常都是在非正式社交中使用，在正式社交场合则使用社交距离或公众距离。

（2）影响人际交往空间距离的因素

人际交往空间距离不是固定不变的，它具有一定的伸缩性，这主要是由民族差异、文化背景、性别、社会地位、年龄、性格、情绪和环境等因素决定的。

1）民族差异、文化背景对交往空间距离的影响。同是亚洲人，日本人要求的空间距离相对较近，而中国人则希望空间距离相对较远；同是美洲人，北美洲人要求空间的距离远一些，而南美洲人交谈时则喜欢距离近一些；同是欧洲人，法国人喜欢较近的距离，而英国人则不喜欢近距离。东西方文化的差别对空间距离的影响就更大一些，例如，美国人喜欢与对方保持三四步远的距离，而日本人则喜欢与对方保持较近的距离。

2）性别不同对交往空间距离的影响。女性比男性的交往空间距离要小一些，女性之间相聚也比男性的距离小，而女性往往坐在她喜欢的异性身边，男性往往坐在他喜欢的异性对面。女性反感陌生男子坐在自己的旁边，而男性反感陌生女子坐在自己的对面。

3）社会地位对交往空间距离的影响。地位较高的人总是有意识地与下属保持较大的空间距离，让对方感受到不可轻易接近而保证自己获得足够的权威感。因此，与领导、上级打交道时，最好和他们保持一定的距离，不要“冒犯”他们的威严。

4）年龄对交往空间距离的影响。年纪较大的人与年纪较小的人相处，双方都会有缩小空间距离的愿望和要求。当我们与老师、家长、领导、长辈相处时，特别是希望得到他们的指教和帮助时，为了表达我们的诚恳与迫切，我们最好站在他们的旁边，而且距离应当尽量近一些。同龄人之间则要求扩大交往距离，特别是初次交往的同龄人之间，在洽谈生意、交流信息时，应保持远一些的距离，否则，可能引起反感与不快。

5）性格对交往空间距离的影响。性格开朗外向的人比性格内向的人交往空间距离要小一些。外向的人一般乐意接近他人，对主动侵入者不会很反感；而性格内向的人一般不愿意主动接近他人，希望他所喜欢的人能主动靠近他们。因此，与外向的人打交道距离可以近些，与内向的人打交道距离可远一些。

6）情绪对交往空间距离的影响。人的情绪是影响交往空间距离主要的因素，当处于兴奋状态时，交往空间距离会小一些；而当生气或情绪压抑时，交往空间距离会扩大，甚至连亲朋好友也会拒之门外。

7）环境对交往空间距离的影响。环境也是制约交往空间距离的重要因素，在空旷的环境里空间距离比狭小的环境里的空间距离要大。在空旷的公园或广场，如果有一位和你素不相识的人离你很近，一定会让你觉得紧张不安，甚至会产生疑虑或惊慌。但如果是在拥挤的公共汽车或电梯里，则不会有这种感觉。在人们无法保持足够的空间距离的时候，往往通过躲避彼此的视线来保持一定的距离。

情境实训与习题

一、思考题

1. 旅游场合女士的仪容包括哪几个方面？
2. 在旅游接待工作中，首饰的佩戴有哪些禁忌？
3. 规范的站姿、坐姿、行姿及蹲姿要注意哪些问题？
4. 人际交往有哪几种空间距离？在旅游接待工作中应如何把握？

二、礼仪实训题

1. 按照标准的站姿要求背靠墙训练，要求后脑勺、双肩、臀部、小腿及脚后跟都紧贴墙壁站立。也可以两人一组，背靠背站立训练。放轻音乐，训练不同的站姿。
2. 走直线或顶书而行，要求眼睛平视前方，收腹、挺胸、面带微笑；练习背小包、拿文件夹或公文包、穿旗袍时的行走姿势。
3. 练习入座的姿势和几种不同的坐姿，注意入座时女生有理裙的动作。
4. 用技术比武的方式练习领带的系法，要求至少会两种以上，看谁系得又快又好。
5. 组织一次专业化妆师讲座，观摩女士化妆的全过程。

三、案例分析题

服饰与企业形象

“你永远只有两分钟，前面一半用来让人认识你，后面一半用来让人喜欢你。”这是美国形象大师罗伯特·庞德给年轻人的金玉良言。在我国和西方的很多大型企业，管理者不惜重金进行员工的形象培训，有的明文规定企业的着装要求，有的为员工订做价格不菲的职业套装，有的甚至聘请专门的礼仪公司指导员工的穿衣打扮……

美国公司通常直截了当，上班第一天就明确告诉你哪些着装是允许的，哪些是触犯禁忌的，具体细节有何规定等。日本公司则相对比较含蓄，他们不会把这些要求以文字形式列入公司制度，而是将公司的着装要求以图片展的形式贴在公司的醒目位置，如走廊、大厅等处，只要稍微留心，你自然就会明白公司的“良苦用心”。欧洲公司就更含蓄了，既不会有明文规定，也不设置什么图片展，而是通过老员工以身作则的方式，让新员工自己去领会。

1. 分析国内外的企业为什么如此注重员工的着装打扮，谈谈旅游从业人员在正式场合该如何着装。

2. 在个人礼仪方面你有何优点和缺点？你将如何规范自己的仪容、仪表、仪态？

学习情境三
旅游从业人员日常交往礼仪

学习目标

知识目标：了解旅游接待中见面、言谈、通信、接待与拜访和馈赠等日常交往的各种礼仪规范。

技能目标：掌握言谈礼仪、通信礼仪技巧的运用；掌握称呼、介绍、名片握手礼仪；能正确规范地使用电话从事旅游接待活动。

能力目标：能运用所学知识，熟练应对旅游接待工作过程中的各种情境。

导入案例

如此服务用语

在某地一家饭店餐厅的午餐时间，来自台湾的旅游团正在用餐，当服务员发现一位70多岁的老人面前是空饭碗时，就轻步走上前，柔声说道："请问老先生，您还要饭吗?"那位先生摇了摇头。服务员又问道："那先生您完了吗?"只见那位老先生冷冷一笑，说："小姐，我今年70多岁了，自食其力，这辈子还没落到要饭吃的地步，怎么会要饭呢？我的身体还硬朗着呢，不会一下子完的。"

从以上案例可知，言语交际礼仪在旅游工作中具有非常重要的作用，提高言谈礼仪技巧是每一个旅游从业人员的必备课。在旅游工作中，语言表达往往要考虑整体的环境、对方的心理等情况，否则很可能会因表达不合语法、不合规范或不注意对方的年龄、禁忌等在无意中伤害了客人。

任务一　见面礼仪

在日常交往中，旅游从业人员与他人见面，尤其是初次见面，是否知礼，关系到交往对象对自己第一印象的评判。首轮效应理论认为，人们对交往对象的第一印象主要来自双方接触之初所获取的信息以及由这些信息所做的判断。

一、称呼礼仪

称呼的运用与对待客人的态度直接相关，是给对方的第一印象，因此，如何称呼客人至关重要。尊重客人，首先要从尊重客人的姓名开始，从有礼貌的、友好的称呼开始。在与客人交往时，我们既要学习掌握称呼的基本规律和通行的做法，又要特别注意各国之间的差别。本着礼貌、亲切、得体的原则，必须使用正确的称呼。

1. 世界各国人的姓名构成

称呼往往离不开人的姓名。为此，在人际交往进行称呼时，需要了解世界上各个国家人的姓名构成情况。世界上各个国家人的姓名构成大体上可分为三类。

（1）姓加名

姓在前，名在后。这类构成的姓名多在亚洲的一些国家。例如，中国、日本、朝鲜、柬埔寨、越南等国家。

这些国家人的姓名构成也不尽相同。例如，日本人的姓名均用汉字来书写，读音则与汉字完全不同。日本人的姓名一般以四个字为多，姓以两个字为最多，占80%以上。日本妇女在婚前使用父姓，婚后使用夫姓，本名则一直不变。

日本人的姓有12万之多，常见的有40多个。日本人姓名书写时常把姓与名分开写，姓与名中间空上一个字的位置，如“田中 角荣”、“小泽 一郎”、“桥本 龙太郎”等。

（2）名加姓

名在前，姓在后。这类构成的姓名主要分布在欧美、中东、澳洲以及亚洲的印度、泰国、菲律宾、老挝等国家和地区。其姓名构成的顺序是“名+姓”，如“理查德·尼克松”，其中“理查德”是名字，而“尼克松”是姓氏。有的人的姓名是“名+名+姓”三部分构成，一般来说中间名比较复杂，第一名常是教名。

这些国家中的女士在婚前有自己的姓名，而结婚后则有些变化，其姓名构成的顺序为“本人名+丈夫姓”（或再加自己的原姓），如“玛格丽特·撒切尔”这一姓名中，“玛格丽特”为其本名，而“撒切尔”则是其丈夫的姓。有时有一定社会地位或社会影响的女士，婚后则会仍保持原姓名不变，主要是显示其地位的独立性。

这些国家人的姓名在书写时，习惯上名字可缩写成一个字母，但姓不能缩写。英国习惯名字全缩写，而美国则习惯只缩写中间名。

有些英美人士的姓名前会冠以“小”字，例如，“小乔治·威廉斯”。这个“小”字与其年龄无关，而是表明他沿用了其父名或父辈的名字。

在名加姓的这类国家和地区中，具体到不同的国家或地区人的姓名构成也略有差别。

（3）有名无姓

这类国家很少，主要是以缅甸、印度尼西亚的爪哇族为主。这些民族也有其办法来区分人与人之间的称谓与差别。例如，缅甸人名字前常冠以表示性别、长幼、地位的字眼，如“杜”意为女士，“玛”意为姐妹，“郭”意为平辈，“哥”意为兄弟，“波”意为军官，“塞耶”意为老师。如一缅甸男子名“刚”，同辈称他为“哥刚”，如果有一定社会地位则被称为“吴刚”，如果是军官则被称为“波刚”。

2. 几种主要的称呼方式

（1）一般性称呼

一般性称呼适用在普通场合，即直接称呼他人的姓氏或姓名。直接称呼姓名一般限于平辈的同事、朋友和熟人之间，夫妻之间、长辈对晚辈、老师对学生、上级对下级也可直接称呼他人的姓名。对于夫妻之间、关系较亲密的同事、熟人之间，可不称姓而直呼其名，夫妻之间还可以用昵称。

（2）泛指的敬称

泛指的敬称主要是指“先生”、“小姐”、“夫人”一类可广泛使用的性别性称呼，它几乎适用于任何场合。对男性一般统称为“先生”，如果知道对方姓名或职业，也可在称呼前搭配使用，如“张先生”、“律师先生”、“秘书小姐”、“护士小姐”，一般用于初次见面或较为正式的场合。

（3）职业性称呼

在已经知道对方姓氏或姓名的基础上又了解其职业时，最好使用职业称呼。如“张律师”、“刘老师”、“金医生”等。

（4）职务性称呼

在已经知道对方姓氏或姓名的基础上，又知道其职务，最好使用职务称呼，如“林董事长”、“李处长”等。这样可以使客人产生一种地位感、成就感和自身价值得到认可的感觉。

（5）职称性称呼

对于具有职称者，直接以其职称相称，也可以在职称前加上姓氏，一般适用于较正式的场合，如“教授”、“李工程师”等。在职称中有副职的，称呼时应省去“副”字而直接称呼，如不称“张副教授”而直接称呼为“张教授”，这样可以使客人尊贵的身份得以体现。

（6）亲属性称呼

关系密切的宾主之间，可使用亲昵称呼，如“大伯”、“叔叔”、“阿姨”等。

（7）荣誉性称呼

对军界人士，可以用其军衔相称。称呼军衔而不称呼职务是国外对军界人士称呼最通用的做法。在进行称呼时可以只称军衔，如“将军”、“上校”；军衔之后加上“先生”如“少校先生”；称呼姓氏后面加军衔，如“朱元帅”；先称姓氏军衔，再加先生，如“王上校先生”，不过这是在相对正式的场合使用。

3. 称呼禁忌

在交往中，称呼不当就会失敬于人、失礼于人，后果不堪设想。

（1）避免使用错误的称呼

称呼对方时，记不起对方的姓名或张冠李戴、叫错对方的姓名都是极为不礼貌的行为，是社交中的大忌。

外国人的姓名，在构成和排列顺序上同中国人的姓名有很大的差别，如果没有听清楚或没有把握，宁可多问对方几次，也不要贸然叫错。

对被称呼者的年龄、辈分、婚否以及同其他人的关系做出错误判断，也会出现错误的称呼，例如，将未婚妇女称为“夫人”等。

（2）避免使用易产生误会的称呼

不论是自称还是称呼他人，注意不要使用让对方产生误会的称呼。例如，中国人爱把自己的配偶称为“爱人”，而外国人则将“爱人”理解为婚外恋的第三者；再如，不要使用“同志”、“老人家”等易让外国人产生误会的称呼。

不要使用过时的称呼或者不通用的称呼，以免对方不知如何理解。例如，称上司为大人。

（3）避免使用带有歧视、侮辱性的称呼

在正式场合，不要使用低级、庸俗的称呼或用绰号称呼，如“哥们儿”、“姐们儿”等。在任何情况下，绝不能使用歧视性、侮辱性的称呼，如“老毛子”、“乡巴佬”、“黑鬼”等。

（4）不使用称呼

有些场合，没有使用称呼，代之以“喂”、“嘿”或数字代码等来称呼他人，是极其不礼貌的。

总之，称呼是人们在交往应酬时，用以表示彼此关系的名称用语，不论是在口头语还是在书面语中，称呼对交往都十分重要。正确的称呼对展示个人素质和旅游企业的形象及形成融洽的服务氛围有积极的作用。

二、介绍礼仪

介绍是一切社交活动的开始，是人际交往中与他人沟通、建立关系、增进了解的一种最基本、最常见的形式。在旅游接待活动中，介绍可缩短服务人员与客人之间的距离，广交朋友，增进彼此的了解，消除不必要的误会和麻烦。

1. 自我介绍

自我介绍是指主动向他人介绍自己，或是应他人的要求而对自己的情况进行一定程度的介绍。进行自我介绍时要掌握好自我介绍的艺术，必须注意以下几个方面。

（1）有针对性

自我介绍要根据不同场合、对象和实际需要有目的、有选择性地进行介绍，不能够千人一面。一般性的应酬，介绍要简单明了，通常介绍姓名就可以了。工作性的自我介绍还要介绍工作单位和具体从事的工作。社交性的自我介绍则还需进一步介绍兴趣、爱好、专长、籍贯、母校、经历及与交往对象某些熟人的关系等，以便进一步交流和沟通。

（2）内容真实

自我介绍应当实事求是、态度真诚，既不要自吹自擂、夸夸其谈，谎报自己的职务，吹嘘自己的才能，谎称认识许多社会名流等，也不要自我贬低、过分谦虚。恰如其分地介绍自己才会给人诚恳、可以信任的印象。

（3）把握时机

自我介绍要寻找适当的机会，例如，当对方正与人亲切交谈时，不宜走上前去进行自我介绍，以免打断别人的谈话。在对方有兴趣、有需要时适时介绍，最好是能接过话头，自然地引入介绍。例如，有人问：“小姐，请问怎么称呼？”这说明时机已到。而当对方一个人独处或者与人闲谈时，不妨见缝插针，抓住时机进行自我介绍。

（4）讲究艺术

自我介绍要看场合，如与一人会见，问好后便可开门见山进行自我介绍。此外，进行自我介绍前，也可以引发对方先做自我介绍，诸如“请问您贵姓”、“怎么称呼您”等，待对方回答后再顺水推舟地介绍自己。

2. 介绍他人

介绍他人，通常是指由某人为彼此不认识的双方互相介绍和引见的一种认识方式。介绍他人通常由具有下列身份的人承担：一是社交活动中的尊者；二是公务交往中的专职人员；三是熟悉被介绍双方情况者；四是应被介绍者一方或双方要求者；五是在交际应酬中被指定的介绍者。

（1）介绍的顺序

为他人做介绍的时候，要把握好介绍的顺序，应该遵守“尊者优先知情”的规则。也就是说，在为他人做介绍的时候，应先将位卑者介绍给位尊者，再把位尊者介绍给位卑者。下面是为他人做介绍时的顺序：为长、晚辈相互介绍时，先介绍晚辈，再介绍长辈；在为男士、女士相互介绍时，先介绍男士，再介绍女士；在为已婚、未婚者相互介绍时，先介绍未婚者，再介绍已婚者；在为同事、朋友与家人相互介绍时，先介绍家人，再介绍同事、朋友；在为来宾与主人相互介绍时，先介绍主人，再介绍来宾；在为社交场合中先到、后到者相互介绍时，先介绍后到者，再介绍先到者；在为上、下级相互介绍时，先介绍下级，再介绍上级。

上述介绍顺序的情况中有时会彼此交叉，比如，年长却职位低，年轻却职位高。在这种情况下，应根据当时具体交往的情境、对象的特点，综合权衡交叉情况中的轻重，采取“择重确定”的原则，若在这种情境中，尊重年长比尊重职位更重要，那么就先介绍年轻者，再介绍年长者。

（2）介绍的注意事项

作为介绍者在为双方介绍时，除了注意介绍的顺序外，还应注意以下几个方面。

1）介绍前，先要了解双方是否有相识的愿望，不要贸然行事。了解双方是否有相互认识的愿望，主要靠生活的经验来观察和感受，在介绍时应打一下招呼，切勿上去开口就讲，让人感到突如其来，措手不及。

2）根据交往的场合和目的确定介绍的方式。社交的场合、目的往往不同，作为介绍者就要根据具体的情况，采取恰当的介绍方式。比如，介绍是简介式的，还是复杂式的；是强调式的，还是平叙式的；是引见式的，还是推荐式的等，不可千篇一律。

3）为他人做介绍时，介绍的程度一般应是双方对称的。也就是说，将甲方介绍的程度与将乙方介绍的程度应该大体一致，不能对一方介绍得很详细，而对另一方介绍得却很简略，这样介绍会给人以厚此薄彼的感觉，是失礼的。

4）介绍的内容一定要真实、准确。对被介绍者的情况在做介绍时一定要清楚，特别是涉及的单位、姓名、职务、职称、头衔等一些最基本的情况，一定要实事求是，不可想当然或夸大其词，必要时，可说明被介绍者与自己的关系，便于相互了解与信任。

5）介绍时，注意介绍的举止要大方、得体，可微笑着注视对方，同时可伴以必要的手势来示意，但切记不能用手指指点点，因为那是十分不礼貌的。同时，介绍的语言要简练，声音大小适当。

3. 介绍集体

介绍集体是介绍他人的一种特殊形式，分以下三种情况：一是将一人介绍给大家；二是将大家介绍给一人；三是双方人数都较多。

这时应遵循的原则是：先主后客；先卑后尊；具体介绍到个人时，先尊后卑。人数较多的多方介绍，这时应由尊而卑。

4. 介绍的仪态要求

作为介绍人在为他人做介绍时，应态度热情友好、动作文雅大方。

介绍人在为被介绍者互相介绍前，最好先与双方打好招呼。在介绍一方时，应先以微笑的目光把另一方的注意吸引过来，再使用手势进行介绍。正确的手势应掌心向上，四指并拢，胳膊略向外伸，指向被介绍者，不可用手拍打被介绍者的肩、头、背等部位，也不要用拇指或食指比划被介绍的任何一方。在介绍的时候说话要清楚，不能含糊其辞。要注意进行介绍时的先后顺序，同时也要避免过分颂扬某一方。

5. 被介绍时的仪态

在介绍他人时，介绍者与被介绍者都要注意自己的表达、态度与反应。被介绍者在介绍者询问自己是否有意认识某人时，一般不应加以拒绝或扭扭捏捏，而应欣然表示接受。实在不愿意时，则应说明缘由。

当介绍者走上前来，开始为被介绍者进行介绍时，被介绍者双方均应起身站立，面含微笑，大大方方地目视介绍者或对方，神态庄重、专注。

当介绍者介绍完毕后，被介绍者双方应依照合乎礼仪的顺序进行握手，并且彼此问候对方。此时的常用语有“你好”、“很高兴认识你”、“久仰大名”、“认识你非常荣幸”、“幸会，幸会”等。必要时，还可做进一步的自我介绍。

被介绍者此时不要有意拿腔拿调、硬端架子，显得瞧不起对方或是心不在焉，疲于应付；也不要奴颜婢膝，低三下四，阿谀奉承，刻意讨好对方。

三、名片礼仪

名片在中国古代称名刺，是标示姓名、单位和联系方法的纸片。名片是社交场合用来表示个人身份的卡片，其格式是：工作单位在名片的正面上方，中间有姓名、职务，下方是邮政编码、地址、电话、电子邮箱等联系方式。名片的反面可以是相同内容的外语，也可以说明业务范围。目前，名片已成为人们社交活动的重要工具。

1. 名片的作用

名片在现代社会人际交往中有着重要的交际作用，主要体现在以下 8 个方面。

1）自我介绍。在人际交往中，特别是初次见面时，相互赠送名片可以起到自我介绍的作用。不仅可以节省时间，同时还可以留下深刻的印象，产生很好的交往效果。

2）业务推广。公务名片上一般会列有单位的一些信息，为此，可以充分利用这些信息进行业务联系和宣传，扩大交际范围，争取潜在的合作伙伴。

3）结交朋友。在人际交往活动中，自己主动递上名片就意味着对对方的友好、信任和希望进行交往之意。为此，巧用名片，可以为结交朋友“铺路架桥”。

4）信息储存。名片易于存放，易于保存交往的信息。因此，它犹如一个“袖珍通信录”，利用它可以随时保存和提取所需要的交往资料，为维持关系、继续交往提供良好的基础。

5）保持联系。有了名片，就有了彼此联系的方式，就像彼此架起了沟通的桥梁和纽带，平时就可以经常地进行联络，互通情况，建立新关系。

6）拜会他人。初次到他人居所或工作单位进行拜访的时候，可将自己的名片递交给对方的门卫或秘书、家人，由其转交给被拜访者，以便对方知晓拜访者，决定是否会见。这种做法比较正规，可避免冒昧造访。

7）简短留言。当被拜访人不在或需要请人转达某件事情的时候，可在名片下写下一些字，然后将它留下；或一字不写，托人转交。这样做，会使对方有“如见其人，如闻其声”的感觉，不会误事，留下好印象。

8）用做短信。名片有时也可发挥会见、拜访、祝愿、感谢、慰问、推荐、代信等作用。根据交往的需要，当在人际交往中表示拜访、慰问、祝愿、答谢等情况时，酌情在自己的名字下边写下简单的话语即可。

2. 名片交换的时机

在社交活动中，遇到下列时机时，需要将自己的名片递交给对方，或与对方交换名片：

1）希望认识对方；

2）表示自己重视对方；

3）被介绍给对方；

4）对方提议交换名片；

5）对方向自己索取名片；

6）初次登门拜访对方；

7）通知对方自己变更个人信息；

8）打算获得对方的名片。

3. 递送名片的礼节

1）事先把名片准备好，放在易于取出的地方。

2）向对方递送名片时，要用双手的大拇指和食指拿住名片上端的两个角（见图3－1），名片的正面朝向对方，以便对方阅读，眼睛友好地注视对方，恭敬地递过去。同时配以口头的介绍和问候，如“您好，认识一下，这是我的名片”、“这是我的名片，请多关照”、“这是我的名片，以后多多联系”等。

3）当与多人交换名片时，一是要注意先后顺序，一般可按由尊而卑或者由近而远的顺序依次递送，切不可挑三拣四，“跳跃式”递送；二是以独立身份参加活动的来宾，都应该递送名片，以免使人有厚此薄彼之感；三是忌讳向一个人重复递送名片或遍地撒网式地滥发自己的名片。

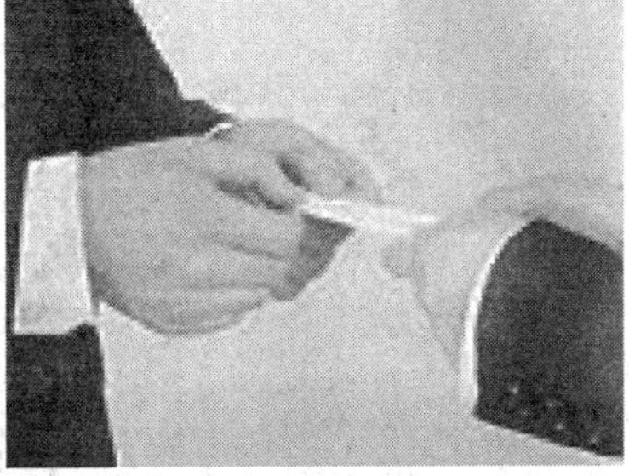

图3－1　名片的接递

4）初次相识，双方经介绍后，如果有名片则可取出名片送给对方。如果是事先约定好的面谈，或事先双方都有所了解，不一定忙着交换名片，可在交际结束、临别之时取出名片递给对方，以加深印象，表示愿意保持联络的诚意。

4. 得体地接受名片

接受他人的名片时，应尽快起身或欠身，面带微笑，眼睛要友好地注视对方，并口称“谢谢”，使对方感受到你对他的尊重。

接过名片后，应认真阅读一遍，必要时可将对方的姓名、职务，特别是较高的或较重要的职务轻声地念出来，以示敬重，看不明白的地方可以向对方请教。要将对方的名片郑重收藏于自己的名片夹或上衣口袋里，或者办公室显著的位置。接受了对方的名片，不要看也不看就放入口袋或者随手放在一边，也不要将其他东西压在名片上或拿在手里随便摆弄，这都是对对方的一种不恭。

妥善收好名片后，应随之递上自己的名片。如果自己没有名片或者没带名片，应首先向对方表示歉意，再如实说明原因，如“很抱歉，我没有名片”、“对不起，今天我带的名片用完了”。如果接受了对方的名片而不递上自己的名片而又不解释一下原因，是非常失礼的。

四、握手礼仪

握手是人们见面和离别时相互致意的最普遍的方式之一。此外，它还可成为感谢、慰问、祝贺或相互鼓励的表示。握手的力度、姿势和时间的长短往往能够表达出对握手对象的不同礼遇和态度，显露自己的个性，给人留下不同印象，从而赢得交往的主动。

1. 握手的正确姿势

握手时要注意姿势（见图 3-2），一般在距离对方约一步远的地方站立，上身略微前倾，自然伸出右手，四指并拢，拇指张开，掌心向上或略微偏向左，手掌稍稍用力握住对方的手掌，上下稍许晃动几下后松开。握手时要注视对方，面露笑容，以示真诚和热情，同时讲问候语或敬语。

图 3-2　握手的姿势

2. 握手的顺序

握手是现代国际上通行的见面礼仪形式，在正式场合，握手时伸手的先后顺序是由握手人双方所处的社会地位、年龄、性别等各种条件决定的，握手应遵守“尊者决定”的原则。

在旅游接待工作中，一般情况下，服务人员不要主动与客人握手。握手礼仪中，长辈伸手后，晚辈才能伸手相握；上级伸手后，下级才能接握。

在男士与女士之间，男士要等女士先伸手后才能握手，一般只宜轻轻握女士的手指部位，如果女士无握手之意，男士则应鞠躬或点头致意；当然，如果男方为长者，则遵照长幼原则，男方可以先伸手。

如果需要和多人握手，握手时要讲究先后次

序，即先年长者后年幼者，先老师后学生，先女士后男士，先已婚者后未婚者，先上级后下级。（如果人数较多，可以只和几个主要的人握手，向其他人点头示意。）在宾主之间，主人应向客人先伸手，以示欢迎。

3. 握手的力度

握手的力度要因人而异，把握分寸，既不能有气无力，也不能过分用力，以不轻不重、适度为好。男士和女士握手一般不能握得太紧，但老朋友可以例外，但也不能握痛对方的手。

4. 握手的时间

握手的时间长短应根据双方的身份和关系来定，一般时间为 1 ~ 3 秒。初次见面时，应该立刻握住对方伸出的手，稍稍用力一下，即可分开。朋友相逢，握手时间可以延长。但不管怎样，握手时间不宜过长或过短。时间过短，给人以应付、走过场的感觉；时间过长，尤其与异性朋友或初次相识者握手时间过长，是失礼的表现。

5. 握手的禁忌

1）贸然伸手。即遇到上级、长者、贵宾、女士时，自己不能抢先伸手，否则视为失礼。

2）目光游移。即握手时精神不集中，左顾右盼，心不在焉，脸上毫无表情。

3）久握不放。在人多的情况下，只顾与一人握手，忽视冷淡别人或影响对方与他人握手，都属失礼。

4）握手时争先恐后地与正在握手的人交叉握手。

5）敷衍了事。即握手时漫不经心地应付。

6）在需握手的场合，本应先伸手却没有主动伸手。

7）在对方伸手后，自己犹豫不决，出手慢慢吞吞。

五、其他见面礼仪

1. 微笑礼

在旅游接待和社交场合与人见面时，莞尔一笑是最好的一种表达欢迎和友好的方式。当客人进入服务区域或是客人与自己相距较近或四目相对时，应面含笑意，配合柔和的目光伴以亲切的问候，给人以温暖友善之感。

2. 点头礼

点头礼也就是颔首礼。点头礼的做法是头部向下轻轻一点，同时面带笑容。注意不要反复点头不止，点头的幅度不宜过大。点头礼适用的范围很广，如路遇熟人或与熟人、朋友在会场、剧院、歌厅、舞厅等不宜交谈之处见面以及遇上多人而又无法一一问候之时，都可以点头致意。旅游从业人员在迎送客人时，没有必要正式鞠躬行礼却又需要向对方示意的场合可以点头致意。行点头礼时，最好摘下帽子，以示对对方的尊重。

图 3－3　挥手礼

3. 挥手礼

挥手礼也叫举手礼。举手致意应全身直立，面向对方，至少上身与头部要朝向对方，在目视对方的同时应面带微笑。致意时应手臂自下而上向侧上方伸出，手臂既可以略有弯曲（见图 3－3），亦可全部伸直，掌心向外，五指略弯曲，指尖朝向上方，轻轻横摆一下即可，不要反复摇动。

4. 鞠躬礼

鞠躬礼是向他人表示尊重和敬佩的一种郑重其事的表达方式。在日本、韩国和中国使用较为普遍，欧美国家则较少使用。

（1）行鞠躬礼的方法

行礼时面对对方，必须伸直腰、脚跟靠拢、双脚脚尖处微微分开，目视对方，视线由对方脸上落至自己的脚前 1.5 米处（15°礼）或脚前 1 米（30°礼）处。男性双手放在身体两侧，女性双手下垂交叠置于腹前。鞠躬的幅度可根据施礼对象和场合决定，90°鞠躬礼属最高礼节，一般用于三鞠躬；在日本，人们习惯行 60°～90°的鞠躬礼；45°鞠躬礼通常用于下级向上级、学生向老师、晚辈向长辈以及服务员向来宾行礼；15°鞠躬礼用于一般的应酬，如问候等。

行鞠躬礼必须注目，不可斜视，受礼者也同样。受鞠躬礼者要还以鞠躬礼，地位较低的人要先行鞠躬礼，且鞠躬的幅度要相对大一些。当然，上级、长辈或尊者在行礼时，可以欠身点头而不必鞠躬。

知识拓展

日本的鞠躬礼

图 3－4　跪坐鞠躬礼

在日常交往中，日本人通常都爱以鞠躬作为见面礼节。鞠躬礼分立礼和跪坐礼两种，立礼即站立鞠躬礼，跪坐礼（见图 3－4）即跪坐时的鞠躬礼。在行鞠躬礼时鞠躬度数的大小、鞠躬时间的长短以及鞠躬次数的多少，往往会同向对方所表示的尊敬程度成正比。妇女与他人见面时是鞠躬而不握手的。在行见面礼时，必须同时态度谦恭地问候交往对象。与他人初次见面时，通常都要互换名片，否则即被理解为是不愿与对方交往。

（2）鞠躬礼的适用场合

在中国，鞠躬礼通常用来表示“由衷的敬意”或者向他人表达深深的感激。例如，晚辈对长辈、学生对老师、下级对上级等都可行鞠躬礼；在喜庆的场合，如新人结婚时向长辈或来宾鞠躬；领奖人上台领奖时，向授奖者及全体人员鞠躬行礼；演员谢幕时，对观众的掌声常以鞠躬致谢；演讲者也用鞠躬来表示对听众的谢意；在庄严的场合，如追悼会或祭奠时，向逝者行鞠躬礼。

在国际交往中也经常行鞠躬礼。此种礼节一般是下级对上级或同级之间以及初次相见朋友之间的礼节。

（3）行鞠躬礼时的注意事项

1）行鞠躬礼时须脱帽，戴帽鞠躬不礼貌，同时还会使帽子掉下来。

2）鞠躬时目光应该向下看，表示一种谦恭的态度，不可以一面鞠躬一面翻起眼睛看对方。

3）嘴里不要吃着东西、嚼着口香糖或含着香烟。

4）礼毕抬起身，双眼应礼貌地注视对方，面带微笑。如果视线移向别处，即使行了弯腰最深的鞠躬礼，也会让人觉得缺乏诚意。

5）若是迎面碰上对方鞠躬时，则在鞠躬过后，应向右边跨出一步给对方让开路。

5. 脱帽礼

帽子是西方社会的一种时髦装饰，同时还是个人身份和地位的象征。如今，西方社会已不像过去那样看重帽子了，它们在整个服饰中已成了可有可无的配件。尽管如此，有关帽子的礼仪仍然是礼仪中不可缺少的部分。在我国，随着人们生活水平的提高以及对个性化服饰的追求，帽子已成为很多人必不可少的服饰配件，因此，了解帽子的礼仪就显得非常必要。

男士的帽子在以下场合是需要脱下来的，以示尊重和礼貌：别人介绍你与一位陌生人认识时；与长者、女士以及其他任何应表示尊重的人交谈时；在国旗前面走过或是听到奏国歌时；在葬礼以及其他任何庄严的场合；在室内，百货公司、车站、邮局、过道、大厅除外。

西方的男士还习惯用脱帽礼来跟熟人打招呼，向人表示歉意、致谢等，具体的做法是：把帽子稍稍往上提一提，并点一下头。

6. 亲吻礼

亲吻礼是西方某些民族常见的古老礼节之一，是人们日常见面和分别时表示亲密友好的礼节。

亲吻礼在现代西方社会只局限于至亲好友之间使用，而且依照双方关系的亲疏程度，亲吻的部位和方法也不尽相同。一般来说，长辈亲吻晚辈应当亲吻额头；晚辈亲吻长辈应当吻下颌或面颊；同辈之间，同性应当贴面颊，异性应当亲吻面颊；只有情侣或夫妻之间才亲吻对方的嘴唇。

亲吻礼必须稳重、自然。在涉外交往中，年轻女性一般不宜与男性外宾行亲吻礼，应主动行握手礼；但当外国年长者出于尊重行亲吻礼时，也应大大方方地以礼相待。

7. 拥抱礼

在西方社会拥抱礼如同握手礼一样，是一种重要的见面礼节，无论是私人生活中的交际还是正式外交场合，都可以见到这种礼节形式。当然，世界上有许多国家和地区都不大喜欢拥抱，如日本、芬兰及东南亚地区等。因此，我们应尊重对方的习俗，有选择地运用拥抱礼。

拥抱作为礼节形式，有非正式和正式两种。在机场、车站迎接到久别的亲人或亲密的朋友时，往往互相拥抱；熟人之间、陌生人之间、同性之间、异性之间为了表示友好，也常常会抱一抱或礼节性地搂一下；在私生活中，情人或夫妻之间也常常会热情拥抱。这些拥抱属非正式的拥抱礼节。但在正式的社交场合，行拥抱礼就十分讲究了。一般两人相对而立，相距20厘米，右臂偏上，左臂偏下，右手环抚于对方的左后肩，左手环抚于对方的右后腰；按各自的方位，两人头部及上身都向左相互拥抱，然后头部及上身再转向右相互拥抱，再次向左相互拥抱，礼毕。

8. 拱手礼

拱手礼是祝贺或感谢时常用的一种礼节。行礼时，双腿站直，上身直立或微俯，双手互握合于胸前。一般情况为男子右手握空拳，左手抱右手，女子则正好相反。两手合抱于胸前，有节奏地晃动两三下，并微笑着问候对方。拱手致意往往与寒暄语同时进行，如“恭喜！恭喜”、“久仰久仰”、“节日快乐” 等。

在我国，拱手致意通常用于以下场合：每逢重大节日，如春节等，邻居、朋友、同事见面时，常拱手为礼，以表祝愿；为欢庆节日而召开的团拜会上，大家欢聚一堂，互相祝愿，常以拱手礼致意；婚礼、生日、庆功等喜庆场合，来宾也可采用拱手致意的方式向当事人表示祝贺；双方告别，互道珍重时可用拱手礼；有时向对方表示歉意，也可用拱手的方式做出表示。

知识拓展

中国传统拱手礼

拱手礼已经有两三千年的历史了，从西周起就开始在交往时采用。拱手礼有模仿带手枷奴隶的含义，意为愿作对方奴仆，后来拱手逐渐成了相见的礼节。古人通过程式化的礼仪，以自谦的方式表达对他人的敬意。中国人是讲究以人和人之间的距离来表现出“敬”的，而不像西方人那样喜欢身体的亲近。这种距离不仅散发着含蓄典雅气息，而且也比较符合现代卫生要求。拱手礼可避免握手之拘束，行礼时不分尊卑，不受距离之限。所以很多礼学专家都认为，拱手礼不仅是体现中国人文精神的见面礼节，而且也是最恰当的一种交往礼仪。

图3-5　合十礼

9. 合十礼

合十礼亦称合掌礼。行礼时，双手合拢于胸前（见图3-5)，微微低头，神情安详、严肃。对长者双手举得越高越有礼，但手指尖不得超过额头。接待外国旅游者时，对方行合十礼，我们应以同样的礼仪形式还礼。

任务二　旅游言谈礼仪

语言是沟通人与人之间思想感情的桥梁，在人际交往活动中，良好的语言表达是非常重要的。旅游从业人员每天都要和形形色色的人打交道，每一件工作的完成都建立在语言沟通的基础上，所以语言修养是检验旅游从业人员专业素质高低的一个重要标准。

旅游言谈礼议是指旅游从业人员在工作中运用语言文字进行交际交流、提供服务时必须遵守的相关规范。旅游言谈礼仪分为口头语言礼仪、书面语言礼仪和体态语言礼仪三种类型。在具体运用中，口头语言礼仪往往和体态语言礼仪配合运用、综合协调、相辅相成。旅游服务也一般以口头语言礼仪和体态语言礼仪为主。

一、旅游从业人员语言的基本要求

在旅游服务工作中，旅游从业人员对客人的热情欢迎、礼貌接待、主动服务等许多方面都要通过语言运用技巧来实现，语言要力求准确、恰当，说话要语意完整、合乎语法，根据场合多用敬语，要注意语言、表情和行为的一致性。旅游从业人员语言要求如下。

1. 目标明确的语言表达能力

春秋时期，有一则“晏子谏杀烛邹”的故事很能够反映目标明确的语言表达所产生的积极效果。齐景公放荡无度，喜欢打猎射鸟，并派烛邹来专管看鸟。一天，鸟全都飞跑了，齐景公大怒，要斩杀烛邹。这时大臣晏子闻讯赶到，他看到齐景公正在气头上，便请求齐景公允许他在众人面前尽数烛邹的罪状，好让他死个明白，齐景公答应了。于是晏子便对烛邹怒目而视，大声斥责道：“烛邹，你为君管鸟，却把鸟丢了，这是你第一大罪状；你使君王为了几只鸟儿杀人，这是你第二大罪状；你使诸侯听了这件事，责备大王重鸟轻人，这是你第三大罪状。以此三罪，你是死有余辜。”说罢，晏子请求齐景公传旨开斩。此时齐景公早已明白了其中的意思，转怒为愧，挥手说：“不杀，不杀！我已明白你的用意了！”

晏子仅用了三句话，不仅救了烛邹一命，还有效地阻止了齐景公为“皮毛小事”乱开杀戒的昏庸恶习，使其在情理的感召下幡然悔悟。

但在现实工作中，很多人由于缺乏扎实的语言基本功训练，语言表达没有明确的目标意识，要么啰啰嗦嗦、废话连篇；要么无的放矢，用无关痛痒的话掩盖或冲淡了主题，达不到语言交际的效果。

培养具有明确目标意识的语言表达能力，应从以下几个方面着手。

1）用征询语，采用商量式的方式，先接近对方以唤起对方的倾听意愿。

2）注意观察听话者的表情，寻找切入正式话题的时机。

3）一旦切入正式话题，注意归纳谈话要点，做到主题明确、言简意赅。

4）话题结束，用征询语征求对方的意见，以判断对方的态度及谈话是否达到了目的。

5）重点、细节如果对方理解不够，应重新提示，并做出易于理解的解释。

2. 渗透情感的语言驾驭能力

倾听的意愿是人际交往得以进行的前提，如果谈话者连对方倾听的意愿都无法唤起，语言沟通将无从进行。让自己的谈话、讲解、演说有听众和掌声，同样是检验旅游从业人员语言修养高低的一个十分重要的因素。那么，怎样驾驭自己的语言，使自己在侃侃而谈之时成为受人注目的焦点呢?

（1）语言交流需渗透自我情感

人际交流活动中情感的感召力是任何其他东西都无法替代的。要想唤起对方倾听的兴趣，说话人必须使自己的话符合听者的感情需求，充分尊重对方，唤起对方的共鸣。在交流过程中应尽可能在情感上肯定对方的“是”，又尽可能不否定对方的“非”。而要做到以上两点，谈话者在说出任何话之前都必须考虑听话者的内心感受，要学会“换位思考”，与其直截了当对对方说“你的意见是错误的，你不应该这样”等，不如说“从某种角度上看，你说的有一定的道理，但是，由于……原因，所以……”；或者说“这件事如果这样处理，效果可能更好一些”。在任何情况下，当要用否定词与对方交流时，都应该注意语气的婉转，即我们通常所说的“晓之以理，动之以情”，让对方在自尊心得到充分满足的前提下接受你说的话。

（2）应尽可能取得听者的好感

俗话说，“一句话使人笑，一句话也可以使人跳”。语言交流在传达信息的过程中，由于表达方式、措辞、语音、语感、语调，甚至面部表情等方面的细微差异，都会造成听话者不同的听觉反应。善于说话的人，总会让听者凝神静气、洗耳恭听；而不善辞令者，则总是让听者兴味索然，从内心滋生出抵触、反感的情绪。因此，如果要想让对方倾听你的话，必须把赢得听者的好感放在首位，把对方了解你说话的内容放在次位。要赢得听者对你的好感，说话者应该注意以下几个方面的问题。

1）尽量陈述事实，不对事实妄加评论，更不要滥下结论。

2）和颜悦色，融情于理，以情感人，以理服人，尽量唤起听者的共鸣。

3）切忌“睁眼说瞎话”，更不可以势压人。

4）诚恳、坦率，敢于承认说错了的话，并坦诚地向听者致歉。

5）语言交流应尽量做到内容丰富，这样既能增多切入听众不同兴趣的层面，同时讲话者还能始终掌握交流的主动性。

6）谈话者要有幽默感，尤其是在较为轻松的社交场合，严肃的话题辅之以适当健康的幽默语，往往会收到意想不到的谈话效果。

案例解读

一位到中国观光旅游的欧洲年轻漂亮姑娘在上海参观植物园时，不小心被树枝钩破了心爱的上衣，她顿时傻了眼，不一会儿眼泪流了出来，其他游客见状都围拢上来纷纷劝说，但效果不大。这时，导游人员走上前笑眯眯地说：“年轻漂亮的小姐您可别生气，上海植物园是位多情的白马王子，他见您是那么的美丽动人，想多看您一眼，想留住您，他这是在拉住您不要匆忙离开他。”话音刚落，周围游客都会心地笑了，那位年轻的姑娘也转忧为喜，人们沉浸在一片欢乐之中。

3. 倾听他人讲话的耐心和分析概括能力

能够耐心倾听别人讲话，并善于分析概括别人谈话的要点，洞察说话人的真实意图及话中的“弦外之音”，同样也是旅游从业人员语言修养的一个重要的能力。

曾有人做过关于说话语速的研究，发现一般人说话的速度是每分钟120～180个字，相当于人的思维速度的4～5倍。所以，交流中倾听者的注意力稍一分散，别人所说的话就只能听进一半。另外，语速、语调、语感是表达思想内容的辅助方式，既可鲜明地反映说话者的性格特征、表述风格，又能充分表现或隐藏其未用语言表述的强烈的情感倾向。所以，经常会出现说者的本意与听者的理解存在一定差异的情况。同一个人讲话，不同的听者会产生不同的反响。因此，倾听他人说话的耐心和分析概括能力是语言基本功一个十分重要的方面，要想在人际沟通中掌握主动权，必须先从耐心倾听别人讲话入手。

（1）思想要集中

与人交流沟通时，思想要集中，要努力在内心培养对另一方讲话内容的兴趣，这是使自己集中注意力的关键因素。倾听对方说话应尽量排除个人的主观情绪，克服先入为主的偏见。

（2）概括对方讲话要点

要善于概括对方说话的要点，因为想记住别人所说的每一个字、每一句话，既不可能也没有必要。所谓分析概括能力，是指能够将说话者所讲的内容加以概括、理顺，并抓住要点和中心的能力。

概括对方谈话的要点，应掌握好适当的时间。不要在对方谈兴正浓时打断对方，而应把握在对方某一个话题结束待转换时介入，以核定自己理解的正误。如果理解有误，应及时与对方沟通，避免事后引起不必要的争执。

倾听别人说话，应注意观察对方的表情及语调。每一个人语言表达的方式各不相同，有的直率，有的含蓄，有的委婉，甚至有的语无伦次。但如果我们仔细观察就会发现，即使是善于掩饰的人，或不善言辞的人都会从不同角度将他们的内心情感辅以体态语言表达出来。

（3）协助对方将话说下去

听别人说话时，协助对方把话说下去既是对说话者起码的尊重，也是交往文明的起码要求。作为一个听者，应当有一定的角色意识，可掌握好适当的机会介入对方的话题，及时地用适当的评语或诱导性的“搭茬儿”引导对方将话说完。

（4）要善于听出对方的“弦外之音”

人际交往过程中，有时会因为各种原因谈话者并不直截了当地表达自己的观点、想法，而是用暗示、比喻等方式，有时甚至正话反说。如果听者不善于分析对方的说话意图而仅从言词的表面去理解对方的含义，往往会发生理解偏差。

（5）从容不迫、游刃有余于谈笑之间

体现旅游从业人员语言修养的最重要的方面，是能够在人际交往中无论处于什么环境都能够做到从容不迫、游刃有余于谈笑之间。要做到这一点，除了平时要持之以恒地进行扎实的语言基本功训练外，更重要的是适当培养自己在公众面前表现自己的能力。

案例解读

西方游客在游览河北承德时，有游客问："承德以前是蒙古人住的地方，因为它在长城以外，对吗?"导游人员答："是的，现在有些村落还是蒙古名字。"游客又问："那么，是不是可以说，现在汉人侵略了蒙古人的地盘呢?"

导游答："不应该这么说，应该叫民族融合。中国的北方有汉人，同样南方也有蒙古人，就像法国的阿拉伯人一样，是由于历史的原因形成的，并不是侵略，现在的中国不是哪一个民族的国家，而是一个统一的多民族国家。"游客听了都连连点头。

二、旅游从业人员语言的职业特点

从事不同职业的人，都使用着具有职业特点的语言，外交家善于外交辞令，戏剧家习惯运用舞台的语言，教师熟练掌握课堂用语，这些语言的产生和运用都与职业特点有关。旅游行业也有着符合本行业特点的礼貌用语。

1. 以客人为中心

俗话说，礼貌待人敬为上。旅游行业中，接待与服务工作的本身就是以满足客人的需要为前提的。而在客人的各种需要中，尊重的需要往往是第一位的。所以，旅游行业接待与服务工作的语言特点之一即语言表达力求体现"以客人为中心"的原则，讲求言辞的礼貌性。

旅游行业用语言辞的礼貌性主要表现在敬语的使用上。敬语包括尊敬语、谦让语和郑重语三个方面的基本内容。

（1）尊敬语

说话者直接表示对听者敬意的语言叫尊敬语。尊敬语应力求让客人感受到自己在旅游接待者心目中所占有的地位以及自己作为一名旅游者在旅游活动中所享有的敬重和礼遇。尊敬语的使用要求主要体现在旅游接待服务中的"五声"要求。五声，即客人来时有迎客声；遇到客人有称呼声；受人帮助有致谢声；麻烦客人有道歉声；客人离去有送客声。

（2）谦让语

谦让语是指说话者利用自谦，直接地对听者表示敬意的语言。谦让语充分体现了"退让以敬人"的礼仪原则。即在人际交往活动中，虽然人与人之间本身的地位平等，但是施礼于人者本身应退让一步，将客人放在自己之上，从而让客人享受被尊重的快乐。

（3）郑重语

郑重语是指说话者使用客气、礼貌的语言向听者间接地表示敬意。

敬语最大的特点是"彬彬有礼"，热情而庄重地使用敬语时，一定要注意时间、地点和场合，声音甜美、语调柔和。一般来说，将听者看做上位时使用尊敬语；要表明自己是下位时使用谦让语；郑重语则往往表示一种对对方的礼貌与客气。

敬语只是一种语言形式，不一定都表示敬意。即使在客人的行为不适合礼节规范要求或客人无理取闹、故意挑衅时，我们选择提醒、规劝、暗示等语言也一定要注意正确地使用敬语，以反映旅游行业员工的职业素养。使用敬语时，称呼客人一定注意用"您"而非"你"。按照行业规范要求，接待与服务人员一定要善于记住客人的姓氏或姓名，但不能直呼其名。尊称客人时，在"先生"、"夫人"、"小姐"前加上客人的姓氏会让客人有亲切感，要注意使用。

2. 赞誉准则

美国心理学家威廉·詹姆士说过：“人的本性上最深的企图之一是期望被钦佩、赞美、尊重。”有人说得更直率：“无论是元首统帅、学者名流，还是深山居士、村妇顽童，都喜欢得到别人的称赞。”可见，被赞美是人们满足尊重需求的一个十分重要的方面。但是如何赞美人，怎样的赞美才能真正打动对方，从而起到缩短彼此之间心理距离、沟通双方内心情感的作用，还需遵循一定的规则。

（1）赞美要出于真诚

赞美不能简单地等同于取悦他人的方式，而应当做为一种语言交流的调味剂，在与客人沟通时适时采用。赞美一定要注意时间、条件、场合和事实情况，而不能毫无根据地盲目赞美，那样不仅达不到预期的效果，还会使对方对你形成“待人虚伪、没有诚意”的印象。赞美应当出自真诚，应适合对方的心理需求，如女性比较希望被人赞美的往往是其魅力、风度、青春、容貌、个性，甚至声音、肤色、服装式样等，对男性一般应着重赞美其体魄、气质、风度、事业的成功、学识、技能、谈吐及为人、作风等方面。

（2）赞美要明确具体

空泛、含混的赞美，因为缺少明确的评价原因常使人无法接受，有时甚至会让对方怀疑你的动机与意图，并由此而怀疑你的鉴赏力与判断力，所以赞美对方一定要明确具体。例如，“真想不到你的效率这么高”、“这套衣服很适合你，使你看上去年轻好多”、“这个建议很好，从不同角度打开了我们的视野”等，这种赞美要比“你做得不错”、“你今天很漂亮”、“这个建议很好”这种没有具体内容的赞美更易被人接受。

（3）赞美应当选准时机

要取得赞美的效果还必须见机行事、适时而为。例如，当你得知客人准备做一件有意义的事，你事前赞扬，能够促进和激励他下决心做出成果；事中赞扬，可以使对方再接再厉；事后赞扬，可以使他肯定成绩，明确进一步努力的方向。

在众多客人在场的情况下，如果你只是赞扬其中一人，会引起在场其他人心理上的不快，这时，你可以找寻别的理由或是别的方面提及其他人，以此来消除他们的不快情绪。

（4）赞美要因人而异，突出个性

有特点的赞美比一般化的赞美更可贵、可信，更能收到赞美的效果。例如，老年人希望别人不忘记他“想当年”的业绩与雄风，同其交谈时，可多称赞他引以自豪的过去；对年轻人不妨语气稍微夸张地赞扬他的创造才能和开拓精神，并举出几点实例证明他的确能够前程似锦；对于经商的人，可称赞他头脑灵活，生财有道；对于有地位的干部，可称赞他为国为民，廉洁自律；对于知识分子，可称赞他知识渊博，宁静淡泊……当然这一切要依据事实，绝不虚夸。

总之，赞扬对方，一是要让人感觉到你对他的赞扬发自内心，二是应把握其带有个性特点的心理需求。

（5）赞美要雪中送炭

最有效的赞美不是“锦上添花”，而是“雪中送炭”。最需要赞美的不是那些早已声名显赫的人，而是那些被埋没、内心有自卑感的人，他们一旦被当众真诚赞美，就好比干渴的心灵受到了甘露的滋润，重新找回他们的自信心，从而精神振作。

对一个人来说，最值得赞美的，并不是他身上早已众所周知的长处。如能发掘出蕴藏在他身上的鲜为人知的优点，并及时予以肯定与赞扬，他一定会加倍珍惜你的真诚，并对你的洞察力产生难忘的印象。

案例解读

有个年轻人骑马赶路，眼看已近黄昏，可是前不着村，后不着店。正在着急，忽见一位老汉从这里路过，他便在马背上高声喊道："喂！老头儿，离客店还有多远？"老人回答："五里！"年轻人策马飞奔，急忙赶路去了，结果一口气跑了十多里，仍不见人烟，他暗想，这老头儿真可恶，说谎骗人，非得回去教训他一下不可。他一边想着，一边自言自语道："五里、五里，什么五里！"猛然，他醒悟过来，这个"五里"，不是"无礼"的谐音吗？于是拨转马头往回赶。他追上那位老人，急忙翻身下马，亲热地叫声："老大爷！"话没说完，老人便说："客店已走过头了，如不嫌弃，可到我家一住。"

3. 得体和谦逊

得体和谦逊就是要求旅游从业人员的服务用语必须符合各种礼貌规范的要求，消除一切违反礼貌规范要求的语言表达，做到有声语言与形体语言全都贴切、得当。

得体和谦逊是礼貌规范要求的重要内容，对旅游从业人员而言是需要特别强调和必备的个人素质要求。因此，旅游从业人员在与客人交流、沟通，处理与客人的关系时，应当高度重视，具体有以下几个方面。

（1）得体

1）语言表达准确、规范。善于将"您"、"请"、"对不起"、"谢谢"这些常规礼貌语运用到语言表达中去，使服务用语充分体现出文明、亲切、细致、周到的职业特点。

2）要将称呼语、问候语、应答语、欢迎语、欢送语因时、因地、因人、因事灵活运用到日常语言表达之中，使服务用语充分体现出文明、亲切、细致、周到的职业特点。

3）对客交流时，要充分运用语言、语气、语调、语感的变化，使旅游职业规范用语符合声调高低适中、自然柔和，语气热情亲切、充满诚意，语速不急不缓、生动清晰等得体准则。

4）得体准则还要求体态语言表达得体，着装要整洁、规范，发式搭配符合职业要求，服务姿态（站、坐、走）标准到位，符合职业规范要求。

只有符合得体准则的礼貌服务——有声和无声语言，才能真正成为协调旅游者与旅游从业人员之间关系的润滑剂。

案例解读

某天上午，南京一家饭店前台服务员发现，3103、3104 房间的中国香港来客刘太太前一天晚上已结了账，可她第二天仍然住在房间里。刘太太是经理的老朋友，是公关部安排来的。如果简单地前去询问她为什么不离店显得太不礼貌，但不问一声又怕客人"跑账"。总台服务员将情况及时告诉了公关部，公关部副经理很有礼貌地给刘太太打了电话："您好，您是刘太太吗?”“是啊，您是谁?”“我是公关部的，真不好意思，您来了几天，我们还没有来得及去看您，这几天看了医生吗?”“谢谢，还可以。”“听说您昨晚已到总台结了账，今天没走成，是飞机取消了还是火车没赶上？您看公关部能为您做些什么吗?”“谢谢，昨晚结账是因为陪同我来的朋友今天要离店。我想账单积得太多，先结一次比较好，这样走时结账就轻松了，我在这儿还要住几天呐，大夫说一个疗程结束后还要观察。”“刘太太，您不要客气，有什么需要我们做的只管吩咐，我这儿的电话是4107。”“好的，住在你们这家饭店我感到非常愉快!”

（2）谦逊

谦逊准则主要强调旅游从业人员在选择语言表达方式时，应尽量做到谦虚、恭谨，把“对”让给客人，不能凌驾于客人之上，更不得藐视客人，以显示自己高明。具体要求如下。

1）与客人交流时尽量以听为主，辅之以点头、微笑、眼神示意，而不应该自以为是地在客人面前夸夸其谈。

2）淡对客人的夸赞，不沾沾自喜。当被客人夸奖时，应当说“谢谢！我非常愿意为您效劳”，或者说“你过奖了，这是我的职责”等。

3）与客人交流时，语言表达应尽量显得宽容而有耐心。当客人情绪激动时，要尽量宽慰与安抚客人，不得顶撞，更不应该和客人争执。客人声音较大时，可以说“您别激动，有话好好说”，或者说“您的心情我可以理解，有什么事情慢慢对我说”等劝慰的话。

4）谦逊并不意味着低声下气或者放弃原则一味迁就客人，而应是不卑不亢，既尊重客人，也不贬损自己，要显示出较高的人格修养。

4. 征询与委婉

与客人交流，语气要温和，多采用商量式、询问式、建议式、选择式的方法进行表达，避免转达式、通知式、命令式、指责式，让客人始终拥有角色意识，得到被尊重、被重视的精神享受和满足。

委婉语也叫“婉言”，是指讲话时出于对客人尊重的考虑，不直接说明本意，而是用婉转的词语加以暗示，既能达到使对方意会的语言效果，又不致让对方尴尬，甚至伤害对方的情感。得体的委婉语能表达善意和尊重，体现说话者良好的语言素养，进而显示出文明和高雅的风度，如“我能为您做些什么吗?”、“需要我帮您做什么吗?”、“这会打扰您吗?”、“如果您不介意，我可以……吗?”等。

在旅游服务工作中，委婉语的作用不能低估。它可以减少刺激性，帮助消除矛盾，使交际双方免于难堪，或者给说话者留有余地，免于被动。

案例解读

一对情侣到某餐厅用餐，可这时餐厅内小餐桌已客满，于是服务员便将客人安排到大圆桌上用餐。但一会儿又来了八位客人，这时大圆桌均已坐满，而靠窗的小餐桌又空了出来。于是服务员就简单地对这对情侣客人说：“你们二位请到这边来！他们人多，让他们坐大圆桌行不行?”这时客人不高兴了，不耐烦地说道：“不行！我们就座这儿，不动了!”

这时一个餐厅主管走过来说:“二位实在对不起,给您添麻烦了!靠窗的小餐桌很有情调,更方便二位谈话。如果二位不介意的话,我给您二位调过去!谢谢您们的支持!”客人一下子就变得平和起来,同意了主管的安排。

三、旅游从业人员礼貌用语的学习与运用

1. 敬语

敬语是表示恭敬、尊敬的习惯用语。这一表达方式的最大特点是,当与客人交流时,常常用“您好”开头,“请”字在中间,“谢谢”或“再见”收尾,“对不起”常常挂在嘴边。称呼客人需用尊称,如“您”、“阁下”、“贵方”、“尊夫人”等。

“请”字在旅游行业的服务用语中使用频率最高,如“请进”、“请稍候”、“请跟我来”、“请问您几位”、“请问您有什么需要帮忙的吗”、“请喝茶”、“请慢用”、“请走好”等。“请”字包含着服务人员对客人的尊敬与敬重以及希望通过优质服务让客人满意的诚意。

“谢谢”在旅游服务用语中并不仅仅是服务人员就某件具体的事情向客人道谢,而是作为一种礼貌习语对客人的光顾、客人的理解与配合、客人的赞扬与认可以及对客人在我们出现服务差错时表现出来宽容大度的一种感激之情。如“谢谢您的光临”、“谢谢您的合作”、“谢谢您的夸奖,这是我们应该做的”、“谢谢您的提醒,下次我们一定改进”、“谢谢您的建议,条件成熟我们一定采纳”……“谢谢”在旅游行业中的广泛运用,集中体现于接待与服务行业“宾客至上”的待客服务原则上。

“对不起”这一道歉语用在日常生活和一般人际交往活动中,往往是在说了不该说的话或做了不该做的事之后向别人“赔礼”。但作为旅游行业用语,它却能表达多种含义:由于各种原因,客人的要求未能得到满足;工作中需要客人的协助与配合给客人带来麻烦;婉拒客人的不合理要求;提醒客人一些注意事项。例如,同时接待多名客人,需要客人费时等待时,可说“对不起,耽误您的时间了”或“让您久等了”;客房服务人员为客人清扫完房间而客人也在场时,离开前应该说“对不起,打扰您了”;当必须拒绝客人的某些不合理要求时,可说“对不起,我非常理解您的想法和愿望,但是……”“对不起”这一习语用在旅游接待与服务工作中,集中体现“退让以敬人”的待客服务礼仪的精髓。

使用敬语,应当注意神态的专注和语气的真诚,应让客人感受到敬语后面所包含的谈话人的真情实感,要根据时间、地点、环境、对象的不同,准确使用敬语。

2. 谦语

谦语作为礼貌用语的一种,在旅游行业应用相当广泛。它是向人们表示谦恭和自谦的一种词语。谦语通常和敬语同时使用,在对客人使用敬语的同时,在自我称呼、自我判断、自我评价、自我要求时,适于用谦语进行表达。例如,在交谈时自称常用“愚人”、“敝人”;自谦常用“寒舍”、“愚见”等;自评常用“一点小事不足挂齿”、“招待不周,请多包涵”等。

自谦体现着一种自律的精神。它以敬人为先导,以退让为前提。当然,随着东西方交流的日益频繁和东西方语言情感表达方式的相互交融,有些谦语的表达方式已经改变了,但其精神实质包含着东方民族谦虚、谨慎的传统美德,仍值得我们继承和发扬。

3. 雅语

雅语作为敬语的一种，是一种比较委婉、含蓄的表达方式。在旅游接待与服务工作中，往往用于那些在公共场合或社交活动中需要避讳的情况。例如，用“我去方便一下”或“去一趟洗手间”代替“去上厕所”；用“需不需要加一些主食”代替“要不要饭”；用“不新鲜”代替“臭了”；用“这件衣服不太适合您”代替“您穿这身衣服很难看”；用“发福”代替“发胖”等。

雅语的使用不是机械的、固定的，需要根据不同场合、不同人物、不同时间灵活运用。

案例解读

敬语缘何招致不悦

某天中午，一位下榻饭店的外宾到餐厅去用午餐，当他走出电梯时，站在电梯口的一位女服务员很有礼貌地向客人点头，并且用英语说：“您好，先生！”客人微笑地回答道：“中午好，小姐。”

当客人走进餐厅后，迎宾员讲了同样的一句话：“您好，先生！”那位客人微笑地点了下头，没有开口。

客人吃好午饭，顺便到饭店内的庭园走走。当走出内大门时，一位男服务员又是同样的一句话：“您好，先生！”这时这位客人只是敷衍地略微点了一下头，已经不耐烦了。

客人重新走进内大门时，不料迎面而来的仍然是那个男服务员，又是“您好，先生！”的声音传入客人的耳中，此时客人已生反感，默然地径直乘电梯回客房休息，谁知在电梯口仍碰见原先的那位服务员小姐，又是一声“您好，先生！”客人到此时忍耐不住了，开口说：“难道你不能说一些其他的话同客人打招呼吗？”

敬语缘何招致不悦？在饭店，员工的培训教材有“您早，先生（夫人，小姐）”、“您好，先生……”等敬语例句，但本案例中服务员在短短时间内多次和同一客人照面，机械呆板地使用同一敬语，结果使客人产生反感。“一句话逗人笑，一句话惹人跳”指的是由于语言表达技巧的不同，所产生的效果也就不一样。饭店对各个工种、各个岗位、各个层次的员工所使用的语言做出基本规定是必要的，然而在实际操作中，不论是一般的服务员、接待员，还是管理员或部门经理，往往因为使用“模式语言”欠灵活，接待客人或处理问题时语言表达不够艺术，以致惹得客人不愉快，甚至投诉。礼貌规范服务用语标志着一家饭店的服务水平，员工们不但要会讲，而且还要会灵活运用，这也是当前国际饭店业个性化服务的趋势。鹦鹉学舌，滥用敬语，常会收到负面效果。

四、旅游从业人员培养良好口才的途径

1. 丰富的个人情感的培养

一个人的个人情感决定了他是否具有积极健康的生活态度。富有生活朝气、对生活充满了热情和进取精神的人，始终积极地将自己融于社会、融于生活。生活的热情可以赋予人强烈的人际沟通意识，一个具有良好口才的人，在人际交往中始终占有积极主动的地位。反之，情感冷漠的人，往往将自己封闭起来，拒绝接触社会，逃避人际间的沟通与交

流，更不愿将自己融于社会生活，所以往往导致其在语言表达上的呆板、木讷、沉默寡言、言语枯燥乏味。

所以，要想使自己具备良好的口才，应先从培养个人丰富的情感入手，从内心深处激发个人强烈的自我表达的欲望和人际沟通与交往的热情。

2. 丰富的知识积累

良好的口才依赖于丰富而广博的知识积累，很难想象一个知识贫乏的人能够做到谈话时语言生动、妙语连珠，因为他缺乏构成语言的最基本的东西——语言材料。我们时常惊叹那些有良好口才的人，说起话来口若悬河、滔滔不绝，成语警句信手拈来，名人名言、诗词歌赋旁征博引，这些语言功底无不来自于丰富的知识积累。

大体上说，良好的口才需要以下三种知识的积累。

（1）文化科学知识积累

文化科学知识包括政治、经济、军事、法律、历史、地理、自然科学知识等，这些知识是一个人基本的文化素质修养所必须具备的。

（2）社会学知识积累

社会学知识包括教育学、心理学、公共关系学、人际关系学等。通过这些知识的学习，可以进一步懂得人的需要，人的情感、气质、性格等心理特征，从而在人际交往活动的语言表达中做到知己知彼、游刃有余。

（3）文学知识积累

文学知识赋予语言丰富的情感色彩，如名人名言、成语典故、名篇佳作、奇闻轶事等，大大丰富了谈话的内容，增强了语言感染力，尤其是在辩论、演讲中，适当地运用一些文学语言，会收到意想不到的效果。

3. 积极的语言实践锻炼

语言表达是一种能力，能力的获得离不开实践的锻炼。语言的实践，很重要的一点就是要勤讲多练。一个人由笨嘴拙舌到口若悬河的过程，实际上就是一个永不疲劳的锻炼与实践的过程。18 世纪英国著名的宗教演讲家维士列就是一个通过勤奋实践创造奇迹的人。据记载，维士列从小口舌笨拙，语言表达能力极差，但他精神之坚毅、演说之频繁，到了令人震惊的程度。他曾在一年中做了八百余场布道演讲，不断地实践锻炼，终于成为闻名世界的著名演说家。

语言实践锻炼还应做到持之以恒。从时间的跨度来讲，持之以恒要求口才练习者不懈努力，不断进取。口才是一种能力训练，不可能在短时间内达到理想的境界。要想成功，就要有毅力、持之以恒。从空间跨度来讲，它要求练习者严肃认真地对待每一次接人待物、登台发言的机会，充分利用这些机会来锻炼提高自己的语言表达能力。

任务三　通信礼仪

众所周知，现代社会是一个信息的社会。信息就是资源，信息就是财富，信息就是生命。目前，多种多样的现代化通信工具层出不穷。它们的出现，为人们获取信息、传递信息、利用信息，提供了越来越多的选择。

通信一般有其特定的含义，指人们利用一定的电讯设备来进行信息的传递。被传递的信息既可以是文字、符号，也可以是表格、图像。在日常生活里，人们接触最多的通信手段主要有电话、电报、电传、寻呼、传真、电子邮件等。通信礼仪，通常指在利用上述各种通信手段时，所应遵守的礼仪规范。

一、通话礼仪原则

通话属于间接交谈，彼此看不到对方，但通过“仅闻其声，不见其人”的通信工具，能反映通话者的个人修养和工作态度，也能体现本单位、本部门的整体形象。因此遵守通话礼仪和讲究交谈艺术是非常重要的。

在所有电子通信手段中，电话出现得最早，迄今为止也是使用最广的，因此，通话礼仪是旅游从业人员所要掌握的重点。对于旅游从业人员来说，电话不仅是一种传递信息、获取信息、保持联络的通信工具，而且也是旅游从业人员所在单位或个人的形象的一个载体。在社会交往中，普普通通的接打电话，实际上是在为通话者所在的单位、为通话者本人绘制一幅给人以深刻印象的电话形象。

所谓电话形象，即人们在通电话的整个过程中的语言、声调、内容、表情、态度、时间感等的集合。它能够真实地体现出个人的素质、待人接物的态度以及通话者所在单位人员的整体素质。

使用电话交流，无论打电话一方还是接电话一方，都应该遵循以下原则。

1. 讲究礼貌原则

进行电话交谈时，要避免给对方留下不好的印象，所以在电话中讲究礼貌非常重要。电话交谈时，声音要亲切、自然、婉转；语调要愉悦，要面带微笑，即使不是使用可视电话也应该如此，因为微笑是可以被听见的，你的面部表情会影响讲话的语调；要使用“您好”、“请”等礼貌用语，做到敬语在先，并尽可能称呼对方的名字或职务。

有时打电话会出现中断的现象，尤其是手机。出现这种情况时，应告诉对方，如“不好意思，×先生，现在我在的这个位置信号不太好，噪音很大。您看这样好不好，我先把电话挂了，您指定一个时间我再打给您。”万一突然电话中断，要马上把电话打回去，并说，“×先生，不好意思，刚才电话掉线了。”地位低的人要先把电话打过去，这是对对方的一种尊重。

拿放电话动作要轻，不要话刚说完就使劲把电话一摔。这和送客人出门一样，客人刚刚迈出房门，你就立刻使劲关上门，这是对客人的无礼。此外，即使话不投机，也不能冷言冷语或恶语相加，更不能发脾气、突然挂断或摔听筒。

2. 语言简明原则

为了节约电话占用时间，给对方提供方便，接打电话者最好遵循“电话三分钟原则”，接电话时应主动介绍自己的单位、姓名或职务（熟人之间能辨清口音的可不必介绍），要打短电话，争取在几十秒内达到目的。这样在电话交流中，就一定要使用准确、简明的语言。所以打电话一方，在拨通电话前，就应该先想好说些什么。电话接通后，先致以问候，然后就直奔主题。接电话一方，也应该言简意赅，要像打电话人一样珍惜时间和话费。使用公用电话，后面有人等候时，更要如此。

3. 声音清晰原则

打电话时的发音吐字要清晰，要让对方听明白，了解你的意思。不能边吃东西边打电话或叼着香烟打电话，否则声音含混不清，对方听起来就困难。当说姓名和数字时，如果有读音模棱两可的字词，例如，“张”和“臧”、“汪”和“王”，“1”和“7”、“4”和“10”等，必须特别加以强调或区别，避免对方弄错。说话音量也要适中，语调过高、嗓门过大，有咄咄逼人之势，对方听起来震耳，还易招人反感；语调过低、嗓门过小，不仅令人听不清，还给人一种沉闷感。

4. 语速适中原则

电话交谈时，因为不是面对面的交流，无法借助于对方的表情、动作和口唇运动的帮助来理解语言的意思，只能靠声音传递信息，所以语速应该稍慢些，使用中等语速。因为语速太快，不但对方听起来费劲，还会给人冒失、不稳重的感觉；当然语速也不能太慢，否则不但使听者着急，还会给人心不在焉或过于冷淡的感觉。当对方在记录你的话时，或对着录音电话讲话时，语速应该慢些。

5. 态度积极原则

电话交流要有高度的责任心、耐心和认真的态度，并保持愉快、饱满的情绪。要熟悉办公室电话设备的使用方法，并在电话机旁备好电话号码簿、常用的电话号码表以及做记录用的笔和纸。通话常用礼貌语，养成良好的礼仪习惯。要把全部的注意力集中在你正在说或正在听的话题上，不要戴耳机或者同时做其他事。讲话中对“你”、“你的”和对方的名字要加重语气，不要使用专业语言或职业术语，并要弥补因没有面对面交流而带来的不足，不时地发出示意性的声音，例如，“嗯”，“是”等，以向对方表示你在认真听，不要让对方问“你还在听吗?”交谈中的点头或摇头等也必须用相应的语言来代替，例如，“是，我明白了……”、“很好，我转告他……”“你的意思是……”“是吗?”等。重要的内容要做记录，特别要记下通话人的姓名和电话号码。

二、通话的基本礼仪

1. 电话的准备礼仪

拨打电话就是通过电话线把你的语言传达给对方，力图用自己的主意去影响对方的思想，从而达到拨打电话的目的。打电话的艺术，归根到底也是一种语言的艺术。要想在电话中留给对方好的印象，在电话联系中稳操胜券，在拨打电话时必须率先考虑三个问题。

一是这个电话该不该打。需要通报信息、祝贺问候、联系约会、表示感谢等时候，都有必要利用一下电话。而毫无意义、毫无内容的“没话找话”式的电话，则最好不要打。即使非常想打电话聊聊天，也要两厢情愿，要先征得对方首肯，并选择适当的时间。不要在单位打私人电话。在公用电话亭“目空一切”地“煲电话粥”也是做人极不自觉地表现。

二是这个电话应当何时去打。有关公务的电话应当公事公办，最好在上班时打。双方约定的通话时间轻易不要更动。要想使通话效果好一些，使之不至于受到对方繁忙或疲劳的影响，则通话应选择在周一至周五，而不应是在周末。也不要在对方刚上班、快下班、午休或快吃午饭时不识时务地把电话打过去。因紧急事宜打电话到别人家里去，通话之初先要为此说声“对不起”，而且尽量不要在对方用餐、睡觉、过节、度周末时这样做。打电话去国外时需顾及对方在作息时间上的特点，还应考虑到此地与彼地的时差。

三是这个电话的内容应当如何准备。电话被称为“无形造访的不速之客”。在很多情况下，它都有可能“出其不意”地打搅别人的正常工作或生活。因此，打电话的人务必要有一个明确的指导思想，除非万不得已，每次打电话的时间不应超过三分钟。有鉴于此，在打电话前，为节省时间，一定要“去粗取精”，条理清晰地预备好提纲。届时，应根据腹稿或文字稿来直截了当地通话。若拨通电话时对方正忙，则不应强人所难，非“一气呵成”不可。可以约一个时间，过一会儿再打。此外，与不熟悉的单位或个人联络，对对方的名字与电话号码应当弄得一清二楚，以便“胸有成竹”，免得因为搞错而浪费时间。

2. 电话仪态礼仪

不用开口说话，你的姿势就像一扇窗，让别人看得见你的内心世界。如果你摆出一个无聊的姿势，你的声音听起来同样会是无聊的。你的姿态若显得精神饱满、热情友好，声音也可以忠实地反映出来。

在彼此看不到的电话联系中，若想了解对方的心情和精神状态，只能通过声音。声音的表达是自然而直接的，不管你怎样掩饰，你的肢体语言都能微妙地从声音中表达出来，并很容易传到对方心中。千万不要以为对方在电话中看不到你的肢体语言，从而就忽视自己打电话时的表情与姿势。在日本，资深的推销员在和生意伙伴或客户通电话时，常常会向看不见的对方打躬作揖，并说一些感谢或客气的话。有人认为这是多此一举，可哪里知道，这才是真正掌握了电话联系中运用肢体语言的技巧。

在办公室及公共场合打接电话的姿式通常有两种，即站立或坐着打电话。

站着打接电话，应收腹挺胸，双腿自然站立。坐着打接电话时，坐姿端正，双腿并拢，背挺直，双肘支在桌面上。一般用左手握话筒，右手执笔记录。通话时不能趴在、靠在、坐在桌子上，或斜靠在椅子上；更不能边吃东西边讲话，把话筒夹在头和肩之间来回踱步，不时用手摆弄电话线。这些都会给人工作不专心和缺乏修养的感觉。

通话时，应保持平静的情绪，专心致志地与对方交流，不要手舞足蹈，大喊大叫，也不要嗲声嗲气。应该沉着对应，不卑不亢，热情友善。

3. 电话声音礼仪

人们常用“声情并茂”来形容歌唱演员的精彩演唱。“情”不到，“声”则不美。打电话也是如此。虽然双方彼此都见不到对方的面孔，但可以从声音听出对方的表情和神态。和蔼、亲切、甜美的声音，会给人以愉快和受尊重的感觉。

亲切、清晰的声音，来源于良好的心境。所以，通话前应调整好自己的情绪，控制好音量，以对方能听清为限，保持面部微笑，轻松愉快，讲话的速度应比平时稍慢一些。

4. 电话记录礼仪

旅游接待是繁忙的，每天要接很多电话，处理许多业务，而又难以做到凡事过目不忘，因此，要养成记录电话的好习惯。通常电话机旁应准备有电话记录本和常用电话号码本。当电话铃声响，拿起电话的同时，也应该做好记录的准备，不要等需要记录时，才忙于找纸和笔。

记录既要快又要准确。业务电话常常谈的是重要通知、信息，一旦因没有记录而遗忘，或是记录有误，都会给企业、个人造成损失。因此，接电话时一定要集中精力，认真记录，记录完毕要将重要内容向对方重复一遍，保证准确无误。电话记录应包括：来话人的单位、姓名、职务、电话号码、来话时间、电话内容。特别是要注意电话内容里的时间、地点、数字、号码的准确性。

接电话后，应根据电话内容，及时转告有关人员。转告时可电话转告，当被转告人不在时，可用纸写上电话内容留在桌上或委托他人转交。

5. 电话交谈礼仪

倾听对方的谈话是对他人的尊重，也为自己在对话时能灵活应变打好基础。

接听电话时，尽量避免打断对方的讲话。但为了表示自己在专心聆听，并且已理解，要不时地说“嗯”、“好”、“是的”、“太好了”、“让您费心了”、“谢谢您”，有时还可以有礼貌地打断一下对方，提出问题或证实自己听的是否准确，让对方感到你有耐心，也有兴趣在听他讲话。如果有特殊紧急的事要处理一下，应对对方说，“对不起，请稍等”。然后以最快的速度处理完，继续与对方交谈，并表示歉意。

三、固定电话礼仪

（一）拨打电话礼仪

1. 打电话前

要清楚打电话想达到的目的，然后将要讲的事情整理一遍，如果要说的内容较多，应该用笔记本记下要点，以免到时候有所遗漏。还要准备好在谈话过程中可能需要的各种文件、资料等，不要让对方等着你到处查找文件和材料。再准备好一张空白纸以备做记录。拨号时要细心，以免拨错，误拨号码会浪费时间和话费。

2. 打电话时

电话拨通后，先微笑地问一声“您好!”，接着自报家门，“ ××饭店前厅部”。若对方不报单位名称，可以问其是否是自己要找的单位，“请问是××旅行社吗?”或“请问您的号码是12345678吗?”再说“能否请李经理接电话?”若对方说稍等一下，他去叫人，应该说一声“谢谢”，并耐心等候。当要找的人来接电话时，通常他会自报姓名，你问一声好并自报姓名之后，便可以进入正题。

打电话一方要逐条陈述自己要说的事。一般可先讲要点，时间允许再讲细节。讲话过程中，要不时地察看打电话前记下的内容，以免遗漏；重点的话语后要停顿一下，以使对方有所回应。若对方需要记录，语速应慢一点，对方插问，要做必要的补充；讲完之后，如果事情重要，可以问对方是否需要再复述一遍，或问对方是否听清楚了，这样他可能会主动复述一遍，由你认可或加以必要的修正。有时需征求对方的意见，以便最后达成协议，在长时间的电话交谈结束之前，最好总结一下你的主要观点，谈话结束时，再确认一下要做的事或约见的日期。

最后，用“再见”结束通话，然后将话筒轻轻挂好。公认的打电话惯例：由打电话人决定何时结束电话，并先放下话筒。但如果对方是长者、尊者或女士，则须等对方放下话筒后，自己再挂电话。

3. 打电话后

如果是公事电话，挂电话之后，应记下日期和有关内容，如未来的活动安排或继续联系的时间等。同时还要向与此事有关的人员通报你打电话的结果。

（二）接听电话礼仪

1. 接电话之前

在电话附近要放好笔、记事本、内部电话目录、约见日志等。电话铃一响，就微笑着迅速拿起话筒，不要让对方久等，以铃声响三声为原则，同时停止与他人的谈话并减少噪音。在办公室里接电话，尤其是外来的客人在场时，最好是走近电话，以站立的姿势，面含微笑地与对方友好通话。

2. 接电话时

拿起话筒之后，先问候对方“您好!”以此表达对对方的尊重，让人感到亲切。然后自报家门，“××大学××系”或“××饭店××部”。而不应先查问对方，“喂，你是哪里?”或“喂，你是谁?”、“你找谁?”，这是很不礼貌的。如果对方不报姓名，你需要问清时可说，“我能知道您是哪一位吗?”，若对方的声音很熟悉，你可以直呼，“您是X先生吗?”这将给对方留下受到特别重视的印象。要培养自己的听辨能力，来过两三次电话的人一开口，就能根据声音判断出他是谁。接电话时如果电话断了，就将电话放下，等打电话人再给你打过来。

接电话人回答问题时，要快速地说清对方需要知道的每一件事，并逐条记下对方的要求，再复述一遍，做到准确无误，然后再告诉对方能否办到。如果听不清对方的话，就毫不犹豫地告知对方，并请他说得慢些并重复一下，然后你再复述一遍。

接电话者需要找资料时，时间在30秒内，可让打电话人等着。若估计时间较长，可告诉对方先放下电话，待你查到资料后再打给他，当然，如果他愿意等也可以。

在电话结束前，要确认一下对方要求你做的事，或重复谈话的主要内容并复述一遍记下的姓名、地址、数字、日期和时间等，给对方一个修改其中的差错和遗漏的机会，特别是长的或重要的电话更应如此。

接到找他人的电话时，如果要找的人就在附近，应该说:“他在，请稍等。”然后用手捂住话筒，再叫人。如果人在其他地方，可以说:“请稍候，我去找他。”然后把话筒轻轻放在桌上。如果找的人不在，不能说一句“不在”就立即挂断，也不能对来电话者无端地盘询。而应该征求对方意见，看他是否愿意将内容告诉你由你转达或另约时间再打来。这时可以说，“真不巧，他不在，需要留言吗?”或者“有什么事需要我转达吗?”等。若对方需要你转达信息，你要复述一下并表示自己的态度，例如，“我一定通知他尽快给您打电话”。必要时留言应做记录，对方要找的人回来后，及时、准确地传达。

按常规，由于是打电话的人付费，所以一般由他决定何时结束电话。当然，特殊情况下则需要根据接电话者的判断来决定。

电话结束时要说“再见”。听到对方挂上电话后，再将话筒轻轻放下。

3. 接电话之后

为了备忘，可记下来电人的单位、姓名、时间、内容、回电号码等。如果需要向他人转告信息，应在纸条上写清电话的日期和具体时间及内容，并立刻传递过去；如果他人不在，要把纸条放在办公桌显眼的地方，当他人回来时，要记着提醒他。

四、移动电话礼仪

使用移动电话除应遵守与固定电话相同的礼仪之外，还有一些特殊需要注意的问题。

1. 安全使用

从商业秘密角度来讲，不要用移动电话去传送重要信息，因为一旦运用技术手段的话，不仅打电话的内容别人能够知道，而且打电话的人在什么位置也能知道。遵守有关安全的规定，如开车的时候不打手机，以防发生车祸；乘坐飞机在空中飞行时不开手机，以免干扰飞机的导航系统；在加油站不使用手机，防止引起火灾；在医院内不用手机，以免影响医疗仪器的正常使用。

除特殊情况外，不要外借手机，尤其是借给陌生人。因为手机的卡和内存上的内容都属于个人隐私，万一手机在借用过程中被复制了，就可能出现麻烦。

2. 文明使用

目前手机已相当普及，应特别注意使用手机的礼仪，要有尊重他人的意识。在会议室、教室等公共场合，要养成将来电改成振动或者静音甚至关机的习惯，不要让自己的手机铃声在这些区域频频响起。

使用手机时声音要适度，不能大声喊叫，影响旁人。打手机时应选择一个不影响他人的地方。

手机有一些特殊的附带功能，比如发短信和拍照，但要注意，给别人拍照要事前征得对方同意。

要尊重他人隐私。一般而言，不要随便借用别人的手机，也不应当随便打探他人的手机号码，更不应当不负责任地将别人的手机号码转告他人。

手机通话过程中的礼仪与使用座机时相同。携带手机的适当位置一是公文包（或坤包）里，二是上衣口袋之内。当然，女孩也可以挂在胸前。若发现来电显示有未接电话，要迅速回复。改换手机号码，应及时告知交往对象，以保持联络畅通。

五、短信礼仪

短信（Short Message Service）简称 SMS，是指用户通过手机或其他电信终端直接发送或接收的文字或数字信息，是伴随数字移动通信系统而产生的一种电信业务，通过移动通信系统的信令信道和信令网，传送文字或数字信息，属于一种非实时的、非语音的数据通信业务。

短信可以由移动通信终端（手机）始发，也可由移动网络运营商的短信平台服务器始发，还可由与移动运营商短信平台互联的网络业务提供商 SP（包括 ICP、ISP 等）始发。

从实现短信业务功能的技术手段而言，通过手机终端发送和接收点对点消息虽然占据主流地位，但并非唯一形式，固定电话以及互联网正在成为新的工具和载体。

短信礼仪主要有以下几方面。

1. 注意称呼与署名及短信数量

由于手机本身具有来电显示的功能，一般情况下，亲友之间、熟悉的客户之间，谁发短信，机主都知晓，所以不写称呼和不署名没多大关系。但如果给初次相识的人或者对自己不熟悉者发短信，一定要署名，短信署名既是对对方的尊重，也是达到目的的必要手段。

现在每逢节日，人们都会发短信祝福。来而不往非礼也，所以别人发来短信，自己就要回一个短信。就祝福短信来说，一来一往足矣，二来二往就多了，三来三往就成了繁文缛节。

2. 主题明确

短信发送应该主题明确，表述清楚明白，从阅读者角度考虑，事先思考好发送的内容，尽量在一两条信息内表述清楚所要告知的事项。

3. 内容健康

对短信内容的选择和编制，反映着一个人的品位和水准。不要编造无聊、不健康和涉及政治敏感问题的短信。收到这样的短信应立即删除，不要传播。收到诈骗性质的短信，要及时向公安机关或有关电信部门反映或举报。

4. 礼貌回复

随着近些年短信的广泛使用，类似“滥发短信”、“不回短信”和“不分时间和场合发短信”等现象越来越普遍。有礼仪专家认为，虽然目前还没有形成完善的“短信礼仪”，但一个应该遵循的文明原则是，自己的行为应该体现对对方的尊重和体贴。例如，由于自己很忙无暇详细回短信，则应该告知发短信方“正忙”，假如实在腾不出手来，迟回短信的时候一定要加以解释。

六、电子信函礼仪

目前网络已成为一种高效便捷的基本工具。网络的作用之一就是将多台计算机连接在一起，使各用户之间能通过电子邮件、数据库和其他共享方式更好地交流。

电子邮件又叫电子信函或电子函件。它是利用计算机所组成的互联网络，向交往对象发出的一种电子信件。电子邮件是迄今为止最为常用的通信方式之一，优点在于方便、快捷、费用低、容量大；缺点是缺乏机密性，不如纸质信件或备忘录正式，不适合传送某些特定类型的信息，当然也缺乏言语接触。

随着互联网的发展，电子邮件日益普及。国内外往来很多时候也是通过电子邮件进行的。收发电子邮件已成为利用网络办公的最常见的内容和最重要的方式。

电子邮件的有关礼仪有如下内容。

1. 撰写与发送

（1）节约费用

如果是拨号上网，为节约费用，在撰写电子邮件时，尤其是在撰写多个邮件时，应先在脱机状态下撰写，并保存于草稿箱中，然后在准备发送时再连接网络，一次性发送。

（2）明确主题

在地址栏准确无误地键入对方的电子邮件地址，若要同时发给别人，则在“抄送”栏写上第三人的电子邮件地址。还应简短地注明邮件的主题，如祝贺生日、传送文件、研讨××问题等，以使对方一看便明确信件的要义，并引发其读信的兴趣。

（3）注明编码

这是电子邮件特有的问题，也是联络能否成功的关键。我国与其他一些国家的中文编码各不相同，通信时出现乱码是很正常的事。为此，我们向这些国家发送电子邮件时，要用英文注明自己使用的中文编码系统。

（4）内容简明

在撰写信件内容时，应遵照普通信件或公文所用的格式和规则。正文的第一句应写上收件人的姓名，并使用得体的称呼。如“先生”、“小姐”等。篇幅不可过长，以便收件人阅读。如果不包括对方所要的资料，信的内容一般不超过两页。内容过多时，应以附件形式发出，而非直接粘贴，否则会引起乱码，导致信息不能正确传递。

（5）文字规范

邮件用语要礼貌规范，以示对对方的尊重。写在电子邮件里的每一个字、每一句话都要小心慎重。因为现在的法律规定电子邮件也可以作为法律证据，所以对自己不利的话千万不要写在邮件里。撰写英文邮件时不可全部采用大写字母，否则就像是发件人对收件人盛气凌人地高声喊叫。

（6）事先杀毒

若以附件形式发送邮件，发邮件前应运用杀毒程序进行扫描，以防止将文件中的病毒也一并发给收信人。如果实在没有把握，也可将发送内容粘贴至邮件正文中。对于来历不明的邮件一定谨慎处理，最好也先进行杀毒处理，以防万一。

（7）遵守道德

不要在邮件中说别人的坏话，不要发出污秽、放肆之言；不可发送无聊、垃圾邮件，无端增加网络的拥挤程度。

（8）保守机密

要保守国家或组织机密，不可发送涉及机密内容的邮件，不得将单位电子信箱的密码告诉他人。

2. 接收与回复

（1）定期查看收件箱

应当定期查看收件箱，查看有无新邮件，以免遗漏或耽误重要邮件的阅读和回复。

（2）及时回复

一般应在收件当天予以回复，以确保信息的及时交流和工作的顺利开展。若涉及较难处理的问题，则可先电话告知发件人邮件已收到，再择时另发邮件予以具体回复。当然，我们在发邮件给别人时，如果需要对方尽快做出回应，也可在邮件中注明“请回复”之类的字样。

（3）迟复致歉

若由于因公出差或其他原因而未能及时打开收件箱查阅和回复，应迅速补办具体事宜，尽快回复，并向对方致歉。

（4）保存与删除

要定期整理收件箱，根据不同邮件的重要性和价值，予以不同的处理，或保存或删除，避免电子信箱过于拥挤。

要及时清理删除与公务无关的垃圾邮件或已无实际价值的公务邮件以及已被复制的公务文件。

对需要保存的邮件，应当复制成其他形式，更为安全地保留下来。既可复制在硬盘或软盘上，也可打印成稿，与公文归为一类。

任务四　接待与拜访礼仪

接待又叫迎访，即迎接客人来访，包括迎客、待客、送客三个环节。拜访又叫拜会、拜见，是指前往他人的工作地点、居所或者约好的其他地点，探望、会晤对方。

一、接待礼仪

在接待中，恰到好处的运用接待礼仪规范，可以给对方一种良好的印象，有助于交往的顺利进行。接待可以分成业务往来接待、顾客投诉接待、会议接待和参观学习接待等，也可以分为个人接待和集体接待。

1. 精心准备

接待工作繁杂琐碎，如有疏漏将会对本企业的声誉造成不好的影响，以致给企业造成不必要的损失。

（1）了解接待对象

在接待之前，必须了解接待对象的单位、性质及来宾的基本情况，如姓名、性别、级别、人数等。其次，要了解来宾到达日期，所乘交通工具、车次和到达时间。对于重要客人和高级团体的接待，要制定严格的接待方案。其内容包括：客人的基本情况，接待工作的组织分工，陪同人员和迎送人员名单，食宿地点及房间安排，伙食标准及用餐形式，交通工具，费用支出意见，活动方式及日程安排等。

（2）接待前的物质准备

良好的环境有助于接待工作的顺利进行，要重视办公室或会议室等场所的环境布置和绿化。室内要保持空气清新，光线不能过强或过弱，室内物品的摆放合理，不能有碍于人们的活动。

水果点心要方便客人食用，不选太硬而吃起来声音大的小吃，如太硬的豆类等。不选太多籽的水果，如西瓜等。如果选用无籽西瓜等体积大的水果，要将其切成小块放入盘中，并准备水果叉、牙签和纸巾等。

（3）接待人员的仪容仪表

接待人员的仪容仪表关系到企业形象。接待人员要品貌端正，举止大方。接待人员服饰要整洁、端庄、得体。在服饰方面除了符合个人礼仪中的要求外，要特别注意不要有太多的饰物，以免“喧宾夺主”。化妆应根据场合实施妆容，不留长指甲，保持手的清洁。接待工作前不吃带有异味的食物，尤其要注意口腔卫生。

2. 热情迎客

对于来访的客人，主人可根据情况亲自或派人到大门口、楼下、办公室或住所门外迎接。对来自远方的客人，应主动到车站、码头、机场迎接。

客人到来时，要立即请客人入室，室内的人都应起身相迎，不应端坐不动随便请客人自己进来，这样会使客人感到不受重视。对家人、亲朋好友或同事，也要一一介绍，以表现出友好的态度。然后安排客人就座，应把最佳的“上坐”位置让给客人坐。客人进屋后，主人要协助客人把携带的物品放好。

3. 周到待客

待客之礼，应是主动、热情、周到，善解人意。先敬上一杯茶，茶水要浓度适中，一般斟在六七成满较为适宜，再问候一些适当的话。茶与果品应双手送上，如果客人抽烟要亲自为其点火。如果客人没有坐下，自己不宜先坐下。交谈时语言礼貌，不要啰唆，言简意赅。

4. 礼貌送客

如果说迎宾是接待工作的序曲，那么送客就是接待工作的结束曲、压轴戏。因此，对送客的礼仪更加重视，要善始善终。所谓“出迎三步，身送七步”，在客人准备离开时，一定要等客人起身告辞时，主人再站起来相送，如果自己先起身，则有逐客之嫌。旅游接待服务工作中有这样的一个公式“100－1＝0”，就是说100项工作中有1项工作没有做好，都可能使全部工作前功尽弃，因此要重视每一个环节。

接待送别客人的形式有道别、饯别和专程送行等，根据客人的不同可以采用不同的送客形式。

（1）道别

在接待地点道别要由客人先提出，宾主双方握手道别时，应由客人先伸手，主人随后伸手。如果与客人常有来往，主人可以送到办公室门口或电梯门口；如果客人是初次来访，主人应该适当送远些，至少由接待人员送至办公区域之外。

（2）饯别

饯别也称饯行，是指主人为客人专门举行一次饯别宴会，这是对外地客人常用的送别方式。饯别宴可以视客人的情况和饮食喜好来安排，一切应该以客人为主。饯别时间一般选择在客人离开的前一天。主人应该与客人预约时间，并以客人的时间为主，不要打乱客人的行程安排或者影响到客人的休息。参加饯别宴的人员应该选择与客人身份、职位相似者以及相关部门的工作人员。

（3）专程送行

专程送行是指来访的重要客人离开时，由主人安排交通、人员等专程送客。这种送客方式尽显了主人的热情与周到。

送行同样要预约客人的时间，以客人的时间安排为主。送行人员也应选择与客人身份、职位相似者，或相关部门的工作人员。如果客人有自己的专用车辆，送别地点可以选择在客人的住所；如果客人没有专用的车辆，主人应该为其安排好车辆，一直送至机场或者车站，并帮助客人处理好搬运行李、托运行李等相关事宜。

在客人离去时要提醒客人带好随身物品，送行人员应向客人挥手致意。直到客人乘坐的交通工具启动或确认客人离开自己的视线以后再离开。这样，如果客人的交通工具因故晚点或出现其他特殊情况，送行人员可以及时给予关照。总之，在整个接待中，要向客人提供热情、周到、礼貌、友好的服务。

知识拓展

接待中应注意的礼仪

引领客人时，应位于客人左前方两三步的位置。

在陪同客人行走时，依据“右贵左轻”的原则，位于客人的左侧，以示尊重。

在上下楼或转弯处应用手示意方向。

乘电梯时，如有专人服务，应请客人先进，无人服务的电梯，接待人员应先进去，到达时请客人先出电梯。

进房间时，应打开并扶住房门，然后请客人进入。

乘车上下时，要一只手打开车门，另一只手扶住车门的上框，提醒客人避免撞头。客人上车坐稳后，再轻轻关上车门。和客人同往，车停后要先下车，打开车门请客人下车。

在接待客人时，应将手机关闭或置于静音，如有来电或有新的来访者，应尽量让助理或他人接待，避免中断正在进行的接待，或示意来访者稍等片刻。

二、拜访礼仪

无论是何种目的的拜访，都要从礼节上多多注意，不可失礼于人。去他人的工作单位和住所拜访，可以提前打电话或者通过其他途径预约并把拜访的目的告诉对方。

1. 把握时间

到工作单位拜访，最好不要选择星期一，因为星期一是一周的开始，往往是大家最忙的时间。如果是到家里访友，时间最好安排在节假日的下午或晚饭以后。尽量避开对方用餐时间，除非是对方请你赴宴。晚上访友不宜太晚，以免影响主人的休息。

2. 精心准备

在拜访之前，应根据访问的对象、目的、场所等，将自己的服饰、容颜适当地修饰一番。注意仪表仪容端庄，容光焕发。

3. 遵时守信

要按事先预定的时间如期赴约，不能迟到，也不要早到。按双方约定的时间准时到达最得体。一般比约定时间早或迟到两三分钟，原则上也是允许的。

4. 入室敲门

拜访时，进门之前应先按门铃或敲门。按门铃的时间不要太长，敲门声也不要太大，只要主人能够听到就可以了；待主人请你进房时，方可入内。

5. 做客有礼

进门后，应主动向所有相识的人打招呼、问好。若主人没有向你介绍其他客人，不可随便打听在场的其他客人与主人是什么关系，也不要主动与其他客人亲昵地攀谈或乱插话，不要喧宾夺主。主人请你入座时，应道声“谢谢”，不要自己找座位，要根据主人的邀请，坐在主人指定的座位上。拜访时态度要诚恳大方，言谈要得体。

6. 适时告辞

拜访的时间不宜过长，当宾主双方都谈完该谈的事，叙完该叙的情谊之后，就应及时起身告辞。告辞时应对主人的款待表示谢意，并说一些“打扰了”、“给您添麻烦了”、“谢谢”之类的客套语。若有必要，还应根据对象和实情说“请您以后多指教”、“希望以后多多合作”等。若主人还有其他客人，也要礼貌地道别。出门后应主动请主人留步，礼谢远送。

任务五　馈赠礼仪

在现代人际交往中，礼物仍然是人们往来的有效媒介之一，馈赠作为一种非语言的重要交际方式，以物的形式出现，以物表情，礼载于物，起到寄情言意的“无声胜有声”的作用。得体的馈赠，给交际活动锦上添花，给人们之间的感情和友谊注入新的活力。然而，送给谁（Who），为什么送（Why），如何送（How），送什么（What），何时送（When），在什么场合送（Where），是一个既老又新的问题。因此，人们只有在明确馈赠目的和遵循馈赠基本原则的前提下，在明确弄清以上6W的基础上，才能真正使馈赠发挥在交际中的重要作用。

一、馈赠的目的

任何馈赠都是有目的的，常见的有下面几类。

1. 以交际为目的的馈赠

这是一种为达到交际目的而进行的馈赠，有两个特点。

一是送礼的目的与交际目的的直接一致。无论是个人还是组织机构，在社交中为达到一定目的，针对交往中的关键人物和部门，通过赠送礼品来促使达到交际目的。

二是礼物的内容与送礼者的形象一致。礼物的选择，一个非常重要的原则就是要使礼物能反映送礼者的寓意和思想倾向，并使寓意和思想倾向与送礼者的形象有机地结合起来。

2. 以巩固和维系人际关系和感情为目的的馈赠

这类馈赠，即为人们常说的“人情礼”。在人际交往过程中，无论是个人间的抑或是组织机构间的，必然产生各类关系和各种感情。人与生俱来的社会性，又要求人们必须重视这些关系和感情，因而，围绕着如何巩固和维系人际关系和感情，人们采取了许多办法，其中之一就是馈赠。这类馈赠，强调礼尚往来，以“来而不往非礼也”为基本行为准则。因此，这类馈赠，无论礼物的种类、价值的轻重、档次的高低、包装的精美、蕴含的情义等方面都呈现多样性和复杂性，这在民间交际中尤其具有重要的特殊作用。

3. 以酬谢为目的的馈赠

这类馈赠是为答谢他人的帮助而进行的，因此在礼物的选择上十分强调其物质价值。礼物的贵贱厚薄，首先，取决于他人帮助的性质，帮助的性质可以分为物质的和精神的两类，一般说来，物质的帮助往往是有形的，能估量的，而精神的帮助则是无形的，难以估量的，然而其作用又是相当大的；其次，取决于帮助的目的，目的是慷慨无私的，还是另有所图的，或是公私兼顾的，只有那种真正无私的帮助，才是值得真心酬谢的；再次，取决于帮助的时机，一般情况下，危难之中见真情，因此，得到帮助的时机是日后酬谢他人的最重要的衡量标准。

4. 以公关为目的的馈赠

这种馈赠，表面上看来不求回报，而实质上其索取的回报往往更深地隐藏在其后的交往中，或是金钱，或是权势，或是其他功利，是一种为达到某种目的而用礼物的形式进行的活动。多发生在对经济、政治利益的追求和其他利益的追逐活动中。

二、馈赠的基本原则

大凡送礼之人，都希望自己所送礼物能达到馈赠的目的，并使交往锦上添花。然而，有时所赠礼物非但达不到这种目的，反而会事与愿违造成不良后果，“赔了夫人又折兵”。因此，认真研究和把握馈赠的基本原则，是馈赠活动得以顺利进行的重要前提条件。

1. 轻重原则——轻重得当，以轻礼寓重情

通常情况下，礼物的贵贱厚薄，往往是衡量交往人的诚意和情感浓烈程度的重要标志。然而礼物的贵贱厚薄与其物质的价值含量并不总成正比。因为礼物是言情、寄意、表礼的，它仅仅是人们情感的寄托物，物有价而人情无价，有价的物只能寓情于其身，而无法等同于情。也就是说，就礼物的价值含量而言，礼物既有其物质的价值含量，也有其精神的价值含量。

“千里送鹅毛”的故事在中国妇孺皆知，是礼轻情意重的典范，“折柳相送”也常为文人津津乐道。在这里，如果仅就这些礼物本身的物质价值而言，的确是很轻的，对于受礼人来说甚至是微乎其微的，然而它所寄寓的情意则是浓重的。

人们提倡“君子之交淡如水”，提倡“礼轻情意重”。但是，当大家因种种原因陷入“人情债务链”时，则不妨既要注意以轻礼寓重情，又要入乡随俗地根据馈赠目的和自己的经济实力，择定不同轻重的礼物。

总之，除非是有特殊目的的馈赠，其他馈赠礼物的贵贱厚薄都应以对方能愉快接受为尺度。

2. 时机原则——选时择机，时不我待

就馈赠的时机而言，及时适宜是最重要的。中国人很讲究雨中送伞、雪中送炭，即十分注重送礼的时效性，因为只有在最需要时得到的才是最珍贵的，才是最难忘的。因此，要注意把握好馈赠的时机，包括时间的选择和机会的择定。一般说来，时间贵在及时，超前滞后都达不到馈赠的目的；机会贵在事由和情感及其他需要的程度，“门可罗雀”时和“门庭若市”时，人们对馈赠的感受会有天壤之别。所以，对于处境困难者的馈赠，其所表达的情感就更显真挚和高尚。

案例解读

有一篇《影星与狗》的文章，记载了这样一件感人的事。国际著名影星奥黛丽·赫本十分爱狗，多年来一直豢养着一只叫杰西的长耳罗塞尔种的小猎犬。白天，杰西那无忧无虑和温柔的品性，令赫本感到平和安静，夜晚，杰西暖融融地依偎在赫本的脚旁，伴她入睡。然而，有一天，杰西误吃了毒药，很快就死了。赫本爱犬心切，因悲伤过度而一病不起。这时，她的朋友克里斯多夫·格里文森托人给她送来了又一只长耳罗塞尔狗，它叫彭妮，小巧玲珑，毛色白亮，十分可爱。彭妮给了赫本无限的慰藉，赫本说：“彭妮不仅使我恢复了健康，也赐给我无限的幸福，它真是来自天堂的宝贝。”

3. 效用性原则

同一切物品一样，当礼以物的形式出现时，礼物本身也就具有了价值和使用价值。就礼物本身的使用价值而言，人们经济状况不同，文化程度不同，追求不同，对于礼物的实用性要求也就不同。一般说来，物质生活水平的高低，决定了人们精神追求的不同，在物质生活较为贫寒时，人们多倾向选择实用性的礼物，如食品、水果、衣料、现金等；在物质生活水平较高时，人们则倾向于选择艺术欣赏价值较高、趣味性较强和具有思想性或纪念性的物品为礼物。因此，应视受礼者的物质生活水平，有针对性地选择礼物。

案例解读

麦琪的礼物

美国作家欧·亨利在其著名的小说《麦琪的礼物》里讲了这样一个故事。一位妻子十分想在圣诞节来临时送给丈夫一份礼物，她盼望能买得起一条表链，以匹配丈夫祖上留下的一只表。因为没有钱，于是她把自己秀丽的长发剪下来卖了。圣诞之夜，妻子向丈夫献上了自己的礼物——一条精美的表链。丈夫也在惊愕之中拿出了他献给妻子的礼物，竟是一个精致的发卡。原来，丈夫为给妻子买礼物把自己的表卖了。这时，他们紧紧地拥抱在一起，彼此的爱成为这圣诞之夜唯一的却是最珍贵的礼物。这对夫妻献给对方的礼物，在此时似乎已毫无效用，然而并非如此，它们不仅升华了他们之间的爱，使他们得到了最大的精神满足，而且更激发了他们战胜生活困难和追求幸福生活的决心和意志。有这样的情和爱，世上还有什么不可克服的困难和不可逾越的生活难关吗？

4. 投好避忌的原则

就礼物本身所引发的直接后果而言，由于民族、生活习惯、生活经历、宗教信仰以及性格、爱好的不同，不同的人对同一礼物的态度是不同的，或喜爱或忌讳或厌恶等，因此我们要把握住投其所好、避其禁忌的原则。在这里尤其强调要避其禁忌。禁忌是一种不系统的、非理性的、作用极大的心理和精神倾向，对人的活动影响强烈。当自己的禁忌被冒犯时，无论是有意的还是无意的，心中的不快、不满、甚至愤恨是不言而喻的。当我们冒犯了别人的禁忌时，就会引起纠纷甚至冲突。所以，馈赠前一定要了解受礼者的喜好和禁忌。

三、馈赠的具体礼仪

要使交往对象愉快地接受馈赠，并不是件容易的事情。因为即便是你在馈赠原则指导之下选择了礼物，如果不讲究赠礼的礼仪，也很难使馈赠成为社会交往的手段，甚至会适得其反。那么，馈赠时应注意哪些礼仪呢？

1. 礼物的选择

礼物的选择，要针对不同的受礼对象区别对待。一般说来，有下列原则：对家贫者，以实惠为佳；对富裕者，以精巧为佳；对恋人、爱人、情人，以纪念性为佳；对朋友，以趣味性为佳；对老人，以实用为佳；对孩子，以启智、新颖为佳；对外宾，以特色为佳。

2. 馈赠的注意事项

1）注意礼物的包装。精美的包装不仅使礼物的外观更具艺术性和高雅的情调，并显现出赠礼人的文化和艺术品位，而且还可以使礼物产生和保持一种神秘感，既有利于交往，又能引起受礼人的兴趣和探究心理及好奇心理，从而令双方愉快。好的礼物若没有讲究包装，不仅会使礼物逊色，使其内在价值大打折扣，使人产生“人参变萝卜”的缺憾感，而且还易使受礼人轻视礼物的内在价值而折损了由礼物所寄托的情谊。

2）注意赠礼的场合。赠礼场合的选择，是十分重要的。尤其那些出于酬谢、应酬或有特殊目的的馈赠，更应注意赠礼场合的选择。

通常情况下，当众只给一群人中的某一个人赠礼是不合适的。因为那会使受礼人有受贿和受愚弄之感，而且会使没有受礼的人有受冷落和受轻视之感。送礼应避开公众而在私下进行。只有那些能表达特殊情感的特殊礼物，方才在公众面前赠予。如一本特别的书，一份特别的纪念品等。

3）注意赠礼时的态度、动作和言语表达。只有那种平和友善的态度和落落大方的动作并伴有礼节性的语言表达的赠礼，才是令赠受礼双方所能共同接受的。那种做贼式地悄悄将礼物置于桌下或房中某个角落的做法，不仅达不到馈赠的目的，甚至会适得其反。

4）注意赠礼的具体时间。一般说来，应在相见或道别时赠礼。

3. 受礼礼仪

1）受礼者应赞美礼物，并表示感谢。一般应赞美礼物的精致、优雅或实用，夸奖赠礼者的周到和细致，并伴有感谢之辞（按中国传统习惯，是伴有谦恭态度的感谢之辞）。

2）双手接过礼物。视具体情况或拆看或只看外包装，还可伴有请赠礼人介绍礼物功能、特性、使用方法等的邀请，以示对礼物的喜爱。

3）只要不是贿赂性礼物，一般最好不要拒收，那会很驳赠礼人面子的。可以找机会回礼就是了。

四、国际交往中的馈赠礼仪常识

世界各国，由于文化上的差异，不同历史、民族、社会、宗教的影响，在馈赠问题上的观念、喜好和禁忌有所不同。只有把握好国际交往中的馈赠礼仪常识，在交往馈赠活动中才能达到目的。

1. 亚洲国家的馈赠

亚洲国家虽然在社会、民族、宗教方面有很大不同，但在馈赠礼仪方面有很多相似之处。

1）形式重于内容。对亚洲人的馈赠，名牌商品或具有民族特色的手工艺品是上好的礼物。至于礼物的实用性，则居于知识性和艺术性之后，尤其是日本人和阿拉伯人，非常重视礼物的牌子和外在形式。

2）崇尚礼尚往来，而且更愿意以自己的慷慨大方表示对他人的恭敬。在亚洲，无论哪个国家，人们都认为来而不往是有失尊严的，并且一般人都倾向于先送礼物予他人，而收到礼物在回礼时则常在礼物的内在价值、外在包装上更下功夫，以呈现自己的慷慨和对他人的恭敬。

3）讲究馈赠对象的具体指向性。选择和馈赠礼物时十分注意馈赠对象的具体指向性，这是亚洲人的特点。一般说来，送给老人和孩子礼物常常是令人高兴的，无论送什么，人们都乐于接受。但若是送他人妻子礼物，则需考虑交往双方的关系及对方的忌讳，如阿拉伯男人最忌讳向其妻子赠送礼物，这被认为是对其隐私的侵犯和对其人格的侮辱。

4）忌讳颇多。不同国家对礼物数字、颜色、图案等有诸多忌讳，如日本、朝鲜对“4”字有忌，把“4”视为预示厄运的数字，而对9、7、5、3等奇数和1、0、8等数颇为青睐，对“9”及“9”的倍数尤其偏爱（但日本人不喜欢9）。阿拉伯人忌讳动物图案，特别是带有猪等图案的物品。

2. 欧美国家的馈赠

欧美国家与亚洲国家不同，在礼物的选择喜好等方面没有太多讲究，其礼物种类繁多。

1）实用的内容加漂亮的形式。欧美人对礼物更倾向于实用，一束鲜花，一瓶好酒，一盒巧克力，一块手表，甚至一同游览、参观等，都是上佳的礼物。当然，如果再讲究礼物的牌子和包装，就更好了。

2）赠受双方喜欢共享礼物带来的欢快。欧美人馈赠时，受赠人常常当着赠礼人的面打开包装并表示赞美后，邀赠礼人一同享受或欣赏礼物。

3）讲究赠礼的时机。一般情况下，欧美人赠礼常在社交活动行将结束时，即在社交已有成果时方才赠礼，以避免行受贿之嫌。

4）忌讳较少。除忌讳“13”、“星期五”和一些特殊场合（如葬礼）礼物的种类与颜色等有一定讲究外，大多数欧美国家在礼物上的忌讳是较少的。

五、国际交往中馈赠举例

由于各国文化的差异，社会、宗教的影响和忌讳，送礼成了一种复杂的礼仪。如果运用得当，送礼能巩固双方之间的业务关系；运用不当则会有碍业务关系。选择适当的礼物、赠送礼物的时机以及让收礼人做出适当的反应，都是送礼时要注意的关键问题。

1. 亚洲国家

（1）中国

1）赠送礼物应考虑具体情况和场合。一般在赴私人家宴时，应为女主人带些小礼物，如花束、水果、土特产等，有小孩的，可送玩具、糖果。应邀参加婚礼，除艺术装饰品外，还可赠送花束及实用物品。新年、圣诞节时，一般可送日历、酒、茶、糖果、烟等。

2）礼物一般应当面赠送。但有时参加婚礼，也可事先送去。礼贺节日或赠送年礼，可派人送上门或邮寄。这时应随礼物附上送礼人的名片，也可手写贺词，装在大小相当的信封中，信封上注明受礼人的姓名，贴在礼物包装的上方。

3）在我国，一般习惯上送礼时自己总会过分谦虚地说，“薄礼！薄礼！只是一点小意思”或“很对不起……”这种做法最好避免。当然，如果在赠送时一种近乎骄傲的口吻说，“这是很贵重的东西！”也不合适。在对所赠送的礼物进行介绍时，应该强调的是自己对受赠一方所怀有的好感与情义，而不是强调礼物的实际价值，否则，就落入了重礼而轻义的地步，甚至会使对方有一种接受贿赂的感觉。

4）中国普遍有好事成双的说法，因而凡是大贺大喜之事，所送之礼均好双忌单，但广东人则忌讳“4”这个偶数，因为在广东话中，“4”听起来就像是死，是不吉利的。白色虽有纯洁无瑕之意，但中国人比较忌讳，因为在中国白色常是大悲之色和贫穷之色。同样，黑色也被视为不吉利，是凶灾之色，哀丧之色。而红色则是喜庆、祥和、欢庆的象征，受到人们的普遍喜爱。另外，中国人还常常讲究给老人不能送钟表，给夫妻或情人不能送梨，因为“送钟”与“送终”，“梨”与“离”谐音，是不吉利的。还有，如不能为健康人送药品，不能为异性朋友送贴身的用品等。

（2）日本

日本人有送礼的癖好，因此给日本人送礼可以送对收礼人毫无用途的物品以便其可以再转送给别人，那个人还可以再转送下去。日本人对装饰着狐狸和獾的图案的东西甚为反感，因为他们认为狐狸是贪婪的象征，獾则代表狡诈。到日本人家里作客，携带的菊花只能有15片花瓣，因为只有皇室徽章上才有16瓣的菊花。另外，选择礼物时，要选购名牌礼物，并且日本人认为礼物的包装同礼物本身一样重要，因此要让懂行的人把礼物包装好。

（3）韩国

韩国人对初次来访的客人常常会送当地出产的手工艺品，但要等客人先拿出礼物来，然后自己再回赠。

（4）阿拉伯国家

在阿拉伯国家送礼时需要注意：初次见面时送礼可能会被视为行贿；切勿把用旧的物品赠送他人；要送在办公室里可以用得上的东西；盯住阿拉伯主人的某件物品看个不停是很失礼的举动，因为这位阿拉伯人一定会认为你喜欢它，并一定会要你收下这件东西；阿拉伯人给他人一般都是赠送贵重礼物，同时也希望收到同样贵重的回礼；他们喜欢丰富多彩的礼物，喜欢名牌货，而不喜欢不起眼的古董；他们喜欢知识性和艺术性的礼物，不喜欢纯实用性的东西；他们忌讳烈性酒和带有动物图案的礼物（因为这些动物可能代表着不吉祥）；送礼物给孩子总是受欢迎的。

2. 欧美国家

欧洲国家一般只有在双方关系确立后才互赠礼物。赠送礼物通常是此次交往行将结束时才进行，同时表达的方式要恰如其分。高级巧克力、一瓶特别好的葡萄酒在欧洲都是很好的礼物。登门拜访前则应送去鲜花（花要提前一天送去，以便主人把花布置好），而且要送单数的花，同时附上一张手写的名片，不要用商业名片。

（1）英国

在这里应尽量避免感情的外露。因此，应送较轻的礼物，由于花费不多就不会被误认为是一种贿赂。适宜的送礼时机应定在晚上请人在上等饭馆用完晚餐或剧院看完戏之后。英国人也像其他大多数欧洲人一样喜欢高级巧克力、名酒和鲜花。对于饰有客人所属公司标记的礼物，他们大多数并不欣赏。

（2）法国

初次结识一个法国人时就送礼是很不恰当的，而应该等到下次相逢时。礼物应该表达出对他的智慧的赞美，但不要显得过于亲密。法国人很浪漫，喜欢知识性、艺术性的礼物，如画片、艺术相册或小工艺品等。应邀到法国人家里用餐时，应带上几支不加捆扎的鲜花。但菊花是不能随便赠送的，在法国只有在葬礼上才用菊花。

（3）德国

礼貌是至关重要的，故此赠送礼物的适当与否要悉心注意，包装更要尽善尽美。玫瑰是为情人准备的，绝不能送给其他人。德国人喜欢应邀郊游，但发出邀请的人在出发前必须作好细致周密的安排。

（4）美国

美国人很讲究实用，故一瓶上好葡萄酒或烈性酒，一件高雅的名牌礼物，一起在城里共度良宵，都是合适的。与欧洲国家一样，给美国人送礼应在此次交往结束时。

3. 拉丁美洲国家

黑和紫是忌讳的颜色，因为这两种颜色使人联想到四旬斋。刀剑应排除在礼物之外，因为它们暗示友情的完结。手帕也不能作为礼物，因为它与眼泪是联系在一起的。可送些小型家用电器，如一只小小的烤面包炉。在拉美国家，征税很高的物品极受欢迎，只要不是奢侈品。

情境实训与习题

一、思考题

1. 称呼分为哪些方式？它们的适用情况是什么？
2. 社交场合为他人做介绍时应注意哪些问题？
3. 交换名片应依照的基本顺序是什么？
4. 握手的禁忌有哪些？

5. 旅游从业人员语言的职业特点有哪些？

6. 打电话应注意什么礼仪？

7. 一位著名教授（汉族男士）到穆斯林民族聚集地讲学，当地穆斯林民族同志热情好客，在送别时送给汉族教授一顶绿帽子（绿色是穆斯林民族最喜欢的颜色）。你若是教授，你怎么做？请分析本次礼物馈赠中的礼仪失误之处。

二、礼仪实训题

1. 请同学自由组合，模拟初次见面的情景，注意如何使用称谓。

2. 两人一组，练习标准握手姿势，并说出握手的禁忌。

3. 请同学们分成小组，进行递送名片练习。

4. 由教师扮演介绍人，挑选一名同学扮演客人，进行三种介绍类别的演示。

5. 不同场合礼貌用语的训练：① 迎送用语；② 征询用语；③ 道歉用语。

6. 让学生自愿以小组为单位，模拟往同学家打电话（接电话者是同学家人）以及往某公司打错电话两种情景。

7. 两人一组，设置迎接、送别、生日、母亲节、元旦等情景，模拟送礼和受礼。

三、案例分析题

案例 1：名片的失误

建新公司的办公大楼需要添置一系列的办公家具，价值数百万元。公司的总经理通过市场调查认为 A 公司办公家具的款式和价格都比较中意，于是决定向 A 公司购买。

A 公司销售部经理为了促成这笔生意，亲自打电话预约拜访建新公司总经理。总经理接受了他的预约并安排上午 10 点面谈。

上午 9 点，A 公司销售部经理就迫不及待地来到了建新公司，原来他听说建新公司的员工宿舍也要在近期内落成，希望员工宿舍需要的家具也能向 A 公司购买。为了谈这件事，他还带来了一大堆的资料，摆满了台面。总经理没料到他会提前到访，刚好手边又有事，便请秘书让他等一会儿。这位销售部经理等了不到半小时，就开始不耐烦了，一边收拾起资料一边说："我还是改天再来拜访吧。"

这时，总经理发现他在收拾资料准备离开时，将自己刚才递上的名片不小心掉在了地上却并没发觉，走时还无意从名片上踩了过去。就是这个不小心的失误，令总经理改变了初衷，A 公司不仅没有机会与建新公司商谈员工宿舍的家具购买，连几乎到手的数百万元办公家具的生意也"告吹"了。

案例 2：谁打来的电话

下面是丈夫与妻子的一段对话。

丈夫：上午有人给你来电话了。

妻子：谁打来的？什么事？

丈夫：我上哪知道去。

妻子：你没问他吗？

丈夫：人家能告诉我吗？

妻子：别瞎贫，快点说。

丈夫：说啥？我问他，"请问你是哪位？"他说，"我找刘老师。"我说，"你叫什么名字？"他说，"我找刘老师。"我说，"那你有啥事我给你转达一下？"他说，"我过一会儿再给她打。”没等我反应过来，人家电话挂了！

……

丈夫：没啥说的了，好好教教你的学生吧！

1. 案例1中，A公司销售部经理在这次的见面中存在哪些失误？
2. 名片的接受礼仪有哪些？
3. 通话是为了传达信息，进行沟涌，可是案例2中达到这个目的了吗？为什么？
4. 案例2中，“丈夫”对学生有哪些不满的地方？

学习情境四
饭店和旅行社服务礼仪

学习目标

知识目标：掌握饭店前厅、客房、餐饮服务流程中的礼仪要点；掌握旅行社一般接待礼仪和导游服务流程中的礼仪要点。

技能目标：规范熟练运用前厅、客房、餐饮各部门礼仪；掌握旅行社客服务中心电话和面谈接待服务礼仪和导游团接待礼仪。

能力目标：运用所学内容灵活处理饭店服务中的疑难问题，掌握导游礼仪规范，进一步提高沟通与协调能力。

导入案例

失礼的礼节

一个秋高气爽的日子，小陈穿着一身挺括的制服，第一次独立地走上了饭店迎宾员的岗位。一辆白色高级轿车向饭店驶来，轿车司机准确地将车停靠在饭店豪华大转门的雨棚下。小陈看到后排坐着两位男士，前排副驾驶座上坐着一位身材较高的外国女宾。小陈目视客人，礼貌亲切地问候，他上前一步，以优雅的姿态和职业性动作，先为后排客人打开车门，做好护顶关好车门后，又迅速走向前门，准备以同样的礼仪迎接那位女宾下车。但此时那位女宾满脸不悦，使小陈茫然不知所措。

这位女宾为什么不悦？小陈错在哪里？

启示：通常后排座为上座，一般凡有身份者皆在此就座。优先为重要客人提供服务是饭店服务程序的常规。然而，此案例中小陈生搬硬套常规，没有先为女宾拉车门，使其感到受忽略而生气。在对外宾服务时，应首先遵循女士优先的原则，灵活对客服务才能取得良好的服务效果。

旅游行业的接待工作与礼貌、礼节和礼仪密不可分。只有将娴熟的服务技能和礼貌待客的职业习惯相结合才是真正的优质服务。也就是说，优质服务得以实现的前提是规范的礼节操作规程、礼貌的待客态度和完美的礼仪服务。

任务一　饭店前厅服务礼仪

前厅是饭店中十分重要的部门之一，其业务包括为客人提供登记、接待、订房、换房、问讯、电话、订票、留言、行李、退房等服务。前厅在某种程度上体现了饭店的整体形象，可以说前厅是饭店的神经中枢，因此，前厅接待服务对服务人员的素质和礼仪有很高的要求。

一、门厅服务礼仪

1. 门童服务礼仪

客人来到饭店，与其交流的第一个人很可能是车场保安或礼宾部门童，其中门童岗是所有出入饭店客人必经的通道。要让客人在短时间内享受到饭店服务的温馨，就必须要求门童提供细心、规范、有礼的服务。

1）上岗前，做好仪表仪容的自我检查，做到服饰挺括，仪容端庄大方。

2）面带微笑，站姿端正，精神饱满，全神贯注，随时恭候客人的光临。

3）凡是来饭店的车辆停在正门时，必须上前开启车门，迎接客人下车。开门时，一般优先为女宾、外宾、老年人开门，然后才是其他客人。开门时，一般先开启右车门，用左手拉开车门成70°，用右手挡住车门的上方，提醒客人不要碰头（对信仰伊斯兰教、佛教的人士除外）。对老弱病残及女客人应予以帮助，并注意门口台阶。

图4－1　门厅服务

4）遇到客人带有行李时，应立即招呼门口的行李员为客人搬运行李，协助行李员装卸行李，注意有无遗漏的行李物品，并携行李引导客人至接待处办理登记手续。

5）要牢记常来本店客人的车辆号码和颜色，以便提供快捷、周到的服务；逢雨天，客人到店时要为客人打伞。

6）客人进店时要为客人开启大门，微笑致意并说："您好，欢迎光临"（见图4－1）。

7）客人离店时，应主动上前向客人打招呼并代为客人叫车。待车停稳后，替客人打开车门，请客人上车；如果客人有行李应主动帮客人将行李放上车并与客人核实行李件数。待客人坐好后，为客人关上车门，但不可用力过猛，不可夹住客人手脚。车辆即将开动时，应躬身立正，站在车的斜前方1米远的位置，上身前倾15°，双眼注视客人，举手致意，微笑道别，并说"再见"、"一路平安"、"一路顺风"、"谢谢您的光临、"欢迎您再来"、"祝您旅途愉快"等道别语。

8）当团队客人和大型会议、宴会的与会者集中离开时，要提高工作效率，尽量减少客人的等候时间。对重点客人车辆离店要先行安排，重点照顾。

9）当候车人多而无车时，应有礼貌地请客人按先后次序排队乘车；载客的车多而人少时，应按汽车到达的先后顺序安排客人乘车。

10）车辆启动时，面带笑容挥手告别，目送客人离去。

2. 行李员服务礼仪

行李员（见图4-2）要着装整齐，精神饱满，思想集中，站立于大厅中恭候客人的到来。

1）客人抵达时，行李员要主动向宾客表示欢迎，帮助宾客卸下行李，并查看车里是否还有遗留物，检查行李有无破损。主动帮助客人提行李，将大件行李装上行李车，并请客人当面清点件数，贵重物品或易损、易碎物品，如公文包、瓶子等请客人自己拿好。若客人坚持所有行李自携，应尊重其意愿。

图4-2 行李服务

2）在装卸行李时，应轻拿轻放，数量准确，摆放有序，并得到客人的确认。应保证随身行李不离开客人的视线范围。

3）引领客人前往接待台进行入住登记时，行李员应用外侧手提行李，在客人侧前方行走，时常用规范的手势示意客人前行的方向。

4）客人办理入住登记手续时，行李员应站在1米以外，站姿端正，注视客人，随时等候为客人服务。

5）引领客人去客房时，行李员应与客人保持适当的距离，走在客人左前方二三步处，随着客人的步子徐徐前进。转弯处，要面带微笑向客人示意。可在引领过程中向客人简要介绍饭店服务概况。

6）同客人乘电梯时，应按住电钮，礼让客人先入梯；到达时，同样示意客人先步出电梯。

7）陪同客人到达客房后，将行李放在行李柜上，行李的正面应朝上，提手应朝外，并让客人确认行李的数量和完好状态，然后微笑告别："请好好休息，再见！"面对客人，后退一二步，自然转身退出房间，将房门轻轻拉上。注意不能关门太重以防造成客人不悦。

8）客人要求寄存行李时，应主动迎接客人，清点行李件数，请客人填写"寄存行李单"，并检查客人签名、寄存件数、期限、存单号码，然后将客人行李整齐地放到库房行李架上，安全保管。

9）客人来取寄存行李时，应逐一仔细核对寄存单和客人所持副本，审核客人签名和行李件数，然后将行李交给客人。

10）客人离店需要行李服务时，行李员进房前无论房门是关着还是开着，均要按门铃或用手敲门通报。在问清客人共有多少件行李物品后，小心提携并负责安全地运送到车上。注意检查房内有无客人遗忘的物品等。

11）引领客人走出大厅，请客人先行，并保持一定距离，用手势告诉门童叫车。客人离开酒店后，行李员应微笑道别“欢迎再次光临”，并祝客人旅途愉快。

3. 大堂清洁员礼仪

1）大堂是客人出入频繁的区域，因此雨雪天气要在大堂入口处铺上蹭脚地垫或地毯，同时要安排专人对大堂入口处进行及时的清洁，不断地用地拖把擦地，确保地面没有水迹，同时看脚垫是否铺好，加以保护，脚垫过湿时要及时更换。

2）公共区域卫生间应干净无异味，对客人用过的卫生间，清洁员要及时进行清理。清洁员见到客人应礼貌问候，适时回避。因清洁工作给客人带来不便时，应向客人致歉。客人离开时，清洁员应主动为客人开门。

3）对电梯进行日常清洁时要选择适当的时间，尽量避开客梯使用的高峰时间。清洁电梯时不应在大堂的平面处进行，应选择客人出入不多的楼层，一般应选择在行政办公层或会议厅层，但也应视会议和宴会的情况而定，以减少噪音。

4）清洁公共区域时，清洁员应保持专业的工作状态，步履轻盈，动作熟练。遇到客人应暂停工作，礼貌问候，礼让客人。客人在工作区域谈话时，清洁员应礼貌回避。

5）使用清洁设备时，清洁员应保证设备整洁完好，不乱堆乱放。提拿工具应注意避让客人，提拿方式安全、得当，并符合礼仪规范。

二、总服务台服务礼仪

1. 预订员服务礼仪

1）明确来饭店住宿的客人是预订团体、预订散客还是零星散客。对于预订客人，饭店可以事先为客人分房、定价、准备好登记表。但对于非预订的零星散客，则无法做到这一点，因为饭店不能事先得知客人的需求、到达时间和个人资料。入住登记过程起着收集资料的作用，资料不全就无法分房及定价。

2）接待客人时，应有文明礼貌的态度，做到礼貌、热情、周到。

3）预订员报价时，第一，要说明合理税率；第二，解释一些额外服务或宜人环境应增补的费用；第三，要核实验证饭店是否有最短的下榻时间规定，如果是这样是否会影响客人的时间安排；第四，要核实验证饭店是否有任何特殊的销售广告活动以至影响客人的下榻时间；第五，要解释外汇兑换汇率比价。

4）预订登记表填好以后，预订员就可将预订要求与预订到达当天的可供房情况进行对照，决定是否接受客人的预订。如果接受预订，预订员随后就要确认预订；如果拒绝预订，要用友好、遗憾的态度对待客人。首先称呼客人的姓，然后讲述由于房间订满而无法安排，争取客人的理解。客人表示理解后，下一步预订中要根据不同的情况建议客人做些更改，如房间的种类、日期、房数等，即使不能满足客人当初的预订要求，最终也要使客人满意。

5）接受预订后须加以确认。通过确认，一方面使饭店进一步明确客人的预订要求；另一方面也使饭店与客人之间达成协议。

6）预订被接受或确认后，客人在抵达饭店前还可能对预订内容做更改，如到达或离开饭店时间、房间数、人数、住房人姓名及预订种类的变更，以至完全取消预订的情况都有可能发生。每当需要更改时，就要填写更改表，并将有关预订登记作相应的改动，使之保持正确。

7）接听电话订房时，正确的声调应该是很友好、亲切和动听的。预订员接到的多数电话都是先问及有关饭店的服务项目、房价等，预订员要耐心回答，抓住机会向客人推销。报房价时，要先报豪华房价，然后再报低一点的普通房价。当客人表示愿意接受时，就可以进一步询问客人的要求，填写订单。

2. 接待员服务礼仪

1）接待时要站立服务，姿态端庄大方，着装整洁，面带微笑随时恭候客人光临（见图4－3）。

2）当客人向服务台走过来时，应热情地问候客人说："您好！欢迎光临！请问您有预订吗？"

3）有较多客人抵达而工作繁忙时，要按先后顺序依次办理住宿手续，做到"接一答二照顾三"。

4）当客人询问房间类型及房价时，应将饭店房间的种类及设置档次向客人详细介绍，然后推销房间。

图4－3　前厅接待服务

5）听清客人的要求后，尽量按客人的需要为其安排房间。同时，当知道客人姓氏后，要及时称呼，以示对客人的重视与尊重。

6）如遇当天已无空房，应耐心向客人解释并致歉，同时热情地向其推荐其他饭店，并感谢客人的光临，表示下次再见到这次未能入住的客人来饭店入住。

7）住房通知单、迎宾卡填好后，应礼貌、迅速地将证件递还给客人，并予以致谢。绝不能一声不吭地将证件扔给客人或是扔在柜台上。

8）为客人分发钥匙牌时，应双手递交给客人，并亲切地说："您的房间是××楼××号，祝您愉快。"

3. 问询员服务礼仪

1）问询员应着装整齐，仪态大方，精力集中，站立服务，随时接受客人的问询。

2）当客人提问时，要有问必答，再问不厌，用词得当，简洁明了。对饭店设施、各部门服务时间、具体位置等情况应详细回答清楚，不能说"也许"、"大概"之类没有把握或含糊不清的话。但对不清楚的事，不要不懂装懂，也不能简单地说"我不知道"，而应尽快了解清楚后告诉客人。对一些客人提出的要求无法满足时，应向客人表示歉意，请求其谅解与合作。

3）接受来电查询时，应热情帮助解决，件件要有结果、有回音。如不能马上回答，对来电人应讲明等候时间，以免对方久等而引起误会。

4）来电人要求留言时，应仔细记录留言内容和来电人姓名，并及时转告接收人，服务应热情周到。

5）问询处每天收到信件、邮件时应先分类，打上收到时间，做好登记，并请行李员送入客人房间签收。

4. 结账员服务礼仪

1）在客人离店来结账前，应事先整理好账单，结账单记载的顺序要和原始结账单上的记载顺序一致。

2）客人来结账时，首先双手收回钥匙牌。应当场核对账单，做到热情、周到、迅速、准确地办理。收款数目要当面结清，不能有丝毫含糊，避免客人有被多收费的猜疑。

3）假若在客人的房价、账单或是其他方面出现差错，要在客人离店以前审核清楚，并让客人满意付款离开饭店。

4）遇到结账客人较多时，应遵循先来先服务的原则，严谨、准确、快捷地为先来的客人服务，对后到的客人应礼貌地请其稍候。

5）结账完毕，应向客人致谢，欢迎再次光临，给客人留下热情好客、彬彬有礼的深刻印象及美好回忆。

三、大堂值班经理服务礼仪

大堂值班经理也称“大堂副理”，是饭店与客人之间密切联系的纽带。其工作范围包括：协调饭店各部门的工作，代表饭店处理日常发生的事件，帮助客人排忧解难，监督问题的处理等。

1. 基本礼仪

（1）讲究形象

作为饭店对客服务的代表，大堂值班经理应保持良好的形象：精神饱满，面带微笑，思想集中，坐姿、站姿和行姿都要自然得体；出言谨慎，口气婉转，态度诚恳，谦逊有礼；在任何情况下，不与客人争辩，做到打不还手，骂不还口。

（2）礼貌待人

有客人前来时，应主动上前或起立，彬彬有礼地问候；然后请客人就座，再慢慢细说。对外宾能用英语或其他外语交谈，对内宾要说普通话，不能讲方言；对客人提出的问询，要给予全面详细的解答，使对方感到可信、满意。自己能答复的问题，决不借口推脱给其他部门解答。对确实不了解、没把握的事，不要不懂装懂，更不能不负责任地自以为是。接待客人要百问不厌，口齿清楚，用词贴切，简洁明了。办事态度踏实、认真，考虑问题周到，能急客人所急，愿把困难留给自己，把方便让给客人。接待结束，要主动先向客人致谢，做到自然、诚挚。

（3）沉着、冷静

大堂是饭店的重要窗口，大堂值班经理如遇突发紧急事件，要沉着、冷静，并及时向有关方面通报信息，尽快求得指示和协助，在礼貌服务中应体现出优质、高效。

此外，大堂值班经理对外是公关形象，接触面广，沟通联系多。在与饭店内部各部门的协作中，也应注意搞好人际关系，团结互助，友善谦让，共同配合。

2. 带客参观礼仪

客人的每一次参观，对于饭店来讲，都是送上门的宣传的好机会。参观途中，大堂值班经理应配合有关部门的接待人员热情讲解，积极宣传。

（1）安排有序

带领客人参观饭店设施时，应提前准备，有序安排，引领礼仪应规范、到位。介绍饭店时，应实事求是，关注客人兴趣，提醒客人爱护饭店的设施、设备，把握时间，适时结束参观。

（2）把握原则

1）任何参观都不应该影响饭店的正常营业和运转。重要参观或人数较多的参观应事先做好预约，因为饭店本身也是公共的营业场所，准备不充分将会影响店内其他客人的利益。

2）对于不同的参观者应安排饭店不同层次领导陪同或接待，特别是政府人员和外交人员参观时，更应注意这点。

3）一般来说，普通客人参观可以安排前厅部接待人员服务；客户参观应直接将客户介绍给销售部门；记者及其他新闻媒介参观，必须由公关人员亲自引导，详细介绍饭店情况，并配发一定的宣传资料。

4）参观原则上只限公开营业区域，饭店的管理区、后台区域一般拒绝参观，如财务、机房、员工休息区或办公区等，除非得到有关部门的批准或持有介绍信。

3. 客人投诉的原因与处理投诉礼仪

（1）客人投诉的原因

1）由于客人对饭店期望值过高或者客人比较敏感，如果饭店的服务及设施项目与其期望值相差太远，不符合心中理想就会产生失望感，引发投诉。

2）客人的需求及价值观念不同，对事物的看法及衡量标准不同，导致不同看法和感受，就容易产生某种误解，引发投诉。

3）少数客人的住店经验及投诉经验非常丰富，熟知饭店的弱点及相关法律规定，利用饭店的不足和存在的问题，力图通过投诉迫使饭店给予较大折扣和答应其苛刻要求。

4）因客人本身心情不佳或因为其他非饭店原因产生不满，而在饭店内宣泄或借题发挥或故意挑衅滋事，导致对服务的投诉。

知识拓展

我国饭店的常见投诉

饭店内公用厕所的清扫员要分性别；闭路电视节目不准确，没法收看；客房没有冰块供应；卫生间及卧室有“毛发”；饭店没有无烟区和无烟客房；商务客房多是灯光暗淡；饭店工作人员大声喧哗；电话收费问题；饭店服务没有明确的时间概念。

（2）处理投诉的礼仪

1）热情耐心。在接待客人投诉时，要热情相待，耐心听取，冷静分析。即使对方情绪激动，甚至蛮不讲理，也不能受其影响而冲动。处理事情时要心平气和、逐步引导，并尽全力帮助客人处理好事情。

2）做好记录。在听取客人投诉时，应同时做好必要的书面记录，表示饭店方对事情的重视，避免客人误认为在敷衍了事。在客人陈述的过程中，不要随意插话，也不得打断对方的讲话，让其在平静的气氛中发泄，以便缓和矛盾，也可使投诉者获得心理平衡。

3）妥善解决。要善于察言观色，适时地用征询、商量、建议性的口吻与客人交谈。要善于分析问题、判断是非，即使在对方欠理的情况下，也不要让其丢失面子。接待大声喧哗、粗暴无理的投诉者时，为不影响其他客人的正常活动，可另择场所单独接待。对客人愿意把问题告诉自己表示感谢，把要采取的措施及解决问题的时限告诉客人并征得客人同意。

对客人的投诉，除表示理解、同情、重视、关心外，要迅速根据实际情况做出必要的核查，拿出妥善解决的办法。在处理问题时不能主观武断，不得轻易表态，不要简单回答“是”或“非”，更不可擅自作不合实际的许诺，以免饭店遭受不必要的名誉和经济损失。事后及时回访，确认投诉得到妥善处理。

4. 应急处理礼仪

1）当饭店紧急停电时，应镇静自若，及时向客人说明停电的原因和来电的时间，及早安抚客人。

2）当客人受伤或突发疾病时，应根据饭店突发事件处理程序及时处理。处理时，应保持镇静，适时安抚客人。

3）当出现火灾等紧急情况时，应根据饭店突发事件处理程序及时处理。处理时，应保持镇静，语气坚定，语调平缓。应安抚客人，向客人传递安全的信息。接到上级的疏散命令后，应疏散有序，忙而不乱。

知识拓展

前厅对客服务十把金钥匙

第一把金钥匙：顾客就是上帝。

第二把金钥匙：微笑。

第三把金钥匙：真诚、诚实和友好。

第四把金钥匙：要提供快速敏捷服务。

第五把金钥匙：服务员至少要经常使用两句具有魔术般魅力的话语。

第六把金钥匙：要佩带好你的名牌。

第七把金钥匙：每一位服务员都要以自己经过修饰的容貌为骄傲。

第八把金钥匙：要有与其他人互助合作的团队工作精神。

第九把金钥匙：在客人问候你之前，先用尊称向客人问候。

第十把金钥匙：每一位服务员都要熟悉自己的工作、自己的企业和有关信息。

四、总机服务礼仪

饭店的电话总机是负责为客人提供电话服务的前台部门。话务员的声音代表着饭店的形象，是饭店“只闻其声，不见其人”的幕后使者。

总机话务员应针对不同的服务对象使用不同的服务语言，服务用语应符合规范和特定的语言环境。为客人服务时应使用对方易懂的语言，称谓恰当，用词准确，语意明确，口齿清楚，语气亲切，语调柔和。

1. 接听电话礼仪

电话总机是饭店内外信息沟通联络的枢纽和形象窗口。电话接待是在通话双方不见面、看不见表情和手势的情况下进行的，总机话务员通话方式是服务礼仪的重要表现方式。

（1）亲切问候

电话铃响，立即接听，一般电话铃响不应超过三声。接到打进的电话，应主动先报出自己的饭店名称，例如“早上好！××饭店”，切忌开口就说“喂”、“讲呀”等词语。在通话中应使用敬语和其他礼貌用语，并注意始终带着微笑通话，通过友好的声音来传递饭店对客人诚挚的欢迎。

（2）用心倾听

认真倾听对方的来电事由，按要求逐条回答或转接。听得不清楚或不明白时，应委婉地请对方再重复一遍，不能不耐烦，更不能置之不理，或者将错就错，把电话随意拨转出去。

当对方有急事，而恰逢分机占线不能接通时，更要耐心解释清楚。对于拨错号码的来电人，同样应以礼相待，而不能训斥对方。来电人若有留言，应记下有关事由、时间、地点和姓名，并向来电人保证及时转达。对于来电查询，应热情相待，在可能的情况下，尽自己的努力去办。

接到电话投诉，要高度重视，认真倾听，了解实质性的原因。要站在对方的立场上将心比心、诚心诚意地去表示理解和同情。哪怕是对方因自身愿望和要求得不到满足的心理失衡或因素质修养及个性原因产生的不合理抱怨，也要正确理解和表示谅解。同时，快速行动，把投诉及时地向相关部门反映，并将处理结果和相关信息及时反馈给对方。

（3）圆满答复

对问询应圆满答复，若遇不知道、不清楚的事应查找有关资料或请示领导尽快答复，决不能以“不知道、不清楚”作回答。回答问题要负责任，不能不懂装懂，模棱两可，胡乱作答。

当客人提出的某项服务要求一时满足不了时，应主动向客人讲清原因，并向客人表示歉意，同时要给客人一个解决问题的建议或主动协助联系解决。要让客人感到，虽然问题一时没解决，但却受到了重视，并得到了应有的帮助。

原则上，对于较敏感的问题，态度要明确，但说话方式要婉转、灵活，既不违反饭店规定，也要维护顾客的自尊心，切忌使用质问式、怀疑式、命令式、“顶牛”式的说话方式，杜绝蔑视语、嘲笑语、烦躁语、否定语，要使用询问式、请求式、商量式、解释式的说话方式。如询问式“请问……”、请求式“能否请您协助我们……”、商量式“……您看这样好不好”、解释式“这种情况，饭店的规定是这样的……”。

2. 接转电话礼仪

接转电话是指接转由外部挂进饭店的电话，有本地的电话，也有长途电话。话务员在接转这些电话时必须注意以下礼仪。

（1）接转给客人的电话

接转给客人的电话必须问清打电话者的姓名及打电话的事项，然后核实客人是否是打电话者要找的人，若是则征求客人意见，是否可转给他，客表示可以时再转给他，若客人表示不接时，可向打电话者婉拒。

（2）打电话查询住房

若有人打电话查询住房时，也要征询客人的意见，经同意后再告诉打电话者。客人及其房号要保密，一般不告诉外人。

（3）客人不在房间

如果来电找已住宿的客人通话，而此人此时又不在房间内，无论是市话还是长途，话务员都可主动请来电一方留下姓名、地址和回电号码，以便给予转告；待客人归来，话务员要及时转告；如果来电一方要求直接留言，话务员应详细做好记录，并与对方复述核对后挂断电话，再及时转告给住店客人。

（4）接转给员工的电话

员工工作时间外面打来给员工的电话，一般不转，若有急事可以转有关部门办公室或其顶头上司接听。

3. 电话叫醒服务礼仪

话务员的工作还有一个重要任务，就是叫醒服务。

为客人提供叫醒（Morning Call）、请勿打扰（Do Not Disturb）等电话服务时，话务员应认真做好记录并复述一遍，将时间和房号录入计算机或做好记录，按时通过电话叫醒客人。若是贵宾和重要客人，则派专人叫醒或提前5分钟电话催请叫醒。

（1）准时叫醒客人

凡是客人申请叫醒，话务员均要根据“客人唤醒时间表”准时叫醒客人。

（2）要有礼貌地用普通话或英语重复

话务员叫醒客人时，叫醒的语言应简练，语音甜美柔和。要有礼貌地用普通话或英语重复：“早晨好，现在的时间是早上××点钟。”要不停地叫，连续地叫，若一段时间如5分钟或10分钟无人听电话，要请楼层值班人员去敲门，直到叫醒客人为止。

（3）将客人晚起时间记入档案

对晚醒的客人，要告诉他：“先生（或小姐），按叫醒时间，您已经晚起了××分钟。”将客人晚起时间记入档案，日后客人投诉时，可以作为凭据解释。

五、商务中心服务礼仪

为满足客人的需要，现代饭店尤其是商务型饭店通常都设有商务中心为客人提供传真、打印、复印、打印名片、翻译、电子邮件、代办邮件等服务。

图4-4　商务中心服务

商务中心的办公室既是服务的场所，又是接待客户的地方，应具有安静、隔音、舒适、优雅的环境。

商务中心服务员（见图4-4）在岗时应注重个人仪表，在客户面前注意自己的坐立、行走姿势，要符合饭店员工守则中有关规定的要求。工作热情主动，向客人递送文件时，应微笑着注视客人，用双手递送。在同时接待数位客户时，应按先后次序一一受理，同时向每位客人打招呼致意。要忙而不乱，有条有理。承办打字、复印、翻译、快递等项业务时，要做到准确、快捷、细心、周到，杜绝差错。代客打字、复印、进行口头或书面翻译时，应讲究效率，力求准确，避免差错。客人如果对服务有不满时，商务中心服务员应做耐心解释。解释时说话态度要谦和，语气要委婉。

1. 传真服务礼仪

1）当客人走进商务中心时，微笑并起立向客人致意，如当时正忙，应先停下手中的工作接待客人。

2）在电脑上迅速查对客人姓名及房间号。

3）事先向客人说明传真起算时间及收费标准。

4）请客人填写传真内容，仔细检查后向客人复述，客人认可后才能发送。

5）把账单号、传真号、发送张数、发送起止时间写在账单和传真登记表上。根据显示的发送时间进行收费，请客人签单。

6）将客人传真原稿与传真报告单订在一起双手送还给客人。如果客人当时不在，则将订在一起的原稿与传真报告单放入信封，并在信封上写明客人姓名、发送张数、发送起止时间、房间号等内容。

2. 打印、复印服务礼仪

（1）打印服务礼仪

1）当客人走进商务中心时，应立即微笑起立，主动问候客人。

2）礼貌询问客人打印要求及特殊格式安排，大致检查稿件内容。

3）报价并向客人说明文件打印完成时间。

4）打字完毕后根据原稿核对一次打印内容，按客人的要求打印稿件，稿件名称用客人房号。

5）若客人只需要修改文件部分内容，应按要求将文件修改好并打印出来，请客人检查确认。

6）询问客人是否需要保存文件，如果需要，请其确定保存期限；如不需要保存，则删除文件。

7）将打印稿送客人校审，装订后交给客人。当着客人的面将作废的稿件放入碎纸机中；填好账单，请客人签单，再次说明收费标准。

8）将账单转至前台收银处，尽早入账。

（2）复印服务礼仪

1）大致检查客人稿件是否清楚，礼貌地向客人说明收费标准，并征询复印要求。

2）调整机器将复印件平面定位，复印完毕后，将原件与装订好的复印件双手送还给客人。

3）按照复印件数和规格，开具账单，请客人签字。账单第一联交收银处，第二联放入“账单存档”文件夹。

任务二　饭店客房服务礼仪

客房服务的主要任务是负责饭店所有客房的清洁和保养工作，并供应和配置各种用品，保证优质的服务，为客人创造一个清洁、舒适的理想住宿环境。

旅游饭店是客人的“家外之家”，而最集中地体现在客房。只有当客人住上整洁、舒适、安全的客房，才能在得到物质上的享受的同时，体会到热情、礼貌、周到、主动、耐心的服务，旅游饭店客房部的优质服务才能说是真正落到了实处。

客房服务人员应保持仪表整洁自然，举止端庄大方，礼貌周到，尊重客人，精神饱满地为客人提供优质服务。

一、客人入住前的服务礼仪

1. 客人到达前准备服务礼仪

客房服务人员应提前进入工作状态，讲究仪容仪表的修饰，整洁自然，端庄大方，按照规定着装，佩戴好工号牌。

1）在客人到达前，要根据前厅送来的住宿通知单了解客人的姓名、房号、生活习惯、禁忌、爱好、宗教信仰等情况，以便提供针对性的礼仪服务。

图4-5　客房

2）要在客人到达前1小时将房间整理好，保持清洁、整齐（见图4-5）。设备要齐全完好，生活用品要充足，符合客房等级规格和定额标准。

3）房间整理完后，管理人员要全面检查房间的设备和用品，特别是对VIP客人的房间要逐项检查。

4）客人到达前要根据气候和不同地区的实际需要，调节好房间的温度，保持空气新鲜。温度一般应保持在22～24 ℃。

5）客人入住前，服务人员要准备好香巾、茶水，以便客人入住后及时服务。

这里需要为不同类型客人进行有针对性的服务准备。

1）对于观光旅游型客人，应根据其进出店时间，注意做好早晚服务工作。

2）对于商务散客，应为其准备较完备的服务设施，如先进的通信设备、宽大的办公桌、舒适的座椅、明亮的灯光、充足的种类齐全的文具用品、传真机、调制解调器和个人卫生用品以及富有特色的房间布置。

3）对于蜜月旅游型客人，尽量为他们安排“蜜月房”，客房整理一定要做到整齐、美观、恬静。按照客人的要求和风俗习惯，房间布置要气氛热烈、美观、大方。

2. 客人到达时的服务礼仪

1）客人来到电梯时，楼层服务员应在电梯口迎接，主动向客人问好。打招呼之后要引导客人下电梯，主动接下客人的行李。对客人随身携带的手提包或小件物品，在征得客人同意后再帮助客人提取。贵重行李要做到轻拿轻放，不倒置。

2）引导客人进入客房，到达房间门口时先开门，礼让客人先进房。服务人员进入房间后应放好客人的行李及物品。

3）客人坐下后，服务人员根据宾客人数和要求，送来香巾和茶水，做到人到、茶到、香巾到，让客人产生亲切感（有些饭店没有此项服务）。

4）简单介绍客房的主要设备、饭店服务项目和服务时间，包括空调开关、闭路电视节目时间、传呼服务员的电钮和使用方法，各餐厅主要经营风味、楼层和开餐时间等。

5）介绍客人住店须知和饭店情况。介绍时要简洁明了，时间不能拖得太长。如果接待团体大批客人，应集中人力具体分工，分别迎接客人。

6）客房的主要设备、饭店服务项目和客人住店须知介绍完后，服务人员应该询问客人，“还有什么我能为您服务的吗?”然后告别，祝客人住宿愉快，轻手将门关上。

二、客人入住后的服务礼仪

1. 客人入住后的常规服务礼仪

1）常规服务过程中要坚持“不叫不扰，随叫随到，仔细稳妥，热情周到”的原则。

2）在进出客人房间前要养成敲门的职业习惯，客人开门后，礼貌向客人问好，征得客人允许后，方可进入。若遇客人衣冠不整，应马上道歉，退出房间，把门关好，等候客人的召唤。

3）客人发电传或邮寄物件，服务人员应主动告诉客人地点、服务时间。如果有客人的信件、邮件、电报等，应及时进入房间，当面交给客人，并做好签收工作。客人委托代订、代购和代修事项要问清记准，详细登记，重复并确认，然后及时送给有关部门并按时送还给客人。

4）对于客人的物品，服务人员不要动用或随意搬动，防止碰坏，服务人员更不能主观臆断将客人的物品处理掉，引起客人投诉。

5）每天整理房间，定时检查和补充客房冰箱内的饮料，凡是客人用过的饮料，要点清数目填好账单，请客人签字。特别是对当天离店的房间要及时清点，防止跑账、漏账。

6）日常服务过程中，避免与客人发生口角。如果遇到个别客人失礼言行或过分举动，服务人员应保持冷静，有礼有节，不卑不亢，不可采用简单粗暴的方式，必要时请有关部门处理。

2. 客人入住后的清洁服务礼仪

1）客房服务员早上整理房间时，要做好各项准备工作，如当天撤换的棉织品、各种生活及文具用品、清扫工具等，不要进出次数太多，以免引起客人反感。清扫房间时，尽量在客人外出吃饭或办事时进行，对久留在客房或不外出的客人，在征得客人同意后清扫。

2）客房服务员应敲门或按门铃进房，客人在房间时要礼貌询问客人是否可以清扫房间，若可以则马上清扫，清洁完毕向客人致歉；若不同意，则在“房间清洁报告表”上填写房号、时间，待客人外出再清扫。

3）若客人中途回来，须查验证件，再询问是否继续。若可以，则马上清扫，清洁完毕向客人致歉；若不同意，则“在房间清洁报告表”上填写房号和时间，待客人外出再清扫。

4）清扫过程中电话铃响不能接听，不许打私人电话，不能看客房电视，客人物品不能翻看、不能放错位置、不能随便处理。不慎损坏客人物品，要如实向主管反映，主动向客人道歉，按要求赔偿。

5）擦拭壁柜时，只搞大面卫生，不弄乱客人衣物。擦拭行李架时，不挪动行李，只擦浮灰。

6）房间有客人则将空调开到中挡或客人指定的温度，无客人则开到低挡。

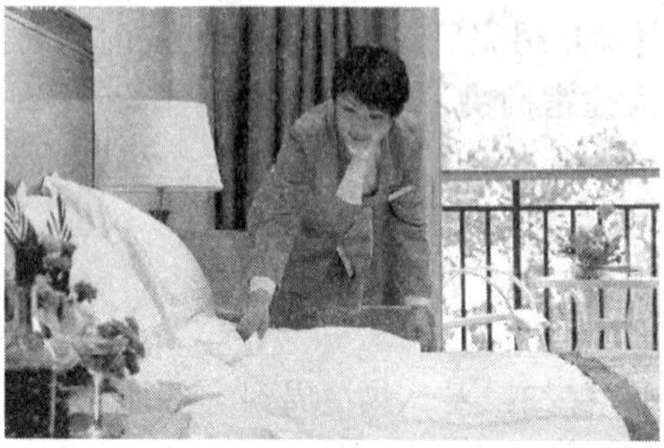

图 4－6　客房整理

7）下午整理房间和卫生间，要更换热水瓶，客人用过的茶具、水杯，倒烟缸、纸篓等，保持客房清洁、整齐、舒适（见图 4－6）。

8）按计划打扫楼层环境卫生和客房、卫生间，保持高处门窗玻璃、灯管、墙角等隐蔽处的卫生。

9）晚间整理好房间，按照我国大部分地区的情况，冬季晚 6:00 以后，夏季晚 7:00 后到客房整理，更换冷热水，撤换茶具、水杯，补充茶叶，倒掉烟缸、清洁纸篓，拉好窗帘，调节好温度和空气，打开床头灯，摆放拖鞋，掀开被角成 45°，为客人休息提供方便。

3. 客人入住后的针对性服务礼仪

1）熟悉客人身份情况，尽可能在第二次见到自己服务的对象时，能正确地道出客人的姓氏和职业。

2）通过观察客人的嗜好和忌讳更好地掌握客人的需求，做到主动热情、服务周到。例如，因宗教信仰和生活习惯不同，有的客人喜欢用冰块，有的客人爱喝红茶或绿茶，有些外国客人只喝咖啡；欧美人忌讳“13”这个数字和“星期五”；泰国人忌讳睡觉时头朝西等。

3）随时注意客人身体变化，对年老体弱的客人尤其要加倍关心，对身体有疾病的客人要热情照顾。这样，不仅可以有针对性地提供优质服务，而且可以获得客人的长期好感，使客人感觉到自己受到了尊重。

4）接待重要客人时，通常需专人负责，分工明确，便于接待工作有条不紊地进行。在重要客人来店前，服务员事先要了解其相关情况，如姓名、身份、国籍、抵店时间、特殊爱好等，以便做好针对性服务；在客人到来前 2 小时，对房间卫生、设备、用品等进行全面细致的检查；在客人到来前 10 分钟将房门打开并负责在楼层迎接以示尊重；若重要客人有陪同人员，应由督导负责联系，征求意见以便更好地服务。高等级 VIP 房，应放美观大方的插花和清洗干净的时令水果；重要客人要求离店时，应有服务人员负责送客，并帮助客人叫好电梯。

案例思考

315 房间的陈先生是刚入住两天的客人，这天，有位李先生来到饭店自称是 315 房间客人的朋友，想拜访他一下，但是没有预约。这时，作为服务员的你该怎样做？

夜里 12 点半了，315 房间的访客李先生还没有要离开的打算，你作为夜班的服务员该如何有礼貌地请客人离开并不伤害客人的面子?

三、客人离店服务礼仪

客人离店时服务的礼仪是客房礼貌服务的结尾和延伸。客人离店时的服务工作，既是客人对客房服务的最后印象，又是饭店争取回头客的重要工作。

1. 表示问候，协助提送行李

服务人员进入客房后要向客人表示问候，征求客人意见，看是否有事情需要帮助。对有行李的客人，特别是团体客人要通知行李员帮助客人提送行李。

2. 热情送客，征求客人意见

客人离房要向客人告别，祝客人一路平安，欢迎下次光临。一般将客人送到电梯口，重要客人或老弱病残者送到前厅，给予特别照顾。服务员应主动征求意见，以便不断改进服务工作。若发现客人有不满意的地方或未尽事宜，要在客人离店之前设法补救。

3. 迅速查房，及时报告前厅

客人离店后要迅速检查房间设备有无损坏和客房用品有无丢失。如果发现客房设备有损坏或用品丢失，打电话与总台联系，一般不直接与客人交涉，不可伤害客人的感情和自尊心。如果发现客人遗留或遗忘物应尽可能归还原主，若客人已走，则按房号、时间、物品名称等登记，及时报告。

知识拓展

服务语言的六个“不要”

1）言语含糊，语音不清晰，客人听不懂，违反了“明了性”，不是服务语言。

2）客人叫唤服务员时，你反问一句“干什么?”不是服务语言。因为客人叫唤已使服务员被动了，再反问“干什么”表现了不耐烦情绪，违反了“主动性”。

3）听了客人一些话语不满意，回一句“你这个人真怪”，不是服务语言。“你这个人”含贬义，不说“您”而用“你”也是不尊重，再讲“怪”是三重不尊重，违反了“尊敬性”。

4）与客人交谈中，问客人年龄、婚姻或薪金情况等不是服务语言，违反了服务语言的“局限性”，超出了服务工作的范围。

5）说话用词不当引起客人反感、不悦，不是服务语言。如当客人退房时服务员发现物品少了，劈头就问：“××东西不见了，你拿了没有?”这违反了“愉悦性”。

6）客人离店时随便说一句：“下次您来，给予优惠。”时过境迁，如何兑现?因此也不是服务语言。

四、特殊情况服务礼仪

1. 无房卡的服务

客人称钥匙丢失或遗忘在客房，要求服务员为其开房门时，应请客人出示房卡，核对日期、房号、姓名等无误后，方可为其开门。若客人没有房卡，应请客人到总台核对身份无误后，方可为其开门。

2. 丢失财物的服务

客人在客房内丢失财物，服务员应安慰并帮助客人回忆财物丢失的过程，同时向上司和保安部报告，协助有关人员进行调查，不能隐情不报或是自行其是。

3. 生病客人的服务

客人在住宿期间生病，服务员应主动询问是否需要到医院就诊，并给予热情关照，切不可自行给客人用药或代客买药。若客人患突发性疾病，应立即报告上司和大堂副理，联系急救站或附近医院，不可拖延时间。

4. 醉酒客人的服务

客人住店期间，若发生醉酒现象，服务员应理智、机警地处理，尽量安置醉酒客人回房休息，并注意房内动静，必要时应采取措施。对醉酒吵闹的客人，要留意其动静，避免出现损坏客房设备，卧床吸烟而引起火灾，扰乱其他住客或自伤等事件，必要时报告上司和保安部人员。对醉酒酣睡的客人，要同保安人员一起扶客人进房，同时报告上司，切不可单独搀扶客人进房或为客人解衣就寝，以防客人醒后产生不必要的误会。

任务三　饭店餐饮服务礼仪

旅游饭店餐厅服务工作的特点是服务员直接为客人提供面对面的服务，面广，量大，时间长，需求多。饭店餐饮服务一般分为迎宾、领位、值台、走菜、结账和送客这几个工作环节，而这几个环节的工作必须一环紧扣一环，任何一个环节的脱节都意味着失误，因此彼此之间的协作和及时沟通是十分必要的。

一、中餐服务礼仪

1. 餐前准备阶段服务礼仪

服务人员坚持做到岗前洗澡，工作制服干净、整洁，头发清洁且发型大方、简单，女服务员着淡妆，不可戴饰物。客人到来之前应该照镜子整理仪容仪表，确认无任何不妥之后再上岗。

服务员到岗位第一件事就应该是对餐厅的地面、桌椅、餐具、桌饰等做细致的清洁和整理。

工作时不嚼口香糖，不得在食品服务区梳理头发，修剪指甲。不能面对食品咳嗽或打喷嚏，不能在洗碗池里洗手。

2. 迎宾领位服务礼仪

1）开餐前，迎宾员应恭候在大门两侧做好迎接准备。当客人走向餐厅约 1.5 米处时，应面带笑容，拉门迎宾，热情问候："您好，欢迎光临!"或"小姐（先生），晚上好，请问几位?"或"您好，请问您预订过吗?"

2）如果是男女客人一起进来，要先问候女宾，然后再问候男宾。见到年老体弱的客人，要主动上前搀扶，悉心照料。如遇雨天，要主动收放客人的雨具。

3）如客人已预订，要迅速查阅预订单或预订记录，将客人引到所订的餐桌。如果客人没有预订，应根据客人到达的人数、喜好、年龄及身份等选择座位。如果客人要求到一个指定的位置，应尽量满足其要求，若被占用，迎宾员应做解释、致歉，然后再带其到其他满意的位置去。靠近厨房出入口的位置往往不受人欢迎，对被安排在这张餐桌就餐的客人要多说几句抱歉的话，以示关心与热情。

4）迅速判断客人情况安排合适的餐位，如聚会客人要安排在中间的大餐桌上；对于年老体弱的客人，其座位应尽可能安排在行走路线较短，出入比较方便并且较为安静的位置；对于有明显生理缺陷的客人，要注意安排在适当的位置就座，遮掩其生理缺陷，以示体贴和关怀；当贵宾光临时，要把他们安排在本餐厅最好的位置就座；对于带小孩的客人，要把小孩安排在靠墙角、不易随便下位乱跑的餐位上等。

5）在选定餐桌，引领客人入座时，迎宾员应说："请这边来。"如果桌子需要另加餐具、椅子时，尽可能在客人入席之前布置妥善，不必要的餐具及多余的椅子应及时撤走。

6）客人走近餐桌时，迎宾员应以轻捷的动作，用双手拉开座椅，招呼客人就座。顺序上应先主宾后主人，先女宾后男宾。尽量把女士的座位安置在面对餐厅的内侧而避免面对墙壁。招呼客人就座时动作要和客人配合默契，客人曲腿入座的同时，迎宾员轻轻推上座椅，推椅动作要适度，使客人坐好、坐稳。

3. 值台服务礼仪

1）客人入座后，用托盘送上香巾和茶水，递送时要从主宾开始顺时针依次进行（见图4－7）。递送香巾时要招呼客人："先生（小姐），请!"送茶时切忌手指接触杯口，动作要轻缓。

图4－7　中餐值台服务

2）客人坐稳后，值台员把菜单递给客人，菜单要从客人的左边递上。对于夫妇，应先递给女士；如果是团体，先递给主宾。递送的菜单要干净、无污迹，递送时要态度谦恭，切不可随意把菜单往客人手中一塞或往桌上一扔就一走了之，这是极不礼貌的行为。

3）不要催促客人点菜，要耐心等候，让客人有充分的时间考虑决定。值台员应对菜单上客人有可能问及的问题有所准备。对每一道菜的特点要能予以准确的答复和描述。在推荐本餐厅的特色菜、时令菜、创新菜等时要讲究说话方式和语气，察言观色，充分考虑客人的心理反应，不要勉强或硬性推荐，以免引起客人反感。

4）记录客人点菜时，值台员应站在客人的一侧，注意站立的位置，身体不能紧靠餐桌，手不能按在餐桌上，应上身略微前倾，精神集中地聆听。当主人表示客人各自点菜时，服务员应先从坐在主人右侧的主宾开始记录，并站在客人的左侧按逆时针方向依次接受客人点菜。

5）如客人点的菜菜单上没有列出，不可一口回绝，而应尽量满足其要求。可以礼貌地说"请允许我马上和厨师长商量一下，尽量满足您的要求"等。如客人点出的菜已无货供应，值台员应致歉，求得客人的谅解，并委婉地建议客人点其他的菜。

6）值台员将餐巾放在客人的腿部或压放在骨碟下，对不习惯用筷子的外宾，应及时换上刀、叉等餐具。

7）斟酒要严格按照规格和操作程序进行，应当着客人的面开启酒瓶盖或饮料盖。斟酒时从客人右侧进行，注意不可站在同一位置为两位客人同时斟酒。先斟烈性酒，然后斟果酒、啤酒、汽水、矿泉水。斟香槟酒或其他冰镇酒类时，要用餐巾包好酒瓶，以免水滴落在客人身上。

8）斟酒的浅满程度，要根据各类酒的风格和要求来决定。斟酒的顺序是先斟给主宾，再按顺时针方向绕桌斟酒，主人的酒最后斟。斟酒时，瓶口不要碰到杯口，也不要拿得太高，使酒水溅出。当偶尔操作不慎将酒杯碰翻或碰碎时，应向客人致歉，立即调换，并迅速铺上干净餐巾，将溢出的酒水吸干。宴会中斟酒时，应由客人选择用哪一种酒，值台员不得自作主张。

9）掌握好上菜时机和程序，并根据客人的要求和进餐的快慢灵活掌握。上菜要从客人的左边上，最好在陪同或翻译之间进行，不要在主人和主宾之间进行，以免影响来宾用餐。摆菜要讲究造型艺术，酒席中的头菜，其看面要对正主位，其他菜的看面要朝向四周。比较高档的菜或有特殊风味的菜，要先摆在主宾位置上，在上下一道菜后顺势撤摆在其他地方。每上一道菜都要报菜名，并简单扼要地介绍其特色，注意说话时切不可唾沫四溅。

10）分菜时，按照先主宾、后主人和一般来宾的顺序逐次分派。分菜要注意将菜肴的优质部分分给主宾或其他客人，同时，要掌握好均匀。添菜时应征求客人的意见，若客人谢绝，则不必勉强。主人或客人祝酒或发表讲话时，应停止上菜，但要及时斟酒，以便干杯。

11）撤换餐具时，应轻声询问客人，切不可在客人正在吃菜时撤餐具，那是很不礼貌的。撤换餐具要轻拿轻放，动作要优雅利索。

12）如有酒水溅洒在客人身上，要及时递送毛巾或餐巾协助擦拭，但如果对方是女宾，男值台员不要直接动手帮助。若有找客人的电话，要走到客人旁边轻声告知，不要在远处高声呼喊。客人的物品，尤其是女宾的物品，如果不慎落在地上，服务员应立即帮忙拾起，双手奉上，不可视而不见。对有醉意的客人要特别关照。

13）服务员的眼睛应始终注意餐厅的每一位客人，通过客人在需要帮助时表现出来的种种迹象（手势、表情、姿势等），上前询问："先生，我可以帮忙吗?"例如，客人在进餐时起身或张望，表明客人有事求助或询问，服务员应主动迎上去给予帮助；客人将烟叼在嘴上，两手在摸口袋时，服务员应主动上前帮忙点火；发现客人有筷子掉在地上，应及时上前为其换上干净的筷子。

14）值台时，服务员应坚守岗位，站姿规范，不依墙靠台，不搔头摸耳，不串岗闲聊。整个餐厅的清扫工作，应在所有客人离去后进行。

4. 结账送客服务礼仪

1）结账时，应把账单正面朝下放在小托盘或账夹内，从左边递给客人。当客人付款后，要表示感谢，同时征求客人的意见，如："先生（小姐），请您多提宝贵意见。"

2）客人起身离座时，值台员应主动上前拉椅方便客人离开。客人出餐厅时要提醒其不要遗忘随身物品，并躬身施礼说声“再见，欢迎您再来”等告别语。

二、西餐服务礼仪

1. 西餐服务方式

西餐是欧美各国菜肴的总称，泛指根据西方国家饮食习惯烹制出的菜点。西餐的主要特点是主料突出，形色美观，口味鲜美，营养丰富，供应方便。西餐菜肴常见的服务方式有美式服务、法式服务、俄式服务、英式服务和综合式服务等。

（1）美式服务

1）美式服务特点。在美式服务中，菜肴由厨师在厨房中烹制好，装好盘。餐厅服务员用托盘将菜肴从厨房送到餐厅的服务桌上。热菜要盖上盖子，并且在客人面前打开盘盖。传统的美式服务，上菜时服务员在客人左侧，用左手从客人左边送上菜肴，从客人右侧撤掉用过的餐盘和餐具，从顾客的右侧斟倒酒水。但目前许多餐厅的美式上菜服务从客人的右边，用右手顺时针进行。

2）美式服务要点。仪容仪表得体，服务态度热情友好、讲究礼仪；因西餐是分食制，所以应用座位示意图记录每位客人所点菜肴；在得到主人的首肯后，从女宾开始依次点菜，最后为主人点菜，记录每位客人所点菜肴，并复述确认。点菜时注意询问客人是否有特殊需求，如牛羊排需几成熟，色拉配何种色拉酱。

（2）法式服务

1）法式服务特点。法式服务注重服务程序和礼节和礼貌、服务表演以及吸引客人的注意力，服务周到，每位顾客都能得到充分的照顾。但是，法式服务节奏缓慢，需要较多的人力，用餐费用高，餐厅空间利用率和餐位周转率都比较低。

传统的法式服务相当烦琐。如客人用完一道菜后必须离开餐台，等服务员清扫完毕后再继续入席就餐，这样耗时很多。餐厅还必须准备许多用具，每餐的食品很多，浪费也很大。现在，已较少使用这种服务方式了。

当今流行的法式服务是将食品在厨房全部或部分烹制好，用银盘端到餐厅，服务人员在客人面前作即兴加工表演，如戴安娜牛排、黑椒牛柳、甜品油苏珊煎饼就是服务员在烹制车上进行最后的烹调加工后，切片装盘端给客人的。又如，凯撒色拉（Caesar Salad）是服务员当着客人面制作，装入色拉木碗，然后端给客人的。

2）法式服务要点。仪容仪表得体，服务热情大方、讲究礼仪；首席服务员客前烹制动作熟练，操作卫生；助理服务员与正服务员配合默契，上菜动作规范。在法式服务的餐厅，除了面包和奶油碟、沙拉碟及其他特殊盘碟必须由客人左侧供应外，其余食品均一律从客人右侧供应，餐后撤盘也是自客人右侧进行，但是若习惯用左手的服务员，可以左手自客人左侧供应。客人开始用主菜后询问客人对主菜的意见，若客人提出意见要妥善解决。

收拾餐盘和餐具须等所有客人均吃完后才可进行，否则会使客人有一种被催促之感。同时，餐盘和餐具的收拾动作要熟练，尽量不要使餐具发出刺耳的响声。刀、叉、盘、碟要分开，最重要的一点是避免在客人面前堆叠盘碟。

凡需要客人以手取食的菜肴如龙虾、水果等，应同时供应洗手盅。洗手盅内通常放置一小片花瓣或柠檬，除美观外，还有除腥味的功能。此外，餐后还要再供应洗手盅，并附上一条餐巾供客人擦拭用。

（3）俄式服务

1）俄式服务特点。俄式服务注重实效，讲究优美文雅的风度。俄式服务较法式服务节省人力，服务速度也较快，餐厅的空间利用率高，又能显示其讲究、优雅的特点，派菜的服务方式使客人感觉受到特别的关照。俄式服务只限于服务人数少的家庭式宴会。

俄式服务由一名服务员完成整套服务程序。服务员从厨房里取出由厨师烹制并加以装饰的菜肴和热的空盘，将其放在餐厅服务边桌上。用右手将热的空盘按顺时针方向从客位的右侧依次派给客人，然后将盛菜银盘端上桌子让客人观赏，再用左手垫餐巾托着银盘，右手持服务叉勺，从客位的左侧按逆时针方向绕台给客人派菜。

派菜时，根据客人的需求量派给，避免浪费和不足分派，每派一道菜都要换用一付清洁的服务叉勺。汤类菜肴可盛放在大银碗中，用勺舀入客人的汤盆里，也可以盛在银杯中，再从杯中倒入汤盆。

2）俄式服务要点。仪容仪表得体，服务热情大方、讲究礼仪；服务规范，动作迅速；收盘子由顾客的右手边进行，依顺时针方向绕着桌子来收拾；上菜时，盘子由厨房快速地送达餐桌。在大盘中用汤匙或叉子分送食物，冷菜用冷盘，热菜用热盘。服务须由主人右手边的女士先开始，或是餐桌上最年长的女士，然后才是男士。服务员逆时针方向环绕餐桌进行服务；菜肴食品从客人的左边用左手送上桌，用过的餐具用右手从右边撤下。饮料从右边用右手送上，从客人右边添加酒和饮料。

（4）英式服务

1）英式服务特点。英式服务也称家庭式服务，主要适用于私人宴席。它的家庭味很浓，气氛也很活跃，许多服务工作由客人自己动手，节省人力，但节奏较慢，很少在大众化的餐厅里使用。

服务员从厨房里取出烹制好的菜肴，盛放在大盘里，连同热的空盘，一起送到主人面前，由主人亲自动手切割主料并分盘，服务员充当主人的助手，将主人分好的菜盘逐一端给客人。各种调料、配菜都摆放在餐桌上，由客人根据需要互相传递或自取。客人则像参加家宴一样，取到菜后自行进餐。服务员有时须帮助主人切割食物。

2）英式服务要点。仪容仪表得体，服务热情大方、讲究礼仪；服务员要掌握熟练的切割技术和令人满意的装盘造型技巧；服务规范，操作卫生，动作迅速。

2. 西餐服务礼仪规范

西餐服务具有悠久的历史，在国际上早已形成一定的礼仪规范。

（1）餐前准备工作

西餐厅服务员应按餐厅正餐的要求摆台，并将各种刀、叉、勺、餐盘、咖啡杯、酒杯以及酒篮、冰桶等餐具配备充足。开餐前半小时，餐厅经理或主管要召开餐前短会，宣布任务分工和当日客情，介绍当日特色菜肴及其服务，检查员工仪容仪表，强调重要客人接待注意事项，分析本餐厅典型事例并做处理。

（2）开餐服务礼仪

客人到达时，服务员要有礼貌地、热情地表示欢迎，使用敬语，如：“早安，格林先生，欢迎您前来就餐。”同时引领客人入席。

客人到达餐桌时，值台员微笑上前表示欢迎，然后按先女后男、先宾后主的顺序为客人拉椅让座。客人坐下后，从客人右侧为其铺餐巾。同时，应在客人的杯中斟倒冰水，然后询问客人是否需要餐前酒。

按先女后男、先宾后主的顺序为每位客人递送一份干净的菜单，打开菜单的第一页从客人的左边递上，同时介绍当天的特色菜肴，并耐心回答客人的问题。客人点菜时，值台员应端正地站在客人一侧，腰部微弯，保持与客人适当的距离认真记录，与客人核对完毕后下单。若客人点有牛排、羊排等菜肴，应问客人喜欢几成熟，并在订单上注明。

按照西餐中酒水与菜肴的搭配规则斟倒酒水。为客人斟酒前，先为主人斟倒少许，请其品尝，主人认可后，再为其他客人斟酒。

(3) 就餐服务礼仪

将新鲜的黄油、面包从客人的左边按先女后男分别放入黄油碟和面包盘内。

根据订单从客人右侧送上开胃品。上菜前先斟倒与之相配的酒水，按先女宾后男宾再主人的顺序进行斟酒和上菜，撤盘时从客人右侧徒手将盘和餐具一起撤下。不太明确时，应征求客人意见，经允许后方可撤下。

汤盘直接放入装饰盘，若客人用完后，把汤盘连同装饰盘一起撤下。

上主菜时如果配有色拉，应摆放在客人左边。

上甜点前，将桌上的面包盘、黄油刀、黄油碟等撤下，用服务巾清扫面包屑，将桌面清理干净，更换烟灰缸，再将甜品叉勺按左叉右勺摆放好。从客人右侧上甜品。

客人全部用完甜品后，撤去甜品餐具及桌面上除水杯之外的所有餐具，摆好水果盘和水果刀叉，从客人左侧送上洗手盅，派送水果。

上咖啡或茶前，需在餐桌上摆放糖缸、奶罐，先在客人面前摆放咖啡杯具或茶具，再为客人斟热咖啡或茶。

饮料和餐后酒服务时，应将餐后酒水车推至餐桌前，征询客人是否用餐后酒和雪茄烟，待客人选定后送上。也有的宴会将客人请至休息室再进行饮料和餐后酒服务。

(4) 餐后服务礼仪

只有客人要求结账时，服务员才能去收银台通知收银员汇总账单。服务员要仔细检查账单，核实无误后，将其放入收银盘或收款夹，递给客人。无需读出金额总数。客人付款后，应站在客人身边将收到的现金点清，而后道谢，随即将现金与账单一并送至收银台，找回的零钱按呈递账单的方式交给客人。

拉开餐椅，递送衣帽，并提醒客人带上随身物品，礼貌地送别客人。

三、自助餐服务礼仪

自助餐，亦称冷餐会。它是目前国际上通行的一种非正式的西式宴会，是由就餐者在用餐时自行选择食物、饮料，然后或立或坐，自由地与他人在一起或是独自一人用餐的一种就餐方式。

1. 餐前准备礼仪

1）工作前要洗手，随时注意自己的仪容仪表和保持良好的精神状态。

2）检查所用的餐具、电器设备设施等和需要使用的物品是否备齐。

3）做好餐厅的卫生（包括自助餐台和吧台等），并随时观察是否有客人进入餐厅。

图4-8　自助餐厅

4）准备好自助餐摆台的用具（见图4-8）和夹食品的食品夹（没有水质）。

5）备好餐中所需的水果、饮料、食品、易耗品、汁酱等，为迎接客人做好充分准备。

6）从迎宾处了解当餐或下一班客人订餐的情况，进行适当的备餐工作。

7）餐前工作准备好后，要求员工在规定的时间内用餐完毕，并开班前会和分配工作。

2. 餐中服务礼仪

1）到开餐时间时，迎宾员要准时站在迎宾台，随时迎接客人，带客人进入餐厅并询问客人的人数，适当调整餐具和餐位并为客人拉椅入座。

2）迎宾员向服务员交代人数。

3）客人离位取食物时，服务员应主动为客人拉椅并提醒客人随身携带贵重物品，客人要求服务员帮忙照看其物品时，服务员要认真地帮客人看好。

4）及时地为客人撤换用过的餐碟，保持桌面的清洁，客人吸烟时要及时为客人点火和备好烟灰缸。

5）及时为客人添加纸巾和牙签、酒水、饮料，根据客人的要求为客人适量取食物。

6）当客人用完热菜后，要用甜品或者水果时，为客人撤去不用的餐具并准备好茶水及准备好客人买单。

7）自助餐看台员要保持自助餐台和食品夹的干净和整洁，对快用完的食品要及时添加，保证客人有足够的食品享用。

8）吧员要负责客人用的水果和饮料的充足，并随时帮助其他的服务人员。

9）要及时为有火锅的客人添加酒精和汤水。

10）当客人叫买单时，服务员要按买单的程序进行，向客人致谢并提醒客人带好随身物品。

3. 餐后收尾工作礼仪

1）整理餐桌、餐椅，并检查是否有客人遗留的物品，如果有要及时追送给客人或上报当班领班、大堂副理。

2）若火锅用的是酒精则灭掉桌上的明火，若是用电则切断电源。

4）收餐应按顺序进行。首先快速地检查台面，整理餐椅并定位，整理花瓶和台号卡，其次收拾餐巾、杯具、易耗品，最后收拾不锈钢的餐具和使用过的瓷器餐具等。

5）按规定对下一餐进行摆台，保持餐具的整洁和无破损。

6）清洁工作台和食品台，并按要求进行备餐。

7）不锈钢等贵重的物品洗干净后要用干布擦干并放入工作柜内做好记录。

8）关闭空调并做好地板的卫生工作，随时保持地板的卫生清洁。

9）当餐厅收餐时切断部分电源和照明灯，当客人全部离开后切断主照明。

10）检查各项工作是否做完，做好和下一班的人员的交接工作。

知识拓展

自助餐的由来

自助餐是起源于西餐的一种就餐方式。厨师将烹制好的冷、热菜肴及点心陈列在餐厅的长条桌上，由客人自己随意取食，自我服务。这种就餐形式起源于公元8～11世纪北欧的“斯堪的纳维亚式餐前冷食”和“亨联早餐”。相传这是当时的海盗最先采用的一种进餐方式，至今世界各地仍有许多自助餐厅以“海盗”命名。海盗们性格粗野，放荡不羁，用餐时讨厌那些用餐礼节和规矩，只要求餐馆将他们所需要的各种饭菜、酒水用盛器盛好，集中在餐桌上，然后由他们肆无忌惮地畅饮豪吃，吃完不够再加。海盗们这种特殊的就餐形式，起初被人们视为是不文明的现象，但久而久之，人们觉得这种方式也有许多好处。对客人来说，用餐时不受任何约束，随心所欲，想吃什么菜就取什么菜，吃多少取多少；对饭店经营者来说，由于省去了顾客的桌前服务，自然就省去了许多人力，可减少服务员的使用，为企业降低了用人成本。因此，这种自助式服务的用餐方式很快在欧美各国及全世界流行起来。

四、送餐服务礼仪

1. 送餐前的礼仪

1）接受预订服务时，订餐员要在电话铃响三声之内接听，并说：“您好！客房送餐，请问有什么需要服务的?”接听客人订餐电话时，应使用服务敬语，态度热情，语调温和，音色优美，用语准确。

2）要认真记录客人的订餐要求，如预订的菜点、饮料的名称和数量以及送餐时间、房号等，并复述一遍。对于特殊要求，要在订餐单上注明，订餐完毕要向客人表示感谢。

3）将电话预订进行登记，开好订单，并在订单上打上接预订的时间。

2. 送餐准备礼仪

1）根据客人的订单开出取菜单，根据各种菜式，准备各类餐具、布件。

2）按订单要求在餐车备好餐具及调味品。

3）认真核对菜点和酒水与订单是否相符，检查餐具、布件及调味品是否洁净无渍、无破损。

4）把握好送餐时间，不要让客人等候过长，同时还要考虑是否能在客人要求的时间内准时送达。

3. 送餐时的礼仪

对重要来宾，管理人员要与服务员一起送餐进房，并提供各项服务。

1）使用饭店规定的专用电梯进行客房送餐服务。

2）核对房号、时间。

3）按门铃时说：“您好！送餐服务。”在征得客人同意后方可进入房间。

4）向客人问好，打招呼，把餐车或餐盘放到适当的位置，并征求客人对摆放的意见。

5）按规定要求摆好餐具及其他物品，请客人用餐，并为客人拉椅。

6）如果客人需要现场提供服务，餐间要做好及时为客人倒酒水等席间服务。

7）客人用餐完毕，请其在账单上签字，应为客人指点签字处："请您在账单上签上您的姓名和房号，谢谢。"

8）核对签名、房号。

9）问客人还有什么需要，如不需要，即礼貌地向客人致谢道别。

10）离开客房时，应面朝客人退步转身，出房时随手轻轻关上房门。

4. 送餐后的礼仪

1）在登记单上注销预订，并写明离房时间。

2）将客人已签字的账单交账台。

3）早餐30分钟后电话征询客人收餐，晚餐60分钟后电话征询客人收餐，将带回的餐具送洗碗间清洗。

4）清洗工作车，更换脏布件。

知识拓展

特色餐饮服务的九项原则

1. 热情礼貌

一句热情友好的欢迎话语，会让到来的客人放松、尽情地在餐厅度过一段时光。而热情的送客会使客人感激不尽，留下美好的印象，并让客人有再次光临的愿望。

2. 始终如一

人们第一次到餐厅就餐的理由各有不同，但是让他们再一次光顾，那理由就只有一个——他们喜欢这家餐厅，喜欢这里的菜肴和菜式品种，喜欢这里的服务和就餐环境。要使客人再次回到这里来就餐，始终如一地坚持提供高品质的菜肴和优质的服务，是唯一办法。

3. 知识全面

客人经常询问有关菜谱和酒水方面的知识，所以服务员要充分了解菜谱知识，帮助客人很好地从菜谱和酒水单中点菜和酒水。

4. 有效沟通

沟通就是在需要的时候传递信息。服务员在介绍菜肴时，能够向客人介绍菜单上没有来得及添加的特色菜，或是根据客人的口味推荐其他的菜肴或酒水，这就是在有效的沟通，在向客人提供优质的服务。

5. 服务迅速

一个优秀的服务员应该能事先考虑并满足客人的需要，在客人不知不觉之中就将其所点的酒水或菜肴提供给客人。

6. 建立信任

信任的关系是建立在客人和服务员之间的。客人非常在意的是菜单上菜品的描述要准确，健康和卫生的标准要能看到。要事先告诉客人某些菜品的计价方法，如份、斤，以及菜品的盛盘标准等，不能让客人在结账时有受骗的感觉。

7. 高效率

高效率对服务员和餐厅来说都很重要。服务到位、精明地节省运动量，这样会使服务工作收到很好的效益。

8. 超越期望

再次光临的客人，他们每一次都希望得到同样的服务，而一个优秀的服务员总是在不断地总结各种好的服务方式，以便向客人提供更好的服务。没有最佳服务，只有更佳服务。

9. 灵活敏捷

特色餐饮服务不是去遵守一套一成不变的原则，而是在遵守规则的前提下灵活运用各种服务技巧。至于何时需要灵活，这需要敏锐的判断力。

五、酒吧、茶室服务礼仪

1. 酒吧服务礼仪

酒吧是客人休闲、娱乐、交际的场所，也是饭店赢利较高的部门，是餐饮部的下属单位。酒吧一般环境幽静，格调雅致，并伴有轻松的音乐，泡吧是欧美人长期以来形成的一种富有情趣的消遣方式和交际方式。酒吧常常在中午或傍晚开门，夜间生意最兴隆，营业时间一般至深夜。酒吧通常供应含有酒精的饮品，亦备有汽水、果汁等饮料。酒吧给客人提供了一个优美的休憩环境，酒吧服务员必须提供高标准的服务。

1）客人到来后，笑脸相迎，热情问候，并礼貌地引领客人到满意的座位。

2）恭敬地用双手将酒单递上，认真记录每位客人的需要。多人选择不同饮品的，应做到准确记录，服务时正确无误。

3）服务员应尊重客人的饮食习惯，根据酒水与菜品搭配的原则，向客人适度介绍酒水。下单前，应重复酒水名称。

4）任何时候都不能对客人有不耐烦的语言、表情或动作，不要催促客人点酒、饮酒。不能让客人感到你在取笑他喝得太多或太少。如果客人已经喝醉，应用文明礼貌的方式拒绝供应饮品。

5）服务酒水时，服务员应询问客人对酒水的要求及相关注意事项，然后再提供相关服务。

6）斟倒酒水前，服务员应洗净双手，保证饮用器具清洁完好，征得客人同意后，按礼仪次序依次斟倒。斟酒量应适宜，续斟时，应再次征得客人同意。

7）服务整瓶出售的酒品时，应先向客人展示所点酒品（见图4－9），经确认后再当众开瓶。斟倒饮料时，应使用托盘。

图4－9 向客人展示所点酒品

8）调酒员面对客人服务时，应做到操作卫生，手法娴熟。客人间谈话时，调酒员应适时回避。客人对所调制的酒水不满意时，应向客人致歉，争取为客人提供满意的服务。

9）服务热饮或冷饮时，应事先预热杯具或提前为杯子降温，保证饮品口味纯正。服务冰镇饮料时，应擦干杯壁上凝结的水滴，防止水滴滴落到桌子上或客人衣服上。服务无色无味的饮料时，应当着客人的面开瓶并斟倒。

10）酒吧服务员应随时注意佐酒小点的消耗情况，以及时补充。

2. 茶室服务礼仪

茶室是一个比较独特的服务单位，它以茶艺和品茗为载体来满足客人物质和精神方面的多种需求，具有品茶论艺、休闲娱乐、艺术欣赏、商务洽谈、社会交往等多种功能。优秀的茶艺师在服务时应注意以下的一些礼仪以便展现茶艺之美，演绎茶文化的丰富内涵。

（1）迎客礼仪

客人未到达时，迎宾员站立在大门两侧，挺胸收腹，面带微笑，双眼平视前方，头正肩平，双手虎口相交，掌心向内，右手握左手置于小腹处。

客人到达时，迎宾员鞠躬问好，询问客人品茶人数。在引领客人时，眼睛随时注视客人，走在客人的左前方 1.5 米左右，将客人带到其喜欢的位置时，协助值台员安顿客人入座。

客人到达台位时，值台员微笑同客人打招呼，安排女士、长者或主宾面对正门的位置就座。如客人中有小孩、老人，则先照顾小孩、老人就座。

（2）点单礼仪

客人示意点单时，值台员迅速趋身上前，向客人问好，立于客人右侧约一步距离，微鞠躬约 30°，双腿等同肩宽站直，目光微含笑意，同客人目光相接或同客人一起看着茶单。

当客人明白茶单内容自主点单时，值台员需简要记录，做好相应台记，以便区分客人所点茶品。若客人对茶品内容不熟悉，需要介绍时，值台员必须根据客人的喜好做详尽的介绍，包括名称、种类、特点、口味、分量适宜性。同时，做建议性的推荐，切不可根据自己的喜好做盲目的、主观的推销。声音适合两人听清为宜，要重复点单内容。

点完单后，立即下单取茶，并做好沏茶准备，同时对台面进行整理，留出足够位置摆放茶品饮料。

（3）下单后的服务礼仪

以标准动作托盘，站立于客人右侧，托盘高度齐胸，不能靠近客人更不能置于客人头上方。在接近桌位时必须提醒客人注意，如“打搅一下，这是您需要的 ×× 茶”，并随即在第一位客人上茶处做一个上茶的手势。

在倒茶水时应做相应茶品介绍，如名称、口味、观赏特点等，壶嘴略高于杯口，然后提高倒茶液呈流线倾入杯中，发出适宜、轻微的悦耳声响，不可使茶水滴落桌面。

在客人杯中水或壶中的水只剩下 1/3 时续水。续水以后，左手作一个“请慢用”的手势，退后一步，然后转身离开。

（4）结账礼仪

客人示意值台员结账时，值台员应将账单放入账单夹内，并确保账单打开时正面朝向客人。

客人离店时，服务员应鞠躬 30°，礼貌地向客人微笑道别，并感谢客人光临。

任务四　饭店康乐服务礼仪

饭店康乐服务主要分健身服务、娱乐服务、美容服务和医疗服务。在现代化饭店中，为了使客人的住店生活更加丰富多彩、舒适愉快，大都设立了康乐中心，开展游泳、保龄球、健身、桑拿浴等服务项目。这些为客人直接服务的部门，均要求提供高标准的礼仪服务。

一、游泳服务礼仪

饭店内的游泳池也称为水疗会所（见图4-10）、水疗中心，是饭店为客人提供的游泳运动场地，根据水温可分为一般游泳池和温水游泳池。

图4-10　水疗会所

游泳池服务员主要负责游泳池内客人的接待工作，在服务中应注重以下礼仪。

1）端庄地站立在服务台旁，恭候客人的到来。

2）礼貌地递送衣柜钥匙和毛巾，引领客人到更衣室，并提醒客人妥善保管好自己的衣物。

3）客人在进行游泳时，要注意客人的安全。特别是客人带小孩来游泳的时候，要格外注意。要加强巡视，时刻注意游泳者特别是老人和小孩的动态，以免发生事故。

4）救生员应随时观察场所内状况，发现客人违反安全规定时，应礼貌劝阻，这是对客人最大、最重要的尊重。

5）热情地为客人提供塑料软包装饮料（不得使用玻璃瓶装饮料），以确保客人的安全。

6）客人离开时，主动收回衣柜钥匙，并礼貌地提醒客人衣物是否有遗忘。送客到门口，向客人表示谢意，欢迎再次光临。

二、保龄球服务礼仪

保龄球服务员主要负责保龄球活动的服务工作。在服务中应注重以下礼仪。

1）客人到来时，要表示欢迎，并把干净完好的保龄球鞋礼貌地递给客人（见图4-11）。

图4-11　保龄球服务礼仪

2）敬请客人选择适当重量的保龄球，恭敬地分配好跑道并送上记分单，主动征询是否需要协助记分。对初次来的客人，要根据他们的性别、年龄、体重等，帮助选择重量适当的保龄球，并详细介绍活动的步骤与方法，提醒客人避免发生扭伤等意外事故。

3）适时有礼貌地询问客人需要什么饮料，提供热情周到的服务。

4）活动结束时，要礼貌地收回保龄球鞋，恭请结账，道谢，礼貌告别。

知识拓展

保龄球的起源

保龄球又叫地滚球，最早起源于公元3世纪至4世纪的德国。最初，天主教徒在教堂走廊里安放木柱，用石头滚地击之。他们认为击倒木柱可以为自己赎罪、消灾，击不中就应该更加虔诚地信仰“天主”。直到14世纪初，保龄球才逐渐演变成为德国民间普遍爱好的体育运动项目。后来，德国人的后裔移居美国，便把保龄球传到了美国。

在16世纪时，保龄球是9个瓶的游戏，数年后，演变成10个瓶，瓶的摆设形状也从钻石形变成三角形。1895年，美国保龄球总会正式成立。

三、健身服务礼仪

图4－12　健身房

健身房（见图4－12）是饭店为客人提供健身器材、供客人锻炼身体的场所。一般而言，健身房都有齐全的器械设备、较全的健身及娱乐项目，有专业的教练进行指导，有良好的健身氛围。健身房服务员要热情、礼貌地与进入健身房的客人打招呼。

1）主动询问客人是否住店，热情介绍跑步机、单车、举重器等设备的性能和操作方法，以及壁球的打法，使客人对健身房有个基本的了解。

2）查电脑核实资料，确认客人房号、姓名是否与电脑内资料相符。立即用姓名称呼客人，双手将钥匙递给客人，同时告诉客人钥匙号码。引领客人时可以说：“×先生/女士，您这边请。”

3）当客人要健身并要求指导时，应立即示范，热情讲解。

4）客人到健身房锻炼时应在健身房巡视、服务，为客人递毛巾、耳机，设定器械程序。如：“您好，您需要耳机吗？这是您的毛巾，×先生（女士）。”让客人感觉到时刻有人关注他们。

5）当客人在健身时，应思想集中地注意客人的安全，随时准备健身保护，以防意外。

6）客人健身完毕，应礼貌送客，热情告别，让客人满意而归。

整个服务过程需要当班所有员工全力配合，一环扣一环，才能让客人感受到体贴、细致的服务。

知识拓展

健身器械的类型

健身房的健身器械很多，归纳起来大致可分为两种类型。

一是全身性健身器械，如10项综合训练器、家用16功能健身器等。

二是局部性健身器械，如健身自行车、划船器、楼梯机、跑步机，以及小腿弯举器、重锤拉力器、提踵练习器等。

四、桑拿浴服务礼仪

桑拿浴服务员主要负责桑拿蒸汽浴各项服务工作。各岗位员工着本岗位制服上岗，服装干净、整洁，精神饱满，在规定的工作区站立迎候客人的光临（见图4-13）。

图4-13　桑拿浴服务

1. 桑拿浴服务基本礼仪

1）客人来到桑拿浴服务台，要热情问候欢迎。

2）对新来的客人要主动介绍桑拿浴的方法与注意事项。对于无人陪同的年长客人，应特别关注其安全，防止客人在桑拿浴过程中发生意外。特别是有心脏病的客人和其他不宜处于高温环境的客人，他们自己并不一定知道自己不适宜进行桑拿浴。

3）主动征询客人要求，把温度控制选择盘转到客人所需要的温度上。

4）密切关心注意客人的动静，每隔几分钟从玻璃窗口望一望，看看客人浴疗是否适宜，防止发生意外。

5）做好清洁卫生工作，不时喷洒香水，提供干净浴具，以示尊重。

6）客人离开时，要提醒是否有遗忘物品，热情道别，欢迎下次再来。

2. 桑拿浴服务基本急救常识

在桑拿房，遇到客人不慎摔伤，如果是毛细血管破裂，血液断续像水珠一样流出，不久会自然凝固止血，只要注意不感染即可；如果是静脉血管破裂，血液流出缓慢，呈紫红色；如果是动脉血管破裂，血液急射喷出，呈鲜红色，不及时处理会有生命危险。遇到这种意外情况时，在未得到医生治疗前，应及时采取适当的急救措施，一般可预防并发感染，甚至可能挽救生命。止血的方法可根据情况及条件，采取以下办法。

1）一般止血法。用于小伤口出血，用生理盐水冲洗局部，涂上消炎药，再用消毒纱布包扎（也可采用创可贴直接包扎）。

2）指压止血法。用拇指压住出血的部位，但压迫时间不宜过长。

3）加垫绷扎止血法。用纱布、棉花等做成软垫，放在伤口上，再加绷带包扎，以增加压力，达到止血的目的。

4）使用止血带法。止血带是一种特制的止血带子，临时用带子紧紧缠绕在肢体上，强压血管。这种方法时间太久肢体会有坏死的危险。所以只有大血管破伤出血，用其他方法无效时才能用此方法，每隔1小时放松一次，不能过久。紧缠止血带时，要铺垫一些纱布、手巾等，以免勒伤皮肤。

5）抬高流血部位。使流血部位抬高，可降低出血部位的血压，也能帮助止血。但时间不能太久，以免皮肤坏死。

知识拓展

芬兰的桑拿浴

图 4-14　桑拿房

桑拿浴又称芬兰浴，是指在封闭房间内（见图 4-14）用蒸汽对人体进行理疗的过程。其利用对全身反复干蒸冲洗的冷热刺激，使血管反复扩张及收缩，能增强血管弹性，预防血管硬化，对预防关节炎、腰背肌肉疼痛、支气管炎、神经衰弱等都有一定功效。

芬兰浴起源于芬兰，有 2 000 年以上的历史。洗芬兰浴是芬兰人的基本生活内容，几乎每个家庭和单位都有芬兰浴室，周末家人团圆，平时朋友相聚，通常最佳方式之一就是洗芬兰浴。蒸浴的温度控制在 80 ℃左右为宜，也可在大热之后再大冷，冷热交替，顿时疲劳消失了，全身心觉得舒坦、惬意畅快。在芬兰，洗芬兰浴并非奢侈的高级享受，更不是财产或地位的象征。无论是在独门独院的私人住宅，还是在租来的公寓，即使没有自家专用的桑拿室，也必须有公用的桑拿室；没有完备的全套桑拿设施，也一定要有简单的、小型的桑拿浴室。芬兰的赫尔辛基机场的候机楼里有个小型旅馆，那里之所以受过境旅客的欢迎，不少人就是想利用候机的一点时间，享受一下洗芬兰浴。芬兰人洗完芬兰浴后，亲朋好友随即喝着冰啤酒，吃着烤香肠，谈天说地，不亦乐乎。

五、歌舞厅服务礼仪

歌舞厅服务员主要负责歌舞厅客人的服务工作。上岗前作自我检查，要仪容仪表端庄、整洁。要求无体味，提倡使用清香型香水、古龙男士香水或其他淡雅型女士香水，口腔无难闻异味，并保持牙齿洁净。在工作中应注重以下礼仪。

1. 接待礼仪

接待的基本礼仪是积极主动、选准时机。

（1）站立到位

服务员应站立于既可以照看本人负责的服务区域，又易于观察客人、接近客人的位置。实行柜台服务时，“一人站中间，两人站两边，三人一条线”；实行无柜台服务时，站立于门口附近，面向主要来客方向。

（2）善于观察

“要三看客人，投其所好”。一看来意，根据不同来意予以不同方式的接待；二看打扮，判断其身份、爱好，据此推荐服务项目；三看举止言谈，琢磨其心理活动，力求服务恰如其分。

（3）热情招呼

客人来到歌舞厅，要热情接待，礼貌问候，如说：“小姐（先生），欢迎光临。晚上好！”躬身15°致意，并引领客人到厅房内适当的位置。迎客之声、面部表情、肢体动作三位统一。

(4) 正确引导

对不熟悉环境的客人，要实施引导。引导前可试探“您请走这边，我带您过去”。若客人说“我知道”、“不用”，则只做手势指引。客人需要引导时，服务员应走在顾客左前方1米左右，接近目的地时，伸左（右）手指引。

当房内已经有客人时，都应先敲门，稍等片刻或得到允许再开门进入。服务员进入房间服务，要使用请托用语“打扰了”。为客人开门要用靠近门一侧的手，门打开30°以内，随后后退让路，伸手指引，并说“请进”。

2. 岗位服务礼仪

1）大厅服务员空闲时，应站立于门内侧。

2）包房服务员空闲时，应站立于门前门轴一侧，或能观察来客方向的一侧。

3）根据客人要求作相关茶饮和精美小吃介绍时，若客人点的茶饮已经卖完，可推荐同类茶饮。端上茶饮时，再作具体简要的介绍。

4）细心观察客人动态，以便提供所需服务，如添加饮料或热情回答客人提出的询问。

5）客人活动结束后，全体服务员到门口欢送，礼貌道别：“女士们（先生们），谢谢光临！再见！”或在扩音器里温柔地说：“敬请各位再次光临，再见！”

任务五　饭店商品服务礼仪

饭店商品部以旅游消费者为中心，一般设于饭店的公共区域，是为下榻的客人提供的购物场所。饭店商品部根据旅游消费者需求组织货源，其商品主要以旅游商品、纪念品和日常用品为主。

一、商品销售的接待礼仪

饭店商品部与社会商场相比较，在运行和管理方面有着相同的基本规律，但在服务对象上，两者却有很大的差异性。因此，对饭店商品部服务员除要求熟悉所售商品外，对其服务礼仪也有了更高的标准和要求。

1. 接待要热情

迎接客人是给客人的第一印象，服务员应态度和蔼，微笑迎接，语言亲切，表情诚恳，要做到客人到、微笑现、敬语出。客人进店时，服务员要面向客人，礼貌问候“您好”、“欢迎光临”。

2. 服务要周到

客人在选择商品时，服务员应悉心服务，多拿不厌，百挑不烦。要耐心解答客人的疑问，为客人当好参谋。客人多、业务繁忙时，服务员要有接一待二照顾三的能力，对正在接待的客人要耐心细致，对其他等候的客人可轻轻向其点头致意，并说：“对不起，请您稍等一会儿好吗？”冷落任何一位客人都是失礼的行为。

3. 推销讲技巧

推销商品要把握客人购物心理。把握客人购物心理是旅游商品销售的重要一环，只有确实掌握不同国籍、不同层次客人的购物心理、需求和商品经营规律，才有可能水到渠成。如日本人喜欢我国的玛瑙、翡翠、文房四宝、名人字画等；欧洲人，特别是西欧人喜欢我国的丝绸、棉布制品等。推销商品既要以“理”服人，亦要以“礼”赢人。

4. 举止要文明

商品部服务员在岗时，站立、走动、拿取物品等动作都要文明规范。不可将手插在衣袋里或抱着胳膊，或倒背着手。在接待客人过程中，动作要干净利落，轻拿轻放商品，不能将商品扔给客人或摔在柜台上让客人去取。平时要养成文明礼貌的习惯，切不可随地吐痰或当着客人的面大声说笑、掏耳朵、挖鼻孔、剔牙齿等。

客人离开柜台时服务人员应该彬彬有礼地向客人道别，真挚表示“欢迎您下次再来”、“再见”等。

二、商品售后的服务礼仪

1. 售后服务

商品部本着对客人负责的宗旨，根据客人需要加强售后服务工作，以提高服务质量，保持销售水平。对于某些中高档商品，要积极配合与厂家联系，当产品质量出现问题时能保退保换。

2. 退还商品

对于前来退还商品的客人，无论能否退换，服务员都必须礼貌对待。一般来说，对于商品未使用过，售出商品完好无损或质量上有问题，不是客人使用不当的商品，如果客人持有售货单据，购买商品在合理的期间内，应予以退换。

3. 代办邮寄或托运

客人购买商品，特别是一些中高档商品，由于距离较远，或因时间安排、商品的规格等情况影响，旅途携带不便，商品部可以为客人代办托运或者邮寄。但实施过程中，务必请客人填写清楚地址、邮编、姓名、身份证号码等，并根据商品性质，请客人选择寄运方式，合理包装捆扎，以达到商品在途中安全完好，满足客人需要，从而扩大商品销售范围的目的。

4. 预购服务

若出现某商品断档或缺货，而商品可能在近期到货时，可以请客人进行登记预约。在登记时可请客人将预购商品的品名、型号、规格、尺寸、生产厂家、价格等详细资料填写清楚。服务员应准确记下客人的地址及电话号码，以便于商品到货后及时通知客人，使其如愿买到想要购买的商品。

任务六　旅行社服务礼仪

旅行社是旅游活动的组织者，与旅游饭店、旅游交通并称为旅游业三大支柱。它是和饭店、交通及游览对象物一样共同为人们旅行提供服务的专门机构。旅行社服务主要包括客服中心接待和导游服务。

一、客服中心接待礼仪

客服中心是旅行社设置的具有专门接待职能的组织机构，是旅行社树立良好形象的重要渠道，是旅行社与公众关系的纽带，是体现旅游业管理水平和精神面貌的窗口。

1. 电话接待服务礼仪

电话接待是现代接待的重要手段，也是客服中心接待的重要任务之一。电话接待的礼仪主要有以下几个方面。

1）电话铃响应立即接听，最好不要超过三声。

2）礼貌地问候对方，如："您好，这里是××旅行社，请问有什么事需要帮助吗?"

3）讲话清晰、简练、准确、热情，讲话声音适中，忌矫揉造作。

4）注意倾听对方讲话，既不要贸然打断，也不可沉默不语，要根据内容不断随以"是"、"对"、"嗯"的应声。

5）做好电话记录。对重要的电话内容要认真做好记录，内容要周全、准确。涉及时间、地点、款项、人员等问题时，一定要记牢。为防止失误，应对重要内容予以复述核准，以免搞错。

6）通话结束时，要待打电话一方先挂电话，然后再挂电话，挂电话前要说感谢或欢迎的话。此外，若受话当事人不在，可礼貌地说："对不起，××不在，有什么事我能代为转达吗?"若允许代转，就做好记录；若不需代转，可告知××约的什么时间再打来电话。为了搞好电话接待，接待人员还要特别注意熟悉记住常用的电话号码。

2. 面谈接待服务礼仪

（1）创设良好的面谈接待环境

办公室是旅游业的"脸面"，首先应创造一种典雅、舒适、幽静的环境氛围，留给来访者良好的第一印象。有条件的办公室旁可附设接待室。接待室可分为中式和西式两种风格。中式接待室一般采用自然光，应突出洁净、朴实、方便以及传统文化等风格；西式接待室一般不采用自然光而多用灯光，应注意营造光线和色彩的柔和、深沉、高雅、豪华格调。无论中式还是西式接待室，都要注意空气清新，保持适宜的室温和相对的湿度。室内应配备必要的通信和音响设备、宣传资料以及接待用品。

（2）面谈接待具体礼仪

对前来造访者，应站起来以礼貌语言如"您好"、"请进"、"请坐"迎接，并献上烟、茶水、饮料等表示欢迎。对熟悉的客人还可以适当寒暄，询问一些有关生活、工作的近况来融洽气氛。对初次来访的客人，要弄清对方的单位、身份、来意。对涉及重大问题的接待，要慎重验看对方证件。

客人陈述问题时要做必要的记录。对客人的愿望和要求，合理的、能够答复的，要尽快给予明确答复，需请示或安排领导接见解决的问题，要事先和主管领导研究，予以妥善安排。客人离开应热情送行，并表示欢迎再来。如果需要，分别时要留下今后相互联系的地址和电话。

二、导游服务礼仪

导游人员的修养和言谈举止，不仅关系到业务的成败，更直接塑造了他所代表的国家和民族的形象。导游人员要熟悉自己业务范围内的现代社交礼节，也要熟悉接待对象的文化、生活习俗，通过一系列文明礼貌的交往为旅游者提供良好的服务和舒适愉快的旅行环境。

在旅途中，导游人员既是主人，又是客人。对旅游者来说，他要尽到主人的责任；而每到一处，他同时又是客人。因此，导游人员在工作中既要有主人意识，又要引导旅游者和自己一起与当地的人们友好相处。

1. 导游人员常用礼仪

（1）礼貌动作

当导游人员给旅游者分发旅行团体证或标志时，要很有礼貌地双手呈上，那么，客人也会以同样的姿势接过去，并道一声谢。可见，一个礼貌动作不仅反映了导游人员对旅游者的尊重，也赢得了旅游者对导游人员的尊重。在与旅游者的交往中，应时时注意各种礼貌行为的细节。例如，清点人数时，导游人员常常习惯地拿着小旗指指点点，或用手在每位客人的肩头按一下，这种既不礼貌又不雅观的行为应该尽量避免。

（2）问候方式

导游人员见到旅游者应主动热情地招呼。早晨可以说“您早”、“早上好”、“昨晚休息得怎么样”等；如果客人正在用餐可以说“祝大家胃口好”；宣布节目安排后可以说“祝大家玩得开心”。“您好”一般每天只用一次，再次碰面含笑点头即可。

问候语和问候方式是灵活多变的，并不一定要拘泥于某种固定形式，但对旅游者不理不睬是极为无礼的，必须避免。

问候语和方式要选择客人容易接受的。例如，一位客人前一天晚上稍有不适，第二天仍起床了，这时不必再提他的病，而说“您看上去气色好多了，能和我们一起出去吗?”这样客人会受到鼓舞，即使不能同行，情绪也会好一些。

（3）迎候礼仪

导游人员与旅游者的交往从迎接开始。导游人员应在集合地点醒目处迎候客人，并为他们安排等候出发的休息的地方。根据职业要求，迎候旅游者上车时，导游人员应站立在靠近车头的车门一侧，这样既便于迎候旅游者，同时也能保证旅游者的安全，还能及时给旅游者一些必要的帮助。

迎候旅游者时，态度要亲切而热情，可以通过握手或欠身、颔首向客人致意，寒暄的话有“您好”、“欢迎您”、“旅途愉快”等。当全体客人到齐，旅行开始时，导游人员应该致一个简短的欢迎词。

（4）告别礼仪

旅游结束时，应该安排一个比较正式的仪式来道别。通常是在最后一个节目之前，或是最后一次聚餐时，导游人员真诚地向客人的合作致谢，并希望大家有机会再度光临。客人离去时，导游人员还应该在可能的情况下与大家一一道别。

（5）致谢礼仪

致谢时可以欠身或拱手，并说“谢谢”。它可以作为导游人员的礼貌用语，也可以作为对旅游者提出要求或建议的结尾。例如："明天我们要上山，希望大家早点休息，谢谢！"

（6）应酬礼仪

导游人员应很快地熟悉自己的客人，记得怎样称呼他们而不要搞混。无论在哪里，导游人员都应该用各种方式表示对客人的关心，不要让客人有受到冷落之感。哪怕是一两句应酬的话，都能给客人带来温暖。

在导游服务中，导游人员要有礼貌地接待客人，就必须加强自身修养，做到临辱不怒，自重自爱。临辱不怒，要求导游人员面临急难时，不变脸发火，沉着大度，能以妙语应粗俗，用豁达胜愚昧，以文雅对无礼，从而摆脱尴尬境地；自重自爱，要求导游人员在服务中要稳重、规范、不失态，态度要平静、热情而有分寸，语言不乱且有分量，论理处事有理有节。

2. 旅游团接待礼仪

（1）接待准备礼仪

导游人员接受接待任务后，要认真阅读接待计划，从中掌握旅游团的基本情况，包括人数、姓名、性别、年龄、国籍、民族及领队情况等，了解该团的费用标准和住房情况，掌握团队的游览日程和行程计划，熟悉抵离时间、航班车次、接站地点等。

学习对外宣传资料，掌握国家有关法律、政策方面的规定，了解旅游团所在国近期政治、经济、文化等方面的情况。

熟悉景点介绍，旅游团如有专业交流、考察、参观、座谈、访问活动安排，须认真阅读有关中外文专业活动资料。全陪还要认真熟悉沿途城市有关历史、地理、人口、风土人情等多方面的情况。

地陪要适时核对接待车辆、就餐安排、交通购票等的落实情况，要确定与接待车辆司机的接头时间和地点；还要做好接团的物质准备，如领取和备齐各种票证、导游图、导游胸卡、导游证、喇叭、导游旗、接站牌等。

（2）接站服务礼仪

导游人员要按规定着装，并提前30分钟抵达机场、车站或码头迎接旅游团，地陪接站要佩戴导游胸卡、打社旗和接站牌。

旅游团抵达后，导游人员要主动持接站牌上前迎接，要与旅游团共同核对团号、实际抵达人数、名单及特殊要求等。对乘飞机抵达的旅游团，要协助旅游者集中并清点行李，填写行李接交单，将行李和接交手续一并交给行李员。如果发现行李有损坏、挂失、索赔事宜等，应协助解决。对乘火车抵达的旅游团，地陪应向全陪索取行李托运单，交付行李员后再离开。导游人员待旅游者全部到齐后，可带人前往乘车地方，扶助旅游者上车，旅游者落座后，要认真清点全团人数。

在适当场合或旅游者上车坐稳后，导游人员要向旅游者进行自我介绍，并介绍全陪、司机等。随后要向旅游者致欢迎词，欢迎词要力求简短、精彩，不可千篇一律，要视不同国家、不同旅游团而有所区别。但欢迎要热情，用词要适当，不可过于拘谨，也不可夸夸其谈。

在前往饭店的路上，导游人员除要介绍沿途景观外，还要主动向旅游者发放导游图，介绍日程安排、游览项目等。在向旅游者宣布日程安排前，应主动与领队交换意见，并询问旅游者有无其他要求等。

在抵达饭店前，导游人员要向旅游者详细介绍所住饭店的基本情况，如饭店历史、客房数、建筑面积、地理位置、娱乐设施、周围环境等。

（3）客人入住饭店服务礼仪

旅游团进入饭店后，导游人员要帮助旅游者办理住房登记手续，并向饭店提供旅游者名单。领队分发房号后，导游人员要了解旅游者住房位置、安全通道等，记住领队房号，一切安顿好后离店前应将自己的联系方式（手机号、住宅电话等）告之全陪，以备急需之用。

将旅游者送至房间后，适时带旅游者去餐厅用餐。

行李到达后，要核对旅游者行李件数，协助将其送至旅游者房间，同时查问客房情况，如设备是否完好无损，房间是否洁净等。若行李出现丢失、被盗、破损等现象，要与有关方面交涉及时处理。

向旅游者收取要确认的机票、车票和所需办理的签证、护照等，并向旅游者询问有无其他委托办理事项。根据旅游者的要求，要尽力提供帮助，须转交内勤办理的事宜，要做到转交及时，交代清楚。

3. 客人安全服务礼仪

（1）客人乘车安全服务礼仪

导游人员要照顾好旅游者上下车，然后清点人数，客人到齐坐稳后再示意司机开车。汽车行驶中，不得停车让无关人员乘车，遇有不明身份者拦车，不得停车。

导游要提醒司机注意行车安全。发现司机身体欠佳、情绪不好或酒后开车时，要及时予以劝阻，并调换司机；遇雨、雪、雾天或路况太差、路窄、坡度较大时，要劝告司机减速慢行，以保证行车安全。

到达目的地时，待汽车停稳后，再招呼客人下车，并向客人讲清下次乘车的时间和地点，同时向司机交代好下次活动的乘车时间、地点和日程安排。

在途中突发交通事故，如撞车、翻车等，旅行社必须迅速派人前往出事地点，指挥现场救护，及时处理事故。同时，导游须采取如下措施。

1）立即将伤员送往距出事地点最近的医院抢救，同时向接团社和组团社汇报，并请示事后处理意见。

2）保护现场，并尽快报告交通警察和治安部门。

3）做好全团人员的安全工作。事故发生后，除有关人员留在医院外，应尽可能使其他团员按原定日程继续活动。

4）做好事故善后工作。交通事故的善后工作将由公安交通管理部门和旅行社出面处理，导游应照顾好受伤旅游者，写好事后情况报告，请医院开具诊断和治疗书，请公安交通管理部门开出交通事故证明书，以供客人向保险公司索赔。

5）交通事故处理就绪或该团接待工作结束后，导游应立即写出事故发生经过及处理的书面报告。

（2）客人住宿安全服务礼仪

导游要了解客人所住房间的位置、领队的房号和饭店的安全紧急通道位置等，一旦发生情况，要能组织客人迅速、安全地撤离现场，尽量避免发生不必要的伤亡事故。同时，要提醒客人锁好房门，不明身份者来访时，切不可贸然开门让对方进入房间。要提醒客人晚上外出注意安全，看管好自己的财物，防止发生被抢被盗或人身安全等问题。

当发生意外情况时，导游要沉着冷静，采取果断措施处理。若客人突发疾病，要迅速将其送往医院救治；若客人发生意外伤亡，要在做好客人救护工作的同时，保护好现场，并及时向接团社和公安部门报告情况，寻求处理办法等。

此外，全陪要与客人同住一个饭店，若有事需离开，必须通知领队、地陪或客人。

（3）客人活动安全服务礼仪

客人在参加游览、购物、观看文娱节目活动时，导游要适时提醒客人看管好自己的财物，防止被抢、被盗以至人身伤亡事故的发生；导游要随时提醒客人注意行路安全，特别是在游览登山时，要格外照顾好年老体弱者，要随同这些客人一道活动，给予充分关怀，热情提供帮助。

导游还要随时注意不要让与本团无关的人随团活动。导游要始终跟随客人一起活动，要注意维持好活动秩序，经常清点人数，防止客人走失迷路。

导游每天应向客人公布当日和翌日的天气预报，提醒客人增减衣服，防止客人患病。天气不好时，要及时了解前往地点是否安全，若遇刮风、下雨、下雪造成路况危险，要当即请示领导，变更活动计划，同时向客人做好解释工作。

陪客人活动中一旦发生意外情况，导游要立即带领客人迅速撤离现场。若遇坏人威胁或伤害客人，导游应挺身而出，保护客人的安全；若客人发现财物被抢被盗，导游应立即报告所在地公安机关，配合开展案件侦破；若客人突发疾病，导游应将客人迅速送往医院救治，并向接团社汇报所发生的情况，请求派人前往医院看护病人并处理有关事宜，导游不得自行给客人用药。

4. 景点游览服务礼仪

（1）出发前服务礼仪

出发前，导游在客人用早餐时应向客人表示问候，并了解客人的身体情况，重申出发时间、乘车或集合地点，提醒客人带好必备用品，如手提包、摄像机和照相机等贵重物品、身份证等。

（2）乘车服务礼仪

出发乘车时，导游应站在车门口照顾好客人上车，客人上车落座后清点人数，示意司机开车。车行驶后，导游要向客人问早安、报告天气情况和简短新闻，重申当天活动日程，重申旅游须知等。

（3）游览途中服务礼仪

在去旅游景点的路上，导游要向客人介绍沿途景色，并回答客人的问题。旅游车到达景点前，要简要介绍即将参观的项目情况，还可根据客人的特点、兴趣、要求，穿插介绍一些历史典故、风土人情、社会风貌等，以增加旅游者的游兴。到达景点后，要向客人宣布集合时间、停车位置等。一旦发生客人丢失，要按导游路线返回寻找，实在找不到，应和内勤、值班室联系进行查询。

图 4－15 导游带客游览服务

带客游览过程中（见图 4－15），导游要认真组织好客人的活动，做到服务热情、主动、周到、讲求效果。讲解时要运用不同的导游手法、导游艺术，通过穿插历史典故、传说等形式增加客人的兴趣。讲解介绍内容要准确（数字、事实、准确无误），条理要清楚，语言要生动，手法要灵活。导游过程中，要注意给客人留有摄影时间。

导游要提醒客人注意人身安全，并提醒客人看管好所带财物，防止发生丢失、被盗现象；对于行路困难的地方，要陪伴照顾好年老体弱者，以防发生意外；客人提出需要帮助时，应尽可能使客人满意。

（4）返回途中服务礼仪

全天活动结束后，在返回饭店的路上，导游人员要向客人宣布第二天的活动安排和出发时间、地点等。抵达饭店后，导游人员要主动向领队征求意见，对白天遇到的问题，要与领队和客人共同协商解决。

5. 带客购物服务礼仪

1）根据旅游团客人的要求，合理安排客人购物。若旅游团多数人要求增加购物次数，经与领队协商并告接团社后应予以满足；若少数人无此要求，不得强加于人；若少数人有特殊要求时，一般自理费用乘出租车前往，但必须经过领队同意。

2）带团购物必须去旅游定点商店，客人下车前，要向客人讲清停留时间和有关购物的注意事项。客人购物时，可陪同客人介绍商品，在服务人员不懂外语时，导游要协助服务人员做好翻译工作。

3）若遇小贩强拉强卖，导游人员有责任提醒客人不要上当受骗。导游本人不应向客人直接销售商品，不应要求客人为自己选购商品，不应从购物商店私拿回扣或变相索取小费，不应带客人去非旅游定点商店购物或向客人推销假冒伪劣商品。

4）若遇商店不按质论价、抛售假冒伪劣商品，导游必须维护消费者权益，要求商店向客人赔礼道歉，并赔偿损失。

6. 处理特殊情况礼仪

（1）路线与日程变更

若遇改变旅游路线的要求，包括增减或变更参观城市或改变交通工具等，必须由领队提出，经与接团社研究认为有可能改变并提出意见请示组团社后，才可实施新的旅游计划。

若个别国外旅游者要求在全团旅行结束后延长在华时间，又不需要延长签证期限，经请示接团社、组团社后，可同意延长。需要延长签证期限，由接团社办妥签证手续，延长期间费用由本人自理。若全团持集体签证，而有要求延长或中途离团者，须尽早在出境前一站城市办妥分离签证，以免在抵达出境城市时因时间仓促而耽误全团出境。

若遇接团社因为没有订上规定的航班、车次的机票或车票而更改了航班或车次，应向客人做好解释，并提醒组团社，及时通知下站。

如因天气或其他原因，航班临时取消，不能离开所在城市时，应注意争取与领队合作，稳定客人情绪，并立即与内勤联系，配合民航安排好客人当天的食宿。

（2）行李丢失和损坏

在机场发现行李丢失时，应凭机票及行李牌在机场行李查询处挂失，并保存好挂失单和行李单，与机场密切联系追查。抵达饭店才发现行李丢失时，应按行李接交手续从最近环节查起。

若行李损坏，则掌握谁损坏谁赔偿的原则。一时查不清责任时，应答应给受损失者修理或赔偿。赔偿费用应掌握在规定标准内，并请客人留下书面说明，发票由地陪签字，以便向保险公司办理索赔。

（3）旅游者病危或死亡

旅游者病危时，要及时向接团社汇报，并积极组织抢救。若旅游者在乘火车途中发生急症，应及时与乘务员联系进行抢救或通知前方站准备抢救。

若旅游者死亡，应立即报告接团社、组团社和保险公司。

（4）旅游者财物被盗

国外旅游者若丢失护照，应首先详细了解丢失情况，找出有关线索，努力寻找。若确实找不回，应尽快报告当地旅行社开具证明，由导游协助客人速照快相，取得照片后去其护照国使领馆办理临时护照。没有使领馆的地区，应到当地公安机关开具出境证明。

旅游者物品丢失时，应迅速了解丢失前后经过，做出正确判断，确认是失主不慎丢失还是被盗。若有盗窃可能，要注意保护好现场，并迅速向公安部门报告。

7. 送客离站服务礼仪

客人结束当地活动次日离去时，导游应提醒客人整理好自己的物品，打好托运的行李，并通知客人交运行李时间、地点等，同时提醒客人和饭店结账，付清所住店期间的电话、饮料、洗衣等一切费用。与其分手前，要准确通知次日客人的出发时间、用餐时间及集合地点等，并通知饭店叫早。

安排妥上述各项工作后，导游要去内勤值班室办妥如下工作：凡乘国际航班的团须检查每张机票的起飞时间，同时取走有关确认证件，根据接团社工作安排，明确离站机票由谁负责（导游或行李员）；凡乘火车的团队，导游除核对火车车次、开车时间、车厢外，还应领取站台票，如果客人需要在火车上用餐，还应根据标准准备好垫付的现金或支票。

导游要与领队一起核对行李件数，检查是否符合托运标准，同时和行李员、饭店行李办公室办好接交手续，在行李卡上填清楚团名、国籍、团员姓名、日期时间、航班或车次、目的地、件数等。

出发前，要提醒客人不要遗忘自己的物品，不要带走房间的钥匙。导游要将用过的客人的各种证件、护照和机票等，亲手交给客人或领队。客人上车后，要认真清点人数，一旦发现有个别客人在规定时间未到集合地点，应立即下车寻找，并与领队商量由谁陪未到的客人乘出租车前往机场或车站。

送乘国内、国际航班的游客，要按航空公司规定时间提前到达机场，送乘火车的游客须按铁路部门有关规定提前将客人送上车厢落座，千万不要忘记将行李托运单交给领队、全陪或客人。

火车启动后导游方可离站。在机场，客人乘坐的航班有可能因故变化推迟，此时应主动关心客人，必要时留下与领队共同处理有关事宜。

知识拓展

欢送词内容的五个方面

感谢语：对领队、全陪、旅游者及司机的合作分别表示谢意；

惜别语：表达友谊和惜别之情；

征求意见语：向旅游者诚恳地征求意见和建议；

致歉语：对行程中不尽如人意之处，请求原谅，并向旅游者赔礼道歉；

祝愿语：期望再次相逢，表达美好的祝愿。

情境实训与练习

一、思考题

1. 对门童、总服务台接待员、总机话务员有哪些礼仪要求？
2. 大堂值班经理处理客人投诉时应注意哪些礼仪？
3. 客房服务人员如何做好客人入住前、入住后、离店三个阶段的礼仪服务工作？
4. 饭店迎宾服务礼仪有哪些？值台员服务礼仪有哪些？
5. 饭店康乐服务有哪些礼仪要求？
6. 旅行社景点游览服务礼仪有哪些？
7. 旅行社客人安全服务礼仪有哪些？

二、礼仪实训题

1. 创设总机话务员未及时提供叫醒服务客人投诉的场景，模拟接待客人投诉的礼仪。
2. 以4人为一组模拟客人离店时，客房服务员、行李员及门童礼貌送客的礼仪。
3. 以6~8人为一组，模拟饭店餐厅迎宾员、值台员有礼貌地为客人服务。
4. 选择当地一处旅游景点，模拟导游有礼貌地迎宾、问候、讲解和送客。
5. 以4~6人为一组练习旅行社客服中心接待服务礼仪，学生可扮演来自不同地区或不同国家、讲不同语言的旅游者。

三、案例分析题

案例1：如此全陪

小王按照旅行社的接待计划，作为英国旅游团的全陪，于6月5日上午7点和地陪一起去机场接站。接到该团后，他和地陪一起将客人带到车上，在向客人作了自我介绍和介绍了地陪后，就在后面找了个座位坐了下来。抵达饭店后，他到前台要了自己的房号就径直进了房间，等安排好自己的事情才到大厅招呼旅游者。旅游团中的一位客人忍无可忍地问道："你就是这样当全陪的吗？"

案例 2：该不该接转电话

陈先生是杭州某四星级饭店的商务客人。他每次到杭州，肯定入住这家四星级饭店，并且每次都会提出一些意见和建议。可以说，陈先生是一位既忠实友好又苛求挑剔的客人。一天早晨 8:00，再次入住的陈先生打电话到总机，询问同公司的王总住在几号房。总机李小姐接到电话后，请陈先生“稍等”，然后便在电脑上进行查询。她查到王总住在 901 房间，而且并未要求电话免打扰服务，便对陈先生说“我帮您转过去”，说完就把电话转到了 901 房间。此时王总因昨晚旅途劳累还在休息，接到电话就抱怨下属陈先生不该这样早吵醒他，并因此很生气。

1. 案例 1 中全陪小王在接站服务中有哪些方面不符合导游礼仪要求？在饭店服务上有哪些方面也不符合导游礼仪规范？

2. 案例 2 中总机李小姐的做法是否妥当？如果你是这位接线员，该如何处理这件事呢？这件事对我们做好服务工作有什么启示？

学习情境五 会展服务礼仪

学习目标

知识目标：了解会展服务的概念、性质、内容和作用，熟悉会展服务的基本礼仪。

技能目标：能够运用会展礼仪的基本原则，根据会展礼仪的不同特点，掌握会展场所的设计、布置，并熟悉会展接待中的礼仪规范。

能力目标：能够运用所学知识灵活处理会展服务中的各种问题。

导入案例

上海世博会礼仪人员选拔活动

中国2010年上海世博会礼仪人员选拔活动新闻发布会于2009年6月5日在北京人民大会堂隆重召开。为积极响应“迎世博、讲文明、树新风、改陋习”的口号，面向广大青年推广世博理念，普及世博知识，传播礼仪文化，在共青团中央、上海世博会事务协调局共同支持下，由共青团中央网络影视中心主办，世博礼仪选拔活动组委会承办，主题为“年轻的世博，青春风采”的中国2010年上海世博会礼仪人员选拔活动正式启动。

活动展现了当代中华优秀青年的青春风采，全面展示了世博文化与礼仪文化。伴随着各界真挚的祝愿，“礼仪中国”红色印章在“年轻的世博，青春风采”万人画卷上郑重落下。与此同时，世博礼仪传递活动也同步启动，“赞世博礼仪、致不良陋习——顶一下”的活动口号迅速在网络上火热传递。

本次活动由电视栏目、地面活动、大型晚会、网络推广活动以及其他辅助活动等几部分组成，最终评选出的350名优秀选手将被推荐给上海世博会组织者，作为世博会礼仪服务人员的候选人。

任务一　会展服务概述

一、会展的相关概念

“会展”是一个复合词语，一般来说，包括会议和展览两大部分。会展的内涵是指在一定地域空间，许多人聚集在一起形成的定期或不定期、制度或非制度的传递和交流信息的群众性社会活动，其概念的外延包括各种类型的博览会、展览展销活动、大型会议、体育竞技运动、文化活动、节庆活动等。会议、博览会、交易会、展销会、展示会等是会展活动的基本形式，世界博览会为最典型的会展活动。

会议是指人们怀着各自相同或不同的目的，围绕一个共同的主题，进行信息交流或聚会、商讨的活动。一次会议的利益主体主要有主办者、承办者和与会者（许多时候还有演讲人），其主要内容是与会者之间进行思想或信息的交流。

展览会是一种具有一定规模，定期在固定场所举办的，来自不同地区的有组织的商人聚会。根据展览内容的不同，国际博览会联盟（UFI）将展览会分为三类，包括综合性展览会、专业展览会和消费展览会。一次展览会的利益主体主要包括主办者、承办者、参展商和专业观众，其主要内容是实物展示以及参展商和专业观众之间的信息交流和商贸洽谈。

会展服务的概念有狭义和广义之分：狭义的会展服务，专指为各类会议、展览的举办提供一系列的具有获利性质的服务；广义的会展服务，是指为各类会议、展览和各种节事活动等提供全方位的并从中获取一定收益的服务。

会展与旅游活动是紧密联系、相互渗透的，会展活动和旅游有一个共同的特征，即服务对象的异地流动性；但绝不是简单的等同或包容的关系。会展在主体内容和运作方式上与旅游存在本质的区别，会展旅游只是会展业与旅游业有机结合后的一种旅游产品形式，或者说是旅游企业实现经营多元化的重要途径之一。因此，会展业和旅游业之间可以对接或互动，但绝不能画等号。

二、会展的功能

目前，会展已经与相关服务企业、机构、部门形成了产业体系，也称会展产业。会展不仅能带来巨大的经济效益，更重要的是还能带来巨大的社会效益。因此，会展受到了很多城市、地区和企业的重视。对于企业来说，会展的功能包括以下几个方面。

1. 联系交易功能

会展孕育巨大商机，其联系沟通作用非常明显。它具有联系量大、联系面广、联系效果好的特点，可以向会展组织者、参展商、观众提供彼此联系和交流的机会，并以此扩大企业的影响力，树立企业的形象。在短短几天有限的会展期间，参展商往往可以接触整个行业或市场的大部分客户，可能比登门拜访等其他常规方式一年甚至几年所接触的客户还多。

在会展中，丰富的信息和知识交流传播使得生产、贸易、生活趋于更轻松、直接、快捷、准确，消除了供求中的许多不确定因素，具有高效低耗的经济功能，创造了经济均衡的巨大可能性。例如，在展销会上，参展商为卖而参展，参观者为买而参观，均是有备而来；参展商可以在有限的时间内最广泛地接触买主，观众购买商可以在有限的空间里广泛地了解产品。参展商可以于潜在客户表示出兴趣时抓住机会开展推销、洽谈工作，直至成交甚至当场汇款。在介绍产品、了解产品、交流信息、建立联系、签约成交等买卖流通过程中，会展起沟通交易的作用。

▶案例解读

重庆车展闭幕，5 天交易额8.5 亿

2010 年重庆车展，共有来自世界各国 23 个顶级品牌参展，过百万元的豪车超过 30 辆。奔驰、宝马等豪车品牌表现最为抢眼，奔驰销量一路领跑，其间共销售 200 多辆，宝马、奥迪等豪车销量均在百辆左右。此外，英菲尼迪、讴歌、雷克萨斯等品牌，也颇受市民热捧，各品牌销量均在 30 辆以上。顶级超豪华队伍中，保时捷销量也接近 50 辆，宾利、捷豹等百万级豪车销量不俗，均在 5 辆以上。

“与去年车展的 5 亿元成交相比，今年整个车展的成交量是 8.5 亿元，卖出汽车5 000 辆，增幅超过 40%。”重庆展览中心总经理王伟介绍，本届车展 20 多个豪车品牌合计销售金额达 3 亿，其中，价格在 30 ~ 70 万元之间的部分车型部分车系，甚至卖断货。

2. 整合营销功能

会展作为企业之间的一个有效的营销平台，为企业展示产品、收集信息、洽谈贸易、交流技术、拓展市场提供了桥梁和纽带，它在企业市场营销战略中的地位也日显重要。在发达国家，会展营销已经成为很多企业的重要营销手段。

在会展上，生产商、批发商和分销商汇聚一堂进行交流、贸易，某种程度上它就是一个信息市场。企业可以利用各种信息渠道宣传自己的产品，推介自己的品牌、形象；可以与顾客直接沟通，得到及时反馈；可以收集有关竞争者和新老顾客的信息，了解本行业最新产品动态和行业发展趋势，构成决策依据。

会展也具备其他营销工具的相关属性。作为广告工具，会展媒介将信息针对性地传送给特定用户观众；作为促销工具，会展刺激公众的消费和购买欲望；作为直销的一种形式，可以直接将展品销给观众；作为公共关系，会展具有提升形象的功能。

3. 调节供需功能

会展可以被视为信息市场，是市场经济的重要资源。信息市场是经济运行循环过程的轴心，会展信息市场反映信息交换中供求之间的各种经济关系，是连接市场信息供应方、市场信息用户、市场信息资源应用等重要生产力的要素，使各类市场资源得以优化配置，有效地刺激需求，调节供给。例如，北京每年一届的“中国国际科技产业博览会”是国内外高新产品的“比武台”，中外高科技最新成果层出不穷、异彩纷呈，为产品供需交流提供了平台。

4. 产品展示功能

会展活动能为产品供给者提供展示产品性能的机会，使其比较不同产品的性能、价格等方面的差异，测算市场供给方面的竞争态势，为企业的市场供给决策提供依据，从而促进有效供给增长。它还能增加不同地域、不同文化背景、不同传统习俗的人们之间的互相交流与了解，消除沟通障碍，扩大共识，为产品的跨区域、跨文化、跨民族、跨环节的流通创造条件，有利于供给实现和供给创造。例如，世博会是综合反映当代世界各国政治、经济、文化和科技发展水平及成就的大型展示活动，被称为经济、科技、文化界的奥林匹克盛会。

三、会展礼仪的特点

会展是特殊的服务行业，会展礼仪的核心就是服务。会展礼仪，是主办方或承办方在

会展前的策划和准备阶段、会展期间以及会展后续服务的过程中展现出来的一种礼仪规范。因此，会展礼仪具有以下几个特点。

1. 人文性

所谓人文性即是在会展整个过程即会展的主题，会场的选择，会展的筹备、策划、日程安排，会展报名，与会者的食宿，会展布置，现场以及会后服务等工作中体现出来的主办方的办会理念和办会思想。

2. 综合性

会展礼仪是服务行业中涉及学科知识最广、专业技能最多的一项复合型的工作。会展工作人员不仅要懂得服务心理、公共关系和管理服务等现代服务理论，而且还必须掌握接待礼仪、会话艺术、服务技巧、餐饮文化、设备使用等技能。此外，礼仪工作同社会的经济发展和人们的生活水平的日益提高密切相关，这就要求会展工作人员能及时调整会展服务的内容和方法，改变服务设施和服务项目，以适应人们生活方式和活动方式的变化。

3. 协调性

会展礼仪环节多，接触面广，哪一方面都不能疏漏，要与有关部门协调好，相互配合共同做好礼仪工作。

做好会展礼仪工作应注意协调好以下几个关系。

1）与主办单位的关系。要摆正主次位置，主动接受主办单位的领导。要与主办单位分清工作职责，保证按主办单位的要求安排好一切事务，重视主办单位的意见，尽量满足他们的要求，不能达到的要耐心加以解释。

2）与与会人员的关系。与会人员是客人，要以主人的身份，热情、周到地为他们提供礼仪服务。

3）与各相关单位，比如受邀贵宾、媒体朋友、其他工作人员等的关系。大家都要围绕着共同的任务，相互配合、相互协调、同心协力使会展圆满成功。

4. 专业性

会展的专业性很强，它需要参与人员掌握足够的会展知识。只有明确会展的业务性质、范围、职责要求、工作流程、服务标准，才能有的放矢。

案例解读

创美食之都，享多彩生活

第六届中国国际美食旅游展会于2009年9月26日—10月20日在成都成功举行。

据统计调查显示，本届美食旅游展会最大的吸引力在于体现了“创美食之都，享多彩生活”的主题。

由于本届美食旅游展会主题鲜明，策划好，组织精心，市民和游客对本届展会的总体评价很好，评价指数达到90。分项评价中，餐饮美食的评价最高，评价指数88.83，突出了美食节的主题；其次是现场秩序和卫生评价较高，评价指数达到了87.83；再次是现场旅游服务，评价指数76.34。

本届美食旅游展会也被网民评价为“最精彩的一届”。不少游客说“这次的美食节让我们充分地体验到了成都——一座来了就不想离开的城市的魅力和风采”。

活动的成功，不仅体现了主办方的专业，更反映出工作人员的热情和周到，同时也展现了成都这座城市的形象和魅力。

四、会展的礼仪规范

现代社会，人们的礼仪对于相互之间的合作和交往都起到了至关重要的作用，在会展中也同样如此。不论是会展主办者还是参展者，都应该注意自身的形象和正确的礼仪规范，这样才能使会展最大程度地发挥其应有的集聚客商的效应。特别是对于参展企业而言，良好的形象和礼仪规范是企业品牌、信誉、服务水平的最直接体现，是企业能够在短时间内最大限度地吸引新顾客的最便捷方式，是会展成功举办的有力保证。因此，参展企业在会展过程中应该注意以下礼仪规范。

1. 维护整体形象

参展企业的整体形象，主要由展品的形象和工作人员的形象两部分构成。

（1）展品的形象

会展所用展品或模型应该外形美观、质量可靠。陈列上既要讲究美感，又要方便观众参观。在会展上向观众直接散发的有关资料，要印刷精美、图文并茂、资讯丰富，并且标有参展企业的主要联络方法。

（2）工作人员的形象

在展位上的工作人员应穿本企业的统一制服或穿深色的西装、套裙作为出席会展的服装，工作人员的统一着装能充分展示参展企业员工精神、整洁的整体形象。为了说明各自的身份，全体人员皆应在左胸佩戴标明本人单位、部门、职务、姓名的胸卡。

在展台的布置上，要以参观者的感觉为基本出发点，从参观者的角度去构思、安排和布置，这样参观者才会认可该展品并留下深刻的印象。

2. 注意接待礼仪

会展开始后，全体参展企业的工作人员应各就各位、各司其职，不允许无故脱岗、东游西逛。工作人员要热情、诚恳地接待每一位参观者，特别值得注意的是，应当自始至终面带微笑。当参观者进入展位时，要主动与之打招呼以示欢迎；对于参观者提出的问题，要做到百问不厌、认真回答；当参观者离开时，应主动与其道别。绝不允许在参观者到来时坐卧不起、怠慢对方，更不允许以不礼貌的言行对待对方。对于极个别不守会展规则而乱动乱拿展品的参观者，要以礼相劝，必要时可请保安人员协助，但不允许对对方擅自动粗，进行打骂、扣留或者非法搜身。

3. 讲究解说技巧

在讲解产品时，要注意语言流畅，声音洪亮。针对不同类型的参观者的讲解要因人而异，具有针对性。介绍的内容要实事求是，并突出自己展品的特色，必要时，还可以做一些现场示范，或邀请参观者动手操作，亲身体验。讲解完毕，应对参观者表示谢意。在宣传型会展上，解说的重点应放在推广参展单位的形象上；而在销售型会展上，解说的重点则必须放在主要展品的介绍和推销上。

知识拓展

会展设计师的技能要求

1. 有相关室内设计专业或环境艺术专业大专或大学以上学历，经过专业培训合格后并持有相关资格证书，掌握基本展位布置、展架设计能力的设计人员。

2. 熟悉会展的基本流程，能独立完成设计，了解基本的设计和施工方法。

3. 熟练掌握各种用于会展设计的操作系统和设计软件，包括：AutoCAD、Photoshop、3ds Max、CorelDraw、Illustrator 等基本软件。

4. 了解会展设计所运用的材料，灵活组合运用材料，充分利用各种可能的要素，例如，展台的形式、材料、音响、光线、色彩和其他装潢用品，不断给观众以新鲜感，刺激其好奇心，使他们对展台产生兴趣，进而产生与展览者谈话的愿望。

5. 对展会期间展位中出现的损坏情况要有一定的预判能力，对各种突发情况能及时有效地进行调整和补救。

6. 有强烈的责任心，能用闲暇时间多学习先进的国内外设计经验，掌握新的设计软件。

7. 对美的鉴赏能力。

8. 对品牌、客户有深刻的理解能力、独特的创意能力及团队合作精神。

任务二　会议服务礼仪

会议是人们为了解决某个共同的问题或出于不同的目的聚集在一起进行讨论、交流的活动，它往往伴随着一定规模的人员流动和消费。作为会展业的重要组成部分，大型会议特别是国际性会议在提升城市形象、促进市政建设、创造经济效益等方面具有特殊的作用。

一、与会人员礼仪

对于一个会议的参与者来说，参加会议是展示自我、学习、接触领导的好机会，应该注意自己的行为举止。

1. 会议主持人的礼仪

各种会议的主持人一般由具有一定职位的人来担任，其礼仪表现对会议能否圆满成功有着重要的影响。

主持人的基本要求是口齿清楚，思维敏捷，衣着整洁，大方庄重，精神饱满，切忌不修边幅。走上主席台应步伐稳健有力，行走的速度因会议的性质而定，对节奏快、热烈的会议步频应较慢。入席后，如果是站立主持，应双腿并拢，腰背挺直；坐姿主持时，应身体挺直，双臂前伸，两手轻按桌沿；单手持稿时，右手持稿的底中部，左手五指并拢自然下垂；双手持稿时，应与胸齐高。主持过程中，切忌出现搔头、揉眼、拦腿等不雅动作。

主持人应根据会议性质调节会议气氛，或庄重，或幽默，或沉稳，或活泼。主持人对会场上的熟人不能打招呼，更不能寒暄闲谈，会议开始前，可点头、微笑致意。

2. 会议发言人的礼仪

会议发言有正式发言和自由发言两种，前者一般是领导报告，后者一般是讨论发言。

正式发言者应衣冠整齐，走上主席台应步态自然、刚劲有力，体现一种成竹在胸、自信自强的风度与气质。发言时应口齿清晰、讲究逻辑、简明扼要。如果是书面发言，要时常抬头扫视一下会场，不能低头读稿。发言完毕，应对听众的倾听表示谢意。

自由发言则较随意，但要注意，发言应讲究顺序和秩序，不能争抢发言；发言应简短，观点应明确；与他人有分歧时，应以理服人，态度平和，听从主持人的指挥，不能只顾自己。

如果有会议参加者提问，发言人应礼貌地回答，对不能回答的问题应机智而礼貌地说明理由；对提问人的批评和意见应认真听取，即使提问者的批评是错误的，也不应失态。

3. 会议参加者的礼仪

会议参加者应衣着整洁，仪表大方。参加会议应准时或提前进入会场，会议开始后才进入会场是很失礼的行为。进入会场后要服从会议组织人员的安排，讲究礼节，要安静地寻找座位坐下，不可喧哗。如果与会者在会场内遇到熟识者可点头致意，但不可四处握手招呼。会议进行中，更不要随意讲话、走动，特殊情况需提前退场时应向有关人员说明情况。

会议参加者应做忠实的聆听者，他人发言时应专心听讲并做好会议记录，不要私下小声说话或交头接耳，发言人发言结束时应鼓掌致意，中途退场应轻手轻脚，不要影响他人。

二、会前准备礼仪

会议，不论规模大小，要想圆满成功，达到预期的目的，首先取决于会议的准备工作做得如何。

1. 会议的物质准备礼仪

现代化的会议离不开各种辅助器材，在召开会议之前就应该把各种辅助器材准备妥当。

（1）桌椅和名签

桌椅是最基本的设备，可以根据会议的需要摆成报告型或圆桌型（见图5－1）。如果参加会议的人数较多，一般应采用报告型，不需要准备座位牌，即名签；如果参加会议的人数较少，一般采用圆桌型，并且要制作座位牌，让与会人员方便就座。

图5－1　圆桌型和报告型会议室

（2）饮料

会议上的饮料最好用矿泉水，因为每个人的口味不一样，有的人喜欢喝茶，还有的人喜欢喝咖啡，所以如果没有特别的要求，矿泉水是能让每个人都接受的选择。

（3）签到簿、名册

签到簿的作用是帮助了解到会人员的多少和分别是谁，一方面使会议组织者能够查明是否有人缺席，另一方面能够使会议组织者根据签到簿安排下一步的工作，比如就餐、住宿等。印刷名册可以方便会议的主席和与会人员尽快地掌握各位参加会议的人员的相关资料，加深了解，彼此熟悉。

（4）黑板、白板、笔

在有的场合，与会人员需要在黑板或者白板上写字或画图，从而说明问题。虽然现在视听设备发展得很快，但是传统的表达方式依然受到很多人的喜爱，而且在黑板或白板上表述具有即兴、方便的特点。此外，粉笔、万能笔、板擦等配套的工具也必不可少。

（5）各种视听器材

现代科技的发展带来了投影仪、幻灯机、录音机、摄像机、影印机、打印机、镭射指示笔或指示棒等视听设备，给人们提供了极大的方便。在召开会议前，必须先检查各种设备是否能正常使用。如果要用幻灯机，则需要提前做好幻灯片。录音机和摄像机能够把会议的过程和内容完整记录下来。有时需要立即把会议的结论或建议打印出来，这时就需要准备一台小型的影印机或打印机。

（6）资料、样品

如果会议属于业务汇报或者产品介绍，那么有关的资料和样品是必不可少的。比如在介绍一种新产品时，单凭口头泛泛而谈是不能给人留下深刻印象的，如果给大家展示一个具体的样品，结合样品一一介绍它的特点和优点，那么给大家留下的印象就会深刻得多。

2. 会议座次排定礼仪

对于主席台上的座次，我国目前的惯例是：前排高于后排，中央高于两侧，右座高于左座。在一般情况下，主席台上就座的人数以少为宜，但是其座次的尊卑必须合乎礼仪规范。重要的会议，主席台上每位就座者身前的桌子上应事先放好与会人员的名签。会议主持人或发言人在会上讲话时，可在原座位也可以行至前方的专用讲台前。对于听众席的座次的排列有两种方法：一是按指定的区域统一就座，二是自由就座。不分主席台台上、台下的小型会议，其座次安排也要做到主次分明、合理有序、各得其所、各有其位。

三、会中服务礼仪

会议进行过程中的礼仪更为讲究，会议服务要做到井井有条，不疏不漏。会议服务主要要做好以下几项工作。

1. 签到

参加会议人员在进入会场时一般要签到，会议签到是为了及时、准确地统计到会人数，便于安排会议工作。有些会议只有达到一定人数才能召开，否则会议通过的决议无效。因此，会议签到是一项重要的会前工作会议签到一般有以下几种方法：① 簿式签到，与会人员在会议工作人员预先备好的签到簿上按要求签署自己的姓名，表示到会；② 证卡签到，会议工作人员将印好的签证卡事先发给每位与会人员，签证卡上一般印有会议的名称、日期、座次号、编号等，与会人员在签证卡上写好自己的姓名，进入会场时，将签证卡交给会议工作人员，表示到会；③ 会议工作人员代为签到，会议工作人员事先制定好参加本次会议的花名册，开会时，来一人就在该人名单后画上记号，表示到会；④ 座次表签到，会议工作人员按照会议模型，事先制定好座次表，座次表上每个座位按要求填上合适的与会人员姓名和座位号码，参加会议的人员到会时，就在座次表上消号，表示出席；⑤ 电脑签到，参加会议的人员进入会场时，只要把特制的卡片放到签到机内，签到机就将与会人员的信息传到中心，电脑签到快速、准确、简便，一些大型会议都是采用电脑签到。

客人签到时发放房间钥匙、会议材料、饭卡、胸牌、礼物，登记返程机票、火车票，会后旅游登记和收取会议费等。发放任何物品和资料，必须礼貌地双手递上。

2. 引座

签到后，会议接待人员应站在门口迎接与会代表，引导代表等人至指定席位。对重要领导应先引入休息室，由本单位领导亲自陪同，待会议开始前几分钟再到主席台就座。

3. 倒茶

客人入座后，要及时送上茶水、毛巾等，做到热情服务；倒水时动作轻盈、快捷、规范，杯盖的内口不能接触桌面，注意不让茶水溅到桌面上或与会者身上。会议开始后，服务员退至一旁，并随时观察客人对茶水的需求量，一般半小时添加一次。

四、会议结束服务礼仪

会议结束时，服务人员应及时打开通道门，站立在两侧，礼貌送客，向客人微笑点头，并说“请慢走，再见”。会后及时做好会场清理工作，若发现客人遗失物品应迅速与有关单位联系。

根据工作需要和有关保密制度的规定，应对与会议有关的一切图文、声像材料进行细致的归类、整理，并按照规定与惯例，该汇总的认真汇总，该存档的一律归档。严格做好保密工作，不询问、不议论、不外传会议内容和领导的讲话内容，不带无关人员进入工作间。

大型会议结束后，其主办单位一般应为外来的与会者提供一切返程的便利。若有必要，应主动为对方联络、提供交通工具，或是替对方订购、确认返程的机票、船票、车票。当与会的特殊人士离开本地时，还可安排专人送行，并帮助其托运行李。

总之，会议结束工作要圆满周到，善始善终。

任务三　展览会服务礼仪

展览会是展出物品供人参观、欣赏的集会或机构，有博览会、展销会、博览展销会、看样定货会、展览交流会、交易会、展示会等多种形式。博览会是指规模庞大、内容广泛、展出者和参观者众多的展览会。一般认为博览会是高档次的，对社会、文化以及经济的发展能产生影响并能起促进作用的展览会。

通过展会活动能实现信息传递与信息交易的目的；能为参加展览的商品的流通创造机会，还为整个买方市场提供了选择的机会。展会活动有利于产业结构调整，对区域经济结构优化起到重要的促进作用；有利于统一的市场规则、惯例和经济秩序的形成；有利于加深不同国家、地区间的分工与合作，使彼此的经济关系更加密切；有利于经济一体化进程。

一、展览会的布置

1. 展品选择原则

展品是展台最重要的组成部分，是展台工作的基础条件。展品对展出效果有着重要的作用和意义。为了取得良好的展出效果，必须选择合适的展品。选择展品是一项重要的工作，有人甚至称选择展品是展览会最重要的工作之一。展品选择原则主要包括针对性与代表性两方面。

（1）针对性

所谓针对性是指展品要符合展出的目的、方针、性质和内容以及展览会的性质和内容。展品也要符合参展企业的展出目标，与展出目标无关的产品再好也不应该展出。大多数展览会将展出内容限制在一定的范围内，吸引对象也是这一范围内的参观者。为保证质量和效益，展览会组委会要求参展企业将展出内容也限制在这一范围内。虽然有些情况下展示内容是可以综合的但也应该将展示范围缩小到几个有优势的专业。如果缺乏针对性，展出效果一般不会太好，难以达到目的。

（2）代表性

代表性是指展品能体现参展企业的技术、生产水平以及行业特点。

此外，选择展品时，还要考虑到展台工作，估计参观者可能提出的问题，并准备好相应的答案。如果选择展示新产品，要考虑安排有关技术人员参加展台工作。

2. 展品展示工作要求

展品不仅是产品，而且是产品的展示，做好展品展示工作需要注意如下几点。

（1）了解目标参观者心理

购买、消费心理比较复杂，展品展示应了解目标参观者心理。比如，在发达国家，展示产品不仅要显示其性能优越，超过其他同类产品，而且要说明有周到的售后服务等。在发展中国家可以介绍其社会效益、经济效益，比如可以改变乡村生活面貌等。介绍作用有时比介绍产品本身更有效。

（2）展示展品特征

不论何种展品，不能只是考虑形式、状态，要尽量全面地展示其特征，使观众能使用多种感官尽可能全面、深入地了解产品。如果是机器和仪器，要考虑安排展品现场操作示范，甚至让参观者亲自动手操作；如果是食品，要考虑安排现场品尝，并准备小包装免费散发，供参观者拿回去品尝；如果是时装、首饰，要使用模特展示，甚至安排时装表演。

通过各种途径展示展品特征，首先，有助于引起参观者的兴趣；其次，有助于加强参观者的购买欲望；第三，有助于给参观者留下更深的印象。因此，在可能的条件下，要考虑采用多种形式展示展品特征。为此，就要做好相应的准备工作。比如操作机器，要确保机器状态良好，无损、无伤、无故障，零配件完备，原料充足，电压、电流、导线、插头等符合展出地的技术标准；另外，操作机器，要办理保险，以防万一。

知识拓展

世界博览会的由来

在古代农耕社会，人们往往在庆丰收、宗教仪式、欢度喜庆的节日里展开交易活动，后来逐渐发展成为定期的、有固定场所的、以物品交换为目的的大型贸易及展示的集会。这就是世界博览会的雏形。

公元5世纪，波斯举办了第一个超越集市功能的展览会。

18世纪，随着新技术和新产品的不断出现，人们逐渐想到举办与集市相似，但只展不卖，以宣传、展出新产品和成果为目的的展览会。1791年捷克在首都布拉格首次举办了这样的展览会。

随着科学技术的进步，社会生产力的发展，展览会的规模也逐步扩大，参展的地域范围从一地扩大到全国，由国内延伸到国外，直至发展成为由许多国家参与的世界性博览会。

1867年巴黎世博会已经具备了现代世博会的雏形。会期为1867年4月1日至1867年11月3日，主题是劳动的历史。

(3) 使用替代品

展览会上的潜在客户大都希望看到实物，想看到放在仓库里、签约后可以立即发运的成品。因此，在一般情况下尽量展示真实产品。但是，并不是所有产品都是可以展出的。超大产品如火力发电厂的大型成套设备或超小产品就很难展出。此外，展示化学物品、危险物品等真品也有许多问题。因此，就要考虑使用替代品。常见的替代品有模型、照片、图表、绘画等。例如，按比例缩小或放大制作模型、图片可以替代超大设备或超小产品，用有色水可以替代有毒易腐的化学液体。模型、照片、图表、绘画等替代品可以使展台更具艺术性，在有些情况下，替代品更能体现产品的特点。但是参展企业要根据需要使用替代品，不可多用。要掌握好一个原则：图片的效果比不上模型，模型的效果比不上真实的产品。在可能的情况下，应多用真实展品。

图5-2 展览会布置

(4) 使用宣传手段

展品本身大部分情况下并不能说明全部情况或显示全部特征，需要使用招牌、说明、介绍、宣传资料等补充、强调说明展品。展览会布置如图5-2所示。参展企业应当视这些辅助手段为展品的组成部分，在选择决定展品时就予以考虑、准备。参展企业可以根据展品的不同性质、特征决定使用何种辅助手段，但是所有展品都应有明确的介绍。

在准备介绍、说明、宣传资料时有几个问题需要注意：①宣传资料不能只有空洞的赞美之词，要有关于性能和操作的说明和数据；②技术资料不仅应该有技术说明，也应有有关销售的说明，在使用公制度量衡时也要使用展出地的度量衡标准；③技术数据不可少，同时也应有产品的用途、性能、特点等说明；④资料应当使用国际通用语，目前国际通用贸易和技术用语为英语，如果有条件，尽量同时使用当地语言文字；⑤展品说明要简明扼要，文字要准，字体要大，不论是图或文避免手写说明（专业美术人员书写除外）。

此外，展示的产品与宣传材料上的产品要完全一致，可以将资料放置于专用台、架上供参观者自由拿取，也可以散发资料，但是不要将资料放在展品中。

（5）使用展示手段

参展企业可以考虑使用各种展示手段显示展品，强调、突出展品的特征和优点，以吸引参观者的注意，引起参观者的兴趣。展示手段包括各种装饰、布景、照明、电子信号板、声像设备等。在充分使用展示手段时也要注意任何设计都是辅助手段，不可过分强调，以免喧宾夺主。音像制品要简短，参观者不太可能长时间站住听、看。如果确实需要长时间来说明产品，那就设立专门的区域，并安排固定时间。

3. 展览会布置的具体方法

1）在来宾入口、饭店大堂或是会议主席台上方布置拱门或悬挂横幅，以作欢迎和明示主题之用。

2）在饭店内放置指示牌，方便来宾们迅速地找到展览会场所的位置，往往周到的细节安排会使与会者更能体会到服务的周到。

3）在展览会场所门口外侧放置礼仪花篮4～6只，在展览会场所内侧设置签到台、签到簿、抽奖箱（到会嘉宾签到后将名片投入抽奖箱，作为联谊会抽奖依据）、手提袋（内装企业内刊）等。在展览会场所内两侧陈列产品作为展示。

4）展览会主席台后方通常会搭建起一块主题背景，上有会议主题及主办机构信息，在主席台区域搭建舞台，具体尺寸及高度视会场情况而定。

5）在VIP室、签到桌、餐桌及讲台等位置一般会放置鲜花，以营造优美的环境氛围；开业典礼及其他庆典往往还需要用花篮花门等装点。

6）比较复杂的会场往往还需要其他很多装饰及布景（如气球、布艺等），这就需要根据不同的场地情况和不同的主题要求进行配置，这样可以体现大型展览会的专业性，使服务更加周到和人性化。

4. 展台布置的基本技巧

（1）将产品分类，统一设计、布局，造出声势

集体展出尤其应当考虑按产品类别统一设计、布局，建立整体形象。不同的产品有不同的客户，产品分类有助于产品推销和贸易洽谈。如果是既对公众开放又对商人开放的展览会，在有条件的情况下，应分别安排商业展示区和公众展示区。

（2）从参观者角度而不是从参展企业即卖主的角度构思、安排、布置展品

比如，将服装放在包装盒里陈列在展台上就不如拍摄一张模特儿穿着服装的大照片挂在展台里。前者是从卖主角度布置，后者是从买主角度布置，而从买主角度布置更能吸引买主注意。这需要设计人员了解目标观众是谁，参展企业希望给目标观众留下什么印象，

目标观众希望知道有关产品的哪些问题等。了解目标观众的兴趣有助于设计人员布置出吸引目标观众的效果，也有助于产品的参展成交。

（3）突出重点展品

在一个展台里可以展示很多展品。但是对于展出者和参观者，有些展品更重要些，一般是新产品或成交额大的产品。设计人员在设计展台时要了解这一点，在设计和布置时反映出来，给予适当的位置和面积。越重要的展品应该越突出，在有些情况下，整个展台布局都是围绕一件突出的展品。

（4）显示展品特性

要找出可以吸引目标观众的展品特性。不同的展品特性需要用不同的布置手法方能显示最佳效果。有些产品需要挂在展板上，有些需要放在地面上，有些需要玻璃柜。整个展台，有些从一面看效果好，有些从四周看效果好；有些需要近处看，有些需要远处看。使用何种布置手法在设计时就应予以考虑。比如珠宝首饰，漂亮、贵重、稀少，因此，要控制数量，分散布置，使每一件都显得珍贵；非珠宝首饰，成批生产，价格低廉，因此可以大量堆砌，以显得五彩缤纷。豪华轿车和珠宝一样，需要突出，以显示尊贵。高档服装要用模特儿撑着，用地毯、聚光灯衬托；低档服装可以成串挂着、成堆放着。

（5）使展品处于工作状态或自然状态，将产品的价值展示给目标参观者

这样能活跃气氛，更容易吸引参观者的注意，使参观者更快地了解产品的特性，并给参观者留下更深刻的印象。一串项链挂在模特脖子上比放在盒子里更能吸引注意，更能反映其特性和价值。家用纺织品布置在居室环境里比挂在架子上更能体现其特征，更容易给观众留下印象。机械可以演示操作，显示其性能和作用。

（6）留有空间，不要堆积

将很多展品放得很近会大大降低影响力，降低吸引目标参观者注意的可能性，降低目标参观者对这些产品的记忆深度。解决办法是选择少数有代表性的样品布置，留出充足的空间，其他产品通过资料介绍。

（7）立体布置，不要平面布置

在展台墙上垂直布置或在台面上平面布置展品是比较笨拙的方法。可以使用不同高度的箱子或墩子错落有致地布置展品，或者使用悬挂、支撑等方法造成立体布置效果。

（8）使用色彩、照明、形状等手法创造特殊视觉效果

一些产品（如农产品、五金工具等）不易布置出效果，这时可以考虑使用一些特殊方法。如制作一个巨大的苹果模型。

（9）借助其他方式将产品的优势反映出来

视觉交流是产品参展的基本技术之一。有些产品靠外观就能吸引注意，比如首饰。但是有些产品不易通过外观反映优势，需要借助其他手法。例如儿童食品，如果能配以因吃这种食品而长得健康的儿童的照片，产品的优势就被直观地反映出来。如果是清洁剂，通过对比使用和未使用清洁剂的器具照片甚至实物，可以直观地反映出产品的特点和优势。

（10）综合使用各种手法，全面反映展品情况

展台布置以展品为主，但是要充分利用图片、说明、模型、声像设备等加强效果，全面展示展品特征、特性及有关情况。例如展示饮料，可以考虑安排现场实物品尝，并准备

小包装饮料免费散发，供参观者拿回去品尝；用地图和照片反映产地；用大彩照、幻灯、大屏幕电视反映加工过程；用图表表示不同的品种、等级饮料的产量及市场；用样品和照片反映各种最终产品和包装等。通过这些布置手法，观众就可以全面了解饮料情况。例如展示服装，可以考虑用商店橱窗布置方式布置展品；安排模特儿穿着展品表演；用剪样本显示所有使用的布料；用幻灯、录像、照片反映加工过程，如果是手工制作，可以安排实际表演；用图表反映产量及市场；用样品和照片反映包装。

标准展台的布置随意性大一些，定制展台的布置一般需要设计人员的指挥、指导。集体展出时，如果一些参展者希望自己布置展台，组织者最好提供统一的道具并提出统一的布置标准要求。

案例解读

展台布置各显品牌特色

2009 年北京国际车展的一大亮点就是众多汽车厂家的直接布展。各参展商们不惜血本的投入、精心布置的展台和重金聘请的国际名模，吸引了各个品牌车的车迷和摄影爱好者们。

进入展馆一楼正门后，迎面是雪佛兰的旋转舞台，一辆银红的 SPARK 和一名靓丽模特，引得众人驻足观看。福特的大面积等离子电视背景墙，不断地播放着其精致唯美的广告。以白色为底色的日产展台则处处流露出日产车的高贵和雅致。500 万元打造的丰田展台，无论从展台还是灯光效果，都无可挑剔地完美诠释了这个日本一线传统品牌的丰富内涵。凯迪拉克的一款改装版赛车，炫目夺人，与边上的冠军奖杯相得益彰。

在车展二楼西北角，劳斯莱斯窗体底端幻影、法拉利、玛莎拉蒂三个展台连成一片后，也成了展台特色对比最为明显的地方。劳斯莱斯幻影展台以灰、黑两色为基调，辅以耀眼的灯光，高贵沉稳又不失庄重，让台下的观众只有仰视的空间。而正对面的法拉利展台，则以法拉利标志性的红色为主基调，运动气质十足，四台线条流畅的跑车一字排开，蓄势待发。从法拉利展台绕过去，便是玛莎拉蒂展台。虽然玛莎拉蒂同样也是享誉世界的高档跑车，但它却含而不露，引而不发，体现出一种现代与古典、豪华和雅致相互融合的柔和感受。

二、展览会的服务流程

（1）安排展览期间现场应急服务和增值服务

在开展期间，展览公司的工作主要是客户的接待工作，但很多时候会需要对展台进行维护和临时配置东西。业务负责人员和一两个工人应在现场进行应急服务。从客户方来讲，他肯定希望能够在展览期间有展览公司的人在场，并且最好是他熟悉的，能够在有需要的时候随时可以得到帮助。客户在现场的工作人员应该有展览公司现场服务人员的最直接的联系方法。增值服务范围可以很广泛，如在现场帮助客户做接待工作，外语水平好的服务人员可以提供翻译服务，甚至可以帮助客户发送资料、安排客户间见面等。

（2）配合客户展品离场和展位拆除

展览结束后，应首先配合客户把展品撤离现场，再进行展位的拆除，如果客户对有些材料需要再次使用的，应帮助其打包运输；如果是需要展览公司保存的，应进行拆装后保存。

（3）退回客户前期预付的相关费用

展览会结束后，应即时进行成本结算，退回客户事先预付的电箱申请、通信押金等费用。

（4）做好后续服务

做好后续服务是赢得回头客的重要原因。许多公司认为展会有些要间隔半年或一年才举办一次，展会结束了也就中断了与客户的联系，从而忽略了对客户的关怀。这样客户是很容易被他人挖走的。

展览会后续服务其实很广泛，例如可以把在展览现场的照片打印或冲洗一份给客户（包括客户本身的和其他公司的），为客户整理展览会的会后总结，收集该行业今后的展览信息，如果方便可以邀请客户参观公司为其他行业客户设计的优秀展出等。

三、展览会服务具体礼仪

1）明确展览会的主题，对所有展品进行有机地排列组合，充分展示展品的风采。

2）搞好展览整体设计，包括展览场地、标语口号、展览徽志、参展单位及项目、辅助设备、相关服务部门的设置和人员安排、信息的发布与新闻界的联络、对工作人员的培训等，都需要全面设计和周密安排。

3）组成专门的机构，专门负责新闻发布的计划，如确定发布内容、发布时机、发布形式等。

4）对展览效果进行检测，如设立观众留言簿，开座谈会听取反映，检验公众对展品的留意程度等。

5）讲解员应热情礼貌地称呼公众，讲解流畅，不用冷僻字，让公众听懂。介绍的内容要实事求是，不弄虚作假，不愚弄听众。语调清晰，声音洪亮悦耳，语速适中。解说完毕，应对听众表示谢意。讲解员着装要整洁大方，打扮自然得体，不要怪异和过于新奇而喧宾夺主。

6）接待员站着迎接参观者时，双脚略微分开，与肩同宽，双手自然下垂或在身后交叉，这种站姿不仅大方而且有力。站立时切勿双脚不停地移动，表现出内心的不安稳、不耐烦。

7）接待员不可随心所欲地趴在展台上或跷着二郎腿，嚼着口香糖，充当守摊者。接待员要随时与参观者保持一定的目光接触，目光要坚定，不可游移不定。

四、展览会注意事项

（1）参展内容要突出主题

要围绕明确的主题，认真选择展品，精心布置陈列，合理配置展品，要求展板、实物与解说词之间的配置，既不能重复，又不能脱节。展品的配置要有利于突出展览会的主题，不使用脱离主题的过分装饰、音响刺激、各式花招等，以免分散参观者对展品的注意力。

（2）宣传广告要吸引公众

要想将展览会的信息传播至特定公众，达到良好的宣传效果，需要有针对性地准备展览会的内容，以吸引参观者。这要以弄清参观者的类型为前提和基础。

（3）接待服务要真诚良好

理想的接待员应懂得专业知识，能提供业务、产品方面的咨询服务，有较强的口头表达能力和接待能力，仪表端庄。在接待参观展览者时，不要用“雷达式”目光进行扫描，接待人员要尽快判断出参观者的意向，实现与参观者的良好沟通，让他们有机会说明其兴趣和需要。

（4）资料介绍要充分准备

在参加展览前的准备工作中，要印制好参展需要的宣传资料，包括景点介绍、公司简介、旅游线路（或其他产品）。要在展览会签名处索取参展者名册、买家名录等展览会资料，提早准备正式商务信件，发给可能的买家，邀请他们在展销会期间光临展览会洽谈。还要选择好重点招徕的目标商，研究其需求结构，能承受的价格水平，可能承受的价格水平，可能面对的其他竞争者的压力，制定出适当策略。

（5）参展人员要恪尽职守

在展览会举办过程中，参展人员要坚守展台，切不可擅离职位。要充分利用展览会组织者举办的各种社交活动、专题报告会、信息交流会、研讨会等，最大可能地叙旧结新，广交朋友，争取主动，推出本旅行社形象和自己的产品。所有参展人员要注意行为举止和穿着形象，微笑待客，要认真倾听买家提出的问题、意见，从中了解行情，搜集信息，对对方提出的有关旅游业务或其他类似产品问题，不能立即回答的，要向对方道歉，并送上小礼物，可留下他的地址，以便以后答复。

（6）服务工作要善始善终

展览会结束后，为做好追踪工作，可多停留一、二天，以便趁热打铁，对本地客户及时追踪，并拜会新旧客户，解决在展览会期间没有来得及处理的问题。另外，及时整理参展时进行的调查，将同行组织产品行情，推销手法，不同年龄、性别、职业者的不同旅游需求的最新信息整理出来，反馈通报旅行社，应用到本旅行社的营销策略及产品开发上面。

任务四　新闻发布会服务礼仪

新闻发布会又称记者招待会，是一个社会组织为直接向新闻界发布有关组织信息、解释组织重大事件而举办的活动。

一、新闻发布会的准备礼仪

筹备新闻发布会要做很多准备工作，其中最重要的是要做好发布会主题的确定、发布会时间地点的确定、会场的布置、设备及材料的准备和主要人员的确定等具体工作。

1. 确定发布会主题

确定发布会的主题，就是要明确召开新闻发布会的目的和想要达到的效果。通常情况下，当组织举行重要活动或发生重大事件时才有必要召开新闻发布会。新闻发布会的主题必须要有新闻价值，这样才能吸引媒体的关注。需要注意的是，主题应集中、单一，不能同时发布几个不相关的信息。

2. 确定时间和地点

举行新闻发布会，尽量不选择在上午较早或晚上，最佳时间是每周一到周四的上午10点到12点、下午3点到5点。因为在此时间内，绝大多数人是方便与会的。新闻发布会上人物、事件都比较集中，时效性很强，会议时间一般在1小时左右，这样可以相对保证发布会的现场效果和会后效果。部分主办者出于礼貌的考虑，希望可以与记者在发布会后共进午餐或晚餐，这并不可取。如果不是历时较长的邀请记者进行体验式的新闻发布会，一般不需要作类似的安排。有些以晚宴酒会形式举行的重大事件发布会也会邀请记者出席，但应把新闻发布的内容安排在最初的阶段，至少保证记者的采访工作可以比较早地结束，确保媒体次日发稿。在时间选择上还要避开重要的政治事件和社会事件，媒体对这些事件的大篇幅报道，会冲淡组织新闻发布会的传播效果。

新闻发布会场地可以选择户外（事件发生的现场，便于摄影记者拍照），也可以选择在室内。根据发布会规模的大小，室内发布会可以直接安排在组织的办公场所或者选择饭店。饭店有不同的星级，从企业形象的角度来说，重要的发布会宜选择在五星级或四星级饭店。

3. 会场的布置

应在新闻发布会开始之前布置好会场，会场的布置应做到庄重、正式、整洁。背景布置和外围布置需要提前安排。在大堂、电梯口、转弯处要有导引指示欢迎牌，一般饭店都有这项服务。事先可请好礼仪小姐迎宾。如果是在组织内部安排发布会，也要酌情安排人员做记者引导工作。

发布会座位的摆放方式一般是主席台加下面的课桌式摆放。摆放原则是“职位高者靠前靠中，职位低者靠边靠后”。主席台就座人员需摆放名签，以方便记者记录发言人姓名。现在很多发布会采用主席台只有主持人席和发言席，贵宾坐于下面的第一排的方式。一些非正式、讨论性质的发布会是圆桌摆放式。摆放“回”字型会议桌的发布会现在也出现的较多，发言人坐在中间，两侧及对面摆放新闻记者坐席，这样便于沟通，同时也有利于摄影记者拍照。注意席位的预留，一般在发言人后面会准备一些无桌子的坐席。

4. 设备及资料的准备

新闻发布会要准备麦克风和音响设备，一些需要做电脑展示的内容还要准备投影仪、笔记本电脑、联线、上网连接设备、投影幕布等。相关设备在发布会前要反复调试，保证不出故障。

提供给媒体的资料，一般以广告手提袋或文件袋的形式整理妥当，按顺序摆放，在新闻发布会前发放给新闻媒体，顺序依次应为：会议议程—新闻通稿—演讲发言稿—发言人的背景资料介绍—组织宣传册—产品说明资料—有关图片—纪念品（或纪念品领用券）—组织新闻负责人名片（为新闻发布后进一步采访和新闻发表后联络）—空白信笺、笔

（方便记者记录）。

5. 确定主要人员

在新闻发布会的准备过程中，主办方必须认真做好人员的安排，这是确保新闻发布会顺利进行的关键。

按照惯例，新闻发布会的主持人应当由主办单位的公关部负责人、办公室主任或秘书长担任。基本要求是应见多识广，反应灵敏，善于交际、善于把握大局，并且具有丰富的主持经验。

新闻发布会的发言人是会议的主角，通常是由组织的主要负责人担任。发言人应有较好的口碑，与新闻界关系较为融洽，思维敏捷，学识渊博，具有良好的修养。

除了认真选择发布会主持人和发言人之外，主办单位还应该精选一些工作人员负责发布会的礼仪接待工作，应由相貌端正、气质良好、认真负责、善于表达沟通的年轻女性担任。

二、新闻发布会的服务流程

1. 签到

在会场入口设立签到处，派专门的公关人员接待记者。

2. 引座

由接待员引导与会者入座。主席台必须排座次，摆放名签，以便领导同志对号入座，避免上台之后互相谦让。领导为单数时，主要领导居中，2 号领导在 1 号领导左手位置，3 号领导在 1 号领导右手位置。领导为偶数时，1、2 号领导同时居中，2 号领导仍然在 1 号领导左手位置，3 号领导仍然在 1 号领导右手位置。

3. 发布会开始

主持人宣布新闻发布会正式开始。此时主持人应简要说明此次发布会的目的、所要发布的信息或事件的背景和经过等。

4. 发言人讲话

由发言人对此次新闻发布会要发布事件的具体信息做出报告。

5. 回答记者提问

在为提问记者递送话筒时，应掌心向上礼貌示意，同时双手呈递话筒。

6. 发布会结束

主持人宣布新闻发布会结束，安排好与会者的餐饮工作。若主办方分发宣传材料和礼物，注意应双手呈递给与会者。

三、新闻发布会人员的礼仪

1. 主持人和发言人的礼仪

主持人和发言人都是新闻发布会上的主角，是媒体关注的焦点人物。在这样正式的场合，主持人和发言人首先要注意的是自己的仪表。男士应穿深色西装、白色衬衫，打领带，穿黑色鞋袜，女士应穿着单色套裙、肉色丝袜和高跟鞋，化淡妆。

面对媒体主持、发言和回答记者提问时，主持人和发言人应该举止自然大方，姿势端正，语速适中，吐字要清晰，发言和回答都应该简明扼要、条理清晰。

主持人和发言人分工明确，主持人负责主持发布会和引导记者提问；发言人主要是发言和回答提问。两者应该配合默契，当记者提出某些过于尖锐的问题时，主持人应想方设法将话题转移，以免发言人难堪，但一般情况下，发言人应该尽量回答记者提问。

2. 接待人员礼仪

负责接待的礼仪小姐应统一着装，在发布会举行的过程中在自己的岗位尽职尽责。行为举止要大方得体，语言要文明礼貌，态度要热情周到。

情境实训与练习

一、思考题

1. 会议服务的礼仪要求有哪些？

2. 展览会场所的设计有哪些原则？与会人员有何礼仪要求？展览会接待人员应注意哪些礼节？

3. 什么是新闻发布会？新闻发布会人员的礼仪包括哪些？

二、礼仪实训题

1. 选定一个主题，将教室布置成小型会场，按照会议服务的要求模拟会前、会中、会后服务。

2. 以社团活动为主题，要求学生组织一个小型的展览会布置，并设计展览会布置图。

3. 学校准备成立一个新的社团，以此为主题召开一次社团组建筹备的新闻发布会。

三、案例分析题

座次的风波

某分公司要举办一次重要会议，请来了总公司总经理和董事会的部分董事，并邀请了当地政府要员和同行业重要人士出席。由于出席的重要人物多，领导决定用“U”字形的桌子作为会议桌。分公司领导坐在“U”字横头处的下首，其他参加会议者坐在“U”字的两侧。在会议当天，贵宾们进入会场，按安排好的名签找到自己的座位就座。当会议正式开始时，坐在横头桌子上的分公司领导宣布会议开始，这时发现会议气氛有些不对劲，有些贵宾相互低语后借口有事站起来要走。分公司领导人不知道发生了什么事或出了什么差错，非常尴尬。

1. 为什么有贵宾相互低语后借口有事站起来要走？

2. 分公司的领导人为什么非常尴尬？座次安排失礼在何处？

学习情境六 国际交往礼仪

学习目标

知识目标：了解国际交往礼仪的基本常识，认识国际交往礼仪在旅游服务礼仪中的特殊地位和作用。

技能目标：掌握国际交往中有关迎送、会见与会谈、陪同、宴请和签约仪式的相关礼仪；能根据具体情况确定礼宾次序、迎送规格、宴请形式；正确掌握国旗悬挂的方法。

能力目标：能运用所学知识，掌握国际交往礼仪的规范。根据不同的迎送规格制定相应的迎送方案、宴请方案等。

导入案例

临时变卦的签约仪式

三峡地区某县风光优美，旅游资源丰富，日本日星公司对在该县投资开发旅游资源和设立旅游企业产生了较大的兴趣。日星公司多次到该地考察，认为投资具有可行性。双方经过反复谈判后达成协议，拟于8月18日举行签约仪式。县政府办公室负责签约仪式的现场准备工作，将县政府8楼会议室作为签字现场，并在会议室摆放了鲜花。长方形的签字桌上铺设了深绿色的台呢布，摆放了中日两国的国旗，日本国旗放在签字桌的左侧，中国国旗放在右侧，签字文本一式两份放在签字桌上，同时摆放了签字用的文具用品。县政府办公室王主任检查了签字现场，觉得一切安排妥当。他让办公室小李通知张县长、旅游局长等中方签字人员在会议室等候，自己到楼下迎接客商。

8月18日上午九点，日方日星公司董事长一行乘坐一辆高级轿车，准时驶入县政府办公大楼。在门口迎接的王主任见到副驾驶座上坐着一位女宾，便以娴熟优雅的动作先为前排女宾打开车门并做好护顶姿势，同时礼貌地问候对方。紧接着，王主任迅速走到右后门迎接后排客人，不料前排女宾已先于他打开了后门迎候后排男宾，王主任急忙上前问候，但明显感觉到日方客人不悦。王主任一边引导客人进入大厅来到电梯口，一边告之客人张县长等在会议室等候。电梯到达后，王主任按住电梯控制开关，请客人先进，自己后进。在会议室等候的参加签约仪式的人员在客人进入会议室时，全体起立鼓掌欢迎，张县长也忙离开座位主动和客人握手。不料，日方客人在扫视了会议室后，似乎非常不满，不肯就座，好像是临时改变了主意，不想签字了。难道哪里出了问题？

1. 县政府安排的这次签约仪式有不当之处吗？请对其进行评判。
2. 王主任对签约仪式的安排和自己在迎送过程中是否有不当之处？
3. 日方客人不悦和临时变卦的主要原因是什么？

本案例中县政府办公室王主任在安排这次签约仪式时存在许多不当之处。比如，签约仪式现场的布置有的不合国际礼仪（国旗的摆放位置不当），有的则没注意到各国的禁忌（日本人忌讳绿色，本来在我国大多数签约仪式用的台布为深绿色，但在与日本交往时就要注意这个禁忌，要有灵活性。）再就是对于迎送的安排也是不合适的。首先是迎送人员的安排主客双方不对等，其次是在迎送过程中有些礼仪也不合规范，如迎客人下车、进电梯等。本案例中日方客人不悦和临时变卦，并非因为我方人员没有诚意，而是因为在与对方交往时不懂国际交往的相关礼仪，因此造成了中日双方合作不愉快甚至失败。这说明在经济全球化的当今时代，我们在国际交往中应该非常重视国际礼仪。作为旅游从业人员必须充分意识到“外事无小事，事事是大事”的原则要求。

国际交往礼仪就是人们在国际交往中必须共同采用并遵守的礼仪规范，或者说是与人际交往相关的国际礼仪惯例。遵守国际礼仪可使我国更快更好地融入国际社会，促进我国与他国的合作交流，并使我国在国际社会中更好地发挥自己的作用。

任务一　国际交往礼仪原则

国际交往礼仪的原则是在长期国际交往中形成和发展而来的。在国际交往礼仪方面，各国既有相同或相似的地方，又具有各自的特点。其中，相同或相似的部分慢慢演化为一种国际惯例，为各国共同遵守。但又由于文化传统、风俗习惯等方面的差异，各国在国际交往礼仪上的具体做法，又具有本土民族和本土文化的特色。我国的旅游从业人员在国际交往中遵循的礼仪原则主要有下列八个方面。

一、注重个人形象

在国际交往中，人们普遍对交往对象的个人形象备加关注，并且都十分重视按照规范的、得体的方式去塑造、维护自己的个人形象。个人形象是指一个人在人际交往中留给他人的总的印象，以及由此而使他人对其形成的总的评价和总的看法。个人形象在国际交往中之所以深受人们的重视，主要是基于下列五个方面的原因。

1）个人形象真实地体现着个人教养和品位。例如，一位外交人员不谙着装礼仪，或者明知故犯，穿着休闲西装去接待外宾，就会有损个人形象，使人感到他缺乏教养和品位。

2）个人形象客观地反映了个人的精神风貌与生活态度。在日常生活中，如果一个人总是蓬头垢面、衣冠不整、不修边幅，肯定会给他人留下不热爱生活的印象。

3）个人形象如实地展现了对交往对象重视的程度。在国际交往中，一个人对自我形象重视的程度，应与对交往对象重视的程度成正比。换言之，在国际交往中，若是对自我形象毫不重视，不但是对自己的不尊重，也是对交往对象的不尊重，还是失礼行为。

4）个人形象是其所在单位的整体形象的有机组成部分。在旅游行业，个人形象就是服务，就是效益，就是企业的形象，是企业最重要的无形资产。

5）个人形象在国际交往中代表着其所属国家、所属民族的形象。一个人在国际交往中如果不注意个人形象，从某种程度上讲，就有可能会损害整个国家的国际形象和整个民族的形象。

因此，在国际交往中，每个人都必须时时刻刻注意个人形象，特别是要注意自己在正式场合留给他人的初次印象。

二、不卑不亢

在国际交往中，每一个旅游从业者在外宾面前的一言一行，实际上都被对方与中国和中华民族的形象联系在一起。在外宾面前，既不要畏惧自卑，也不应自大狂傲。同时，还应注意对任何交往对象都要一视同仁，给予平等的尊重，不要对大国与小国、强国与弱国、富国与穷国亲疏有别，或是对大人物和普通人有厚有薄。

一般情况下，中国人待人接物讲究含蓄和委婉，尤其是反对自我张扬。但实践却证明，过分谦虚、不敢正面肯定或评价自己的做法，在国际交往中并不为外国人所理解和认可，非但不会得到好评，而且还给人虚伪感。以宴请为例，中国人请客，即使是相当丰盛的一桌，主人也会对客人说“今天没什么好菜，请随便吃点”。西方人则相反，不管饭菜质量如何，主人都要自我夸赞“这是本地最好的饭店”，“这是我的拿手好菜”，目的在于表示诚意。同样，中国人到别人家做客经常客气有余，主人问客人是否再添饭，客人说“不用，不用”，实际上也许并未吃饱。西方人作为客人赴宴，说不吃不喝时则是真的，绝不是客气。所以，在国际交往中，谦虚与客气都不能过分。得体的做法是不卑不亢，即在国际交往中涉及自我评价时，既不自吹自擂，自我标榜，但也绝不可自我贬低，过分谦虚客套。在实事求是的前提下，要敢于并且善于对自己及自己的国家进行正面的评价或肯定。

三、遵时守约

在国际交往中，遵守时间已成为衡量、评价一个人文明程度的重要标准之一。参加正式会议、会见或其他类型的社交聚会时，一定要养成正点抵达现场的良好习惯。其他不论是有关工作还是有关生活的具体时间约定，比如，承诺给予对方答复的时间，约好双方一同出行的时间，许愿给对方写信、打电话、发邮件的时间等，同样需要言出必践。对于双方有约在先的交往时间，轻易不要改动。万一因特殊原因需要变更时间或取消约定，应尽快向交往对象进行通报。

在国际交往中，一个人是否信守自己的承诺，关系到他个人的信誉乃至国家信誉，与外宾打交道时，不论双方关系如何，在需要许诺于对方时，都要三思而行，一切从自己的实际能力以及客观可能性出发。须知如果滥用承诺，个人信誉便会贬值。

为了兑现已有的承诺，必须尽可能地避免对既往的正式承诺任意修正、变动，随心所欲地加以曲解，或者擅自予以否认、取消，或者在执行中“偷工减料”。

有些情况下，尽管我们在兑现承诺方面不遗余力，然而难以兑现承诺的情况仍可能会出现。此时，一定要采取必要的补救性措施，尽早向相关的一方说明具体原委，并郑重其事地向对方进行道歉，主动承担按照惯例或约定应给予对方的物质赔偿。

四、尊重个人隐私

所谓个人隐私，在一般意义上是指某一个人出于个人尊严或者其他方面的特殊考虑而不愿意对外公开、不希望外人了解的私人事宜或个人秘密。在世界上许多国家里，人们对个人隐私问题非常重视。保护公民个人隐私，往往是法律所赋予公民的基本权利之一。不打探个人隐私，被视为做一个现代文明人的重要标志之一。

目前，尊重个人隐私已经逐渐成为一项国际交往的惯例。国际交往中尊重个人隐私，主要是指我们在涉外交往时，一定要注意对交往对象的个人隐私权予以尊重，即凡涉及对方个人隐私的一切问题，都应该自觉地、有意地予以回避。

在国际交往中，按照常规，有如下八个方面的私人问题均被看做是“不可告人”的“绝对隐私”：收入支出、年纪大小、恋爱婚姻、健康状态、个人经历、政治见解或宗教信仰、生活习惯、家庭住址。

在进行国际交往时，除了要做到莫问他人隐私之外，还应当努力做到保护隐私。只有在这两个方面都做好了，才可以说是真正地懂得了尊重隐私。所谓保护隐私，特指在国际交往中应尽力不传播、不泄露隐私问题。换言之，就是要主动采取必要的措施去保护个人隐私。就具体内容而言，要做到保护隐私，需要兼顾保护自己的个人隐私、保护外方人士的隐私与保护其他人士的隐私。

五、女士优先

在国际交往中，“女士优先”原则存在于其特定的适用范围内。该原则主要通行于西方发达国家、中东欧地区、拉丁美洲地区以及非洲的部分地区。可是，一旦到了阿拉伯国家、南亚地区、东亚地区，尤其是在以崇尚传统文化而著称的一些东方国家则并不适用。即使在讲究“女士优先”的国家，人们也并非不区分具体的场合而时时处处都讲究“女士优先”。根据惯例，只有在社交场合中讲究“女士优先”才是最为得体的；在公务场合中，人们普遍强调的是“男女平等”；至于在休闲场合中，“女士优先”则讲究亦可，不讲究亦可。

“女士优先”是非常讲究行为方式的。在社交场合贯彻“女士优先”的原则时，需要做到以下四个方面。① 尊重妇女。在正式的社交场合里，男士必须对每一名成年妇女无一例外地给予应有的尊重。② 照顾妇女。在必要时，男士应给予妇女必要的照顾，但在任何时候，男士所给予妇女的照顾都不应当强加于人。③ 体谅妇女。在正式的社交场合中，任何一名具有良好个人教养的男士，都应当给予妇女必要的体谅。④ 保护妇女。在必要时，男士应当挺身而出，主动保护妇女。

案例解读

难以显示的绅士风度

一次，英国一个访华观光旅游团下榻北京国际会议中心大厦。一天，翻译小姐陪同客人外出参观，在上电梯的时候，英国客人请这位翻译小姐先上，可是这位小姐谦让了半天，执意要让客人先行。事后这些客人抱怨说他们在中国显示不出绅士风度来，原因是接待他们的女士们都坚持不让他们显示。比如，上下汽车或进餐厅时，接待他们的女士们坚持让他们先走，弄得他们很不习惯，甚至觉得受了委屈。虽然我方人员解释，中国是礼仪之邦，遵循“客人第一”的原则，对此解释他们也表示赞赏，但对自己不能显示绅士风度仍表示遗憾。

每个民族都有自己特有的精神特征，而每一种精神特征都必然蕴藏着特定的文化内涵及形成这种精神特征的历史根源。说到英国，首先会想到的是他们的绅士风度，绅士风度最典型的表现体现在男士对女士的尊重上。女士优先是行事的最高准则，如出席一个宴会下汽车时为女士打开车门，扶其下车；乘电梯时女士先行；就座时替女士拉出椅子等。而在礼仪之邦的中国，把客人放在第一的位置是中华民族交往礼仪的优良传统。在本案例中，双方都遵循了自己的礼仪规范，造成客人遗憾的原因是中西文化的不同。实际交往中这种情况可以依当时情景适当调整，以双方都感到适宜为好。

六、求同存异

首先，对于中外礼仪与习俗的差异性，是应当予以承认的。俗话说“十里不同风，百里不同俗”，由于世界各国的社会制度、文化背景不同，其礼仪与习俗必然存在一定的差异，因此在国际交往时，应当理解和尊重对方。

其次，在国际交往中，对于我国与交往对象所在国之间的礼仪与习俗的差异性，重要的是要了解，而不是要评判是非、鉴定优劣。

在国际交往中，风俗习惯与礼仪往往存在着不可分割的联系，所谓“礼出于俗”、“俗化为礼”就是指二者之间的密切关系。在实践中，礼仪、习俗都有其特定的适用范围。有的礼仪与习俗为我国所特有，有的礼仪与习俗为外国所独具，有的礼仪与习俗则通行于国际社会。这样一来，在具体实践中涉及礼仪与习俗时，就要求我们必须有所区别。任何礼仪与习俗只有在其特定的适用范围内才能发挥作用，一旦超出其特定的适用范围，它不仅有可能立即失效，或许还会造成一些不必要的麻烦。到底应当遵守何种礼仪与习俗呢?从总体及原则上讲，共有下述三种可行方式。

1）“以我为主”。就是要求我们在国际社会交往中主要应当遵守我国的正式礼仪与习俗。在一切正规的官方活动中，特别是当我方充当东道主时，一般都需要这么做。“以我为主”，并非中国一国，世界上绝大多数国家通常也都这么做，这种做法是一种国际惯例。

2）“兼顾他方”。应用礼仪与习俗时“以我为主”，并非提倡绝对排他。在坚持“以我为主”的同时，亦须“兼顾他方”。“兼顾他方”的主要含义是：在国际社会交往中应用礼仪与习俗时，一方面必须“以我为主”，另一方面则须对特定的交往对象所在的国家、地区或民族的礼仪与习俗有所了解，并予以应有的尊重。对于对方主要的礼仪与习俗的相关禁忌，尤其要一清二楚、不得冒犯。显而易见，“兼顾他方”意在表示对对方的尊重，而绝非照抄照搬，全盘引进。

3）“求同存异”。在国际社会交往中，一些有关礼仪与习俗约定俗成的国际惯例也必须注意。这里所说的“惯例”，实际上就是“求同存异”之中的“同”。“遵守惯例”是“求同存异”原则的必然要求。国际社会礼仪中的许多原则与操作技巧，通常都是来自此类国际惯例。

七、入乡随俗

在国际交往中，“入国而问禁，入乡而问俗，入门而问忌”，这是人人须知的一项常识。

“入乡随俗”的基本含义是：在国际交往中，要真正做到尊重交往对象，就必须尊重其所在国所独有的风俗习惯。在国际交往中，主要应关注如下三点。

1）要做到入乡随俗，重要的前提条件是充分地掌握交往对象所在国的相关习俗，否则在实际操作中就很难保证做到入乡随俗。

2）要做到“入乡随俗”，还必须有一个认认真真的态度。如果对遵守当地习俗不够认真、马马虎虎、敷衍了事，不仅是很失礼的，甚至会惹麻烦。

3）讲究“入乡随俗”并非一概而论，它存在一个适用范围的问题。一方面，“入乡随俗”主要适用于“独在异乡为异客”时。根据国际惯例，当我们身在异国他乡时，应讲究“客随主便”，做到“入乡随俗”。而当我们身在自己国家，充当东道主之时，则应讲究“主随客便”，不必要求客人“入乡随俗”。另一方面，在有必要“入乡随俗”时，应以无损于我们的国格、人格为前提。在国际交往中，尊重从来都是相互的，在我们尊重他人的同时，必须不失自尊，对方亦须对我们表示应有的尊重。倘若对方的某些特有习俗不合时宜，如有辱我方的国格、人格，有悖社会公德，或有碍我们的生命安全，我们就不能无原则、无条件地盲从。

案例解读

邓小平同志客随主“变”

邓小平同志有吸烟的习惯，而且总是先点燃一支烟再听有关人员汇报。1985 年 9 月 20 日上午，时任中共中央顾问委员会主任的邓小平同志会见新加坡领导人李光耀先生。这天在会见厅，不仅他自己不点烟，工作人员把香烟递给他时，他也断然拒绝，说：“烟，今天不吸了！”在座的人惊奇地问：“邓主任今天为什么不吸烟了？”邓小平同志回答说：“李光耀总理闻不得烟味。”原来，这是邓小平同志 1978 年初次访问新加坡时知道的。当时，他拜会李光耀总理和李光耀总理回拜他时，他都没有吸烟，并且风趣地说：“客随主‘变’嘛！”从这件小事中可见，尊重客人的习惯在国际交往中是多么重要，它是平等待人的直接体现。

八、以右为尊

在正式的国际交往中，依照国际惯例，将多人进行并排排列时，最基本的规则是右高左低，即以右为上，以左为下；以右为尊，以左为卑；以右为客，以左为主。大到政治磋商、商务往来、文化交流，小到私人接触、社交应酬，但凡有必要确定并排排列具体位置的主次尊卑时，“以右为尊”都是普遍适用的。“以右为尊”的原则在国际交往中不同场合的具体运用如下。

1）站立、行走与就座时，为了表示礼貌，主人应主动居左，而请客人居右；男士应主动居左，而请女士居右；晚辈应主动居左，而请长辈居右；未婚者应主动居左，而请已婚者居右；职位、身份较低者应主动居左，而请职位、身份较高者居右。

2）在排列宴会的桌位、席位时，同样必须应用“以右为尊”的原则。在宴会厅内摆放圆桌时，通常应以“面对正门”的方法进行具体定位。如果只设两桌时，一般须以右桌为主桌。若是需要设置多桌时，则在宴会厅内面对正门时，位于主桌右侧的桌次高于位于主桌左侧的桌次。

3）会议主席台上位次的排列也讲究“以右为尊”，发言者所使用的讲台须位于主席台的右前方，这是给予发言者的一种礼遇。

4）乘坐由专职司机驾驶的双排座轿车时，车上具体位次的确定亦应遵守“以右为尊”原则。具体而言，通常以后排右座为第一顺序座，应请尊长或贵宾在此处就座。接下来的第二顺序座、第三顺序座则分别为后排左座、后排中座。

任务二 礼宾规格与礼宾次序

一、礼宾规格

（一）礼宾规格的特征

在接待工作中，礼宾规格通常被专业人员看做头等大事。确定接待工作的具体环节时，首先必须确定礼宾规格；若没有礼宾规格为先导，接待中的一系列工作则难以开展。

规格，是指与某一事物相关的规定或者标准。所谓礼宾规格，具体是指接待人员在接待活动中对礼宾接待对象的一系列的具体的规定，即在公务接待的具体过程中必须遵守的、已被先期正式规定的具体要求或衡量优劣的具体标准。

礼宾规格通常具有礼宾性、规范性、稳定性、差异性等基本特征。在涉外接待中，我们必须对礼宾规格的这些基本特征有所了解。

1. 礼宾性

一般而言，礼宾规格是专门用以接待来宾的，在涉外接待中它则专门用来接待外籍来宾。因此，礼宾性是礼宾规格的主要特征之一。

2. 规范性

作为一种专门规定、专项标准或者具体要求，礼宾规格的规范性甚强。它对我方人员在涉外接待中具体应当如何“有所为”、“有所不为”往往规定得一清二楚。因此，亦可称其为“礼宾规范”。为了使之制度化、正规化、标准化和易于操作，礼宾规格通常都由国家的外交、外事部门明文规定，有时它也有可能出自国际惯例或者参照我国国际交往中约定俗成的做法。

3. 稳定性

从总体上进行考察，礼宾规格不可能是一成不变的。在某些时候，各国乃至各单位、各部门都会根据自身需要对其进行调整。但在一般情况下，对它所进行的调整都属于微调，它的变化通常都是局部的、个别的。

相对而言，礼宾规格往往比较稳定，轻易是不会变更的。正因为其具有轻易不变的“刚性”而不是动辄改变的“弹性”，礼宾规格才有规矩可言，才不至于被礼宾对象误解。经常性的“变更”或“调整”，实际上是对礼宾规格的一种变相否定。

4. 差异性

具体确定和操作涉外接待中的礼宾规格时，在基本要求不变的大前提下，它的具体做法往往因人而异。也就是说在接待不同的外方人士时，往往有着许多不同的规定或要求，即所谓的礼宾规格的差异性。在某些特定的情况下，当交往双方的关系发生重大变化或是受到某种因素左右时，我方用以接待外方的礼宾规格会与既往的做法略有不同，这也是其差异性的一种表现。

（二）礼宾规格的原则

按照国际惯例，礼宾规格有以下原则。

1. 服从外交原则

服从外交原则的具体含义主要是指在我国的涉外接待中，礼宾规格的具体安排必须服从我国外交工作的需要，礼宾规格的具体操作必须为我国的外交工作服务。虽然礼宾规格仅涉及具体的外宾接待标准，但它却可以直接或间接地影响我国同与我国有交往的国家及其政府之间的关系。国家与国家、政府与政府之间的关系，一般都属于外交范畴，而在外交上有句行话叫做“外交无小事”。因此不论在任何时候，在具体确定礼宾规格或操作礼宾规格时均应首先服从本国外交的大政方针。

2. 身份对等原则

依照国际交往的惯例，双边关系讲究对等。对等在双方交往中的含义是要求交往双方礼尚往来，你方如何待我，我方即可如何待你。所谓身份对等，具体是指在确定接待外方人士的礼宾规格时，应与外方人士的具体身份相称，同时还应参照外方在接待我方身份相仿者时所采用的具体的礼宾规格。它同时还要求我方所给予来访的外方人士的礼遇应当恰到好处。

3. 一律平等原则

依照国际交往的惯例，在国际交往中多边关系讲究平等。一律平等的具体要求是在确定和操作用以接待来自多方的外籍人士的礼宾规格时，应不论国家大小、不分强弱、不看贫富、不讲亲疏，严格地、无条件地对其平等相待，认真地搞好有关各方的平衡。

4. 有所区别原则

此处所说的有所区别的具体含义是在确定和操作用以接待来自与我方存在习俗等差异的外方人士的礼宾规格时，我们必须充分考虑双方的这些差异，具体情况具体对待，切不可对其不加任何区别。在强调身份对等与一律平等的同时，为外方来宾安排具体的礼宾规格时还应注意充分尊重对方的风俗习惯以及其他方面的特殊做法，不要搞一厢情愿。既不要强人所难，也不要强加于人，更不要勉强行事。

（三）影响礼宾规格确定的因素

如何确定礼宾规格，各国做法不尽一致。一般主要是依据来访者的身份和访问目的，适当考虑两国关系，同时注意国际惯例，综合平衡来最终确定礼宾规格。在具体确定礼宾规格时，接待人员需要对自己所接待的来访人士加以区分，以求不同对象不同对待。一般而言，在接待活动中，影响确定礼宾规格的因素主要包括以下几个方面。

1. 礼宾类别

就一般状况而论，接待人员在对外交往中所接待的对象，大体上可以被区分为 VVIP、VIP、IP、SP、CP 等 5 类。在确定接待这 5 类不同的外方人士的礼宾规格时，有着不同的具体要求与注意事项。

（1）VVIP。

VVIP 是英文“Very Very Important Person”的缩写，它的含义为“非常非常重要的客人”或“异常重要的人士”。在外事接待中，VVIP 一般指正式来访的各国现职的国家主要领导人，即各国现任的国家元首、政府首脑以及各国执政党的领袖，有时它还包括由主权国家所组成的国际组织的主要负责人，此类客人通常称为“国宾”。在一般情况下，各国都会以最高档次的礼宾规格接待此类客人，与此同时，还会特别重视其荣誉性与安全性问题。

（2）VIP

VIP 是英文“Very Important Person”的缩写，它的含义为“非常重要的客人”，在接待工作中往往称其为“要人”。具体而言，一般包括正式来访的下列人士：各国政府的重要负责人，如中央政府副部长以上官员及地方政府副省长以上官员；各国合法政党主要负责人；各国王室成员；各国议会主要负责人；各国军方主要负责人，如军队统帅，三军总司令、副总司令、总参谋长、副总参谋长，将军以上军衔拥有者；各国少数民族领袖；各国宗教界领袖；各国合法的群众团体的主要负责人；各种被我国正式承认的国际组织负责人；各国驻华使节及各国际组织驻华代表；各国商界领袖；各国知名的企事业单位的负责人；与我方存在正常合作关系的单位、部门的主要负责人等。曾拥有此类身份的非现职人员，亦应被视同现职看待。在接待 VIP 时，通常应采用较高档次的礼宾规格，同时还须考虑我方与对方的礼尚往来问题。

（3）IP

IP 是英文“Important Person”的缩写，它的含义为“重要的客人”。在接待工作中，此类“重要的客人”通常是指正式来访的各界知名人士、新闻界人士、同行业人士、具有潜在的合作可能的单位与部门的负责人士以及存在合作关系的单位与部门的一般工作人员。在接待 IP 时，具体所执行的礼宾规格应突出体现接待方对对方的重视。与此同时，在接待过程中，还应注意主动联络对方，以加强联系，促进沟通。

（4）SP

SP 是英文“Special Person”的缩写，它的含义为“特殊的客人”。在旅游接待工作中，SP 具体指的是：身体状况特殊者，如老、幼、病、残、孕；风俗习惯特殊者，如少数民族人士、宗教界人士；作用发挥特殊者，如 VVIP、VIP、IP 客人的助手、秘书以及其身边工作人员，还包括其配偶、长辈、子女以及其他亲友；关系特殊者，如以前与接待方产生过重大矛盾冲突或对接待持敌视态度者。在确定SP的礼宾规格时，一方面要坚持遵守规定；另一方面也要在力所能及、不卑不亢的前提下，给其以适当的照顾。

（5）CP

CP是英文“Common Person”的缩写，它是含义为“普通客人”。在接待工作中，此类“普通客人”一般是来访的、除以上介绍的4类客人之外的其他所有人士。具体确定CP的礼宾规格时，关键是要对对方尊重、重视，不能因其“普通”而接待不周。

2. 接待费用

接待费用的多少，是指某次接待活动的开支总额及其具体环节所需费用的支出状况。在任何情况下，接待来宾都是需要花钱的。一次接待活动的费用支出状况尤其是总开支，既应该有一定标准，又必须反映出接待方对对方的重视程度。

3. 接待规模

接待规模的大小，一般是指在接待工作的具体过程中，尤其是在迎送、宴请、陪同等重要的环节上，接待人员所参与的具体范围以及实际到场人数的多少。在接待工作中，所谓接待规模大，往往是指具体到场的接待人员范围广、人数多，反之则称为接待规模小。一般认为，接待规模越大，表明接待方对此接待工作重视的程度越高。

4. 接待者身份的高低

接待者身份的高低，在这里通常是指在接待活动过程中，尤其是在一些较为重要的场合，到场的接待方人士具体身份的高低，特别是到场的接待方主要人士的具体身份的高低。显然，到场的接待方人士身份越高，尤其是到场的接待方主要人士的身份越高，越说明接待方尊重并重视对方。

二、礼宾次序

礼宾次序是指国际交往中对出席活动的国家、团体、各国人士的位次按某些规定和惯例进行排列的先后次序。一般来说，礼宾次序体现东道国对各国客人所给予的礼遇，在某些国际性的集会上则表示各国主权地位的平等。礼宾次序的排列虽然在国际上已有一定惯例，但各国做法不尽相同。常用的排列方法有三种。

1. 按身份或职务高低排列

这是礼宾次序排列的主要根据。在官方活动中，通常是按身份或职务的高低安排礼宾次序。例如，按国家元首、副元首、政府首相、副首相、部长、副部长等顺序排列。各国提出的正式名单或正式通知是确定身份或职务高低的依据。由于各国的国家体制不同，部门之间的职务高低也不尽一致，要根据各国的规定，按相应的级别和官衔进行安排。在多边活动中有时按其他方法排列。无论按何种方法排列，都应考虑身份或职务高低的问题。

2. 按国家名字的首字母顺序排列

在多边活动如国际会议中的礼宾次序常采用按参加国国名首字母顺序排列，一般以英文字母排列居多。对于第一个字母相同的国家则按第二个字母排列，依此类推。联合国大会的席位次序也按英文字母排列。但是，为了避免一些国家总是占据前排席位，每年抽签一次，决定本年度大会席位以哪一个字母打头，以便让各国都有排在前列的机会。

在国际体育比赛中，体育代表团（队）名称的排列和开幕式出场的顺序一般也按国名首字母顺序排列，东道国一般排列在最后。体育代表团观礼或召开理事会、委员会等，则按出席代表团团长的身份高低排列。

3. 按派遣国通知代表团组成的日期先后排列

在一些国家举行的多边活动中，按派遣国通知代表团组成的日期先后排列礼宾次序，也是国际上经常采用的一种方法。东道国对同等身份的外国代表团，按派遣国通知代表团组成的日期排列，或按代表团抵达活动地点的时间先后排列，或按派遣国决定应邀派遣代表团参加该活动的答复时间先后排列。究竟采用何种方法，东道国在致各国的邀请书中都应加以说明。

在实际工作中，礼宾次序的排列常常不能按一种方法进行，而是几种方法交叉使用，并考虑其他因素，包括国家间的关系、地区所在地、活动的性质与内容和对于活动的贡献大小以及参加活动者在国际事务中的威望、资历等。例如，通常把同一国家集团的、同一地区的、同一宗教信仰的或关系特殊的国家的代表团排在前面或排在一起。对同一级别的人员，常把威望高、资历深、年龄大者排在前面。有时还考虑业务性质、相互关系、语言交流等因素。例如，在观礼、观看演出或比赛，特别是在大型宴请时，除考虑身份、职务之外，还应将业务性质对口的、语言相通的、宗教信仰一致的、风俗习惯相近的代表团安排在一起。

总之，在礼宾次序安排工作中，要全面、周到、细致、耐心、慎重地考虑，设想多种方案，以避免因礼宾次序方面的问题引起不必要的外交误解或麻烦。

任务三　国旗礼仪

国旗是国家的象征和标志，是由国家法律规定的具有一定形式和规格的旗帜。国旗能唤起公民的爱国热情，培养公民对国家的责任感和荣誉感，国际上人们通常以悬挂国旗的形式来表达对祖国的热爱或对他国的尊重。但在一个主权国家的领土上，一般不得随意悬挂他国国旗，不少国家对悬挂他国国旗有专门规定。在国际交往中，已形成了悬挂国旗的一些惯例，并已为各国所普遍接受。

一、悬挂国旗的场合

按国际关系准则，国家元首、政府首脑在他国领土上访问，在其住所和交通工具上悬挂本国国旗（有的是元首旗）是一种外交特权。

东道国在接待来访的外国元首、政府首脑的隆重场合，在其下榻的宾馆、乘坐的汽车上悬挂其国家（或双方）的国旗（或元首旗），是一种礼遇。

在国际会议上，除会场悬挂与会国国旗外，各国政府代表团团长亦按会议组织者的有关规定，在一些场所或在车辆上悬挂本国国旗（也有不挂国旗的）。

有些展览会、体育比赛等国际活动，也往往悬挂有关国家的国旗。在大型国际比赛中，还往往为获前三名的运动员升起其代表国家的国旗。

在谈判、签字仪式上亦应悬挂代表国的国旗。

二、悬挂国旗的要求

在室外或建筑物上悬挂国旗，一般应在日出升旗、日落降旗。升降国旗时，服装要整齐，要立正脱帽行注目礼。升国旗一定要升至杆顶，注意不能使用污损的国旗。

如遇特殊情况，需悬旗致哀时，可先将国旗升至杆顶，然后再下降至旗顶距杆顶为杆长的1/3处。日落降旗时，也应将旗升至杆顶，然后再降下。

由于国旗是一个国家的标志与象征，代表一个国家的尊严，所以挂国旗时，一定不能将国旗挂倒。

各国国旗的式样、图案、颜色、尺寸、比例都是按照本国宪法中的有关规定制作的。由于不同国家的国旗比例不同，两面旗帜悬挂在一起时，一大一小会显得很不协调。因此，在并列悬挂比例不同的国旗时，应注意事先将其中一面适当放大或缩小，以使人们在视觉上感觉对称、相当。

由于文字、图案等原因，有的国家的国旗不得竖挂或反挂。特殊情况需要竖挂时，须专门制旗。在竖挂两面国旗时，可使之均为正面；对挂时，可使居于右侧者为反面，居于左侧者为正面。

遇需要夜间在室外悬挂国旗时，必须将国旗置于灯光照射之下。

三、悬挂国旗的方法

按照国际惯例，在悬挂双方国旗时，以右为上，左为下。两国国旗并排，以旗面为准，右挂客方国旗，左挂本国国旗。所谓主客，以举办活动的主人为依据，而不是以举行活动的所在国为依据。汽车上挂国旗时，以汽车行进方向为准，驾驶员右手为客方，左手为主方。并排挂三面以上的国旗时，仍可以右为尊，自右而左，依次排列，主方在最后。如属国际会议，无主客之分，则按规定的礼宾顺序排列。

国旗的几种悬挂方法如下。

1）两面国旗并挂，如图6－1所示。

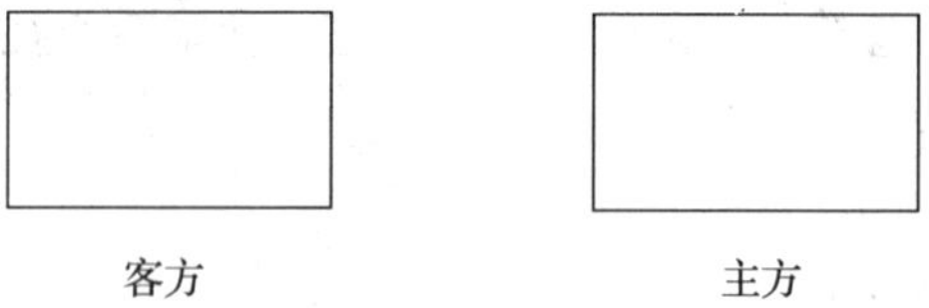

图6－1　两面国旗并挂

2）交叉悬挂，如图6－2所示。

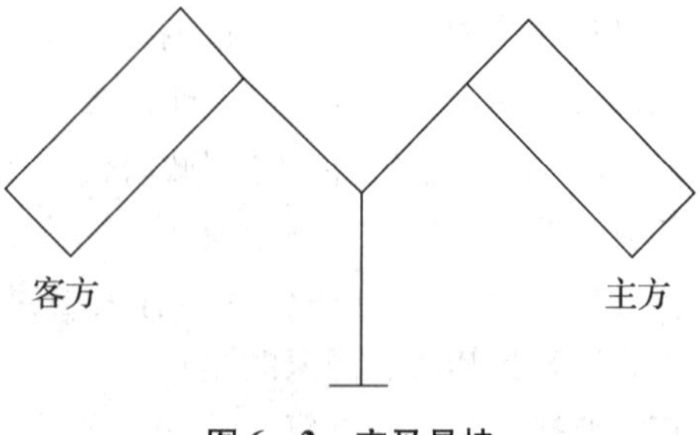

图6－2　交叉悬挂

3）竖挂（客方为反面，主方为正面），如图 6－3 所示。

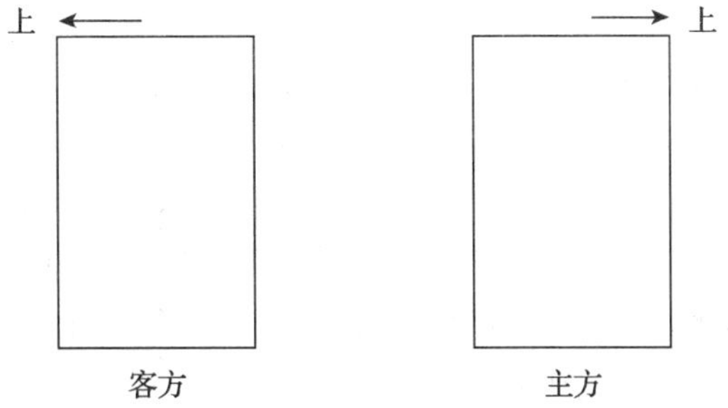

图 6－3　竖挂（客方为反面，主方为正面）

4）竖挂（双方均为正面），如图 6－4 所示。

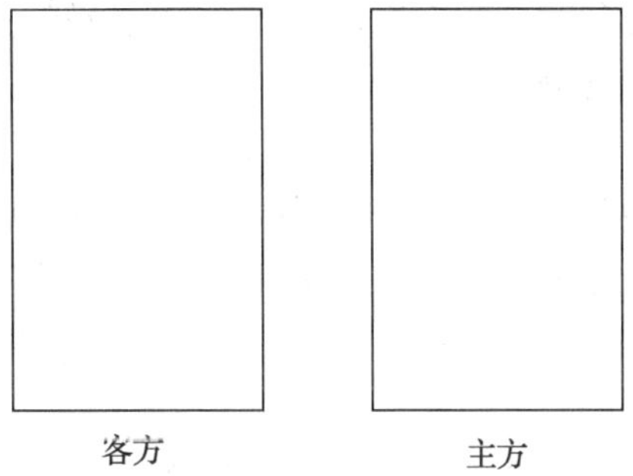

图 6－4　竖挂（双方均为正面）

5）三面以上国旗并挂，如图 6－5 所示。

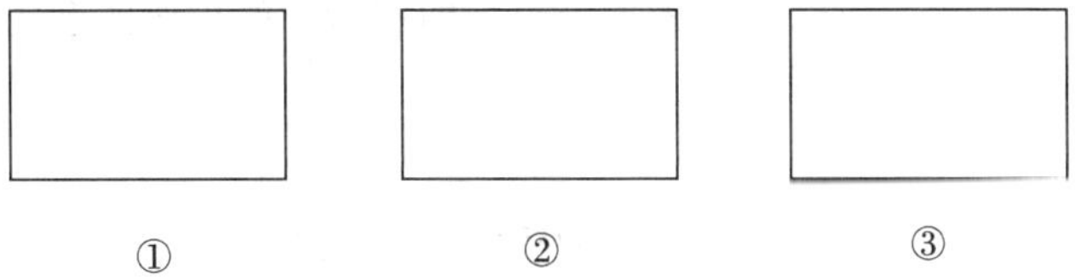

图 6－5　三面以上国旗并挂

任务四　常见的国际交往礼仪

在旅游活动中，面对不同国家、地区或民族的千差万别的风俗习惯，旅游从业人员必须予以正视，除了要按照国际惯例和国际礼仪规范从事相关活动外，还必须坚持做到求同存异，尊重习惯。

一、迎送规格与礼仪

迎送是最常见的社交活动，它不仅是整个社交活动的开始和结束，而且是对不同身份的外宾表示相应尊重的重要方式。外宾来访，东道主作为接待方，首先要对迎送活动做出周密妥善的安排部署。做好迎送工作，既可以显示东道主真诚欢迎外宾的到来，又能给外宾留下美好印象，加深双方的友谊，扩大双方的合作。

1. 迎送规格

关于迎送规格，各国的依据标准不尽相同，我国主要依据来访者身份、来访性质、访问目的，并适当考虑当时两国的关系以及参照国际惯例。一般来说，迎送外宾人员与外宾身份应该对等，也可以稍低一些（如副职）。如果是国家元首或政府首脑到地方访问，应由当地最高行政长官或对口负责人迎送，而如果其只是过境，则规格可适当降低。当然，也可能相应身份的迎送人员因特殊情况无法到场，那就应指派代表前去，并向对方解释，适当表示歉意。这就是灵活变通原则。此外，迎送规格的确定并不是一成不变的，应根据当时的环境情况，相应加以灵活运用，如特殊背景下，对有些外国来访者，我们可以从发展大局关系出发，破格接待，安排较大的迎送场面。如我国在与美国建交前，对美国乒乓球队的迎送就是超出常规的，这主要出于改善两国关系的目的，是“用小球推动大球”。但是，为避免各种不必要的猜测，除特殊情况外，一般最好还是常规处理。

根据规格不同，迎送通常分为三种情况。

（1）隆重迎送

隆重的迎送仪式一般适用于来访的外国国家元首、政府首脑、军方高级领导人或其他重要的官方代表团。举行此种迎送仪式，必须讲求规范性和严肃性，遵守相应的国际惯例。活动的每一个步骤、每一个细节都应仔细安排，稍有疏忽都会给国家声誉带来损害。

（2）一般迎送

一般迎送适用于一般人员或代表团，可能是官方人士、专业代表团、文化体育团体，也可能是长驻我国的外方使节、外国专家、记者等其他人士到任或离任。这种规格的仪式在平常多被使用。对应邀来访的客人，在他们抵达或离开时，均应安排相应身份的人员前往迎送。对一般迎送不能马虎从事、随便应付，即使是一般规格的迎送仪式，亦应妥为安排、合理组织，免得使客人产生不快影响感情和工作。

（3）私人性质的迎送

如果来访者是朋友，来访属私人性质的访问，则迎送安排要方便、实用和礼貌。迎送仪式可视彼此关系适当加以调整，但这并不意味着可以不讲礼节、随随便便。

2. 迎送礼仪

迎送礼仪一般分为五个方面，即掌握来宾到达或离开的时间，安排有关的迎送人员，迎接时向来宾献花、介绍，以及其他事项。

（1）掌握时间

迎送外宾首先要准确掌握客人乘坐何种交通工具及抵达、离开的时间，如有变化，应及时通知有关人员。

（2）安排迎送人员

安排有关的迎送人员应该和主要迎送人员商议并征得他们的同意，至少应该让他们知道有谁参加迎送。同时还应确定各位迎送人员的正式头衔，以备主要迎送人在介绍和翻译时使用，防止出现差错。安排迎送人员的数目不宜过多。此外，当外宾到达时，如果要为其打开车门，迎接客人下车，一般非正式场合下，应该女士优先，长者、位高者优先，但在正式场合下，应该是位高者优先。

（3）迎接时献花

在迎接仪式上要安排献花，这也是国际交往中的一项重要仪式。献花须用鲜花或鲜花扎成的花束，且要保持整洁、鲜艳。选择花卉要注意对方国家的禁忌，通常忌用菊花、杜鹃花、石竹花和黄色花朵。有的国家习惯送花环或一二枝名贵的兰花、玫瑰花等。同时要注意，有些国家在献花人员方面有某种禁忌。如在接待信仰伊斯兰教人士时，不宜由女子献花。献花时间适宜在迎送人员和客人握手完毕之后。

（4）迎接时介绍

客人抵达时，应主动迎上去，按其国家、民族习惯行礼，多以握手、拥抱、贴面为礼节。然后相互介绍随从人员。通常的原则是，把身份低、年纪轻的介绍给身份高、年纪大的，把男士介绍给女士。在迎接外国来访者时，应先将前往欢迎的人员介绍给来宾，然后由来宾中的主要负责人介绍己方人员，当然这个工作还可由礼仪工作人员或其他接待人员完成。

被介绍者应微笑点头或说声“您好”作为招呼语，千万不可面无表情，无所表示。在双方介绍时，如遇外宾主动与我方人员拥抱，我方人员不应推卸或勉强应付，而应做出相应的表示。

有时，介绍时还要递送名片。交换名片时，地位低的人首先把名片递给地位高的人。涉外人员使用的名片最好能用两种文字印刷，这样就可以方便对方用其熟悉的文字知道你是谁，也便于今后查找你的名片时能读懂相关信息。即使你是重要人物，也千万不要认为人家都会记住你的名字或联系方式等信息，还是应该使外宾感到方便为佳。在国际交往中，名片制作上应注意三点：一是名片不随意涂改，二是不提供私宅电话，三是名片上不出现两个以上的头衔。

（5）迎送中的其他事项

迎送车辆要事先安排好，不可临阵调遣，会给人以仓促之感。迎送身份较高的客人，事先应在机场或车站、码头安排贵宾休息室，准备饮料。

迎接时，客人的住处、膳食应事先安排好。如有条件，在客人抵达前就应将下榻地点、房间号码、用餐方式、日程活动安排、联络方式、联络人员等事宜通知客人。如做不到，也可将上述内容打印成文字材料，在客人到达时分发给每位客人，或通过对方的联络秘书传达。这既可避免混乱，又可使客人心中有数、主动配合。当客人抵达住处后，一般不可马上安排活动，应让客人稍作休息，以便更衣等。

二、会见与会谈礼仪

在国际交往中，不论是什么性质的来访，一般均应根据来访者身份及来访目的，安排相应领导人或部门负责人会见或会谈。会见与会谈是涉外交往中一种常见的、重要的活动。会见与会谈的目的在于双方通过直接的、面对面的交谈与互动来增进感情，加深了解，交流看法，或通过磋商来解决矛盾，达成共识。所以，涉外交往中的许多成果都是在会见与会谈的过程中形成的。谙熟和遵循会见与会谈的一些礼仪要求，对于保证这项活动的成功无疑有着重要作用。

会见，国际上又分为接见和拜会。身份较高的人士去见身份较低者，或是主人去见客人，一般称为接见。身份较低的人去见身份较高者，或是客人去见主人，一般称为拜会或拜见。我国一般不作上述区分，统称为会见。从内容上讲，有礼节性的会见，也有政治性的、事务性的等具有实质意义的会见。礼节性会见一般时间不长，话题较为广泛，形式也比较随便。政治性会见一般要谈论双边关系、国际局势等重大问题，话题较严肃，形式较为正规。事务性会见则一般涉及外交交涉、业务商谈和经贸、科技、文化交流等内容，有较强的专业性。会见与会谈时应注意以下事项。

1. 会见座位安排礼仪

会见座位的安排，无论是什么样的房间，都必须依人数的多少、房间大小及形状、房门的位置等情况而定，宾主可以穿插坐，也可以分开坐，取决于采用何种方式方便讨论或谈话。会见场所的座位如图6－6、图6－7、图6－8所示。

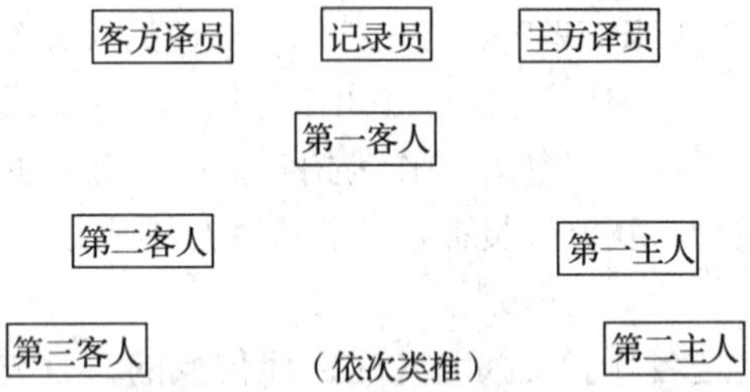

图6－6　客人身份较高

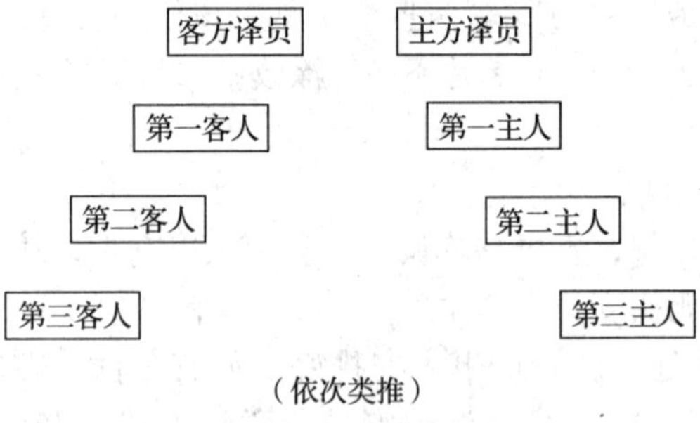

图6－7　长椅时或双方身份对等

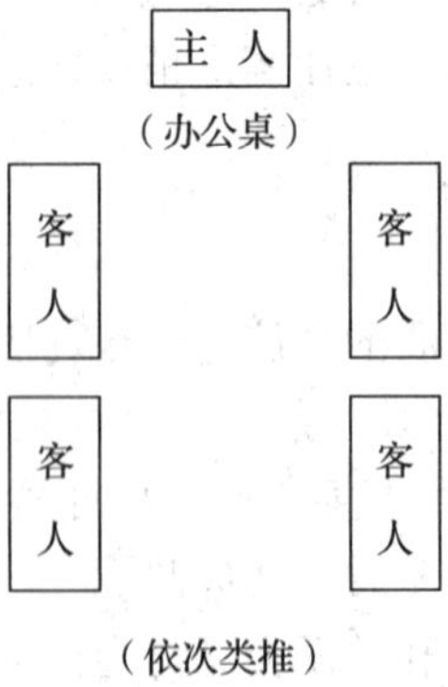

图6－8　单椅时或主人身份较高

2. 会谈座位安排礼仪

会谈的座位安排一般是依照西方惯例，使用长方形、方形、椭圆形或圆形的桌子。

双边会谈，座位可摆成长方形。宾主相对而坐，以正门为准，主人以背向门落座，而让客人面向正门（见图6－9）。其中，主要会谈人员居中，其他人按照礼宾顺序左右排列。在这里需要说明的是，许多国家都把译员和记录员安排在主要会谈人员后面就座。我国习惯上是把译员安排在主要会谈人员的右侧就座，这主要取决于主人的安排。

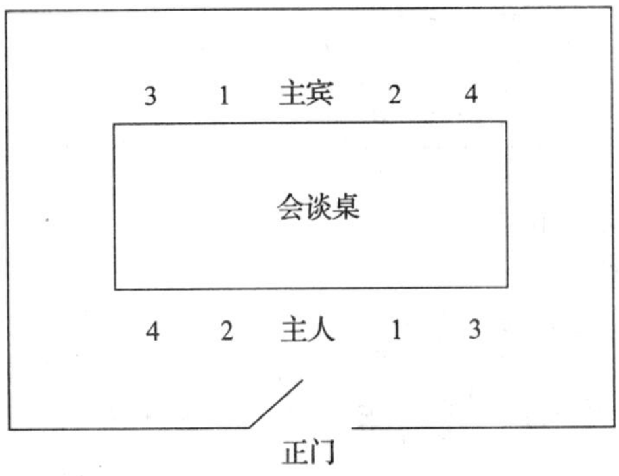

图6－9　横放式会谈座位安排

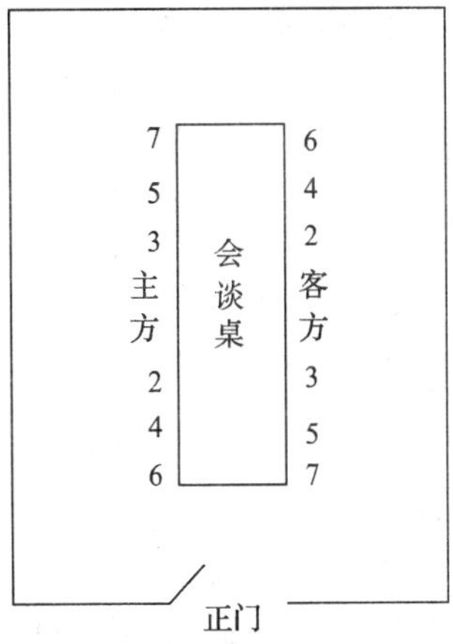

图6－10　竖放式会谈座位安排

如会谈长桌一端向正门，则以入门的方向为准，右为客方，左为主方（见图6－10）。

多边会谈，座位可摆成圆形、椭圆形或方形等。小范围的会谈，也有不用长桌而只设沙发的，双方座位按会见座位安排。

在日常运用中，某些单位还会有一些更适合自己要求的方式。必须指出的是，无论何种方式，都必须体现出双方（或各方）相互平等的意念，而不能表现出故意把哪一方放在前而冷落另一方。

3. 会见与会谈的准备工作礼仪

1）提出会见与会谈（以下简称会见）要求的一方，应该把要求会见人的姓名、职务以及会见目的预先通知对方，同时将自己一方参加会见的人员名单（包括姓名、性别和职务等较详细的情况）提交给对方。

2）被要求会见的一方，在得到通知后，应尽快申请，在上级部门批准后，要尽快通知对方会见的时间、地点、会见人员和注意事项等。同时安排会见当中的一些具体事项（如接送人员、车辆、场地、旗帜、茶点、座位卡等的安排）。在初步准备妥当之后，还要通知对方有关具体情况。这时不要忘记通知己方参加会见的其他人员及有关事项。

3）一般来说，主人应该首先到达。但如果是高层人士接见，那这位人士可以在客人到场后再到场。

4）应该选择房间面积和参加人数相宜的会见房间。如果房间面积较大，人数较多，需要准备扩音设备并事先调试好。同时还要在桌子和椅子上摆放用中外文书写、工整且字体较大（便于识读）的座位卡，或者由对来宾比较熟悉的几位人士引导就座。

5）如果有茶几或桌子，还应准备些饮料。我国主要是准备茶，夏天加冷饮，有时也摆放矿泉水等，但不可准备任何含有酒精的饮料。如果会见时间较长，还可准备咖啡。

6）如果准备合影，应预先统计好有多少人，并画好合影图，安排好礼宾次序。一般是主人居中，主宾紧挨主人的右边，主客双方间隔排列，两端则由主方人员把边。如果需要分前后排分列，还要考虑第一排人员的身份、双方人员在职位上的均衡（前排要安排主要人员），同时也要注意到场地的大小，是否能把所有的人都摄入镜头等。合影的时间一般安排在主客双方见面之后，会见是在合影之后开始的。但有时合影放在会见之后。合影时位次安排如图 6－11 所示。

第 三 排
第 二 排
9 7 5 3 1 主人 2 4 6 8 10

摄 影 师

图 6－11 合影排序

7）客人到达时应该派代表到门口迎接，并负责引领入会客间。会见结束后，主人应送客人到车前或到门口道别，目送客人离去后再离开。

三、陪同礼仪

在陪同外方来宾的具体过程中，己方人员不但要具有高度的责任心，而且还应当掌握一定的陪同技巧。在道路行进、上下车船、出入电梯、通过房门、就座离座、提供餐饮、日常安排、业余活动等方面应当遵守相应的礼仪规范。

1. 道路行进礼仪

在路上行进时，礼仪上的位次排列可分并排行进和单行行进两种。并排行进时，讲究“以右为上”或“居中为上”。由此可见，陪同人员在并排行走时应当主动走在左侧或两侧，而由被陪同对象走在右侧或中央。单行行进时，讲究“居前为上”，即应请被陪同对象行进在前。若被陪同对象不认识道路，或道路状态不佳，则应当由陪同人员在左前方引导。引导者在引路时应侧身面向被引导者，并在必要时提醒对方“脚下留神”。

2. 上下车船礼仪

在乘坐轿车、火车、轮船、飞机时，其上下的具体顺序颇有讲究。上下轿车时，如果主人陪车，应该坐在客人的左侧。翻译可以坐在加座上，也可以在司机旁边，但不宜和迎送人员坐在一起。上车应该先请客人从右侧进去，而不要再在车内找座位。如果客人自己已经坐下，就不要让他重新更换座位了。在车前可装上小旗或标牌作为标志，便于其他人员辨认区分。通常是陪同人员最后上车，首先下车。不过，在具体执行时，应以方便来宾为宜。乘坐火车时，一般应由被陪同者首先上车，首先下车，陪同人员应当居后。在必要时，亦可由陪同人员先行一步，以便为被陪同者引导或开路。上下轮船，其顺序通常与上下火车相同。不过若舷梯较为陡峭时，则应由被陪同者先上后下，陪同人员后上先下。上下飞机的礼仪与上下火车的礼仪基本相同。

3. 出入电梯礼仪

进入电梯时，陪同人员理当稍后被陪同者。具体而言，进入无人驾驶的电梯时，应该是陪同人员先进去后出来。陪同人员先进去是为了开门，同时也是考虑安全。陪同人员后出来也是为了给客人开门，让客人都出来后自己再出来。进入有人驾驶的电梯时，陪同人员则应当最后入内。离开电梯时，陪同人员一般应当最后一个离开。不过若是自己堵在门口，首先出去也不为失礼。

4. 通过房门礼仪

在通过房门时，陪同人员通常应当负责开门或关门。进入房间时，若门向外开，陪同人员应首先拉开房门，然后请被陪同者入内；若门向内开，则陪同人员应首先推开房门，进入房内，然后请被陪同者进入。离开房间时，若门向外开，陪同人员应首先出门，然后请被陪同者离开房间；若门向内开，陪同人员则应当在房内将门拉开，然后请被陪同者首先离开房间。

5. 就座离座礼仪

就座与离座的先后顺序，在服务礼仪上早就有所规定。若陪同者与被陪同者身份相似，则双方可以同时就座或同时离座，以示关系平等；若被陪同者的身份高于陪同者时，一般应当请前者首先就座或首先离座，以示尊重对方。

6. 提供餐饮礼仪

在提供餐饮时，陪同者与被陪同者所受到的具体礼遇往往会存在不同。如果是零点餐饮，单独点菜或饮料时，按惯例陪同者应当请被陪同者首先来点；如果是供应餐饮，在上菜或者上酒水时，标准的顺序应当是为被陪同者先上，然后再为陪同者上。

7. 活动日程安排礼仪

一般而言，外方来宾的具体活动日程早已排定，陪同人员无权对其加以变更。若外方来宾要求变更活动日程安排，陪同人员不宜擅自做主，而应当及时向上级报告，并执行上级决定。

8. 陪同游览礼仪

按国际交往礼仪，一般应由身份相当的人员陪同外宾参观游览，需要安排好翻译、解说员或导游人员，陪同人员不宜太多，以免妨碍外宾游兴。游览过程中要注意照料好外宾，掌握好时间安排，介绍情况时应实事求是，不可夸大或贬低，否则对方知道后会十分反感，甚至会影响到其他工作与交往；对该保密的内容不可随便透露，对一些不许外宾拍摄或进入的地方，如某些文物、专利设备等，应事先向其解释说明，以免造成不快。

介绍情况应使用对方语言，力求简洁扼要、生动活泼，外宾较多时可分批介绍或使用扩音器。可以把介绍内容以书面形式印发给外宾，使其参观游览时有更充裕的时间亲自观看。对外宾的提问，要耐心、热情、认真地回答，帮助他们增进对中国的了解，如果确实不了解或了解不准确也要如实相告，切不可不懂装懂。

9. 业余活动礼仪

在正常情况下，外宾在工作之余，可在遵守我国法律的前提下进行自由活动。必要时，我方陪同人员可为之提供方便。

若外宾要求陪同人员为其业余活动提供建议时，陪同人员既要抱着热情、主动、积极的态度，也要具体考虑我方的有关规定、现场的治安状况以及活动的内容是否健康、合法。

若外宾要求陪同人员为其业余活动提供方便时，陪同人员既要努力满足对方的合理请求，又要善于拒绝对方的不合理请求。无论如何，都不允许陪同人员帮助外宾在华从事违法犯罪活动。

四、宴请礼仪

宴请是国际交往中最常见的交际活动之一。各国宴请都有自己国家或民族的特点与习惯。国际上常见的宴请形式有宴会、招待会、茶会、工作餐等。举办宴请活动采用何种形式，通常根据活动目的、邀请对象以及经费开支等各种因素而定。

1. 常见的宴请形式

（1）宴会

宴会为正餐，坐下进食，由招待员顺次上菜。宴会有国宴、正式宴会、便宴之分；按举行的时间，又有早宴（早餐）、午宴、晚宴之分。其隆重程度、出席规格以及菜肴的品种与质量等均有区别。一般来说，晚上举行的宴会较白天举行的更为隆重。

国宴是国家元首或政府首脑为国家的庆典，或为外国元首、政府首脑来访而举行的正式宴会，因而规格最高。宴会厅内悬挂国旗，安排乐队演奏国歌及席间乐。席间有致辞或祝酒。

正式宴会除不挂国旗、不奏国歌以及出席规格不同外，其余安排大体与国宴相同。有时亦安排乐队奏席间乐。宾主均按身份排位就座。许多国家正式宴会十分讲究排场，在请柬上注明对客人服饰的要求。国外对正式宴会服饰比较讲究，往往从服饰规定体现宴会的隆重程度。正式宴会对餐具、酒水、菜肴道数、陈设以及服务员的装束、仪态都要求很严格。

便宴即非正式宴会，常见的有午宴、晚宴，有时亦有早上举行的早宴。这类宴会形式简便，可以不排席位，没有正式讲话，菜肴道数亦可酌减。便宴较随便、亲切，宜用于日常友好交往。

（2）招待会

招待会是指各种不备正餐、较为灵活的宴请形式，备有食品、酒水饮料，通常都不排席位，可以自由活动。常见的有如下两种。

1）冷餐会（自助餐）。这种宴请形式的特点是不排席位，菜肴以冷食为主，也可用热菜，连同餐具陈设在菜桌上，供客人自取。客人可自由活动，可以多次取食。这种形式常用于官方正式活动，以宴请人数众多的客人。

2）酒会，又称鸡尾酒会。这种招待会形式较活泼，便于广泛接触交谈。招待品以酒水为主，略备小吃。不设座椅，仅置小桌（或茶几），以便客人随意走动。

（3）茶会

茶会是一种简便的招待形式。举行的时间一般在下午四时左右（也有上午十时举行的）。茶会通常设在客厅，不用餐厅，厅内设茶几、座椅。茶会不排席位，但若是为某贵宾举行的活动，入座时应有意识地将主宾同主人安排坐到一起，其他人随意就座。

（4）工作餐

工作餐按用餐时间分为工作早餐、工作午餐和工作晚餐，是现代国际交往中经常采用的一种非正式宴请形式（有的时候由参加者各自付费），利用进餐时间，边吃边谈问题。在代表团访问中，往往因日程安排不开而采用这种形式。

2. 宴请活动的准备工作礼仪

为了使宴请活动能顺利进行，在喜庆中开始，在欢乐中结束，达到预期的效果，务必注意下列准备工作礼仪。

（1）确定宴请目的、名义、对象、范围与形式

宴请的目的是多种多样的，可以是为某一个人，也可以为某一事件。例如，为代表团来访（作为驻外机构，可以为本国代表团前来访问，也可以为驻在本国的代表团前往自己的国家访问），为庆祝某一节日、纪念日，为外交使节或外交官员的到（离）任，为展览会的开幕、闭幕，为某项工程动工、竣工等。在国际交往中，常根据需要举办一些日常的宴请活动。

确定宴请名义和对象的主要根据是主客双方的身份，也就是说主客身份应该对等。宴请范围应考虑宴请的性质、主宾的身份、国际惯例、对方对己方的做法，以及当前政治气候等。宴请范围确定之后，即可草拟具体邀请名单。被邀请人的姓名、职务、称呼以及是否邀请其配偶都要准确。多边活动尤其要考虑政治关系，对政治上相互对立的国家是否邀请其人员出席同一活动，要慎重考虑。

宴请采取何种形式，在很大程度上取决于当地的习惯做法。一般来说，正式、规格高、人数少的以宴会为宜，人数多则以冷餐会或酒会更为合适，妇女界活动多用茶会。

（2）确定宴请时间、地点

1）宴请的时间应对主客双方都合适。驻外机构举行较大规模的活动，应与驻在国主管部门商定时间。注意不要选择对方的重大节假日、有重要活动或有禁忌的日子和时间。

2）宴请地点的选择。官方正式隆重的活动，一般安排在政府、议会大厦或宾馆内举行，其余则按活动性质、规模大小、形式、主人意愿及实际可能而定。选定的场所要能容纳全体人员。举行小型正式宴会，在可能条件下，宴会厅外另设休息厅（又称等候厅），供宴会前简短交谈用。

（3）发出邀请

各种宴请活动，一般均以发请柬来邀请客人，这既是礼貌，亦对客人起提醒、备忘之用。便宴经约定后，可发亦可不发请柬。工作餐一般不发请柬。有些国家，邀请最高领导人作为主宾参加活动，需单独发邀请信，其他客人发请柬。

请柬一般提前一周至两周发出（有的地方须提前一个月），以便被邀请人及早安排。请柬信封上被邀请人姓名、职务书写要准确。国际上习惯对夫妇两人发一张请柬。正式宴会，最好能在发请柬之前排好席次，并在信封下角注上席次号（Table No）。请柬发出后，应及时落实出席情况，准确记载，以安排并调整席位。即使是不安排席位的活动，也应对出席率有所估计。

（4）订菜

宴请的酒菜根据活动形式和规格，在规定的预算标准内安排。选菜不以主人的爱好为准，主要考虑主宾的喜好与禁忌。大型宴请则应照顾到各个方面。菜肴道数和分量都要适宜。在地方上，宜用有地方特色的食品招待。无论哪一种宴请，事先均应开列菜单，并征求主管负责人的同意。获准后，若是宴会，即可印制菜单，菜单一桌两三份，至少一份。

3. 宴请的桌次和座次安排礼仪

正式宴会一般均排桌次和座次，也可只排部分客人的座次，其他人只排桌次或自由入座。无论采用哪种做法，都要在入席前通知到每一个出席者，使大家心中有数，现场还要有人引导。桌数较多时，要摆桌次牌。

（1）排定桌次

国际惯例，桌次的高低以离主桌位置的远近而定，离主桌越近桌次越高，同距离时右边高于左边。在正式宴会安排桌次时，必须注意以下原则。

1）“居中为上”，即多张桌子围在一起时，居于正中间的一张为主桌。

2）“以右为尊”，即多张桌子横向并列时，以宴会厅的正门为准，右侧的餐桌高于左侧的餐桌。

3）“远门为上”，即多张桌子纵向排列时，以距离宴会厅的正门的远近为准，距离越远桌次越高。

4）“临台为上”。若宴会厅内有主席台，以背对主席台的餐桌为主桌。若没有主席台，则以背靠餐厅的主要画幅为主桌。

两桌的小型宴会可根据场地横排或竖排，如图 6 - 12 和图 6 - 13 所示。

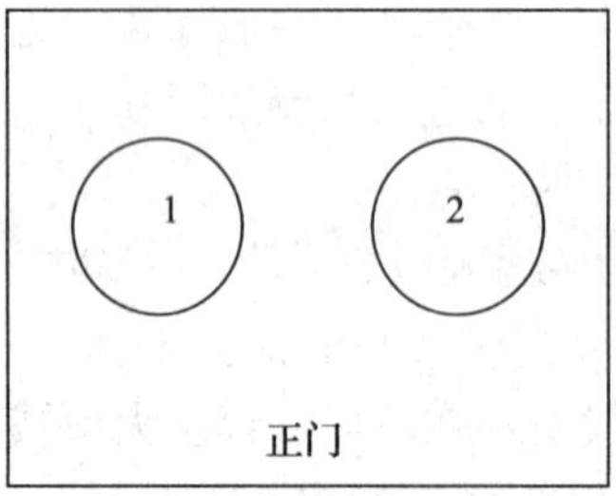

图 6 - 12　桌次排列方法（横排）

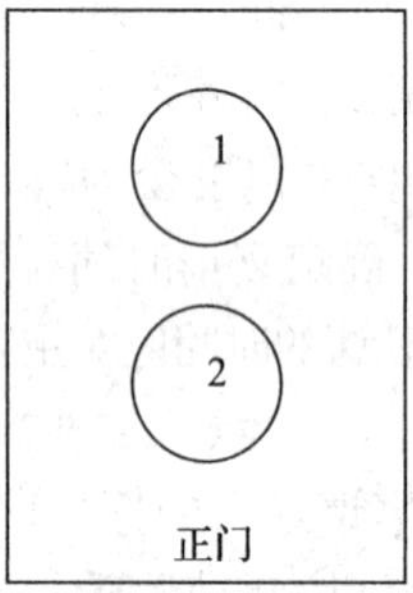

图 6 - 13　桌次排列方法（竖排）

多桌宴会的排列方法如图 6 - 14 和图 6 - 15 所示。五桌、六桌宴会桌次的安排也可布置为环绕式，即主桌位于中间。多桌的桌次排列应遵循排定桌次的原则。

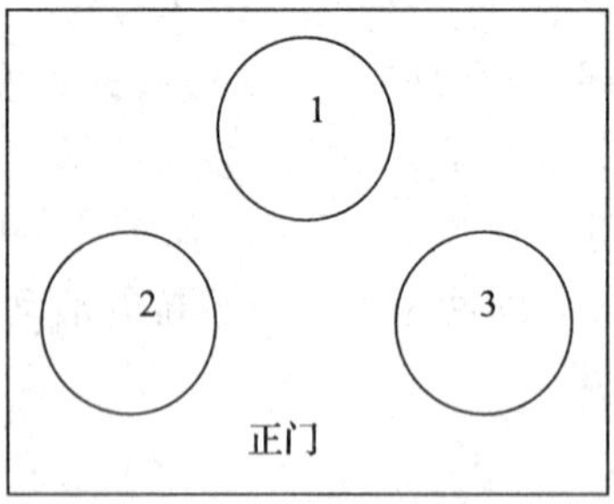

图 6 - 14　桌次排列方法（3 桌）

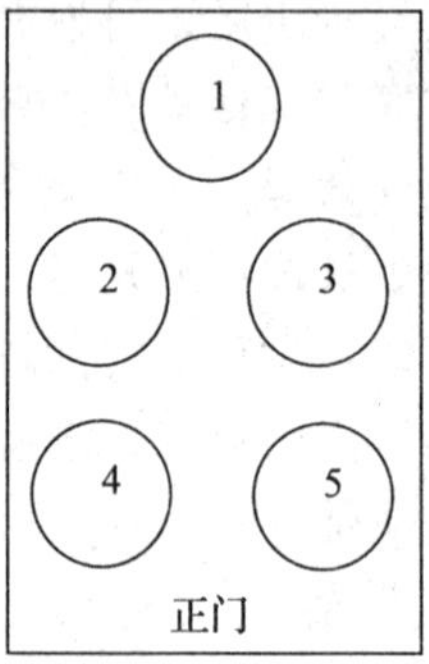

图 6 - 15　桌次排列方法（5 桌）

（2）排定座次

座次的安排以右为贵，左为轻。如男女主人并排而坐，则男左女右，以右为大。在主人两侧，右侧为大，左侧为小。同一桌上，座次高低以离主人的座位远近而定。如遇主宾身份高于主人，为表示对他的尊重，可以把主宾摆在主人的位置上，而主人则坐在主宾位置上，第二主人坐在主宾的左侧。如果本国出席人员中有身份高于主人者，例如，部长为主人，总理或副总理出席，可以由身份高者坐主位，但少数国家亦有将身份高者安排到其他座次上的做法。

1）目前我国通常采用圆桌设宴，一般情况下，主桌要略大于其他餐桌，圆桌的座次在不同的场合也有所不同，如图6－16、图6－17、图6－18所示。

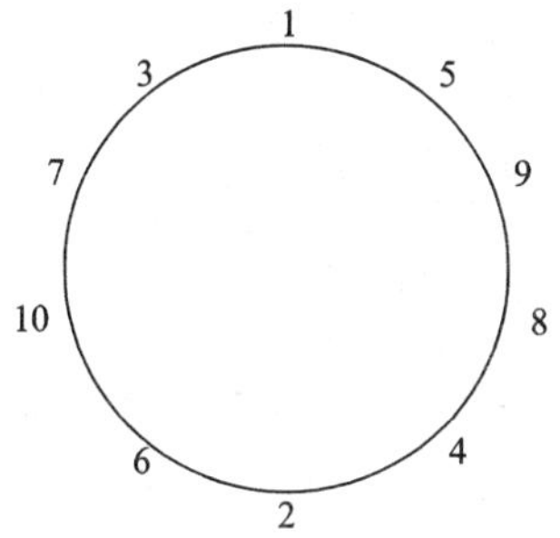

图6－16　十人圆桌座次排列方法一

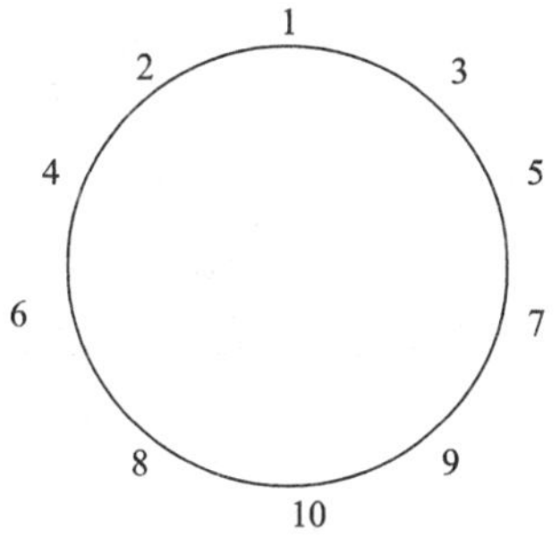

图6－17　十人圆桌座次排列方法二

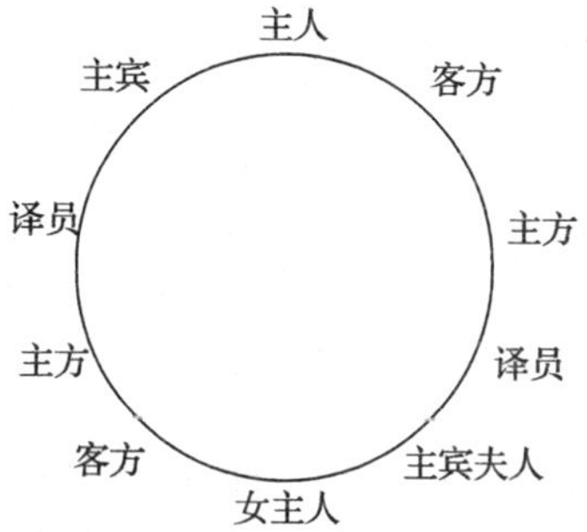

图6－18　十人圆桌，主宾带夫人

2）几种常见的长桌宴会座次排列法，如图6－19～图6－21所示。

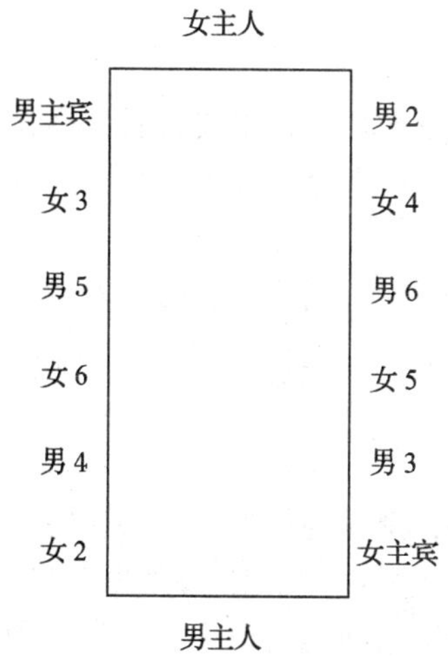

图6－19　长桌宴会座次排列方法一

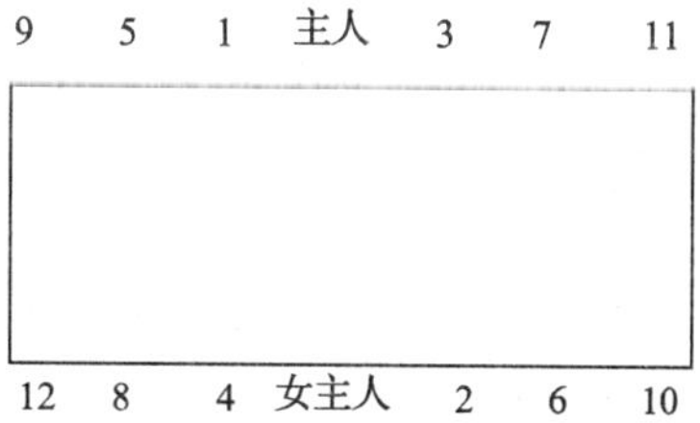

图6－20　长桌宴会座次排列方法二

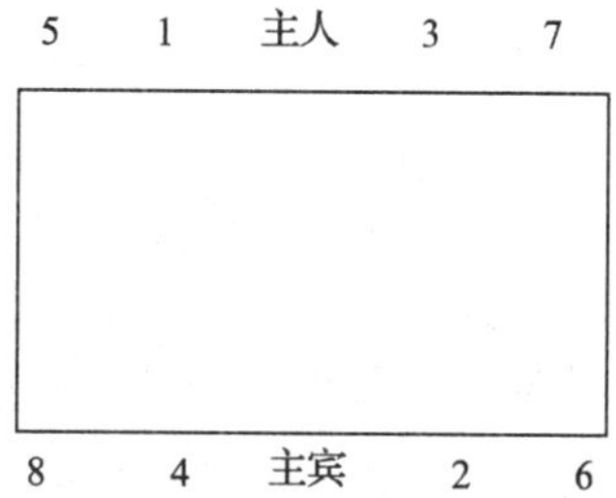

图6－21　长桌宴会座次排列方法三

4. 赴宴礼仪

宴会是否成功，主人处于主导地位，主人要依客人的需要、习惯、兴趣安排一切，而应邀赴宴客人的密切配合也是不能忽视的。

（1）应邀

接到宴会的邀请，不论能否赴约，都应尽快地作出答复，以便主人安排。不能应邀的，应婉言谢绝。接受邀请后不要随意变动，应按时出席。如确有意外不能前去出席的，要提前解释并致歉意，尤其是主宾不能出席时应及早向主人解释、道歉，必要时要亲自登门表示歉意。应邀出席一项活动之前，要确认活动举办的时间、地点以及是否邀请了配偶等，以免失礼。

（2）掌握出席时间

赴宴不得迟到，迟到是非常失礼的行为；但也不可去得过早，去早了主人尚未准备好，难免尴尬，也不得体。一般来说客人应略早抵达，提前到达的时间不超过十分钟。确实有事需要提前退席的，应先向主人说清楚。

（3）抵达

抵达宴请地点，主动向主人问好，如果主人迎来握手，应及时上前回应并致意。

（4）赠花

按当地习惯及宴会的性质，可赠送不同的鲜花或花篮。

（5）入席

应邀出席宴请活动，应听从主人的安排，即客随主便。要先弄清自己的桌次和座次再入席，注意自己的座位卡，不要坐错了位置。入座时应等年长者、上级坐定后方可入座。如有女士，应招呼女士坐定后方可入座。在排定了座次的情况下，可在他人的引导下入座。如邻座是年长者或女士，应主动协助他们先坐下。

（6）姿态

坐姿自然端正，不要太僵硬，也不要往后倒靠在椅背上。肘部不要架在餐桌上，以免妨碍邻座的客人。

（7）餐巾

当主人拿起餐巾时自己便可以拿起餐巾。打开餐巾放在腿上，不要将餐巾别在领口里或挂在胸前。餐巾是用来防止菜汤滴在身上的，不要用餐巾来擦嘴或擦拭餐具。

（8）进餐

进餐时要文明、从容。闭着嘴细嚼慢咽，不要发出声音，喝汤要轻啜，对热菜热汤不要用嘴去吹。骨头、鱼刺吐到筷子或叉子上，再放入骨盘。嘴里有食物时不要说话，剔牙时用手或纸巾遮挡。

（9）交谈

边吃边谈是宴会的重要形式，无论是做主人或陪客，都应与同桌人交谈，特别是左右邻座。若邻座不认识，可先自我介绍。要注意同主方的人交谈，不要只顾和自己熟悉的人谈话。话题要轻松、有趣，不谈不愉快的话题和对方敏感的问题，也不要对宴会和饭菜加以评论。

（10）祝酒

参加宴会，应了解对方的祝酒习惯，即为何人祝酒、何时祝酒等，以便做必要的准备。祝酒时注意不必交叉碰杯，在主人和主宾致辞、祝酒时应暂停进餐和交谈，注意倾听。遇到主人和主宾前来敬酒时应起立举杯，碰杯时要目视对方致意。宴会上互相敬酒，气氛活跃，但切忌喝酒过量，否则会失言失态。

（11）水果

吃水果时，用专用的水果叉或牙签而不要用手直接去拿。

（12）退席

退席时，应帮助同桌的长者或女士拉开座椅，不要忘了随身携带的物品。

5. 宴请服务礼仪

宴请中，服务人员礼仪主要有以下内容。

1）服饰整洁、熨平，头发梳理平整，指甲修剪清洁。讲礼貌，待人和气谦逊，面带笑容。说话声音要轻，语言亲切，用词得当，多说“请”、“您”、“谢谢”、“对不起”、“请原谅”等。

2）熟悉宴请礼节。客人入座，协助挪动椅子。

3）熟悉菜单，掌握上菜速度。正餐上菜，先客人，后主人；先女宾，后男宾；先主要客人，后其他客人。若一人上菜，可以从主人右侧的客人开始，按顺序上菜。隆重的宴会，也有要求严格按礼宾顺序上菜的。上菜时，左手托盘，右手夹菜，从客人左边上。倒酒水则应右手持瓶，从客人右侧倒。每道菜上完第一轮后，待一些客人吃完，再上第二轮。

4）客人吃完，应从右侧撤换餐具。但撤前一定要注意客人是否已吃完（西餐可看刀叉是否已合拢并列，若八字或交叉摆开，则表示尚未吃完，不能撤）。若无把握，可轻声询问。切忌客人正吃时撤换，这是很不礼貌的。撤换餐具，动作要轻，还需用的餐具若正好放在盘上，可轻轻拿开，再把盘子取走。

五、签约仪式礼仪

1. 签约仪式准备工作礼仪

举行签约仪式首先要布置好签约现场，并做好有关签约仪式的准备工作。

（1）签约现场的布置

举行签约仪式的现场，一般会有专门的签约厅，有时也使用会议厅、会客厅来代替，无论选择在哪里，主办方都应该事先征询有关方的意见。

签约厅内应当铺设地毯，除了必要的签字用的桌椅外，其他一切陈设都不需要。正规的签字桌应为长桌，桌上最好铺设深绿色台呢布。在签字桌后方，应悬挂醒目条幅，比如“××公司与××公司关于××项目合作签约仪式”。

在签字桌上，应事先摆放好待签文本及签字笔，必要时要准备好签字之后庆贺用的香槟酒，有时还需在签字桌上摆放有关各方的国旗。摆放国旗时，在其位置与顺序上，必须按照礼宾次序而行。

（2）待签合同文本

在签约仪式之前，应由签约仪式主方负责准备待签合同文本。待签的合同文本应同时使用有关方法定的官方语言，或者使用国际上通行的英文、法文。为了使到场来宾了解合同情况，主办方除合同正式文本外还应准备一定数量的合同文本的副本。一般情况下，副本不用签字、盖章，只供浏览使用。

（3）签约现场的人员安排

在举行签约仪式前，有关各方应预先确定好参加签约仪式的人员，并通知主方，以便主方进行安排。一般来说，根据合同性质，双方主签人可由企业最高负责人担任，也可由具体部门负责人担任；双方各自的助签人，一般会选择熟悉签约仪式详细流程的人担任。其他出席签约仪式的随行人员，基本上是参与到洽谈过程中的全体工作人员。出于公平和相互尊重的原则，双方主签人在身份上应该对等，双方出席的随行人员的人数最好大体相等。

（4）签约现场的座次

在签署双边合同时，签约现场的座次安排依据“面门为上，以右为尊”的原则。

1）并列式签约仪式座次（见图 6－25）。并列而坐时，应请客方主签人在签字桌右侧就座，主方主签人在签字桌左侧就座。双方的助签人，分别站立于各自主签人的后方外侧。主客双方的随行人员，可以按照一定的顺序站立于各自主签人的身后，原则上应根据职位高低，按照“中间高于两边，右侧高于左侧，前排高于后排”进行站立。

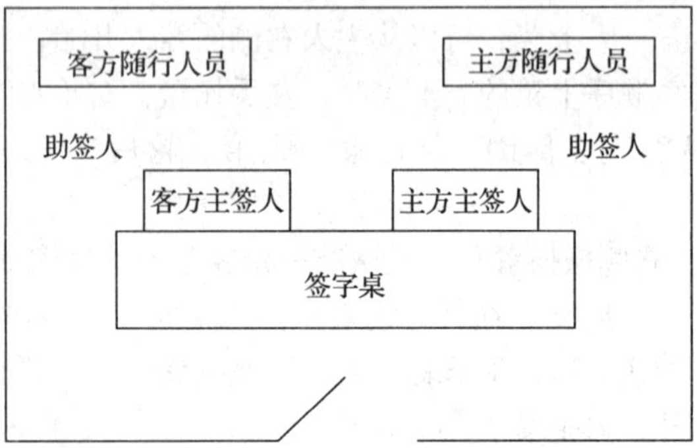

图 6－25　并列式签约仪式座次

2）相对式签约仪式座次。若桌子横放，正面对门的一方为上座，留给客方坐；背对门的一方为下座，由主方坐。若桌子竖放，则应以进门的方向为准，右侧为上，留给客方坐；左侧为下，由主方坐。座次安排方法与会谈座次相同，如前文图 6－12 和图 6－13 所示。

在签署多边合同时，一般只设一个签字桌。各方主签人签字时，须依照有关各方事先安排的先后顺序，依次上前签字。其助签人一般随主签人一同上前，并站立于主签人的左侧。同时，各方随行人员，应按照一定的次序，面对签字桌就座或站立。需要注意的是，多边签约的正式合同文本只需一份。

2. 签约仪式的程序礼仪

（1）相关人员入场

当双方主签人进入签约厅时，其他人员应按身份排列于各自的主签人之后，共同进入会场，相互致意握手。双方的助签人员分别站立于各自主签人的外侧，其任务是翻揭待签文本，并向主签人指明签字处，双方其他参加签字仪式的人员则应分别按一定的顺序排列于各自主签人之后。

（2）主签人签署合同

主签人首先应在本方保管的合同文本上签字，然后由助签人帮助与对方交换文本；交换之后，主签人在对方文本上签字。

（3）主签人交换合同

双方主签人签字完毕，应再次交换正式签署的合同，保留本方首签的文本。交换后，双方主签人应热烈握手，互相祝贺。有时两位主签人会交换各自使用过的签字笔，作为纪念。这时出席签约仪式的所有在场人员则应该以热烈的掌声表示喜悦和祝贺。

（4）共同举杯庆贺

双方主签人交换了已签订的合同文本后，礼仪小姐会用托盘端上香槟酒，双方主签人同在场人员一起，共同举起手中的香槟，相互道贺。在举杯庆祝时，不要大声喧哗和叫喊，碰杯要轻，而后高举示意，浅抿一口即可，举止要文雅有风度。

（5）有秩序地退场

签约仪式结束后，应先请双方最高领导者及客方人员退场，然后主方人员再退场，整个签约仪式的时间安排以半小时为宜。

情境实训与练习

一、思考题

1. 国际交往礼仪的基本原则有哪些?
2. 如何正确理解礼宾规格的原则?
3. 礼宾次序的排列方法主要有哪几种?
4. 怎样正确把握迎送规格？迎送规格主要分为哪几种?
5. 宴请有哪几种形式？分别有哪些礼仪要求?

二、礼仪实训题

1. 请按一般迎送规格制定一份具体迎送方案并让学生分角色模拟迎送的程序和礼仪。
2. 组织学生参加一次学校的升国旗活动，总结并讲解国旗悬挂的要求及方法。
3. 模拟安排会谈座次，并模拟会见或会谈的服务规程。
4. 以4~8人为一组，练习签约仪式的程序礼仪。

三、案例分析题

20世纪60年代，美国总统约翰逊访问泰国。在受到泰国国王接见时，约翰逊竟毫无顾忌地跷起了二郎腿，脚尖正对着国王，而这种姿势在泰国是视为侮辱对方的，因此引起泰国国王的不满。更为糟糕的是，约翰逊在告别时竟然用得克萨斯州的礼节紧紧拥抱了王后，这使泰国举国哗然，因为在泰国除了泰国国王之外，任何人都不得触及王后。泰国国民纷纷谴责这位不懂礼仪的美国总统。

1. 美国总统约翰逊在访问泰国时违反了国际交往礼仪中的什么原则?
2. 谈谈在国际交往礼仪中应如何做到“入乡随俗”。

学习情境七 宗教礼仪

学习目标

知识目标：了解佛教、基督教、伊斯兰教、道教的起源与分布，认识宗教礼仪在旅游接待服务中的重要作用。

技能目标：掌握佛教、基督教、伊斯兰教、道教的基本礼仪及禁忌，能够在旅游交往中根据游客的宗教信仰来处理问题，能与不同宗教信仰的人开展良好的交往活动。

能力目标：学习宗教礼仪后熟练运用于旅游服务工作。

导入案例

一位纽约商人在某个周五住进泰国曼谷东方饭店，饭店将他安排在二楼靠近楼梯的房间，商人非常满意，对饭店的安排给予了高度的评价，这位商人后来成了该店的常客。原来基于宗教原因，他不能在周五乘电梯，曼谷东方饭店员工的服务可谓到家了，连客人的宗教习惯也一清二楚。

在一次印度官方代表团前来我国某城市进行友好访问时，为了表示我方的诚意，有关方面做了积极的准备，就连印度代表团下榻的饭店里，也专门换上了舒适的牛皮沙发。可是，在我方的外事官员事先进行例行检查时，这些崭新的牛皮沙发却被责令立即撤换掉。原来，印度人大多信仰印度教，而印度教是敬牛、爱牛、奉牛为神的，因此，无论如何都不应当请印度人坐牛皮沙发。

这两个事例表明，旅游从业人员很有必要掌握一些宗教礼仪。

宗教文化是人类传统文化的重要组成部分，它影响到人们的思想意识、生活习俗等方面，并渗透到文学艺术、天文地理等广泛的领域，对人类文化的发展产生了重要的影响。旅游是社会经济发展过程中的现象，宗教文化资源对于旅游的发展发挥着越来越主导性的作用，因为它不仅是人类文化的组成部分，更是有特色的、极具价值的人文旅游资源。

随着对外开放的深入和扩大，旅游接待服务工作要接待世界各地各种各样的客人，不同的客人有着不同的宗教信仰。旅游从业人员了解、熟悉并掌握有关宗教的基本知识、礼仪和禁忌，将有利于维护和加强祖国各民族团结；有利于帮助我们去了解如何尊重来自世界各地的客人的宗教信仰和习俗，把旅游接待服务工作做得更周到，由此体现我们“宾客至上”的工作原则和“有朋自远方来，不亦乐乎”的真挚情感，加深与各国人民和海外同胞交往的情谊；有利于我国旅游企业参与广泛的国际沟通与交流，从而促进我国旅游业的发展。

任务一　佛教礼仪

一、佛教的起源、发展及分布

佛教与基督教、伊斯兰教并称世界三大宗教。全世界信仰佛教的人在三大宗教中人数较少，只有 3 亿多人，分布在 86 个国家和地区，主要是东亚与东南亚地区。佛教分大乘佛教、小乘佛教和藏传佛教。

1. 佛教的起源

在世界三大宗教中，佛教创立最早，它起源于公元前 6 世纪至公元前 5 世纪的古印度，距今已有 2 500 多年的历史。其创始人为乔达摩·悉达多。释迦牟尼是佛教徒对他的尊称，其意是“释迦族的圣人”。

2. 佛教的发展

（1）佛教发展的四个历史阶段

佛教的发展大致可分为四个历史阶段，即原始佛教、部派佛教、大乘佛教、密教四个阶段。

1）原始佛教。释迦牟尼创教及其弟子相继传承时期（约为公元前 6 世纪至公元前 5 世纪）的佛教称为原始佛教。佛陀的说教最初是口传的，为了便于记忆，采取偈颂的形式，后来编集为由经、律、论组成的“三藏”。佛陀在世时反对婆罗门教四种姓的不平等制度，因此，在他所创立的僧团中允许各个种姓和“贱民”参加。

2）部派佛教。在佛陀逝世 100 年后，佛教内部由于对戒律和教义看法的不同开始分裂，最初分裂为大众部和上座部，以后又从两个部分裂为 18 部。

3）大乘佛教。在部派佛教流行时期，大乘的思想在南印度已开始产生和传播。当时在佛教徒中流行着对安置佛陀舍利的佛塔崇拜，从而形成了大乘最初的教团——菩萨众，参加这些教团的有出家的导师（僧侣）和在家的支持者（俗人）。他们编辑了阐述大乘思想和实践的经籍，最初为般若系经典，以后又有《妙法莲华经》、《维摩经》、《华严经》和《无量寿经》等出现。公元 1 世纪，大乘佛教开始由古印度向境外传播，向北传播形成北传佛教，向南传播形成南传佛教。我国汉族大部分地区信奉大乘教派，故又称汉传佛教。传入西藏、内蒙等地区的为喇嘛教。

4）密教。公元 6 世纪至公元 7 世纪，印度教在印度当时的社会和文化生活中逐渐取得了占优势的地位，在理论上得到重大发展而空前地盛行。佛教在这种社会潮流影响下开始吸收婆罗门教的某些教义和印度民间信仰而逐步密教化，在南印度和德干高原以及东印度出现了金刚乘和易行乘等，其主要经典为《大日经》、《金刚顶经》等，主张修“三密”，三密相应，即身成佛。

（2）佛教在中国的发展

佛教产生于印度，却发展于中国，在中国已有 2 000 多年的历史。由于传入的时间、途径、地区、民族文化及社会历史背景的不同，中国佛教形成了三个派别，即汉传佛教（汉语系大乘佛教）、藏传佛教（藏语系）、云南上座部佛教（巴利语系小乘佛教）。

1）汉传佛教。东汉以后，印度大小乘佛经不断传入中国中原地区，被译成汉语。魏晋时期盛行老庄玄学，佛教大乘般若学说在思辨方法上与玄学相似，所以很快风行起来。南北朝时期，后赵石勒、石虎，前秦苻坚，后秦姚兴，梁武帝等君王大力支持佛教。同时教内出现佛图澄、道安、鸠摩罗什、慧远等高僧大德讲经说法、著书立说、翻译经典，影响很大。当时出现了许多以研究一部或几部佛典为中心的佛教学派，如《大涅槃经》、《成实论》、《十地经论》、《百论》等，为后来中国佛教宗派的建立奠定了基础。

佛教经过南北朝时期的普及发展，为隋唐时期佛教中国化提供了基本条件。隋唐是中国封建社会的盛世，也是佛教在中国发展的一个兴盛时期。这个时期出现了一大批高僧大德，如鉴真和尚、一行禅师等。玄奘法师更是一位杰出人物，他置生死于度外，从印度取回了大量的经卷进行翻译，是著名的佛学家、翻译家、旅行家，被鲁迅先生称为“中华民族的脊梁”。佛教经过长期与中国文化思想和社会习俗的融通、综合，形成了一些具有民族特色的宗派，主要有天台宗、净土宗、华严宗、禅宗、律宗、唯识宗、三论宗、密宗八个宗派。宋代以后，佛教各大宗派逐步走向融合，直至今日各派很少有门户之见。

2）藏传佛教。它是佛教的一支，主要流行于我国西藏、青海、云南、四川、甘肃、内蒙古、新疆等省区以及尼泊尔、蒙古、哈萨克斯坦、印度等国家。7 世纪，佛教最初从中国汉地和印度传入藏族地区。佛教传入后与当地苯教发生激烈冲突，而两教在相互斗争中也相互吸收。此后不断发展，11～12 世纪，形成了带有藏族地区特色的藏传佛教。它把以释迦牟尼名义编述的大小乘佛法统称为显教，以法身佛大日如来所说的教论称为密教。所据经典有《大日经》、《金刚顶经》、《现观庄严论》等显密经典。藏传佛教也分不同的宗派，主要有宁玛派、噶举派、萨迦派、噶当派和格鲁派。它们虽然各有特点，但教义上基本是把显、密二教结合起来，提倡显、密兼学兼修。藏传佛教由于莲花生大师、阿底峡尊者、八思巴帝师、宗喀巴大师等人的努力，发展迅速并影响深远，成为藏族人民灿烂民族文化的重要组成部分。

3）上座部佛教。在 7 世纪就有上座部佛教从缅甸传入我国云南边境地区。11 世纪后期，普甘王朝重兴佛教，上座部佛教再度从缅甸传入云南边境地区，此后不断发展。

上座部佛教主要分布于云南省的西双版纳、德宏、思茅、临沧、保山等地，主要通过泰国、缅甸传入。云南上座部佛教有傣族、布朗族、景颇族、佤族、德昂族、阿昌族共 6 个民族信仰。所用经典是巴利语三藏的傣语译本，重要部分有傣语翻译。此外，傣语和布朗语的佛教注疏和著述也不少。

中国是唯一一个世界三大语系佛教俱全的国家，佛教已经成为中国优秀传统文化的一个重要组成部分。

3. 佛教的分布

佛教产生之后，在印度于公元前 3 世纪孔雀王朝阿育王时期非常兴盛，逐渐分裂成大乘佛教和小乘佛教两大派别，并由印度向外传播，共分三条路线。

1）从古印度向北传入中国，再由中国传入朝鲜、日本、越南等国，以大乘佛教为主，称北传路线。

2）从古印度向南传入斯里兰卡、缅甸、泰国、老挝、柬埔寨等国及中国云南傣族等少数民族地区，以小乘佛教为主，称南传路线。

3）从印度及中国内地传入青藏高原，与当地原始宗教苯教结合，形成了藏传佛教。

知识拓展

佛教的标记

佛教的标记有法轮、“卍”（有左旋和右旋两种）字和莲花，如图7－1所示。

图7－1　佛教的标记

法轮是全世界公认的佛教的标志，意即佛之法轮如车轮辗转可摧毁众生烦恼。佛教的旗帜或佛像的胸间，往往有“卍”的标记，武则天将其定音为“万”，意为光芒四射的太阳或燃烧的火；后作为佛教吉祥的标记，表示吉祥万德。莲花也是佛教的标志，莲花出淤泥而不染，象征佛教的清净庄严。

二、佛教基本礼仪

1. 佛教主要礼节

（1）合掌

合掌是佛教徒的普通常用礼节，亦称合十。左右合掌，十指并拢，置于胸前，以示敬意。一般教徒在见面时，多以合十为礼，但是参拜佛祖或拜见高僧时要先行跪合十礼，行礼时，右腿跪地，双手全合掌于眉心中间。因佛教中不提倡握手，所以在我国，一般非佛教徒对僧人施礼，也以行站合十礼为宜。

（2）五体投地（顶礼）

“五体”（或称五轮）指两肘、两膝和头，五体都着地，为佛教最高礼节。先正立合掌，然后右手撩衣，膝着地，接着两肘着地，再头着地，最后两手掌翻上承尊者之足。礼毕，起顶头，收两肘，起立。“五体投地”也称“顶礼”，一般有原地和前行两种，前行的又叫“磕长头”，这种礼佛的形式在藏传佛教中最为普遍。

（3）四威仪

“四威仪”主要是指僧尼在行、站、坐、卧方面应保持的威仪德相，不容许举止轻浮，一切都要遵礼如法，即“行如风，站如松，坐如钟，卧如弓”。

（4）南无（音那摩）

南无是佛教徒表达一心皈依佛门的致敬语。常用来加在佛、菩萨名或者经典题名之前，以表示对佛、法的尊敬和虔信。“南无”的意思是“把一切献给”。例如，口念“南无阿弥陀佛”表示对佛的尊敬和顺从。

（5）功课

佛教徒清晨和晚间都要进行诵经仪式，称之为功课。一般寺庙在早晨打催起板（即发起床令），僧侣洗漱完毕来到大雄宝殿，诵经前先要恭敬礼佛，然后齐诵诸经。在吟诵经文的时候要做到姿态端庄，口齿清楚，心随意念，意随文观。

（6）过堂

过堂是中国汉传佛教丛林中特有的仪制，早、午斋两次过堂；是将进食视为一种重要的修行方法，在僧团生活中占有重要的地位；是佛教思想和礼仪的完美统一。

过堂时，主持和尚坐在饭堂正中的法座上，众僧分坐两边。过堂中，僧尼们首先要进行“五观”：① 思念食物来之不易；② 思念自己德行有无亏缺；③ 防止产生贪食美味的念头；④ 把饮食只当做疗饥的药；⑤ 只为修道业而饮食。

2. 称谓礼仪

1）一般有“四众弟子”、“出家四众”、“出家五众”、“七众”之称。比丘、比丘尼为出家男女二众，优婆塞、优婆夷为在家男女二众，此为“四众弟子”。比丘、比丘尼、沙弥（俗称“小和尚”）、沙弥尼（俗称“小尼姑”）即为“出家四众”，若加上式叉摩那（学戒尼），则称为“出家五众”。出家五众加在家二众称“七众”。

2）对较高水平的僧人，根据具体情况称为“法师”（通晓佛法的僧人）、“经师”（通晓经藏或善于诵读经文的僧人）、“论师”（精通论藏的僧人）、“律师”（通晓律藏的僧人）、“三藏法师”（精通经、律、论三藏的僧人）等。“大师”一般用以尊称著名僧人；“高僧”则是对德行高的僧人的尊称。

3）以职务相称，如“住持”（方丈）、“监院”（当家和尚）等。现在一般称和尚为“师父”，称尼姑为“师太”。

3. 饮食礼仪

佛家弟子在日常生活和行为方面都要受到一定的约束，表现在饮食上主要有“过午不食”、“不吃荤腥”、“不喝酒”等。

1）过午不食。按照佛教规定，比丘每日只能进餐一次，后来也有进餐两次的，但是必须在午前用完，过午不能进食。午后只能喝白开水，连牛奶、椰子汁都不能喝。

2）不吃荤腥。荤食和腥食在佛门中是两个不同的概念。“荤”专指葱、蒜、辣椒等气味浓烈、刺激性强的东西，吃了这些东西会不利于修行，所以佛门禁食。“腥”指鱼、肉类食品。汉地僧人信奉大乘佛教，我国大乘佛教的经典中有反对食肉的条文，所以汉族僧人和许多在家居士都不吃肉。但是在我国蒙、藏地区由于气候和地理原因，缺乏蔬菜，一般也食肉。无论食肉与否，大小乘教派都禁忌荤食。汉族地区在家的居士，有吃长素的，也有吃花素的，如观音素、十日素、八日素或六日素等。

3）不喝酒。因为酒会乱性，不利于修行，所以佛教规定佛教徒不得饮酒。

三、佛教的主要节日

1. 佛诞节

佛诞节也称“浴佛节”，是纪念释迦牟尼佛的重大节日。传说在悉达多太子诞生之日，有九条龙口吐香水洗浴佛身。根据这一传说，于每年农历四月八日举行法会，在大殿里用一水盆供奉太子像（即释迦牟尼佛诞生像），全寺僧人和信徒用香汤为佛像沐浴，作为佛诞生纪念。据佛传的说法，佛诞生时，右手指天，左手指地，说道“天上地下，唯我独尊”，并且步步生莲花，预兆着将来舍身出家，普度众生的志愿。因此太子像是高数尺的童子立像，右手指天，左手指地。但中国汉族地区寺院内的太子像很多是左手指天，这是因为印度的习惯尚右，汉族的习俗则是尚左。

知识拓展

古人以左为尊

图 7－2　溥仪和皇后的座次

中国古代曾经以左为大、左为上，古代的男左女右对应男尊女卑。古时官场座次尊卑有别，十分严格。官高为尊居上位，官低为卑处下位，如沈阳故宫溥仪和皇后的龙凤座（见图 7－2）：龙凤座椅坐北朝南，龙座位于左侧，凤座位于龙座的右侧，皇帝的龙椅高于皇后的凤椅。因为古人坐北朝南，则左为东，右为西，故座次以“左”为尊。又如《三国演义》封面上的三位人物的排列次序分别是：刘备（大哥）站在中间，关羽（二哥）站在刘备左边，张飞站在右边，这个排列次序正符合古时的以左为尊。另外还有乘车，经常出现“虚左”（空出左边的尊位给别人）的说法。《史记·魏列传》，“公子从车骑，虚左，自迎夷门侯生。”古代座次以左为尊，空着左边的位置以待宾客。

但古代中国，是“左”尊还是“右”尊并不是一成不变的，在不同的时期和时代，存在着不同的规定。

周、秦、西汉时，我国以“右”为尊，故皇亲贵族称为“右”戚，世家大族称“右族”或“右”姓。右尊左卑表现在建筑住宅上，豪门世家必居市区之右，平民百姓则居市区之左。

从东汉至隋唐、两宋，我国又逐渐形成了左尊右卑的制度。这时期，左仆射高于右仆射，左丞相高于右丞相。

蒙古族建立元朝后，一改旧制，规定以右为尊，当时的右丞相在左丞相之上。

朱元璋建立明朝，复改以左为尊。

2. 成道节

成道日是佛祖释迦牟尼在菩提树下修行成佛的日子。据佛经记载，释迦牟尼出家后，经过六年苦修，认识到如此苦修不是通往解脱的正确道路，决定放弃苦修，另辟蹊径。经过七天七夜的思考，释迦牟尼终于豁然大悟，认识了人生痛苦的原因以及灭除痛苦的方法等真谛，对宇宙人生真实的彻底觉悟，这就是我们通常所说的“成佛”或“成道”。后世把释迦牟尼成佛的这一天，称为“佛成道日”，为了纪念这一天而举行庆祝活动，就称为“成道节”或“成道会”。中国传统的佛成道节是在农历十二月八日，也就是腊月初八，俗称“腊八节”。

3. 涅磐节

涅磐节是为纪念释迦牟尼逝世的日子。佛教相传释迦牟尼 80 岁时在拘尸那迦城外的婆罗双树林间结束最后一次传法，于农历二月十五日逝世。佛教称死为涅磐（修道所达到的最后的精神境界），故纪念释迦牟尼逝世的日子称为涅磐节。涅磐节这一天，寺庙举行涅磐法会。人们聚集法会，面对释迦牟尼佛圣像诵听《佛遗教经》，并做各种供奉。

4. 盂兰盆会

盂兰盆会亦称盂兰盆斋，是每逢农历七月十五日佛教徒举行的以供养三宝、超荐七世现世父母及历代祖先、施食鬼神为内容的佛教节日。盂兰盆，意译“救倒悬”，比喻亡者之苦有如倒悬，痛苦之极，应即往解救。《盂兰盆经》记载了目连解救母厄的故事：“有目连僧者，法力宏大。其母堕落饿鬼道中，食物入口，即化为烈焰，饥苦太甚。目连无法解救母厄，于是求教于佛，为说盂兰盆经，教于七月十五日作盂兰盆以救其母。”中国从梁代开始举行盂兰盆会。

四、佛教的禁忌

佛陀临逝世时教导弟子们，在他去世以后要以戒为师。佛教的戒（禁忌）有两个方面，一方面是针对僧人和僧团的，另一方面是针对在家修行者的。佛教的禁忌，是以佛教事业的兴盛和佛教的根本教义得到弘扬为目的的。佛教自传入中国后，同各地的民俗、文化相融合，形成不同的禁忌。

1. 五戒十善

佛教最基本的戒律是“五戒十善”。五戒，就是杀生戒、偷盗戒、邪淫戒、妄语戒和饮酒戒。十善实际上是五戒的分化和细化，分为身、语、意三业的禁忌，其内容包括：身体行为的善（禁忌）——不杀生，不偷盗，不邪淫；语言方面的善（禁忌）——不妄语，不两舌，不恶口，不绮语；意识方面的善（禁忌）——不贪欲，不嗔恚，不邪见。

2. 称谓禁忌

对出家众的称谓，佛教也有一些讲究。中国人一般称呼男出家众为“和尚”，女子出家则称为“尼姑”或者“姑子”，其实这种称呼并不合乎佛制，特别对尼众的称呼更是一种不尊重的表现。正确的称呼是：年满 18 岁，在受了十戒的基础上再加六法，为随学比丘尼。居士称“××师父”，教外人称“××法师”。受过具足戒的就是比丘，教外人可称“××尼师”、“××法师”、“××师父”“××师太”。也有称尼众寺院的住持为和尚的。

其实遵照佛教的制度，一般大丛林（寺院）的方丈称为“和尚”，沙弥的剃度师也可称为和尚，比丘的得戒师称为“戒和尚”。所以，其他僧人一般都不能称和尚，和尚实际上是很尊重的称呼。对于和尚可称为“和尚”、“大和尚”、“方丈”，教外人可称“大法师”、“法师”，居士可统称“××师父”。凡是剃度出家的男性，年满 20 岁，受了具足戒的则称为“比丘”。受具足戒五年之内的比丘，还没有资格收授徒弟，居士可称他们为“师父”，教外人可称其为“××法师”。应该注意的是，教外人同僧人交往中，不可直呼其号。

3. 人际交往禁忌

公民有信仰的自由，在社会交往中，必须尊重民族地区的宗教信仰。同比丘尼交往要注意，男性公民不能进尼众的寮房，同比丘尼说话时要有另外的人在场，不要主动与比丘尼握手，到比丘尼寺院参观、拜佛，应衣冠整齐等。女士到男众寺院也要注意，不要随意到僧人关闭的地方去。

佛寺是清静的圣地，所以，进入寺庙衣履要整洁，不能着背心、打赤膊、穿拖鞋。当寺内举行宗教仪式或做道场时，不能高声喧哗干扰。未经寺内职事人员允许，不可随便进入僧人寮房等地方。为了保持佛地清净，严禁将一切荤腥及其制品带入寺院。

案例解读

在曼谷的国际电讯公司

一家外国电讯公司在泰国曼谷设立分公司选地址时，看中了一处房价适中、交通方便且游人众多地段的楼房，而这幢楼的对面塑着一尊并不十分高大但又非常显眼的如来佛像。有关心者告诫公司经理说，公司若在此开业，生意会很糟糕的。但公司经理非常自信，认为这不可能，因为公司在中东地区开设的另外几家分公司业务开展都很红火。所以，公司没听劝阻，就在这里如期开业了。

几年来，这家公司果然生意清淡。公司经理终于面对现实，不得不重选公司地址，生意这才明显地好起来。经理本人对此始终大惑不解，到处打听原因，得到的解释是，业务不景气的根源在于公司的大楼高度超过了对面的如来佛像两层，也就是说，公司的位置在如来佛像之上。这在一个信仰佛教的国家是严重犯忌的，没有尊重当地人对佛像的敬畏，他们自然产生感情上的不快甚至愤怒，当然不愿与公司往来做生意了。

4. 饮食禁忌

佛教规定出家人饮食方面的禁忌很多，其中素食是最基本、最重要的一条。此外，佛教还要求僧人不饮酒、不吸烟。不饮酒包括不饮一切能麻醉人的饮料，比如粳米酒、果酒、大麦酒、啤酒等。麻醉神经与分泌系统的各种“毒品”更在禁忌之列。吸烟虽然不是五戒范围的内容，但是吸烟是一种精神依赖的不良习惯或嗜好，体现了一种精神的追求和贪欲，同佛教要求的清净无我的境界不相符，因此吸烟当然也是佛教的禁忌之一。不吃零食也是佛教对僧人的要求，这既是僧人威仪的需要，也是僧人的修行需要。所以，同出家人共处时，不宜向僧人敬烟；同桌就餐时，不宜将素菜荤叫，不宜对僧人敬酒、劝酒或者劝吃肉，也不宜提议同僧人干杯。

5. 服饰禁忌

（1）僧衣

僧衣又名袈裟，是出家僧人必须着的佛教规定的出家人服装。根据佛教制度，比丘衣服有大、中、小三件：一是用五条布缝成的小衣，是劳动时穿的；二是用七条布缝成的中衣，是平时穿的；三是用九条乃至二十五条布缝成的大衣，我国俗称祖衣，是礼服，是出门或见尊者时穿的，三衣总称为袈裟。僧衣是出家僧人的重要标志，是僧人修行的体现，因此，僧人已经出家，不得着在家人的服装。

（2）剃发

剃发又称削发、落剃、落发、净发、庄发等。根据佛教制度，僧人出家时必须剃发，这是取得僧人资格的必备条件。佛教出家人剃发是断诱惑，以便静心修道，且有别于外道。释迦佛剃发时发愿说：“今落须发，愿与一切，断除烦恼及以刀障。”意思是舍弃美好的服饰，过朴素无华的生活。所以，僧人出家前必须落发。蓄发不具备佛教出家僧人基本条件，是僧人最大的禁忌。

（3）剃胡须

留胡须也是佛教的禁忌，要求出家者皆不得留胡须。但我国汉族僧人也有极少数留胡须的，他们认为出家当时应当剃胡须，以后可以留，但是为数极少。南传上座部佛教的僧人一律不许留胡须。

（4）香疤

香疤是指僧人受戒时在头上燃香烫戒疤。出家人在受菩萨戒时，为了表示发菩萨的大宏誓愿，以期难忍能忍，难舍能舍，以燃顶香来显发自己的心迹，藉发大愿而供养十方诸佛法僧，在家菩萨则燃臂香，以别于出家菩萨的形象。

汉族僧人在唐朝就有练顶的习惯。实际上受戒不必在头上烧香疤，因为这样影响身体健康。除汉传佛教外，其他民族佛教都没有烧戒疤的规矩。所以，解放后中国佛教协会第六届全国代表会议通过的《全国汉传佛教寺院管理办法》第14条规定废止烫香疤的做法。但也有少数僧人受戒时仍要求烫香疤。

6. 个人生活禁忌

佛教在个人生活方面的禁忌主要有体现在不结婚和不蓄私财两个方面。

（1）不结婚

出家僧众负住持佛法的责任，在家修行障碍多，心意难以专纯，出家生活自由无累，容易集中精力从事无我无欲的修行。这是出家僧人同在家人的重要区别，也是僧人身份的根本标志。

（2）不蓄私财

出家僧人是代佛行道，在世间弘扬佛法，因此，僧人必须是人天师表，以佛教事业作为终生家业，僧众以寺院常住为家，以弘扬佛法为终身事业，他们的财产来自佛教，用于佛教，个人没有财产可言。因此，僧人出家后不得私自蓄财。这是出家二众无我无累修行的根本条件。僧人蓄私财是违背出家本意的，也是违反佛教戒律的。

除此之外，个人生活方面的禁忌还包括不自歌舞，不观看、听取歌舞，不坐卧高级豪华床位，不接受金银象马等财宝，不做买卖，不看相算命等。僧人出家受戒后，戒律还要求比丘、比丘尼分别住在各自寺院中，不能同住一个寺院。因此，与僧人交往时不宜问是否已经结婚之类的话，不宜邀请僧人唱歌、跳舞或参加其他不符合佛教清规戒律的娱乐活动。

对于在家的居士，佛教只要求在每月一定的日子里过一种克制的生活。持斋的日子一般是农历朔日、初八、十四、望日、二十三、二十九。

任务二　基督教礼仪

一、基督教的起源、发展及分布

基督教是目前全世界信仰人数最多的一种宗教。它的信徒有15～21亿人，约占世界总人口的20%～30%，分布于150多个国家之中。在西方各国，它的影响举足轻重。基督教是信奉耶稣基督为救世主的各教派的统称，主要分三大派系：天主教（或称罗马公教）、新教（或称基督新教、耶稣教）和东正教。

1. 基督教的起源

基督教源于巴勒斯坦的犹太教。在公元3年，罗马人征服巴勒斯坦，对犹太人进行残酷镇压。为此，犹太人多次起义，起义失败使一些人寄希望于宗教，期待“救世主”出现，来拯救受苦的教民。犹太下层民众中出现一种流传“救世主”将要来临的秘密教派，基督教实际上由此教派演变而来。最早的该派教徒多为被释放的奴隶和贫苦人民，他们在城市中建立起小组进行活动，以十字架为标志，实行财产共有。但由于其宗教向各民族开放，包括罗马人在内的各民族人士广泛参加，原来敌视罗马统治的精神逐步转为对现实罗马统治予以容忍，宣传爱仇如己，寄希望于来世，鼓励对国家忠诚，对主人恭顺。因此，在公元313年君士坦丁大帝颁布《米兰赦令》，宣布给基督教以合法地位。

2. 基督教的发展

随着罗马帝国分裂为东、西两个帝国，基督教也出现了罗马与君士坦丁堡两个中心，它们彼此相互指责为异端，到1054年相互逐出教门，断绝一切往来，正式分裂成为两个教派。西部以罗马为中心，称为罗马公教（即天主教）；东部以君士坦丁堡为中心，称东正教会，又称“正教”。在西部，教会政治权力扩大，利用特权霸占了不少领地，对农民进行剥削。教会还出售各种神职、“圣物”、“圣骸”、“赎罪卷”来榨取人民血汗。教会的腐化及所谓镇压“异端”，使教会完全成为与人民对立的统治集团，教会成为人们反对封建的焦点。德国的教士马丁·路德提出宗教改革，闵采尔领导农民起义，使西部统一的教会从此不再存在，宗教改革在北部广大地区广泛进行下去。结果，改革后的新教出现，而且在这些国家占主导地位，基督教从此分成三个教派。

3. 基督教的分布

天主教是基督教的第一大派别，全世界约有信徒11.5亿，主要分布在意大利、法国、西班牙、葡萄牙等中南欧地区以及美洲地区。信奉新教的国家主要是欧洲北部的国家如丹麦、瑞典、挪威、冰岛、芬兰，以及英国、德国和荷兰的部分地区，在全世界新教信徒人数约4.2亿。在欧洲，主要信奉东正教的国家为俄罗斯、罗马尼亚、保加利亚、希腊、塞尔维亚、马其顿；在亚洲，主要是俄罗斯人居住的地区。全世界信仰东正教的人共1.6亿多，主要在前苏联，约占60%。

知识拓展

基督教的经典与标记

基督教的主要经典为《圣经》，包括《旧约全书》和《新约全书》两部分。其中，《旧约全书》源于犹太教，《新约全书》曾被译成1 848种语言和方言，对世界文化产生了深远的影响。

基督教的标记为十字架。

二、基督教的基本礼仪

基督教的礼仪因教派不同而有所不同。天主教和东正教认为有七桩圣事：洗礼、坚振、告解、圣餐、终傅、圣职和婚配。基督教路德宗（新教主要宗派之一）只承认洗礼和圣餐为圣事。

1. 称谓

基督教的信徒之间称平信徒，在我国习惯上称教友。其中，新教的教徒之间可称兄弟姐妹，因为大家同是上帝的儿女；还可称同道，因为大家都信奉耶稣所传的教道。

教会的神职人员，按其职位称呼，如××主教、××牧师、××神父等。

对外国基督教徒可称先生、女士、小姐、博士、主任、总干事等。

2. 礼拜

礼拜是指基督教教徒们每星期在教堂里举行一次宗教聚礼活动，它是基督教最主要的宗教礼仪。星期日做礼拜为“主日礼拜”，根据《新约全书》中记载，耶稣在这一天复活。少数教派则根据《旧约全书》中第七日为安息日的规定，在这一天进行礼拜，称为“安息日礼拜”。礼拜一般由牧师主持，按照固定的礼仪程序进行，通常包括唱诗、读经、祈祷、听讲道和祝福等宗教活动。除了每周一次的常规礼拜之外，基督教会还举办婚礼、葬礼、追思、感恩以及圣餐等礼拜活动。

3. 祈祷

祈祷亦称祷告，是指基督教信徒向上帝和基督耶稣求告，内容可以是认罪、感谢、祈求和赞美等。祈祷有口祷和默祷两种形式，个人单独进行的为私祷，在礼拜、聚会时由神职人员主颂的为公祷。祈祷时通常信徒双手手指交叉合拢并置胸前，闭上双目，排除杂念。祈祷完毕，颂称“阿门”。

4. 洗礼

洗礼是基督教一个很重要的仪式，表示洗净原有的罪恶，接受耶稣基督为救主，来更新自己的生命。后延伸为比喻在艰难的磨炼和考验后，对生命有了新的认识，新的起点和开端。基督教史上曾先后出现过三种不同的洗礼方式，即浸水洗、注水洗和洒水洗。浸水礼在行礼时受洗者全身浸入水中或半身站在水里，头部须三次浸入水中，主礼者同时口诵规定的经文。8 世纪以后，因为行浸水礼不太方便，尤其是在冬天寒冷的季节行浸水礼对人的健康有所伤害，特别是对体弱病者不宜，于是行注水礼者日增。到 12 世纪，几乎全部用注水礼代替了浸水礼，注水礼成为洗礼仪式的主要形式。注水礼仪式是主礼者（一般为神父或牧师）给受洗者额头（或身体其他部位）倾注少量的水，让水从额头流下，同时口诵规定的经文。洒水礼即把水洒到受洗者身上，但这种洗礼方式使用不如注水礼普遍。

5. 坚振

坚振亦称“坚信礼”、“坚振礼”。入教者在领受洗礼一定时间后，再接受主教的按手礼，如此，可使“圣灵”降于其身，以坚定信仰，振奋心灵。

6. 告解

告解是耶稣基督为赦免教徒在领洗后对上帝所犯各种罪，使他们重新获得上帝恩宠而定立的。举行告解时，由教徒向神甫告明对“上帝”所犯罪过，以示忏悔。神甫对教徒所告各种罪，应严守秘密，并指示今后应如何补赎。

7. 圣餐

天主教称“圣体圣事”，其礼仪称“弥撒”；东正教称“圣体血”；新教称“圣餐”。在做弥撒时，主礼人先领“圣体”（面饼）和“圣血”（葡萄酒），然后让信徒领圣体。教义称这是代表耶稣的身体和血，为众人免罪而舍弃流出的。

8. 终傅

终傅指教徒临终时敷擦“圣油”。一般在教徒年迈或病危时，由神甫用经过主教祝圣过的橄榄油抹在其耳、目、口、鼻、手、足处，并念一段祈祷经文，认为这样可帮助受敷者缓解病痛，赦免一生的罪过，心安理得地去见上帝。

9. 圣职

人担任神职时，要举行祝圣礼。神甫或主教念一段祈祷经文，宣称担任神职者可以“圣化”，成为“圣者”，今后有资格主持“圣事”。

10. 婚配

婚配指教徒在教堂举行结婚仪式，由神甫主持，在问询双方，经肯定回答之后向双方祝福正式成婚。

三、基督教的主要节日

1. 圣诞节

这是纪念耶稣诞生的节日，大多数教会规定每年 12 月 25 日为圣诞节，东正教则规定在每年的 1 月 6 日或 7 日。圣诞节沿革至今，不仅是一个传统的宗教节日，同时又成为许多国家民间盛大的欢庆节日。12 月 25 日原为罗马神话中太阳神阿波罗的生日，罗马帝国以基督宗教为国教后将此日改为纪念耶稣基督诞辰，但耶稣基督降生的真实日期无人知道。12 月 24 日通常称为圣诞夜，一般教堂都要举行庆祝耶稣降生的夜礼拜（根据《圣经》耶稣降生于晚上），礼拜中专门献唱《圣母颂》、《弥赛亚》等名曲。

2. 受难节

受难节是纪念耶稣受难的节日。据《圣经》记载，耶稣于复活节前三天被钉在十字架而死。这天在犹太教的安息日前一天，因此规定复活节前两天的星期五为受难节。基督教多数教派都纪念这一节日。

3. 复活节

为纪念耶稣复活的节日。它是东正教最为隆重的节日。据《圣经》记载，耶稣受难被钉死在十字架上后，第三天复活。根据公元 325 年尼西亚公会议的规定，复活节在每年春分后第一个圆月后的第一个星期日，一般在 3 月 22 日至 4 月 25 日之间。基督教多数教派都纪念这个节日。庆祝活动的具体内容各地不一，最流行的是吃复活节蛋，以象征复活和生命。

4. 圣灵降临节

圣灵降临节，亦称五旬节。据《圣经》记载，耶稣复活后第50天差遣圣灵降临，门徒领受圣灵后开始向世界各地传布福音。教会规定每年复活节后第50天为圣灵降临节。

5. 感恩节

感恩节是北美洲基督教传统节日，而非普世基督教节日。感恩节由美国首创，原意是为了感谢印第安人，后来人们常在这一天感谢他人，举行3天的狂欢活动。自1941年起，感恩节定在每年11月的第四个星期四，从这一天起休假两天，人们不管多忙都要和自己的家人团聚。感恩节是美国国定假日中最地道、最美国式的节日。每逢感恩节这一天，人们按照习俗前往教堂做感恩祈祷，城乡市镇到处举行化装游行、戏剧表演和体育比赛等，学校和商店也都按规定放假休息。孩子们还模仿当年印第安人的模样穿上离奇古怪的服装，画上脸谱或戴上面具到街上唱歌、吹喇叭。散居在他乡外地的家人也会回家过节，一家人团团围坐在一起，品尝美味火鸡。加拿大的感恩节是在每年10月第二个星期一，届时，家家团聚，举国同庆，其盛大、热烈的情形不亚于中国人过春节。

四、基督教的禁忌

1. 人际交往禁忌

与基督教信仰者打交道时，不宜对其尊敬的上帝、圣母、基督以及其他圣徒、圣事说长道短，不宜任意使用其圣像与其宗教标志。对神职人员，一般不应表现不敬之意。

教堂为基督教的圣殿，它允许非基督徒进入参观，但禁止在其中打闹、喧哗或者举止有碍其宗教活动。非基督徒进入教堂应衣冠整洁，进去后要脱帽。与人谈话应压低声音，不得妨碍教堂正常的宗教活动。当教徒们祈祷或唱诗时，旁观的非教徒不可出声，当全体起立时，则应当跟随其他人一起起立。

基督教忌讳崇拜除上帝以外的偶像。向基督徒赠送礼物，要避免上面有其他宗教的神像或者其他民族所崇拜的图腾。要尊重基督徒的信仰，不能以上帝起誓，更不能拿上帝耶稣开玩笑。基督教由于教派不同，其各个教派的教条也有所不同，为了避免无意中伤害感情，对一些问题一定要弄清楚。例如，神父与牧师是天主教与新教对其神职人员的不同称呼，不可混为一谈。

2. 数字禁忌

在基督教徒眼中，“666”代表魔鬼撒旦，“13”和“星期五”是不祥的。传说因基督教创始人耶稣受害前和弟子们共进了一次晚餐，参加晚餐的第13个人是耶酥的弟子犹大，犹大为了30块银元将耶稣出卖给犹太教当局，致使耶稣受尽折磨。参加最后晚餐的是13个人，晚餐的日期恰逢13日，“13”给耶稣带来苦难和不幸。从此，“13”被认为是不幸的象征。耶稣的受难日是星期五，故西方人往往把星期五视为凶日，称之为“黑色星期五”，不宜出远门。若遇13号和星期五恰巧是同一天时，基督教徒则惶惶不可终日，常常会闭门不出。在世界上很多国家，尤其是西方国家楼房往往不设13层和13号，而用12B、

14A 等数字来代替。餐饮活动中，宴会上也不安排 13 人一桌。此外，医院不设 13 号病房，也没有 13 号病床，电影院也不设 13 排和 13 号座位。

3. 饮食禁忌

不食用血液可以说是基督教信徒生活中一个比较明显的禁忌。不能把动物的血作为食物，基督教认为血象征着生命。而且，《新约全书》把血的作用解释为耶稣基督在十字架上流血舍命而带给人的救赎能力。血既然有如此重要的意义，所以不吃血成为《圣经》对基督徒的一种要求。对于大多数中国基督徒而言，因有《圣经》明训，所以视吃血为禁忌。

勒死的牲畜也在基督教禁食之物之列，这与禁食动物血的禁忌是一脉相承的。因为勒死（包括病死或其他非宰杀原因死的）动物的血液未流出，已被吸收于肉中，故不食为妙，当然也包含卫生的因素。

有些教派的基督徒有守斋之习。守斋时，他们绝对不食肉、不饮酒。在一般情况下，基督徒不食用蛇、鳝、鳅、鲶等无鳞无鳍的水生动物。就餐之前，基督徒多进行祈祷。

4. 婚姻禁忌

基督教对婚姻十分重视。根据《圣经》中伊甸园的记述，基督教认为：第一，婚姻是神圣的，因为婚姻的起源是创造主自己；第二，婚姻应以一夫一妻为原则，上帝为亚当创造夏娃即表明这一道理。既然婚姻是神圣的，就要求做到一夫一妻，因此基督教不主张离婚。基督教传统认为，离婚的前提是一方犯淫乱的罪。《圣经》中提到离婚的另一个可被允许的情形是信仰不同，一方自愿离去。

任务三　伊斯兰教礼仪

一、伊斯兰教的起源、发展及分布

伊斯兰教是世界性的宗教之一。截止到 2009 年年底，世界约 68 亿人口中，穆斯林（Muslim，意思是顺服伊斯兰教的神安拉的人，泛指伊斯兰教教徒）总人数是 15.7 亿，分布在 204 个国家和地区，占全世界人口的 23%。

伊斯兰教主要传播于非洲和亚洲，以北非、西非、西亚、中亚、南亚次大陆和东南亚最为盛行。第二次世界大战后，在西欧、北美、澳洲和南美一些地区也有不同程度的传播和发展。

1. 伊斯兰教的起源

伊斯兰教于 7 世纪时起源于阿拉伯半岛，由伊斯兰教的先知穆罕默德所创。当时的阿拉伯半岛正处于社会大变动时期，四方割据，战乱频繁，内忧外患，危机重重。在宗教信仰上，原始宗教盛行，人们崇拜自然物体，并且各个部落都有自己的神，同时，犹太教和基督教也开始向半岛传播，但它们的学说并不适合这种形势。因此，实现半岛的和平统一和社会安宁是阿拉伯社会的出路。这时先知穆罕默德（570—632）出现了，他以“安拉是唯一的真神”为口号，提出禁止高利贷，“施舍济贫”、“和平安宁”等主张，反映了当时社会的要求。伊斯兰教就是在这样一个转折的时刻诞生的。穆罕默德综合犹太教、基督教以及半岛上原始宗教等教义，声称得到“安拉”（真主）启示，让他在人间为“安拉”、“传警告”、“报喜信”和“慈惠众生”。经过多年的努力，公元622年，穆罕默德将宗教活动中心由麦加迁至麦地那，建立了政教合一的宗教组织。

2. 伊斯兰教的发展

公元632年6月8日，穆罕默德因病逝世，伊斯兰教称其“归真”，葬于麦地那。此后，他的“哈里发”（意为继任者）建立起跨欧、亚、非三大洲的阿拉伯帝国，把伊斯兰教传播到阿拉伯半岛以外的广大地区，最终使之由民族宗教发展为世界性宗教。公元7世纪中叶（唐朝初年），伊斯兰教沿海、陆两条路线，即海上“香料之路”和西北“丝绸之路”传入中国。元朝时大批穆斯林从陆路移民至中国，与各地居民长期杂居融合，使伊斯兰教更为广泛地传播和发展。

3. 伊斯兰教的分布

伊斯兰教主要分布于北非、西亚、南亚、东南亚等地，为世界第二大宗教。伊斯兰教有许多派别，其中最主要的有逊尼派和什叶派，逊尼派为多数派，人数约占穆斯林总数的85%；什叶派属少数派，主要分布于伊朗、也门等国。

伊斯兰教在我国也称回教、回回教、清真教、天方教等，主要分布于我国西北部的甘肃、宁夏、新疆、青海等省、自治区。伊斯兰教约于唐贞观年间经由海路和陆路传来中国，故早期伊斯兰建筑多集中于广州、泉州、杭州、扬州等沿海城市，如广州怀圣寺（狮子寺）、泉州清净寺（麒麟寺）、杭州真教寺（凤凰寺）、扬州仙鹤寺为中国沿海伊斯兰教四大古寺。另外也经陆路由西域传入。伊斯兰教与回族、维吾尔族、哈萨克族等少数民族的历史、文化及世俗生活息息相关。

知识拓展

伊斯兰教的教义、经典与标记

伊斯兰教的基本教义为“六大信仰”：信安拉，信仰安拉（真主）是创造和主宰宇宙万物的做客之神；信使者，穆罕默德是安拉派来的使者，负责传达神意，拯救世人；信天使，天使是安拉的差役，各司其职；信经典，安拉降示的《古兰经》是伊斯兰教根本的经典；信前定，人的一生命运以及世上的一切都是由安拉预先安排确定好的；信后世，人死后，其灵魂不死，通过末日审判，或入天国，或下地狱。

《古兰经》是伊斯兰教的基本经典。阿拉伯语“古兰”原意是“诵读”。《古兰经》原是穆罕默德在传教时，以安拉名义所发表的言论，在其死后，由专人汇编而成。伊斯兰教把《古兰经》奉为神圣经典、生活最高准则和立法的最高依据。故遇到问题往往到《古兰经》中去找答案。《古兰经》中没有的，则只好从穆罕默德的其他言行中去找准则。为此，把穆罕默德用“安拉”以外的名义发表的言论编汇成为“圣训”。

伊斯兰教的标记是新月。远古时期，对太阳、月亮、星星的迷信与崇拜是世界上很多民族曾经有过的现象。而在沙漠热带地方，对月亮的崇拜就更为突出。安拉将《古兰经》降示给圣人穆罕默德后，伊斯兰教首先在阿拉伯地区弘传。那里炎热干旱，游牧民族的生产生活多在夜晚进行。阿拉伯历将太阳降落到太阳初升作为一天，而新月初升则为每月第一天的开始。伊斯兰教的斋月，就是从见到新月第一天开始封斋开始到再见到新月开斋为止的一个月时间。在穆罕默德看来，新月代表一种新生力量，从新月到月圆，标志着伊斯兰教摧枯拉朽、战胜黑暗、圆满功行、光明世界。

二、伊斯兰教的基本礼仪

1. 称谓

穆斯林之间，无论在什么地方，不分职位高低，都称兄弟或多斯提（波斯语意为“好友”、“教友”）。对于知己朋友则称“哈毕布”（阿拉伯语意为“知心人”、“心爱者”）。到过麦加朝觐的穆斯林，在姓名前冠以“哈吉”（阿拉伯语意为“朝觐者”）。

伊斯兰教的教职有伊玛目、海摊布、穆安津，合称“掌教”，我国则称为“阿訇”（波斯语音译），是对伊斯兰教学者、宗教家、教师的尊称。对年长者称“阿訇老人家”，对支持清真女寺教务或教学的妇女称“师娘”，在清真寺求学的学生称“满拉”。

穆斯林有见面互致互答祝安词的礼俗，称为色俩目或色兰，意为平安，已经沿用了上千年，至今也没有大的变化。致意者道：“愿安拉赐给你平安。”答谢者道：“愿安拉也赐给你安宁。”穆斯林以此种方式视对方为众人的代表，表达尊敬之意。穆斯林之间在致祝安词时，一般是外来者先向留住者致祝，少数人向多数人致祝，年轻者向年长者致祝，男士向女士致祝。在男女互致时不握手，并且对非亲属的穆斯林妇女要保持一定的距离，以示尊重。非穆斯林也可以向穆斯林道“色兰”，凡是听到者都应回致“色兰”。

2. 五功

五功即念、礼、斋、课、朝。

1）念：即以严肃和心悦诚服的态度，用阿拉伯语口念“作证词”。念“作证词”是“五功”之首，是最基本的功课。

2）礼：即做礼拜。礼拜是一项重要的宗教仪式，是每一位成人穆斯林的“天职”。礼拜有一定的朝向、时间、仪式和要求。

朝向：全世界的穆斯林在做礼拜时，必须面朝麦加圣寺内的“克尔白”（即天房，指寺内方形石殿，它是全世界穆斯林朝拜的中心），因此各国穆斯林由于所处位置不同朝拜的方向也各不相同。每一个清真寺里的壁龛即表示礼拜的朝向。

时间：伊斯兰教规定每日礼拜五次，分别是晨礼（从拂晓到日出）、晌礼（从中午刚过到日偏西）、晡礼（从日偏西至日落）、昏礼（从日落至晚霞消失）、宵礼（从晚霞消失至次日拂晓）。此外，星期五主麻日晌礼时间，穆斯林要到清真寺做集体礼拜即“聚礼”。在开斋节和宰牲节时举行“会礼”。

仪式：礼拜是由若干动作和仪式组成的，如抄手、站立、鞠躬、叩头等。妇女的某些动作与男子稍有不同。

要求：礼拜不规定固定的地点，家里、车内、飞机上、人行横道上、清真寺内，只要洁净、方向对即可。礼拜时要求礼拜者身、心和服装都洁净。一般礼拜之前可做小净，即依次洗手、洗脸、洗肘、漱口、洗鼻孔、用湿手抹头和冲洗双脚；参加聚礼、会礼之前应做大净，即自上而下冲洗全身。一般清真寺都有自来水池供小净用。

3）斋：即斋戒。伊斯兰教历的9月（阿拉伯语的音译为“莱麦丹”）是斋月，因为伊斯兰教认为9月是《古兰经》颁降之月，是最吉祥、高贵之月。斋戒时白天（从日出前一个半小时到日落）应不吃不喝，戒房事，叫做“封斋”或“把斋”。斋戒的意义在于修炼人的意志、思想、身体，以达到虔诚地服从“真主之命”。按伊斯兰教规，未成年人、病人、孕妇、出门履行者等人，可免除斋戒。

4）课：即天课。它是“奉主命而定”的宗教赋税和法定的施舍，又称“济贫税”，不属于政府征收，也不是社会捐赠。天课不是人人都要交纳的，而是除正常开支外，财产尚有富余的人按比例交纳的。

5）朝：即朝觐。凡有条件的男女穆斯林一生中必须去沙特阿拉伯麦加城内的“克尔白”朝觐一次。正式朝觐的时间为伊斯兰教历的12月8日~10日。除此之外，一年之中任何时间都可前去朝觐，称为“小朝”或“副朝”。朝觐的主要仪式有受戒、转天房、住“米那”、站阿拉法特山、在萨法和麦尔卧两山之间奔跑、射石（投打石鬼）等。朝觐的条件是成年、身体健康、有足够的旅费而无债务缠身等。

3. 殡礼

殡礼是为穆斯林亡后举行送葬的集体礼拜。在进行礼拜时，送葬者没有鞠躬、叩首、跪坐等仪式，均站在亡者一侧，面向“克尔白”做祈祷。

4. 大、小净

进礼拜殿前须做大、小净和脱鞋。一般性的礼拜可做小净，即洗净脸和手脚等。大净则是从头到脚依次洗遍全身。在沙漠地带，也可用沙土代替水洗，称为土净或代净。

三、伊斯兰教的主要节日

1. 古尔邦节

“古尔邦节”是阿拉伯语的音译，意思是“接近”，又称“忠孝节”、“宰牲节”，是中国回、维吾尔、哈萨克、乌孜别克、塔塔尔、塔吉克、柯尔克孜、撒拉、东乡、保安等10个民族的宗教节日。回族又称它“过大年”，维吾尔族和哈萨克族则把它作为他们的新年。

古代阿拉伯宗教传说，“先知”易卜拉欣夜梦安拉，命他宰杀自己的儿子伊斯玛仪勒，以考验他对安拉的忠诚。当易卜拉欣遵命举刀的一瞬间，安拉派遣特使牵着一只羊匆匆赶到现场，命令以宰羊代替献子。从此，在阿拉伯民族中形成了每年宰牲献祭的习俗。伊斯兰教产生后，承认先知易卜拉欣为圣祖，并继承了这一仪式，把伊斯兰教历太阴年12月10日（即开斋节后的第70天）定为宰牲节。每当节日，凡经济条件较好的人家，或宰羊宰牛或宰骆驼，准备节日食品待客或馈赠。信教群众还要沐浴礼拜。中国通用汉语的穆斯林俗称宰牲节为“小开斋”。中国政府规定这一天给穆斯林职工放假。

2. 开斋节

开斋节又叫肉孜节，是阿拉伯语“尔代·菲图尔”的译意，是伊斯兰教徒一年中一个重要的节日。伊斯兰教规定，在伊斯兰教历太阴年9月29日若见新月，则第二天为开斋节，否则推迟一天。开斋节也是伊斯兰教历太阴年的10月1日。

伊斯兰教规定，穆斯林们在开斋节这天要沐浴更衣，聚在附近清真寺做礼拜，听教长讲经布道，悼念先人。这天家家户户准备好杏干、杏仁、油香、油炸果子、瓜果茶糖等招待客人，青年们则汇聚在一起唱歌跳舞。中国新疆地区穆斯林称开斋节为肉孜节。中国政府规定这一天给穆斯林职工放假。

3. 圣纪节

圣纪节是在伊斯兰教历 3 月 12 日，是纪念伊斯兰教的创始人穆罕默德的，他的诞生和逝世均在伊斯兰教历的 3 月。

伊斯兰教其他节日还有登霄节，在伊斯兰教历 7 月 17 日，是纪念传说中穆罕默德夜晚上天朝见安拉的节日，登霄节夜晚，穆斯林举行礼拜、祈祷等活动。伊斯兰教历 1 月 10 日为阿术拉节，是安拉创造人、天国乐园、火狱的日子，也是阿里之子候赛因殉难日。穆斯林在这天自愿斋戒，什叶派则举行哀悼仪式和游行等。伊斯兰教历 8 月 15 日夜为白拉台夜，是安拉决定凡人一年生死祸福之夜，这天穆斯林白天斋戒，夜晚诵经，祈求赐福。伊斯兰教历 9 月 27 日夜为盖德尔夜，是安拉颁降《古兰经》之夜，此夜做一件善功胜过平时做 1 000 个月的善功。穆斯林夜晚去清真寺做礼拜，育经，有的还彻夜不眠。伊斯兰教历元旦举行纪念穆罕默德从麦加迁徙到麦地那的活动。

四、伊斯兰教的禁忌

伊斯兰教内涵甚为广泛，它在神学信仰、政治主张、经济思想、道德规范、生活方式、家庭组合等各个方面所提倡的思想原则和行为规范，对每一个穆斯林或每一个信仰该教的民族都有着深远的影响。

伊斯兰教在人际交往、饮食、服装、卫生、婚姻、丧葬等方面有许多禁忌。

1. 人际交往禁忌

伊斯兰教是一个重视交往和强调人情的宗教。《古兰经》倡导的人际交往原则有诚实守信、克己忍耐、宽恕待人、互相合作、谦让利他、语言优美、结交好人、重视礼节等。与这些原则相反的都是伊斯兰教所禁止的，严禁作伪证、说谎、诬蔑、谗言、诽谤，严禁讥笑并以秽名相称，禁止恶意猜测，禁止偷窥他人隐私，禁止嫉妒，禁止妄言嘻行，禁止背后非议，严禁赌博，严禁抽签，严禁占卜、看相。

2. 饮食禁忌

伊斯兰教规定端饭、握手均用右手，用左手被视为不礼貌，禁用左手待客敬茶。饮食问题在穆斯林的生活中占据着极为重要的地位。伊斯兰教认为，安拉造化宇宙万物、创造了人类，为人类创造了大地上的一切供人们享用，允许人们吃一切合法而又佳美的食物。《古兰经》中说："世人啊，你们可以吃地上所有的合法而佳美的食物，你们不要跟随恶魔的脚步，他确是你们的敌人。"主要禁忌有严禁吃自死物，严禁食血液，严禁食用诵非安拉之命而宰杀的动物，禁止食用猛禽猛兽，严禁饮酒，禁止一切与酒有关的致醉物品，禁止从事与酒有关的营生，禁止出席有酒的宴席，严禁服用一切麻醉品和毒品。

3. 服饰禁忌

伊斯兰教认为既然安拉为人类造化了大地上的一切，就允许而且要求所有的穆斯林尽可能利用大地上的物质把自己装饰得美观一些、衣着讲究一些，因为这同享受安拉所创造的一切佳美的食物一样是对安拉恩赐的接纳，只有接纳并且享用安拉所赐予的一切，才能感受安拉对人类的仁慈。《古兰经》中说：“安拉为他的臣民创造的服饰和佳美的食物，谁能禁止他们去享用呢?”所以除了安拉外谁也无权限制穆斯林用安拉所创造的服饰装扮自己。伊斯兰教在服饰方面的基本原则是顺乎自然，不追求豪华，讲究简朴、洁净、美观。严禁男人佩戴黄金饰物，忌讳穆斯林穿外教服饰。

4. 卫生禁忌

伊斯兰教是一个注重卫生的宗教，伊斯兰教不仅注意沐浴洁净人的身体外表卫生，而且也非常重视个人生活的卫生。有如下禁忌：禁止在公共场所大小便；禁止用右手处理污秽的事物；禁止在礼拜时吐痰、打哈欠、吹东西；禁止吃生葱、姜、蒜后做礼拜等。

5. 婚姻禁忌

伊斯兰教与其他一些禁欲的宗教相反，反对独身主义，主张男大当婚女大当嫁。《古兰经》中说：“男女互为对方的衣服。”伊斯兰教认为，婚姻不但是男女两性为了满足情欲而进行的一种结合，而且是一个人对自己、家庭、社会、人类生存延续负有责任的重要行为，也是一个穆斯林遵从主命、履行先知教诲的具体表现，因而伊斯兰教积极提倡男女健康合法的婚姻，但禁止非法的同居和私通等性关系。同时，为了防止混淆血缘、乱伦等不道德现象，伊斯兰教在婚姻方面也规定了一些禁忌：严禁与有相近血缘、亲缘、婚缘和乳缘关系的人结婚；严禁与外教人结婚；严禁娶有夫之妇；严禁把离婚当做儿戏。

6. 丧葬禁忌

伊斯兰教规定丧葬的基本原则是土葬、薄葬和速葬。伊斯兰教由于对死亡和丧葬有这样的主张，所以对与此相驳的一些思想、仪式、习惯都加以反对，这就形成了在这方面的许多禁忌：禁止喧哗，禁止在日出、日落和正午时间举行殡礼，严禁为自杀者站殡礼，严禁号啕大哭，严禁妇女参加殡礼，严禁设立灵位向亡人祷告，禁止妇女为亡人超期守制，禁止无故迁坟，禁止盼望死，禁止自杀。

任务四　道教礼仪

道教是中国本土宗教，创立于东汉末年，创始人之一为张陵（又称张道陵），属多神教。道教是中国主要宗教之一，其主要思想《易经》为伏羲、周公、孔子三圣创立。伏羲创造了八卦，周文王创造了六十四卦，孔子则为易经作《易传》，由此形成了中华文化的总源头。道教到南北朝时盛行起来。道教徒尊称创立者之一张道陵为天师，因而道教又叫“天师道”，后分化为许多派别。道教奉老子为教祖，尊称他为“太上老君”。

一、道教的起源、发展及分布

道教距今已有 1 800 余年的历史。它与中华本土文化紧密相连，深深扎根于中华沃土之中，具有鲜明的中国特色，并对中华文化的各个层面产生了深远影响。

1. 道教的起源

道教的名称来源，一则起于古代之《易经》—— 一部既古老又新奇、既高深莫测又简单容易的解开宇宙和人生密码的宝典；二则起于《老子》的道论，首见于《老子想尔注》。道教奉老子为教主，因为道家哲学思想的最早起源可追溯到老庄。值得注意的是，道教与道家是不同的两码事。道家所讲的道学不是宗教，也不主张立教。《老子》是道家思想的源流之一，被后世的张道陵等人奉为“经书”，但它并不是“太上老君”为布道而写的经书。一般学术界认为，道教的第一部正式经典是《太平经》，完成于东汉，因此人们将东汉时期视做道教的初创时期。道教正式有道教实体活动是在东汉末年太平道和五斗米道出现后，而《太平经》、《周易参同契》、《老子想尔注》三书是道教信仰和理论形成的标志。近年来，道家“天人合一”的思想、宇宙观日益受到重视，并引起了西方世界的兴趣，也使得道教获得更多关注。道教教义中虽有道学成分，但远远不足以代表道学精神，远远不足以传达老庄思想，二者不能混同。

2. 道教的发展

道教在东汉晚期形成有组织的宗教形式，由方仙道、黄老道演变而成道教，在民间广泛流传。魏晋以后，由于统治者的支持，因而能够跻身社会上层得以发展。从隋唐至北宋，更是道教的兴盛时期，其社会地位大大提高，宫观不仅遍布全国，且规模日益宏大，道教学者辈出，道书数目大增并汇编成藏。南宋以后至明代中叶，道教在统治者的扶持下仍然继续发展，但由于民族矛盾异常尖锐，道教内部亦因而宗派纷起。明中叶以后，内忧外患，朝廷自顾不暇，对道教未能从财力上支持。满清入关后，统治者对道教不感兴趣，因而使之失去政治上的支持，道教遂由在上层社会转入民间发展，渐变成秘密宗教团体。道教的发生、发展与中国漫长的历史进程交织在一起，道教的盛行与传播对中国的政治、思想、科技、文化、艺术等方面都产生了深刻的影响。

3. 道教的分布

道教主要在汉族地区传播，在少数民族地区也有传播和影响，并随着历史的发展，传播到了朝鲜、日本和南洋一带。《道德经》作为道家思想的主要经典，与道教相互依存，相互发展，成为中国传统文化的重要组成部分。道教徒在全国各地均有分布，在国外也有少量道教徒存在，一般多见于名山大川，著名道观。

知识拓展

道教教义、经典与标记

道教宣扬“道”是“万物之母”，是超越时空的永恒存在，是天地万物的根源。被神化了的“道”是道教的核心信仰，是宇宙万物之中最核心的东西，而“德”是道的行动。道教追求长生不老、肉身成仙。道教修炼的道术主要有内养（道教气功）、外养（炼制和服食丹药）和房中术（房中节欲养生之道）等。这些道术包含着许多古化学、医学、药学和养生学的内容，在客观上为中国古代科学技术的发展做出了一定的贡献。

图 7－3　八卦太极图

道教以《道德经》（即《老子》）、《正一经》和《太平洞经》为主要经典。《道藏》是道教经籍的总集，书中收录除道教经书外，还有诸子百家和医学、化学、生物、体育、保健以及天文地理等其他方面的论著，是中国古代文化遗产的重要组成部分。

八卦太极图（见图7－3）是道教的标记。

二、道教的基本礼仪

道教礼仪是道教规定的日常生活中的行为表现规范。其与戒律不同之处是，戒律是用条文明确下来的，违者必罚；而礼仪则是最起码的举止规范，违者则视为品行不端，属于道教仪范部分。道教的礼仪内容很复杂，小到日常称呼，大到出入行走，凡事都有一定的礼仪，同时，一个修道或奉道者的外在礼仪风范也是其道德修养的体现。

1. 称谓

道教中，对信奉道教教义、修习道术的专职道教徒称道士，对女道士称道姑。对出家的道士一般应尊称“道长”，道长又称“黄冠”、“羽客”，对女道士一般尊称“道姑”或“女冠”，也可根据其职务尊称法师、宗师、方丈、住持、知客。对非专职的道徒称居士、门徒或者弟子。

2. 交往

道士不论是与同道还是与外客相见时，习惯于双手抱拳放于胸前，以拱手为揖礼，向对方问好致敬，这是道教的传统礼仪。后辈教徒见到前辈时，可行鞠躬礼或跪拜礼。各派的跪拜礼略有不同，一般以师承为训。

非宗教人士遇到道士，既可行拱手礼，也可行握手礼。对道士可冠以姓，称其“×道长”、“×法师”。

3. 诵经

诵经是道教主要宗教活动，道士每天早晚都要诵经。上殿时要穿戴整洁且禁谈笑，起居作息一律按道观内的清规执行。

4. 过斋堂

道众斋堂吃饭，名曰“过斋堂”。过斋堂亦是道教宫观的仪范之一。道士在吃饭时，与世俗人吃饭有很大的区别。开饭时要打梆集合，道士们衣帽整齐地排成两队进入饭厅，每人一碗饭，一碗菜。道士每饭必先供养，为思：十方供养，来之不易，无功享用，惟恐罪过。故每饭先上供出食，以行神、人、鬼普同供养，是为结“三缘”之举。昔日，北京白云观斋堂门旁有幅对联：“一念纯真金可化；三心未了水难消。”由此可知，道士吃斋过程中亦有修心之举，所以，他人不得打扰，吃斋者也不得起身。

5. 道场

一种为善男信女祈福、禳灾、超度亡灵而社坛祭祀神灵的宗教活动。道教的斋醮道场分为祈祷道场和度亡道场。凡参加道场的信众，均要斋戒沐浴，诚心祈祷，穿戴整齐，随同跪拜。祈祷时默念“消灾延寿天尊”；度亡时默念“太乙救苦天尊”。

三、道教的主要节日

道教以与自己信仰关系重大的日子和所奉神灵、祖师之诞辰日为节日。某些重大节日将举行盛大斋醮，以示庆祝。

由于各个节日庆祝的对象不同，起始年并不一样。据现存资料看，三会日、三元日、五腊日等是较早的节日，其余皆是后起。东汉张道陵创道教，信仰天官、地官、水官，与信徒定三会日。南北朝时始定正月、七月、十月的望日建三元斋。

由于各派在信仰上的差异，所崇奉的神灵和祖师有同有异。一般来说，各派共尊的最高神三清，最高天神玉皇以及历史悠久的三官，社会影响很大的西王母、东岳大帝、文昌帝君、真武大帝等之“诞辰”日，是各派共奉的节日。各派所奉的祖师，如正一派的张陵、三茅真君、许真君，全真道的吕洞宾、王重阳、邱处机等之诞辰日，则是分奉的节日。

由于道教派别的纷繁和地域世俗信仰的影响，各个地区众多小派所崇拜的神灵、祖师更为繁多，节日也相应增多。

1. 玉皇会

正月初九为玉皇上帝的圣诞。在道教中玉皇上帝地位仅逊于三清神，宋代以后民间则尊之为最高神，玉皇会初具规模。全国大部分汉族地区都有此习俗。泰山为“天之孙”，岱顶玉皇庙此日香火鼎盛，成千上万香客携带香烛、供品前往庙中祈福。道观中道士则拜玉皇忏，做法事，“上天表”。

2. 道祖圣诞

二月十五日是道德天尊（太上老君）圣诞日。太上老君为道教教主，三清尊神之一。唐代皇帝尊老子为祖宗，称太上玄元皇帝，祭祀特别隆重。宋代，老君诞辰仍很热闹，道观例要“立坛设醮，谈演道德玉章”，民众也常到宫观烧香礼拜。这一习俗一直沿袭下来。

3. 蟠桃会

农历三月三是西王母圣诞，传说天宫举行蟠桃圣会，民间仿此。过去泰山王母池三月初一至初三举行庙会，游人甚众。初三为正日子，进香民众尤多。道观则设醮庆寿祈恩。

4. 上元节

正月十五是上元天官节，民间又称元宵节、灯节。上元张灯与古代方术有关。此日天官考校功过，以降祸福。

5. 中元节

七月十五日中元地官节，又名鬼节，为追荐祖先而举行。当日道观做道场，诵念经文，以济孤魂野鬼。

6. 下元节

十月十五日下元水官节，又称建功会。当日宫观均诵经做法事，平民百姓则备菜肴，祭祀祖先、神灵，并前往寺观送香烛，献斋供。

四、道教的禁忌

道教禁忌是在中国古代民间禁忌和原始道教信仰的基础上逐渐形成的。

1. 人际交往禁忌

在日常与道士、道门、道观等交往时，必须了解道教的有关禁忌，这些禁忌主要有以下几个方面。

1）和道士打招呼的礼仪。同道士打“招呼”，不能用佛教的“合十”礼仪，而要用“拱手”礼仪，即两手抱拳行礼。

2）烧香的礼仪。各地道观习俗略有不同，有的地区可以在神坛前燃烛烧香和焚化纸制“元宝”，有的地区则只允许烧香祀神，而没有燃烛等其他习俗。绝大多数宫观都不允许在观内燃放烟花爆竹。

3）叩首礼仪。重大的道教醮仪，主祭道士都用中国传统的三跪九叩仪。中国幅员广大，各地叩首的方式不尽相同，每次跪叩的次数也无一定之规。

4）道观是道士生活、修道和举行各种道教活动的重要场所，无论道内道外，都要保持道观的清净、整洁和庄严，切忌有任何禁戒的言行。进入道观，应当衣冠整齐，注重形仪，不可光身赤脚，也不可高声喧哗。特别是全真道士茹素吃斋，入全真道观决不能夹带荤菜。正一道道士平日可以吃荤，唯逢斋必须吃素，因此，在香期内入正一道道观，也不能带入荤菜。

2. 饮食禁忌

道教对饮食有许多讲究和禁忌，其中特别强调对于饮酒、食肉及五辛之菜的禁忌，认为恪守饮食禁忌可以强身健体，修习道教功修者可以延年益寿乃至长生不死。道教在饮食上有“四不吃”之说，即不吃牛肉、乌鱼、鸿雁、狗肉这四种食物。不吃牛肉是因为牛吃的是草，挤出的是奶，终生为民劳作，劳苦功高；乌鱼鱼崽最有孝心，宁可游入母嘴，给母冲饥也不让母饿死，孝心可敬；失偶孤雁，终身独居，处境凄凉，矢志不渝，不再婚配，精神可嘉；古往今来，人们常说“子不嫌母丑，狗不嫌家贫”，狗终生随主，为主效劳。道教的饮食禁忌从一定的角度反映了道教传统的忠、孝、节、义的价值观。

3. 服饰禁忌

道士的衣着服饰禁忌很多，主要有：忌讳随意秽亵法服，就是不管平时穿着还是形仪法服，都必须清洁、严肃而整齐，特别忌讳法服不洁、形仪懒散而随便；忌讳穿杂色衣服，更不能穿华丽服装；忌讳穿宽大、重厚的衣服；忌讳佩戴金银首饰等装饰品；忌讳不穿法服，妄动宝经，更忌讳单衣诵经；忌讳借法服予别人。违反了这些禁忌被认为是对道教的大不敬。

4. 生活禁忌

道士是道教神职教徒的称谓，道士是有别于俗人、超脱于凡常的有“道”之人。所以，道士的衣、食、住、行、喜、怒、哀、乐等在日常生活中，就自然而然地具有了神圣氛围和道教气氛，无论是穿衣、吃饭，还是语言行为、老病丧葬，都不能随心所欲，要按照道教道规的要求处世行事。

5. 丧葬禁忌

提倡对死者，特别是对自己的亲人要“慎终追远”，同时，忌讳厚葬；服丧期间，服饰方面有一定的规定，还必须禁绝一切娱乐活动等。

情境实训与练习

一、思考题

1. 学习宗教礼仪对旅游接待服务有什么重要意义?
2. 佛教有哪些禁忌？试举例说明。
3. 基督教有哪些禁忌？试举例说明。
4. 伊斯兰教有哪些禁忌？试举例说明。
5. 道教有哪些禁忌？试举例说明。

二、礼仪实训题

通过本章的学习，结合当地实际情况，让学生在课外收集感兴趣的宗教习俗礼仪资料，组织一次班级宗教礼仪的推介会，为大家介绍不同地区的宗教民俗礼仪知识。

三、案例分析题

粗心触犯了客人禁忌

某饭店中餐厅，饭店总经理宴请西藏一位高僧。中午11点，一群人簇拥着西藏高僧步入厅堂，两名服务员上前迎接，引领客人入席，并快速地做好了餐前服务工作。菜是预订好的，按照程序依次上菜，一切服务都在紧张有序地进行。

食之过半，客人要求上主食，三鲜水饺很快端上了桌面。在大家的建议下，高僧用筷子夹起一个水饺放入口中品尝，很快就吐了出来，面色仍旧温和地问：“这是什么馅的?”服务员马上意识到问题的严重性，心里说：“坏了！事先忘了确认是否是素食。”三鲜水饺虽是清真，但仍有虾仁等原料，高僧是不能食用的。于是忙向高僧道歉：“实在对不起，这是我们工作的失误，马上给您换一盘素食水饺。”

服务员马上通知厨房上一盘素食的三鲜水饺。部门经理也赶来道歉。高僧说：“没关系，不知者不怪。”这次失误虽然很严重，但因为高僧的宽容大度，最终得以顺利解决，但留给服务员的是一个深刻的教训。

客人为什么不吃原来的三鲜水饺？佛教徒饮食有何禁忌？作为饭店的经营管理者，应如何避免此类事情的发生?

学习情境八 我国部分民族及地区习俗礼仪

学习目标

知识目标：了解我国一些少数民族及港、澳、台地区的社交礼节、习俗、节庆和禁忌，能较为全面地认识其礼俗禁忌。

技能目标：掌握我国港、澳、台地区及一些少数民族的习俗与禁忌，能够对一些少数民族及港、澳、台地区的旅游交往做出简要分析。

能力目标：能运用所学相关知识，分析我国一些少数民族以及港、澳、台地区习俗的基本情况，为进行旅游活动交往打下基础。

导入案例

彝族的鸡冠帽

某饭店接待了彝族撒梅人的民族团体，团体中美丽的少女们都戴着一个很漂亮的鸡冠帽。鸡冠帽是撒梅人服饰最具特色的地方，戴在姑娘头上银光闪闪、光彩有夺目，把撒梅姑娘打扮得更加婀娜多姿。

有个饭店男员工出于好奇，用手摸了一下一位少女的帽子，不料族长以为男员工爱上了那位少女，向她求婚。

原来，在历史上这个少数民族曾在一个夜里受到外族的入侵，恰巧一公鸡鸣叫，唤醒了人们，才免去了一次灭族之灾。以后，为了纪念这只公鸡，村里美丽的少女都戴上鸡冠帽，男子一触摸就表示求婚。

可见，在接待少数民族客人时，应了解并尊重少数民族的风俗习惯，不犯对方忌讳，这样才更有利于旅游交往。

民族是人们在历史上形成的一个有共同语言、共同地域、共同经济生活以及表现于共同文化上的共同心理素质的稳定的共同体。民族是长期历史形成的社会统一体，是由于不同地域的各种族（或部落）在经济生活、语言文字、生活习惯和历史发展上的不同而形成的。民族礼仪是一种象征和交流媒介，是各民族在衣食住行、生产生活、婚丧嫁娶、宗教、节庆习俗及禁忌方面形成的约定俗成的行为准则和习惯法则。了解和掌握一些少数民族以及港、澳、台地区的习俗礼仪和禁忌，可以避免我们在进行旅游交往时发生不必要的误会。各旅游企业和旅游产业人员只有事先了解交往对象的习俗禁忌，恰当地把握交往分寸，才能促进旅游交往的顺利进行。

任务一　东北地区少数民族习俗礼仪

一、蒙古族

全世界蒙古族人数约为 1 000 万。除蒙古国外，蒙古族人口主要集中在我国内蒙古自治区和新疆及邻近省份以及俄罗斯联邦。中国的蒙古族人口为 581 万人（2000 年人口普查），在我国少数民族人口里排名第六。语言为蒙古语，蒙古族信仰喇嘛教，多住蒙古包。

1. 礼节

蒙古族长幼有序，敬老爱幼。到蒙古族人家做客，见到老人要问安，不在老人面前通过，不坐其上位，未经允许不要与老人并排而坐。称呼老人要称“您”，不能以“你”相称或直呼其名。

哈达是蒙古族日常行礼中不可缺少的物品，献哈达是蒙古族迎送客人和日常交往中的礼节。献哈达时，主人双手捧着哈达，吟唱吉祥如意的祝词或赞词，渲染敬重的气氛，同时将哈达的折叠口向着接受哈达的客人。客人要站起身面向主人，集中精力听祝词和接受敬酒。接受哈达时，客人应微向前躬身，主人将哈达挂于客人颈上。客人应双手合掌于胸前，向主人表示谢意。

蒙古族传统礼节除了献哈达外，还有鞠躬礼和握手礼。蒙古族十分热情好客、讲究礼仪，如果你是贵客，主人会设全羊席来款待你，表示对你的尊敬。到蒙古居民家中后，主人会按浅茶满酒的礼俗热情敬献上奶茶和美酒。当接过主人的奶酒，最得体的方法是按照蒙古族敬酒的方式，左手捧杯，用右手的无名指蘸一滴酒弹向头上方表示先祭天，第二滴弹向地表示祭地，第三滴酒弹向前方表示祭祖先，随后把酒一饮而尽。如果客人不会喝酒，只要把酒杯恭敬地放在桌上就可以了。

2. 习俗

蒙古包是蒙古游牧民族的一种传统民居，呈圆形尖顶，顶上和四周以一至两层厚毡覆盖。蒙古包是蒙古族人民智慧的结晶。

蒙古族服饰具有浓厚的草原风格。因为长期生活在塞北草原，蒙古族人不论男女都爱穿长袍。长袍身端肥大，袖长，多红、黄、深蓝色。男女长袍下摆均不开衩。红、绿绸缎做腰带。蒙古族服饰除长袍外还包括腰带、靴子、首饰等，但因地区不同在式样上有所差异。蒙古族男子穿长袍和围腰，妇女衣袖上绣有花边图案。妇女喜欢穿三件长短不一的衣服，第一件为贴身衣，袖长至腕；第二件为外衣，袖长至肘；第三件为无领对襟坎肩，钉有直排闪光纽扣，格外醒目。

蒙古民族饮食讲究，品种多样，传统饮食以奶食、肉食为主，粮食为辅。牧区中奶食、肉食和粮食差不多“三分天下”。在长期的游牧生活中，蒙古族创造了一套制作和保存奶食品的方法，鲜牛奶经发酵、蒸、煮、晒等工序后，可以制成黄油、奶油、奶酒、奶干、奶皮等。炒米、奶茶以及奶油、奶皮、奶酪和酸奶子等是蒙古族牧民最有特色的日常食品，当然还有著名的手扒肉和全羊席等。蒙古民族颇注重饮食的文化气氛，歌舞常伴，隆重场合还要朗诵专门的祝词或赞歌。大部分蒙古族都能饮酒，以白酒为主，有的地区也饮用奶茶和马奶酒。马奶酒味道醇香，清凉解渴，是牧民款待贵客的最佳冷饮。尤其每逢节日或客人朋友相聚，都有饮奶茶的习惯。

3. 节庆

蒙古族的传统节日主要有春节、马奶节、“那达慕”大会、燃灯节、成吉思汗陵祭祀、苏鲁锭祭祀、敖包祭祀等。

1）春节。蒙古族民间一年之中最大的节日是相当于汉族春节的年节，亦称“白月”，节日的时间与春节大致相符。除夕，家家都吃手扒肉、包饺子、烙饼。初一的早晨，晚辈要向长辈敬“辞岁酒”。

2）马奶节。在锡林郭勒，蒙古族牧民除过年节外，还在每年的夏天过马奶节，节前家家要宰羊做手扒羊肉或全羊宴，还要挤马奶酿酒。节日的当天，每家牧民家都要拿出最好的奶干、奶酪、奶豆腐等奶制品摆在盘子里，用以招待客人。马奶酒被认为是圣洁的饮料，献给尊贵的客人。

3）“那达慕”大会。“那达慕”是蒙古语“娱乐”、“游戏”的意思。这个节日有着悠久的历史。现在的“那达慕”大会已经舍弃了一些旧的形式和内容，成为蒙古族人民团结、欢乐的节日。每年七八月，蒙古族人从各处汇聚到一起，举行一年一度的盛大集会。会上，举行赛马、摔跤、文艺演唱和商业贸易等活动。大会有时连续举行几天，充满了欢乐。

4）燃灯节，每年农历十月二十五日，待夜幕降临，家家点燃酥油灯，以示欢庆。现今和布克赛尔蒙古自治县、额敏县多数蒙古族已不过燃灯节。乌苏县蒙古族在燃灯节这一天多不燃灯，代之以各种娱乐形式。

4. 禁忌

蒙古族禁忌较多，突出的主要有以下几种。

蒙古族崇拜火，认为火是驱妖避邪的圣洁物，所以人们进入蒙古包后，禁忌在火炉上烤脚，不得跨越炉灶或脚蹬炉灶，不得在炉灶上磕烟袋、摔东西、扔脏物；不能用刀子挑火、将刀子插入火中，或用刀子从锅中取肉。蒙古族认为水是纯洁的神灵，忌讳在河流中洗手或沐浴，更不允许洗女人的脏衣物或向河流中扔脏物。蒙古族忌讳外人用手摸小孩的头部。忌打狗，到牧民家做客时，要在蒙古包附近勒马慢行，待主人出包迎接，并看住狗后再下马，千万不能打狗骂狗，闯入蒙古包。出入蒙古包时，绝不许踩蹬门槛；进蒙古包时，要注意整装，切勿挽着袖子，把衣襟掖在腰带上；不可提着马鞭子进去，要把鞭子立着放在蒙古包门的右方；进蒙古包后，忌坐佛龛前面，否则主人就会冷待客人，并认为客人不懂礼俗；牧民家有重病号或病危的人时，一般在蒙古包左侧挂一根绳子，并将绳子的一端埋在东侧，说明家里有重患者，不待客。蒙古人忌吃狗肉，不吃鱼虾等海味以及鸡、鸭的内脏。

二、满族

满族，原称满洲族，亦称满民、满人等。满族散居中国各地，居住在辽宁的人数最多，形成大分散小聚居的特点。2000 年统计的满族人口数为 1 068 万人。清代以来的 300 多年间，满、汉长期杂居共处，关内的满族在语言、服饰、习俗等方面与汉族已无差异。目前，除一些语言学者外，满族人通用汉语。挂旗也是满族盛行的一种风俗。

1. 礼节

满族非常重礼节，平时见面都要行请安礼。最隆重的礼节是抱见礼，也称“抱腰礼”。至亲相见、贵宾来访等重要的交际场合，可行抱见礼。如果遇到长辈，要请安后才能说话，以示尊敬。在路上遇到长辈或兄长，首先问安，并站立在路边，让其先过，自己才能动身。媳妇在满族家庭中是必须循规蹈矩的，新过门的媳妇第一年不许上炕吃饭，对公婆要恭而敬之。满族未嫁的姑娘（称“格格”）不受礼法约束，家中称“姑奶奶”，有“鸡不啼，狗不咬，十七八的姑娘满街跑”之谚语。家中平辈之间，都对“姑奶奶”敬畏三分，长辈对姑娘格外宠爱。遇家中有庆典等大事，必须扎起彩车将嫁出去的“姑奶奶”接回家来。满族人家对女婿特别敬重，待如上宾，对女婿称“姑老爷”。

满族接待客人，不避内眷，家庭女性成员都可参加对客人的敬酒等活动。主人陪客人饮酒吃饭时，要给客人斟满杯酒，倒茶时不能过满，有“满杯酒，半杯茶”之说。陪客人吃饭，主人不能先停筷，待客人吃完饭离开饭桌，方可收拾碗筷。为客人递烟点火，要依辈分、职位依次进行为敬。

2. 习俗

满族以西为上，家里一般都有“万字炕”。满族传统住房一般为西、中、东三间，大门朝南开，西间称西上屋，中间称堂屋，东间称东下屋。在农村，满族人喜欢睡火炕，家家户户都是南北大炕，以西炕为尊，南炕为大，北炕为小。西炕为祖宗神位，墙上供着祖先神板，炕上设摆香案，一般不住人。南炕住长辈老人，北炕住晚辈。

满族历史悠久，文化发达，其服饰高雅华丽，在我国民族服饰文化中独树一帜，在历史上曾对我国的服饰发展有过很大的影响。满族先民为适应寒冷气候而选择了保暖性较好的袍装作为日常服饰。在明朝中期，满族吸收中原汉族袄式服装的长处，将其改进成具有其民族特色的旗装，也称旗袍。旗袍的一般样式为直领、窄袖、右开大襟、钉扣绊、紧腰身、衣长至膝下、两侧开衩，既表现出身材美又文雅大方，现已成为我国妇女所喜爱的中式服装。历史上，满族男子穿马蹄袖袍褂，两侧开衩，腰中束带，便于骑射。过去，满族的男子剃去周围头发，束辫垂于脑后；满族妇女的发式变化很大，姑娘时只简单地把头发在脑后挽一下，长到快出嫁时，就要把头发梳成辫子并挽成单发髻，结婚后的发式有双髻式、单髻式等。

满族由于与汉族频繁交流，饮食习惯与汉族比较相似。满族以稻米、面粉为主食，肉食以猪肉为主，常用白煮的方法烹制。冬季寒冷，没有新鲜蔬菜，常以腌渍的大白菜为主要蔬菜。酸菜熬白肉、粉条是满族人冬以后常吃的菜。过节的时候吃“艾吉格饽”（饺子），农历除夕时要吃手扒肉等。他们还保留了饽饽、酸汤子、萨其玛等有民族特殊风味的食品。满族人还喜欢吃火锅，火锅这种吃法在满族先民中已有上千年的历史。满汉全席是满清宫廷盛宴，又名“满汉燕翅烧烤全席”。在满汉全席中，熊掌、飞龙、猴头、人参、鹿尾等满族故土的特产是席上的珍肴。

3. 节庆

1）上元节，即正月十五，俗称“元宵节”。同汉族一样，满族也有元宵节挂彩灯和吃元宵的习俗。

2）走百病，是满族妇女的节日，一般在正月十六。当晚妇女们三五成群，结伴远游，或走沙滚冰，或嬉戏欢闹。

3）二月二，俗称“龙抬头日”。当日清晨，满族人家把灶灰撒在院中，灰道弯曲如龙，俗称“引灰”。然后在院中举行仪式，祈求风调雨顺。全家人还要吃“龙须面”和“龙鳞饼”，妇女们这天不能做针线活。

4）清明节上坟祭祖时不像汉族焚纸钱后在坟顶上压纸钱，而是在坟上插“佛朵”。

5）满族的端午节不是为了纪念屈原，而是祈福禳灾。

6）满族的腊八节要泡“腊八醋”和煮“腊八粥”，除全家人吃外，还要分送亲友。

7）腊月二十三为“小年”，届时家家户户要祭祀灶神，俗称“送灶王爷”，满族过“小年”的习俗与汉族相同。

8）在每年农历十月十三“满族命名日”举行满族“颁金节”庆祝活动，以纪念满族的诞生。

9）春节时每家都要在门楣上、窗户上贴上挂旗，有的还贴上对联，增加节日气氛。

4. 禁忌

满族最突出的禁忌为不准杀狗，禁食狗肉，禁穿戴狗皮的衣帽；满族家堂中的祖先牌位禁忌乱摸乱动；忌用杂毛猪作为祭祖供品；满族奉貂为家神，捕貂前亦须祭祀貂神，捕貂时禁穿戴貂皮衣帽，获貂后禁当场剥皮，走出百步之后方可；满族妇女怀孕 5 月以上者，禁入马棚，亦不准牵马；旧时满族有不与汉人通婚的禁忌习俗，俗语云“旗民不交产，满汉不能婚”，此禁忌现已改变；满族忌棺材从门而出，认为门是为活人所设，死人不可用，故有窗户出棺之俗；孝子治丧后百日内忌剪发，禁止参加宴会及娱乐活动；送葬后，亲人不许在家中哭泣，否则认为会再死人。

三、朝鲜族

朝鲜族主要分布在黑龙江、吉林、辽宁三省，少数散居在内蒙古和其他地区。中国的朝鲜族是 17 世纪时由朝鲜半岛迁徙过来的。朝鲜族通用语言为朝鲜语，属阿尔泰语系，杂居地区的朝鲜族通用朝鲜语和汉语双语。

1. 礼节

朝鲜族礼节很严，父子关系是一切人伦关系的基础，讲求父慈子孝，长子赡养父母。社会上老人受到尊重，人们非常鄙弃不孝不敬的人和行为。与长者同路时，年轻者必须走在长者后面，若有急事非超前不可，须向长者恭敬地说明理由；途中遇有长者迎面走来，年轻人应恭敬地站立路旁问安并让路；晚辈对长辈说话必须用敬语，平辈之间初次相见也用敬语；吃饭要先给老人盛，待老人举匙就餐了，全家才开始吃饭。吃饭时，匙要放在汤碗里，若放在桌上则表示已吃完。每当迎接“八·一五”老人节和“六一”儿童节的时候，要为老人和儿童们多办实事，比平时更加尊敬老人、爱护儿童。

2. 习俗

朝鲜族喜穿素白服装，所以被称为“白衣民族”。男子上衣斜襟无扣，用布条打结外加坎肩；下衣裤裆肥大，裤脚系带。妇女短衣斜襟无纽扣，以彩带为结；长裙分缠裙、筒裙（只限婚前）。老年妇女多穿白色长裙，中年妇女多穿缠裙，长及脚跟；年轻妇女的裙子多为色彩鲜艳的绸缎制成。近代男子多穿平面白胶鞋，劳动时穿草鞋，女子穿船形胶鞋。现在除节日或民族集会外，朝鲜族基本不穿民族服装，和汉族已无太大差别。

朝鲜族一向崇尚礼仪，注重节令。每逢年节和喜庆的日子，饮食更加讲究，所有的菜肴和糕饼，都要用辣椒丝、鸡蛋片、紫菜丝、绿葱丝或松仁米、胡桃仁等加以点缀。狗肉是朝鲜族喜吃的肉食之一，有“狗肉滚三滚，神仙站不稳”之说。朝鲜族人还爱吃狗肉火锅，用狗肉加各种调料烧成的狗肉火锅，是入伏后的一道名菜。但在举行婚礼、葬送、过年过节的时候，朝鲜族人是不杀狗，也不吃狗肉的。明太鱼是清明节必不可少的菜肴，民间认为，清明节吃明太鱼，可保佑一年平安。所有的节日菜肴都要有冷盘和生拌，如生拌牛肉、生拌明太鱼等。节日的主食除米饭外，还有许多风味面点和小吃，如打糕、冷面等。除了传统节日外，小儿周岁、结婚、老人六十大寿，都要大摆筵席，宴请客人。届时要先在餐桌上摆一只煮熟的大公鸡，公鸡的嘴里还要叼一只红辣椒。所有礼仪筵席中，以祝贺老人六十大寿的“花甲”席最为讲究和隆重。

3. 节庆

1）春节。春节期间，朝鲜族男女老少纵情歌舞、压跳板、拔河等，竞赛场上热闹非凡，人们扶老携幼争相观看。

2）上元节。朝鲜族传统岁时节日，每年农历正月十五举行，节期一天。这一天，要先到祖坟送灯，然后在堂内挂灯，院内挂天灯，院门两旁挂壁灯，还要到河里放灯船。这一天还要吃药饭、五谷饭，喝聪耳酒。夜晚，举行传统的庆祝集会，有几位老人登上木制的“望月架”，以先看到明月为福，意味着他的儿孙健康、万事如意。随后，大家围着点燃的“望月楼”，随着长鼓、洞箫和唢呐乐曲声载歌载舞直到尽兴。

3）回婚节。在朝鲜族的家庭节日中，最隆重的是“回婚节”，亦称“归婚节”，即结婚60周年纪念日。举行回婚节必须具备如下三个条件：一是老两口都健在；二是亲生子女都在世；三是孙子孙女无夭折。如果亲生子女或孙子孙女中有死亡者，则不能举行回婚节。因此，谁家能举办回婚节是种很大的荣耀，亲朋好友都要前来祝贺，一对老人穿上年轻时的结婚礼服相互搀扶着入席，大家频频举杯祝福，比年轻人的婚礼更为热闹隆重。

4）儿童节。人们把“六一”儿童节活动当成一项重大的爱幼活动。这一天，往往万人空巷，人们穿着节日盛装涌向公园进行游园活动。

5）洗头节。阴历六月十五是朝鲜族的洗头节。这一天被视为黄道吉日。清晨，男女老少都到河边洗头，传说用向东流的溪水洗头是很吉利的。晚上，人们还要在家里举行洗头宴，唱洗头歌，然后全家老少高高兴兴地坐在一起，吃一顿丰盛的晚餐。

4. 禁忌

朝鲜族忌讳人称其为“鲜族”，这是日本侵略时代留下的蔑称。晚辈不能在长辈面前喝酒、吸烟；吸烟时，年轻人不得向老人借火，更不能接火，否则便被认为是一种不敬的行为；路遇认识的长者，要问安让路；就餐时给老人摆单人桌，父子不同席，儿媳恭顺地侍候，待老人吃完，全家才能就餐；晚辈不能在长辈面前喝酒，席间若无法回避时，年轻人应举杯背席而饮。婚丧、佳节期间不杀狗、不食狗肉。

任务二　西北地区少数民族习俗礼仪

一、回族

我国最早的回族人是公元7世纪时阿拉伯人和波斯人来华经商者的后裔。13世纪，大批穆斯林从中亚迁入中国，并同当地的汉族、维吾尔族、蒙古族等融合，形成了回族。全国回族人口有982万人，约有1/3的人口聚居在宁夏回族自治区，其余散居在全国各地。新疆的回族具有大分散小集中的特点。回族信奉伊斯兰教，“阿訇”是清真寺主持，非常受回族人的尊敬。

1. 礼节

回族人尊敬长者，非常注意并尊重别人，不喊外号。客人来访，要先倒茶，还要端上瓜果点心或自制面点招待，而且所有家庭成员都来与客人见面、问好。若遇上老年客人，还要烧热炕请老人坐，并敬“五香茶”或“八宝茶”。送客时，全家人都要一一与客人道别、祝福。回族人在祈祷中不能被打扰。居室里面忌放猪皮、猪鬃等制品。忌用左手递送物品。

2. 习俗

回族服饰有鲜明的民族特色，最显著的特征便是穆斯林服饰。回族服饰的主要标志在头部，男子多带小白帽，女子带各种花色的盖头。男子们都喜爱戴白色的圆帽，圆帽分两种，一种是平顶的，一种是六棱形的。回族妇女常戴盖头，盖头也有讲究，老年妇女戴白色的，显得洁白大方；中年妇女戴黑色的，显得庄重高雅；未婚女子戴绿色的，显得清新秀丽。不少已婚妇女平时也戴白色或黑色的带沿圆帽。服装方面，回族老汉爱穿白色衬衫，外套黑坎肩（称“马夹”）。回民根据不同的季节，穿不同的坎肩，有夹的、棉的，还有皮的，既可当外套，又可穿在里面。回族男子的青坎肩，在襟边、袋口处用针扎出明线，使衣服各边沿平挺整齐，突出服装造型的线条美，同时，用相同的衣料做小包扣，显得雅致。回族妇女的传统衣服一般都是大襟为主，装饰内容很丰富。少女和媳妇很喜欢在衣服上嵌线、镶色、滚边等，有的还在衣服的前胸、前襟处绣花，色彩鲜艳，起到画龙点睛的作用。

随着社会的发展，城乡回族的服饰较之新中国成立前后有了很大变化。特别是居住在城市的中青年男女，穿戴打扮丰富多样。回族男子的衣服由单一的白汗衫、青坎肩、便装、中山装向西装、夹克衫等款式新颖的方向发展。城市里的一些回族人，已很难从服饰上辨清他们的族属了。

回族服饰的传统文化和多数其他民族一样，也面临着如何很好地保持沿袭的问题。国家非常重视非物质文化遗产的保护，2006年5月20日，回族服饰经国务院批准列入第一批国家级非物质文化遗产名录。

知识拓展

回族妇女的盖头

盖头，旨在盖住头发、耳朵、脖颈，回族人认为这是妇女的羞体，应该加以遮盖。戴盖头的习俗，一是受阿拉伯国家的影响。在阿拉伯地区，原来风沙很大，水源较少，人们平时难以及时沐浴净身。为了防风沙、讲卫生，妇女们自己缝制了能遮面护发的头巾。后来许多阿拉伯、波斯商人把这种习俗带到中国。二是受伊斯兰教的影响。《古兰经》说："你对信女们说，叫她们降低视线，遮蔽下身，莫露出首饰，除非自然露出来的，叫她们用面纱遮住胸膛……"中国回族女性虽然已弃用面罩，但也以头巾护头面，一般把头发、耳朵、脖子都遮掩起来，久而久之逐步形成了回族妇女戴盖头的习惯。

由于回族分布较广，各地自然条件、经济发展差异很大，各地回族的食俗、食品结构及烹调技法也不完全一致。例如，宁夏的回族以米、面为日常主食，而甘肃、青海的回族则以小麦、玉米、青稞、马铃薯为日常主食。油香、馓子是各地回族喜爱的特殊食品，是节日馈赠亲友不可缺少的。宁夏回族偏爱面食，喜食面条、面片，在面汤中加入蔬菜、调料和红油辣椒，称为汤面或连锅面；将清水煮好的面条、面片捞出，浇上肉汤料或素汤料，称为臊子面。民间特色食品有酿皮、拉面、打卤面、肉炒面、豆腐脑、牛头杂碎、烩饸饹等。多数人家常年备有发酵面，供随时使用。城市的回族一年四季早餐习惯于饮用奶茶。

回族也喜饮茶和用茶待客，云南的回族喜饮绿茶，西北地区回族的盖碗茶很有名，宁夏回族还饮用"八宝茶"。回族的日常饮食很注意卫生，凡有条件的地方，饭前、饭后都要用流动的水洗手。多数回族不抽烟，不饮酒，也忌讳别人在自己家里抽烟喝酒。就餐时，长辈要坐正席，晚辈不能同长辈同坐在炕上，须坐在炕沿或地上的凳子上。

3. 节庆

回族生活习俗各方面受伊斯兰教影响较大，主要节日有开斋节（也叫肉孜节）、古尔邦节、圣纪节三大节日。

1）开斋节。在回历每年9月，从本月见新月始到下月见新月终的一个月里，凡男子在12岁以上，女子9岁以上，都要把斋，即从日出到日落前，不得进食。直到回历10月1日开始为开斋，届时要欢庆3天，家家宰牛羊等招待亲友庆贺，并要做油香、馓子等多达二三十种节日食品。斋戒的目的，在于培养人的坚强意志、廉洁守法的德操，而开斋节则是对斋月圆满成功的欢乐庆贺。

2）古尔邦节。即献牲节，在回历十二月初十。节日当天不吃早点，到清真寺做过礼拜之后宰牛献牲。献牲的牛羊，要体态端正，无缺损，宰后的牲畜按传统分成三份，一份施散济贫，一份送亲友，一份留自己食用，但不能出售。

3）圣纪节。亦称圣忌节、冒路德节，为伊斯兰教的三大节日之一，是纪念伊斯兰教的创始人穆罕默德的诞辰和逝世的纪念日。重庆市的一些回族群众过去每到圣纪节前夕，先请教民在晚拜后来清真寺赞圣。我国其他地方的回族群众一般都将"圣诞"和"圣忌"合并纪念，俗称"圣会"。节日里，清真寺张灯结彩，回族群众聚集在清真寺诵经、赞圣、礼拜，并由阿訇宣讲穆罕默德的生平简历和功绩品德。仪式结束后，开始会餐。

除上述三大节日外，西北部回族也过阿述拉节，届时要选用当地的五谷杂粮，掺上牛羊杂碎煮熟食用，节日期间宴请客人必备手抓羊肉，其次是用鸡肉做成的各种菜肴。回族群众在节前，家家户户都要清扫居室和环境，做食品，以备节日招待客人。节日清晨，男性教民都要去清真寺会礼，妇女在家准备饭菜。这一天，大人小孩都穿新衣服，大人给小孩散钱。节日期间，要走亲访友，互相拜节祝贺。回族群众除过本民族的节日外，一般也过汉族的节日。

4. 禁忌

回族除忌食猪肉外，对狗、驴、骡、马、猫以及其他爪利牙锐和性情凶恶的飞禽、猛兽和鱼类都禁食；回族的饮水较讲究，凡是不流动的水、不洁净的水均不饮用，忌讳在饮水源旁洗澡、洗衣服、倒污水，凡供人饮用的水井、泉眼，一律不许牲畜饮水，取水前一定要洗手，盛水容器中的剩水不能倒回井里；禁止抽烟、喝酒；回族结婚筵席菜肴忌讳单数，象征新婚夫妇永远成双成对。在信仰方面，回族禁止崇拜任何偶像，在回族群众聚居的村寨一般不搞人头塑像，家里忌摆各种人物和动物塑像，墙上也不愿挂人头画像，只挂山水风景画。在社会行为等方面，禁止在背后诽谤别人和议论他人短处；禁止放高利贷，玩赌；一般实行族内通婚，限制同胞兄弟姐妹结婚；丧葬食俗因地区不同而有所区别，有的地方办丧事三天不动烟火，由附近的亲戚邻居送食，禁止请客，三天后方进行悼念活动。

二、维吾尔族

维吾尔族主要分布在新疆维吾尔自治区，大多数聚居于天山以南的各个绿洲，少数分布在湖南省桃源、常德等县，总人口达987万人（2009年）。维吾尔族有自己的语言，全民族使用维吾尔语，该语言属于阿尔泰语系，突厥语族。历史上维吾尔族人民曾先后使用过古突厥文、回鹘文、古维吾尔文等。公元10世纪，伊斯兰教传入后，逐步使用阿拉伯字母为基础的维吾尔文。中华人民共和国成立后，曾经创造了以拉丁字母为基础的新文字，20世纪80年代初，又恢复使用以阿拉伯字母为基础的维吾尔文。维吾尔族信奉伊斯兰教，传统节日有开斋节、古尔邦节、初雪节等。

1. 礼节

维吾尔族人非常重视礼貌，接待见面时习惯把手按在胸部中央，把身体前倾30°或握手，并连声说“您好”。在屋里就座时要跪坐，忌双腿直伸、脚尖朝向他人。平时说话要让长者先说，走路让长者先行，落座时让长者坐上座。到维吾尔族人家里做客时，全家都会出来迎接，进门前和用餐前女主人要用水壶给客人冲洗双手。吃馕时要掰成小块吃；主人敬你熟羊头时，你要割下一块羊腮肉放在自己碗中表示领情，再割一只羊耳朵给主人家的孩子（表示小孩子听话），最后再恭敬地将羊头奉还。

2. 习俗

维吾尔族服饰具有鲜明的民族文化特色。花帽是维吾尔族服饰的组成部分，也是维吾尔族美的标志之一。每逢重大节庆活动，维吾尔族人都要精心绣制或选购小花帽装饰打扮自己。有的还将花帽高挂在屋内壁间，以增添房间陈设的艺术情趣，有时也作为珍贵礼物馈赠亲朋好友和来自远方的客人。

维吾尔族的饮食文化中最有代表性的食品是烤羊肉串。维吾尔族人通常是把米饭制作成称做“朴劳”的什锦炒饭（即抓饭），人们在米饭中放入羊肉、蔬菜和葡萄，食用时用右手的三个指头抓食，这种吃饭的方式属于伊斯兰教的饮食文化。维吾尔族人喜欢喝奶茶、吃馕，喜欢吃拉面和包子以及炖整羊、涮羊肉、烤羊肉串、羊牛肉的锅贴等。面类食品中的拉面已普及到维吾尔族的千家万户，其制作方法有两种：一种是像纺线一样把面条依次拉长放入锅中；另一种是用两手将一根面条加倍式地反复重叠拉长的方法。

3. 节庆

维吾尔族信仰伊斯兰教，传统节日都是伊斯兰教的宗教节日，其中最著名的是开斋节和古尔邦节。过节时，维吾尔族人会穿上节日盛装，互相登门拜访，庆贺节日。

1）开斋节。伊斯兰教历 10 月 1 日的开斋节是伊斯兰教节日，又称拉玛丹节，中国新疆地区称为肉孜节。按伊斯兰教规定，伊斯兰教历每年 9 月为斋戒月，凡成年健康的穆斯林都应全月封斋，即每日从拂晓前至日落，禁止饮食和房事等。封斋第 29 日傍晚如见新月，次日即为开斋节。

2）古尔邦节。古尔邦节是阿拉伯语的音译，意为“宰牲”或“血祭”。维吾尔民族的古尔邦节同汉族的春节一样，节日气氛特别浓郁。古尔邦节前，人们要做各种准备，特别是作为“献牲”的牲畜要预先买好。节日的早晨，人们进行沐浴全身的“大净”，然后盛装到清真寺参加聚礼，再上麻扎尔（墓地）为亡故的先人祈祷，最后“换哈达”，即拔去坟头上的枯木，栽根新枝，浇些水再回家。随后是同辈的亲朋好友之间的拜节，大家除了互相道贺、彼此问候之外，还共餐痛饮、吹拉弹唱、一起娱乐。

4. 禁忌

维吾尔族饭前饭后必须洗手，洗后只能用手帕或布擦干，忌讳顺手甩水，认为那样不礼貌。院落的大门禁忌朝西开；维吾尔族最忌讳在户外穿短裤；晚上睡觉时不能头朝东脚朝西或四肢平伸；洗手时不可将沾污水的手乱甩；忌随便走近灶台、水缸等。维吾尔族的饮食禁忌与伊斯兰教相同，忌食猪、狗、驴、骡之肉和自死的禽畜肉及动物血，在南疆地区还忌食马肉和鸽子肉。他们忌用单手接送礼物；不能在长者就座之前入座；做客时，不要拒绝主人提供的茶水和食品；用餐时不要从餐布或主人面前跨过。

任务三　西南地区少数民族习俗礼仪

一、苗族

苗族主要聚居于贵州省东南部、广西大苗山、海南岛及贵州、湖南、湖北、四川、云南、广西等省区的交界地带。据 2000 年第五次人口普查统计，苗族在全国共有 894 万人。从人口数字看，在我国 56 个民族中，苗族排列于第五位，仅次于汉、壮、满、回四个民族。苗族有自己的语言，苗语属汉藏语系苗瑶语族苗语支。苗族的主要信仰有自然崇拜、图腾崇拜、祖先崇拜等原始宗教形式，也有一些苗族信仰基督教、天主教，苗族信仰佛教、道教的极少。

1. 礼节

苗族有尊敬长老的传统美德和风尚。苗族人非常热情，接待客人时，给客人端茶敬酒必须双手毕恭毕敬地递给客人，以示尊敬；主人路遇客人主动让先，不走在前面；交谈中用敬语称呼。

迎客要穿节日服装；对贵客要到寨外摆酒迎候；客人到家门，男主人要叫门，告知在家的女主人，女主人要唱歌开门迎客；在客人面前，女主人不登高上楼；宴会上以鸡、鸭待客为佳肴，尤以动物心、肝最贵重，要先给客人或长者，客人则要礼貌地分给在场的其他人享用，次序是先长后幼。

2. 习俗

苗族不论男女都喜欢用蓝、青、白三色布缝制衣服，在衣服或围裙边上，多喜欢镶绣花边及滚边，每逢盛大节日或宴会时，妇女均喜欢佩戴各式各样的耳环、戒指、项圈、发簪和手镯等银饰。

四川、云南等地的苗族喜吃狗肉，有“苗族的狗，彝族的酒”之说。以辣椒为主要调味品，有的地区甚至有“无辣不成菜”之说。各地苗族普遍喜食酸味菜肴，酸汤家家必备。苗族在盛大的节日，如二月二等，各家各户都要煮很多的红鸡蛋。苗族认为红鸡蛋表示吉祥、平安、如意，能给人带来祝福，所以在这天长辈们会将五彩的丝带织成一个网兜，把红鸡蛋装在网兜里挂在孩子的胸前，希望孩子能健康成长，如果是远方来的客人，苗族同胞们便把红鸡蛋送给他们，收到红鸡蛋的客人或者朋友就会得到祝福。

3. 节庆

苗族节庆独特鲜明，苗族过去信仰万物有灵，崇拜自然，祀奉祖先。节日较多，除传统年节、祭祀节日外，还有专门与吃有关的节日，如吃鸭节、吃新节、杀鱼节等。过节除备酒肉外，还要必备节令食品。例如，吃鸭节时，家家都要宰鸭子，并用鸭肉和米一起煮成稀饭食用；吃新节时，要用新米做饭，新米酿酒，就连菜和鱼，都要刚摘、刚出塘；过杀鱼节时多在江边，由妇女带上饭和腊肉、香肠等，等在河边，只要捉到鱼即燃起篝火，架锅煮鱼直到尽兴方归。

开年节是苗族人民的“春节”，也称“客家年”。年前，各家各户都要备丰盛的年食，除杀猪、宰羊（牛）外，还要备足糯米酒。年饭丰盛，讲究七色皆备、五味俱全，并用最好的糯米打“年粑”，互相宴请，互相馈赠。

踩花山是苗族传统节日。节日期间，青年男女对歌、跳芦笙舞、寻求配偶。老农们则来到踩花场地交流生产经验，传授生产技术，祝愿五谷丰登。

龙船节是流行于湘西和黔东南施洞、松桃一带的苗族节日，大都在农历五月初五庆祝，这天除了角逐龙舟外，还有跑马、斗牛、踩鼓等活动。

每年农历三月十五至十八为苗家姐妹节，节日里，苗家按传统风俗都要吃“姐妹饭”，这种饭是用姑娘们在山上采集的野花和叶子把糯米染成五颜六色后蒸成饭。

4. 禁忌

苗族人忌讳别族人称呼自己为“苗子”，认为这是带侮辱和挑衅性的语言；认为蛇、虎是有灵性的动物，所以忌讳直说其名；节日和嫁娶喜庆日都忌说不吉利的话；嫁娶出门忌遇蛇横穿拦路；节日及看望老人、病人忌带白鸡，认为白色是表悲之色；苗族村寨中的芦笙坪、游方场是固定的，忌随意改动，他们认为否则会给寨上带来灾难；村寨周围的护寨树及其他草木忌乱砍乱伐，认为否则会给寨上和砍伐人带来不利；苗寨扫寨时忌外寨人进入；忌出门求财、求婚、求学、求医遇见黄鼠狼和蛇横穿道路；非正常死亡的人忌搬尸于家中；家有丧事忌出殡未满三天就扫地；忌孕妇送葬；家中有病人，门口插草标，忌外人进家；不能坐苗家祖先神位的地方，火炕上三角架不能用脚踩；不能在家或夜间吹口哨；不能拍了灰吃火烤的糍粑；遇门上悬挂草帽、树枝或婚丧祭日，不要进其屋；路遇新婚夫妇，不要从中间穿过。

二、藏族

中国境内有藏族人口约542万人，主要聚居在青藏高原、四川、甘肃、云南等地，素有“世界屋脊”之称的西藏，美丽神奇，是藏族的主要聚居地。藏族有自己的语言和文字，藏语属汉藏语系藏缅语族藏语支，分卫藏、康方、安多三种方言。藏族信奉大乘佛教，大乘佛教吸收了藏族土著信仰苯教的某些仪式和内容，形成具有藏族色彩的藏传佛教。藏族把活佛高僧尊为上人，藏语称为喇嘛，故藏传佛教又被称为喇嘛教。

1. 礼节

藏民在见面打招呼时，点头吐舌表示亲切问候，受礼者应微笑点头为礼。藏民们见到长者或尊敬的客人，要脱帽躬身45°，帽子拿在手上接近地面；见到平辈，头稍低就行，帽子拿在胸前，以示礼貌。男女分坐，并习惯男坐左女坐右。有客人来拜访时，藏民们等候在帐外迎接客人光临。

献哈达（见图8－1）是藏族待客规格最高的一种礼仪，表示对客人的热烈欢迎和诚挚敬意。“哈达”是藏语，即纱巾或绸巾，它以白色为主，亦有浅蓝色或淡黄色的，一般长约1.5～2米，宽约20厘米。最好的是蓝、黄、白、绿、红五彩哈达，五彩哈达用于最高最隆重的仪式，如佛事等。对尊者、长辈，献哈达的时候要双手举过头，身体略向前倾，把哈达捧到座前；对平辈，只要把哈达送到对方手里或手腕上就行；对晚辈或下属，就系在他们脖子上。

图8－1 献哈达

2. 习俗

藏袍是藏族的主要服装款式，可分牧区皮袍、色袖袍，农区氆氇袍，式样可分长袖皮袍、宽肩无袖、无袖女长袍和加珞花领氆氇袍。藏帽式样繁多，质地不一，有金花帽、氆氇帽等一二十种。藏靴是藏族服饰的重要特征之一，常见的有“松巴拉木”花靴，靴底是棉线皮革做的。头饰和佩饰在藏装中占有重要位置。头饰的质地有铜、银、金质雕镂器物和玉、珊瑚、珍珠等珍宝；佩饰以腰部的佩褂最有特色，镶以金银珠宝。

藏族的饮食牧区与农区稍有不同，但藏民都喜欢吃青稞面、酥油茶和牛肉、羊肉、奶制品。牧民吃肉喜欢用白水煮，把带骨大块肉放入锅里，肉煮至半熟时就可以捞出来吃。对尊贵的客人要奉敬一盘羊尾，尾梢上还要留有一绺象征吉祥的白羊毛。藏历腊月二十九吃藏族的年饭，称为“古突”，本意是腊九粥，是由 9 种作物熬成的。在藏族民间，无论男女老幼，都把酥油茶当做必需的饮料。

3. 节庆

藏族节日繁多，大致可划分为传统节日和宗教节日两种，其中最为隆重的是藏历新年。宗教节日有酥油花灯节、萨噶达瓦节、燃灯节、驱鬼节等。

1）藏历新年。藏历新年相当于汉族的春节。从藏历十二月中旬开始，人们就准备过年吃、穿、用的节日用品。藏民过年是从藏历十二月二十九开始的，这天晚上家家户户要团聚在一起吃“古突”，以此辞旧迎新，求得太平康乐，一家人在欢声笑语中吃完九道“古突”后，举着火把，放起鞭炮，呼喊着“出来”，走到十字路口祈望给来年带来好运。藏族人大年初一会来一个“抢水比赛”，每户要出一名青年人到河边、井口或自来水下“抢”头道水。大年初二，人们走亲访友；大年初三的活动以宗教、文体内容为主，以祈福禳灾。藏历新年的欢庆活动将一直持续到藏历正月十五。

2）酥油花灯节。酥油花灯节是藏族的传统盛会，每年在藏历正月十五举行，因此也被称为“正月十五花灯会”。在酥油花灯节这天，藏族百姓们都会白天朝佛、转经，寺院还会举行文艺活动；到了夜晚，各寺院张灯结彩，悬挂各式花灯，主要街道也搭起各种花架，放上酥油花，并点燃酥油灯进行祝福。

3）萨噶达瓦节。藏历四月十五是为纪念佛教创始人释迦牟尼诞辰、得道、圆寂日的萨噶达瓦节。这一天，拉萨的信教群众会倾城出动，围绕拉萨城区的林廓路烧香、还愿。

4）燃灯节。藏语称“葛登阿曲”，藏历十月二十五日举行。这天是宗喀巴圆寂日，晚上各地俗家和寺院都在屋顶上点灯，寺院内举行宗教仪式。

5）驱鬼节。又叫古突节，藏历十二月二十九日举行，这一天各地寺庙举行盛大的跳神活动，家家户户打扫卫生，驱鬼销灾，迎接新年。

4. 禁忌

藏族人民由于受宗教的影响，又生活在特定的环境和条件下，生产和生活上形成了许多礼俗禁忌。

藏族人禁止杀生，对以打猎为生的人比较鄙视，但对捕猎有害于人畜的凶猛野兽的人，会给予赞赏和视为英雄；藏族人禁食马、驴、骡和有爪子的动物，如狗、猫、老鹰、麻雀等。

禁止在寺庙附近砍伐树木、打猎杀生、吵闹酗酒；忌讳别人用手抚摸佛像、经书、佛珠和护身符等圣物，认为是触犯禁规；行路遇到寺院、玛尼堆、佛塔等宗教设施，必须从左往右绕行；不得跨越法器、火盆；经筒、经轮不得逆转。

妇女不能跨越鞍具及别人的衣物；过寺院、进村寨时，相距稍远处下马步行，以示对寺院和村寨的敬重；剪下的头发要放在墙角或杂木丛中，不能乱扔、脚踏；家中的锅灶不能踩踏，因灶有灶神，不能背对灶而坐。

藏族人忌讳别人用手触摸头顶；别人就座时，一般不从其面前走过，如必须走过时，须弯腰、收起衣角和衣袖，说声道歉，再轻轻走过；出门不说不吉利的话，早晨忌说死人、鬼等。

忌讳骑马经过他人村庄时，边策马边呼长号或吹口哨，如果那样视为对此地不够敬重和有挑衅行为；夜间不能把门敞开，怕有夜游的鬼怪钻进房内。

三、彝族

1. 礼节

彝族人常常自称“彝家”，是十分讲究礼仪的民族，彝族人见面要互致“执玛格力”，即吉祥如意。尊敬老人、师长是彝族人普遍遵循的礼节，晚辈忌直呼长辈名字；晚辈特别是女晚辈人上楼，不得从楼下的老人和长辈头上走过。彝族人互相串门忌敲门，一般在离家较近的地方，向主人家问“你家有狗没有”或“你家狗拴好没有”，主人家听到有客人在门外招呼，便答应：“狗已经拴好了，请你到家里来。”随即出门拦狗或到门外来迎接客人。切忌什么招呼都不打，就直接闯进屋。到彝族人家做客，如果有长辈一同去，在座次上必须让长辈坐上方，自己坐下方。说话或介绍时，必须让长辈先发言，切莫长幼不分。

2. 习俗

彝族服饰形式众多，男子喜穿黑色窄袖左斜襟上衣和多褶宽大长裤，缠包头，并在包头右前方扎一细长锥形的“英雄结”；女子喜穿镶边或绣花大襟右衽上衣和多褶长裙，有的系围裙和腰带，缠包头；男女外出时，喜披“擦尔瓦”，“擦尔瓦”形如斗篷，长可及膝，下端缀以长穗，用羊毛织成，多为黑色。

彝族有句格言：“汉人待客用茶，彝人待客用酒”，如果你要拜访的是长辈，你得提上两斤酒（彝族人只有报丧的时候用独酒，因此忌用一斤酒访亲）。主客在就餐之前一般要饮酒庆贺，主客之间要互相敬酒，以示对对方的尊重。遇上有人敬酒，不能回绝，必须双手接着，如果自己酒量不好，就亲尝一口，并及时换杯回敬（如果不回敬表示你看不起对方）。饮酒时，大家常常席地而坐围成一个圆圈，边谈边饮，端着酒杯依次轮饮，称为“转转酒”。酒的种类有烧酒、米酒、荞面疙瘩酒等。

3. 节庆

彝族过去崇拜万物有神和崇拜祖先。民间传统节日很多，主要节日有庆年节、火把节、十月年及区域性的节日和祭祀活动。

1）庆年节。庆年节是彝族人民的传统节日，多在农历十月上旬择吉日举行，节期5~6天。节日里要杀猪、羊，富裕者要杀牛，届时要盛装宴饮，访亲问友，并互赠礼物，其礼物多为油煎糯米粑或粑粑，并在上面铺盖四块肥厚的熟腊肉。

2）火把节。火把节是彝族民间最隆重的节日，时间为农历六月二十四和二十五，届时要杀牛、杀羊，祭献祖先，有的地区也祭土主，相互宴饮，吃坨坨肉，共祝五谷丰登。

3）十月年。过年时，人们欢聚在一起，举行隆重的祭祖仪式。年节期三天中，第一天接祖，由毕摩做法事，由德高望重的老人领头虔诚地把祖先接回寨中来，将清洁后的祖宗灵位供奉起来，杀羊宰猪，以酒血祭祀祖先，用“祭祀调”歌颂祖先创业的艰辛和功绩，表达后辈的缅怀深情。

在祭祀活动中，以祭龙规模最大。祭龙选在二、三、四月中的一个龙日，以村寨为单位每人自带一碗米、一小块盐，由老人备香火，在龙树下集体祭祀。

4. 禁忌

在彝族家庭生活中有很多忌讳，除少数带有尊老敬人之外，大都带有“万物有神”的原始崇拜中的迷信色彩，还遗留着一些贫富尊卑的旧社会烙印。同姓忌讳通婚，同姓同宗更是禁忌，有的地方甚至与同姓的其他民族也不通婚。

不能蹲坐门槛上；不能抬脚跨过火塘；不能随意爬到灶上；供桌上不能摆非祭供物品；彝族妇女生孩子未满月时，除了家人以外，禁忌外人进入产妇的房间；彝族人死后，不许牛马走近死人旁，入棺后不能让猫、狗爬过棺底，更不能翻过棺盖；死者的儿子未满100天不能理发，意为敬孝；在春节、火把节和一些重大节日期间，禁止下地生产劳动，认为这对当年生产生活都会不吉利，尤以春节为重；过年三天内禁忌新鲜蔬菜进屋，否则对祖先是最大的不敬；禁过年七天内推磨，认为不然会使家境贫困；旧时禁食狼、狐、蛇、乌鸦、喜鹊、麻雀、马、驴、骡等肉食，而今禁食狗、马、熊和蛇等动物的肉；忌用餐后把汤匙扣于碗盆的边沿上，这是给死人敬食的方式；忌讳妇女送自己的首饰、衣物给别人，否则会影响生育和孩子的顺利成长。

任务四　中南东南地区少数民族习俗礼仪

一、壮族

壮族主要分布在广西壮族自治区以及云南、广东、贵州三省。根据第五次全国人口普查统计，壮族人口数为1 617.8万人，是中国少数民族中人口最多的一个民族。壮族有自己的语言，信仰多神教，崇拜巨石、老树、高山、土地，祖先崇拜占有主要地位，家里正屋都供奉着“天地亲师”的神位，有的还信奉佛教。

1. 礼节

尊老爱幼是壮族的传统美德。路遇老人要主动打招呼、让路；在老人面前不跷二郎腿，不说污言秽语，不在老人面前跨来跨去；杀鸡时，鸡头、鸡翘必须敬给老人；壮族人用餐时须等最年长的老人入席后才能开饭，长辈未动的菜，晚辈不得先吃；给长辈和客人端茶、盛饭，必须双手捧给，而且不能从客人面前递送；先吃完的晚辈要逐个对长辈、客人说“慢吃”再离席，吃饭时晚辈不能落在全桌人之后。登上壮族人家的竹楼，一般都要脱鞋。

热情好客是壮族人民的良好品质。如果有客人来访，他们都会热情招待，由主人出面请座递烟，双手奉上茶；有客人在家，不可以大声讲话，进出要从客人身后绕行；和客人共餐，要两腿落地和肩同宽，不能跷二郎腿。

2. 习俗

壮族多用自织的土布作为衣料，款式多种多样。壮族服饰男女、婚否各有不同，男装有右襟与对襟两种，右襟衫反膊无领，对襟衫开胸，腰间系一条腰带；而女装为无领右襟，衣袖长至膝盖，镶嵌绲边，边条有宽细，一般在二三道以上。已婚妇女有绲花边的肚兜，腰裤左边悬挂一个穗形筒，与锁匙连在一起。

壮族人喜欢用糯米制成各种粽子、糍粑、糕饼等食品，爱食酸品。壮族人喜欢吃猪、牛、鸡、鸭、鱼肉，有的地方喜欢吃蛇肉、鱼生、豆腐圆等。壮族男子喜欢饮酒，并以酒招待客人。玉米仅次于稻米，品种齐全，其中的糯玉米是壮族人培育的优良品种之一，可以用来做粽子和糍粑，和糯米一样可口。壮族的节日特殊主食，有色、味、香俱全的五色饭、糍粑、油堆和沙糕。壮族人普遍喜欢喝酒，招待客人的餐桌上有酒才显得隆重。其中，米酒是过节及待客的主要酒水，壮族做甜酒已有上千年历史，客到先敬甜酒，以示欢迎。

3. 节庆

壮族节日有壮年、春节、三月三、清明节、牛神节、六月十四或七月十四节、吃新节、老人节、中秋节、重阳节等。下面主要介绍以下节日。

1）壮年。以农历十二月为岁首，十一月末日为除夕，意为过二九（不管月大月小，都如此称谓）。这天全寨集资买猪（有的村寨按户轮流专门喂养社猪）宰杀敬祀社王，祈求保佑五谷丰登。不过壮年的壮族村寨则以春节为大年，其活动与当地汉族相同。

2）三月三。壮族有定期举行的唱山歌会，称为歌圩，以农历三月初三最为隆重。大山歌圩有万人以上参加，内容有请歌、求歌、激歌、对歌、客气歌、推歌、盘歌、点更歌、离别歌、情歌、送歌等，被誉为“歌仙”的刘三姐就是歌手的典型代表。歌圩期间，各家各户吃五色糯米饭，举行男女间的抛绣球、“碰蛋”等娱乐活动。

3）清明节。从清明日起的三五天内，为扫墓挂亲期间。届时家家户户用预先到野外采摘的一种芳香黄花煮出黄水，浸泡糯米蒸成黄米饭，杀鸡或宰猪、羊，挑往各祖坟前，烧香祭扫，坟顶插以白沙纸坟标。请四邻亲友欢宴，甚为隆重。

4）牛神节。时间在农历四月初八，这天让牛休息。家家吃黑糯米饭，无黑糯米者，即以一种树叶煮出叶汁，染成乌米饭。有的还以此饭喂牛，以示“慰劳”。

4. 禁忌

壮族忌讳戴着斗笠和扛着锄头或其他农具的人进入自己家；火塘、灶塘是壮族家庭最神圣的地方，禁止用脚踩踏火塘上的三脚架以及灶台；壮族人忌讳农历正月初一这天杀牲；有的地区的青年妇女忌食牛肉和狗肉；妇女生孩子的头三天（有的是头七天）忌讳外人入内；忌讳生孩子尚未满月的妇女到家里串门；壮族青年结婚，忌讳怀孕妇女参加，怀孕妇女尤其不能看新娘；家有产妇，要在门上悬挂枝条或插一把刀，以示禁忌；不慎闯入产妇家者，必须给婴儿取一个名字，送婴儿一套衣服、一只鸡或相应的礼物，做孩子的干爹、干妈；壮族是稻作民族，十分爱护青蛙，严禁捕杀青蛙，更不能吃蛙肉，有些地方的壮族有专门的“敬蛙仪”。

二、土家族

土家族主要分布在湖南、湖北、重庆、贵州毗连的武陵山地区，全国共有 2 个土家族自治州，现有人口约 803 万人。“土家”在当地汉语中是本地人的意思，土家族人自称“毕兹卡”，意为本地人。土家语属汉藏语系藏缅语族，大多数人通汉语，只有湖南的永顺、龙山、古丈等聚居地区，还完整地保留着土家语，本民族无文字，通用汉文。受汉族影响，在宗教方面，主要迷信鬼神，崇拜祖先。吊脚楼为土家族人居住生活的场所，多依山就势而建，呈虎坐形，以“左青龙，右白虎，前朱雀，后玄武”为最佳屋场，后来讲究朝向，或坐西向东，或坐东向西。

1. 礼节

在社交活动中，土家族人都很讲情礼文明，注重和珍惜民族声誉。对人称呼，无论亲疏长幼，“尊敬”二字为先。在土家社会中，亲戚来往非常密切，礼仪不少，且不问贫富，不论亲疏。土家族有句谚语，“亲戚像把梭，往来脚跟脚”。土家族不仅亲族往来有优良的道德风尚，就是与其他人往来也很讲究社交道德。土家族见面要互相问候，家有来客，必盛情款待。土家族平时粗茶淡饭，若有客至，夏天先喝一碗糯米甜酒，冬天就先吃一碗开水泡团馓，然后再以美酒佳肴待客。若是逢年节到土家人家里做客，主人还会把雪白的糍粑烤得两面金黄，往里灌白糖或蜂蜜，双手捧给客人。有的地方给客人吃糍粑还有些讲究，即把烤好的磁粑给客人后，客人不得吹拍火灰，要接过就咬，这时主人会抢回去吹打拍净，蘸上糖再给客人。土家族无论婚丧嫁娶、修房造屋等红白喜事都要置办酒席，一般习惯于每桌九碗、七碗或十一碗菜，但无八碗桌、十碗桌（因为八碗桌被称为吃花子席，十碗的“十”与“石”同音，都被视为对客人不尊）。

2. 习俗

土家族的山寨一般是一姓一寨，单家独户的极少。住房一般是长方形 3 间，中为堂屋，供奉神和祖先，不作他用。在依山傍水、风景秀丽的山区建有吊脚楼，一般多为 9 柱落地，横梁对穿，楼台悬空，飞檐上翘。楼台分上下两层，楼下是全家饮食起居的场所，楼上是卧房。讲究的人家，楼梯转阁而上，屋脊和檐口全用石灰粉饰，栏杆雕花，花格窗上嵌着玻璃，工艺精细，刷上朱红油漆，美观大方。

土家族曾有过男女都穿短衣、着筒裙、赤足椎发的阶段。土家妇女上装为矮领、左衽大襟、大袖的麻质和棉质短衫，由自纺、自织、自染的土布缝纫而成。老年妇女喜欢青、蓝色的布衣，只在两衣角绣些花卉图案；头上缠着 7 尺或 14 尺长的成圈形的墨青丝帕或布帕。男子服饰比较简单，用青蓝色或白色的土布帕子在头上缠成“人”字形，过去还在左耳穿耳环。青年男子喜穿对襟短衫，钉上 7 对、9 对、11 对不等量的扣子。老年男子常穿无领满襟短衣，压素色布条“琵琶襟”服，在短衣外面套黑布单褂，俗称“鸦鹊褂”。男子穿白布围脚和青、蓝布的大筒裤，在膝至踝上缠“布裹脚”。在繁多的色彩中，红色是最受土家族青睐的，因为红色有热烈、鲜艳、醒目、祥和之感，久而久之，不但在服饰上而且在生活上也形成了“无红不成喜，有喜必有红”之俗。

土家族日常主食除米饭外，以玉米饭最为常见，玉米饭以玉米面为主，适量地掺一些大米用鼎罐煮或用木甑蒸而成。有时也吃豆饭，即将绿豆、豌豆等与大米合煮成饭食用。土家族菜肴以酸辣为其主要特点，民间家家都有酸菜缸，用以腌泡酸菜，几乎餐餐不离酸菜。土家族民间十分注重传统节日，尤其以过年最为隆重。土家族饮酒，特别是在节日或待客时，酒必不可少。其中常见的是用糯米、高粱酿制的甜酒和咂酒，度数不高，味道纯正。

土家族男女多经对歌相爱结婚，不论是新婚还是再婚都要经过求婚、认亲、拜年、送日子、娶亲五个阶段。土家族有哭嫁的习俗，女子在出嫁前 7～20 天开始哭，哭嫁歌有“女哭娘”、“姐哭妹”、“骂媒人”等。土家族把是否善于哭嫁作为衡量女子才德的标准，为了准备哭嫁，女孩稍懂事，就要学习哭嫁。在出嫁前，姑娘如果不会哭嫁，就会受到歧视和讥笑。出嫁时，同村亲友的女孩都来陪哭。陪哭的人哭得越伤心、越动听、越感人越好。

3. 节庆

土家族节日民俗较多，从节日内容看，有祭祀节日、纪念节日、庆贺节日、社交娱乐及生产性节日五类。以过四月八、六月六和土家年为主要节日，最隆重的是过土家年，俗称过“赶年”。

赶年即赶在汉族过年的前一天进行，大年为腊月二十九，小年为腊月二十八。过年时家家户户都要杀年猪，染成红、绿色晾干，做绿豆粉、煮米酒或咂酒等。猪肉合菜是土家族民间过年和过节必不可少的大菜。

4. 禁忌

土家族人在语言上有许多禁忌，如正月忌头，腊月忌尾。节庆、喜事、出门之日忌讲不吉利的话。初一、十五不准哭泣，不准吵架，不准讲“不吉利”的语言。结婚之日忌讲“分别”、“离开”之语，更不能高谈阔论丧葬之事。

土家族人腊月二十三祭灶，不准推磨，免得天旱，雨落外地，不准妇女梳头，怕来年下雨洗掉地里泥巴；年三十吃团圆饭时，不准泡汤，以免来年雨冲垮田坎；年三十煮的饭要吃到正月初二、初三，意即一年吃不完，有剩有余；初一到初三不准扫地，扫了会将财喜扫掉。新婚三日内，禁止未婚姑娘进入新房，以免造成新婚夫妇不和等。

禁止在孕妇家中随意动土、钉钉子、拆门、移动家具及敲敲打打，以免孕妇坠胎或引起胎儿破相；禁坐在别人家正门槛上，有欺主之嫌；忌早晨有人来家中借钱，谓之“早上不出财”；老人终世忌说“死了”，而要讲“老了”、“过身了”；忌穿蓑衣进火房，否则会引火烧身；土家人最忌“36”，“人满36，喜的喜，愁的愁”，“36，栽跟头”，故不论男女，必做36生日冲煞过关，凡日常生活中，偶尔碰上36（数字、排号等），那是不吉利的表现。

新娘回门时，忌为娘家扫地，恐将娘家财气扫光；回门日，新郎吃岳丈家头一餐时，忌将岳丈家特意多盛的一大碗饭吃光，忌将酒杯中事先投入的两粒黄豆（金豆）吃掉，酒后应留在杯中，以免将岳丈家吃穷喝光。回门时，忌新婚夫妇在娘家同居一室。客人不能与少妇坐在一起，但可以与姑娘坐一条长凳等。

土家族年三十不洗衣，不做针线活，不杀猪宰羊。正月初一不洒水，不扫地。清明、立夏及农历四月初八不用耕牛。

鄂西土家族忌在待客的油茶汤中打3、4以外数目的鸡蛋。俗信，1个（鸡蛋）为独吞，2个为骂人，5个销五谷，6个是赏禄，7、8、9个则应了“七死八亡九埋”的不吉语，故习惯打3个或4个荷包蛋待客人。

任务五　我国港澳台地区习俗礼仪

香港于1997年7月1日回归祖国，面积约1 104平方公里，人口702.64万人，世界各大宗教在香港几乎都有人信奉，华人主要信仰佛教、道教。澳门于1999年12月20日回归祖国，总面积32.8平方公里，人口50余万，是全球人口密度最高的地区之一。台湾位于中国大陆东南沿海的大陆架上，面积3.6万平方公里，人口约2 300万。

1. 礼节

港、澳、台地区通行的礼节为握手礼，亲朋好友相见时，也有人用拥抱礼和亲吻礼。对男士称“先生”，女士称“小姐”，如果是对年纪大的男子可称“阿叔”或“阿伯”，对年长的女子称“阿婶”"。港、澳、台同胞在接受他人斟酒、倒茶时行“叩指礼”，即把手弯曲，以指尖轻轻叩打桌面以示谢意。港、澳、台同胞一般比较勤勉、守时，与他们交往时要注意遵守时间观念，与他人见面前应该先电话预约。会见亲朋忌伸“香蕉手”（香港民间对空手上门的客人称为“香蕉手”，意为两手空空），去他人家里做客可以准备一些水果饼食作为礼物。与他们谈话入正题前要说些客套话。

知识拓展

叩指礼

叩指礼相传起源于清代乾隆年间。传说乾隆皇帝下江南时，有一次在江南茶馆微服喝茶，他一时兴起，抓起茶壶给臣子们倒水。大臣们受宠若惊，按彼时规矩，无论皇帝给的什么东西都属于赏赐，接受者都要跪下谢恩。但在公共场合，又不想暴露身份，怎么办？情急之下，有个官员慌忙伸出右手，把食指、中指并拢，自然弯曲，以两指关节轻轻敲击桌面，屈指代跪以示谢主隆恩。这一礼节一直延续到现在。

2. 习俗

香港、澳门、台湾同胞在正式场合下，男士穿西装，女士穿套裙，平时穿着比较随意，追求个性、时尚，女子多喜爱金银首饰。

港、澳、台同胞回内地探亲访友、旅游观光时喜欢吃家乡菜和各地传统的风味小吃。一般喜欢品尝有特色的名菜、名点，爱喝“茅台”一类的名酒以及“龙井”、“铁观音”等名茶。

香港人的饮食特点是口味清淡，偏爱甜味，讲究菜肴鲜、嫩、爽、滑，注重菜肴营养成分。他们喜欢吃面食，爱吃鱼、虾、蟹等海鲜及鸡、鸭、蛋类、猪肉、牛肉、羊肉等；调料爱用胡椒、花椒、料酒、葱、姜、糖、味精等，对各种烹调技法烹制的菜肴均能适应，偏爱煎、烧、烩、炸等烹调方法制作的菜肴；最喜爱粤菜、闽菜，也喜欢乌龙茶、龙井茶等。

澳门人饮食“以中为主，中葡结合”。澳门烹饪吸收了广东地区的烹饪法和食材以及香港、葡萄牙、印度、非洲、东南亚的特色，创制出独一无二的澳门菜，如烧腊、多士、非洲鸡、马介休、葡国鸡、沙嗲等。受香港影响，澳门也有下午茶的时间，一般在下午4时半左右，多以车仔面、多士、猪扒包咖啡奶茶为主。在周末或假日，许多家庭只吃两顿饭，他们会在11时左右去酒楼饮茶，同时吃早饭和午饭。

台湾和香港、澳门一样，主食以大米为主。台湾人在吃上讲究清淡，喜甜味，与祖国大陆福建、江浙一带口味相近。但不同地域、不同人群，在饮食上也各有特色。

3. 节庆

香港、澳门既过中国传统的节日，也过西方的一些节日，本地华人对于传统的民间节日非常重视，如农历新年、元宵节、清明节、端午节、中秋节、重阳节、赛龙舟会等都非常热闹，其中尤以春节最为热闹。香港、澳门和台湾都讲究好兆头，他们燃放鞭炮、封"利是"、舞龙舞狮贺岁。过节时要祭神、祭祖，其形式、规矩讲究较多。

香港是一个中西荟萃的都市。春节走亲访友；元宵节吃元宵、赛花灯、猜灯谜；端午节吃粽子、赛龙舟；中秋节赏月、吃月饼；重阳节登高远足。除此之外，受西方文化的影响，许多人也习惯过西方的圣诞节等节日。

春节时，由除夕晚开始至翌日凌晨时分，澳门人大批涌往妈阁厅还神及祈求来年顺景，前往上香的市民可在指定范围内鸣放炮竹、烟花庆祝。另外，一些与宗教、习俗有关的节日，例如，"娘妈诞"、"醉龙醒狮大会"、"圣母花地玛出游"等也有庆祝活动。教堂内举行宗教弥撒和圣像出游，充分表现了澳门中西文化相融的特色。

春节、端午节和中秋节为台湾同胞的三大传统节日。与祖国大陆相比，端午节在台湾隆重许多。在端午节的前一周，从普通市民到机关团体，人们都紧锣密鼓安排节日的各种活动，纷纷包粽子、参与赛龙舟等节目。由于专门放一天端午节假，更增添了节日气氛。

4. 禁忌

港、澳、台同胞过年时喜欢别人说"恭喜发财"之类的话，不说"新年快乐"，因为"快乐"谐音"快落"。港、澳、台同胞，尤其是上了年纪的老一辈人说话讲究吉利，忌讳说不吉利的话，而喜欢讨口彩。港、澳、台同胞都喜爱"8"和"6"，因为"8"是"发"的谐音，"6"与"禄"同音，也有"六六顺"之意；"3"在香港很吃香，原因是香港人读"3"与"升"是谐音；香港人特别忌"4"字，因广东话中"4"与"死"谐音，如住饭店不愿进"324"房间，因其在广东话里的发音与"生意死"谐音，不吉利。港、澳、台同胞忌讳别人打听自己的隐私；给他们送礼不要送钟，那是死亡的象征；不要送剪刀或其他锐利的物品，那象征断绝关系。台湾人禁用手巾赠人，因在台湾手巾是给吊丧者的留念，意为让吊丧者与死者断绝往来，故台湾有"送巾断根"或"送巾离别"之说。禁用扇子送人，有"送扇，无相见"之说。禁用雨伞送人，因为"伞"与"散"同音，故拿伞送人，会引起对方误会。由于长期受西方的影响，港、澳忌"13"、"星期五"等。

情境实训与练习

一、思考题

1. 什么是民族礼仪？学习民族礼仪的意义何在？
2. 蒙古族敬献哈达的礼节是什么？
3. 回族有哪些饮食禁忌？
4. 接待藏族同胞应该注意哪些宗教禁忌和饮食禁忌？
5. 我国港、澳、台地区有哪些习俗禁忌？

二、礼仪实训题

设置不同的旅游接待情境（如前厅接待、客房服务、餐饮服务及带团游览等）和不同民族的接待对象进行分组训练，模拟接待过程并讲解应该注意的事项。

三、案例题

你的禁忌我不懂

一位满族爱新先生冬季到南方某市出公差，在预定的时间内提前完成了所办的事情后，在最后一天参加了当地旅行社组织的一日游。游览了安排在上午的景点，中午旅行社安排了免费午餐。爱新先生既圆满完成公司的事情，还有时间参观当地的旅游景点，心情比较愉悦。南方比较流行冬季吃狗肉，又由于是散团，导游也没在意游客的禁忌，饭店的中餐安排了一个狗肉火锅。用餐刚刚开始，第三道菜便上了狗肉火锅，爱新先生拍案而起，恼怒离去。在座的其他游客和导游对突然离去的爱新先生甚是不解。

1. 爱新先生为何恼怒离去？满族有哪些习俗禁忌？

2. 导游工作有何失误？为避免此类事情再次发生，导游和饭店经营者应该如何开展工作？

学习情境九
我国主要客源国习俗礼仪

学习目标

知识目标：了解我国主要客源国的礼节、习俗、节庆及禁忌，能较为全面地认识各国的习俗礼仪。

技能目标：掌握我国主要客源国的习俗禁忌，能够对同客源国的旅游交往做出简要分析。

能力目标：能运用所学相关知识，分析我国主要客源国地区习俗的基本情况，为进行旅游活动交往打下基础。

导入案例

入境问禁，入国问俗

国内某家专门接待外国游客的旅行社，准备在接待来华的意大利游客时送每人一件小礼物。于是，该旅行社订购制作了一批纯丝手帕，是杭州企业生产的，还是名厂名产，每个手帕上绣着花草图案，十分美观大方。手帕装在特制的纸盒内，盒上又有旅行社社徽，显得是很像样的小礼物。中国丝织品闻名于世，杭州有“丝绸之府”之称，产品被国际友人誉为“东方艺术之花”，料想会受到客人的喜欢。

旅游接待人员带着盒装的纯丝手帕，到机场迎接来自意大利的游客。他欢迎词致得热情、得体。在车上他代表旅行社赠送给每位游客两盒包装甚好的手帕作为礼物。

没想到车上一片哗然，议论纷纷，游客显出很不高兴的样子。特别是一位夫人，大声叫喊，表现极为气愤，还有些伤感。旅游接待人员心慌了，好心好意送人家礼物，不但得不到感谢，还出现这般景象。中国人总以为送礼人不怪，这些外国人为什么怪起来了？

原来，在意大利和西方一些国家有这样的习俗：亲朋好友相聚一段时间告别时才送手帕，取意为“擦掉惜别的眼泪”。在本案例中，意大利游客兴冲冲地刚刚踏上中国大地，准备开始愉快的旅行，你就让人家“擦掉惜别的眼泪”，人家当然不高兴，就会议论纷纷。那位大声叫喊而又气愤的夫人，是因为她所得到的手帕上面还绣着菊花图案。菊花在中国是高雅的花卉，但在意大利则是祭奠亡灵的，客人怎能不愤怒呢？

以上事例充分说明，旅游接待与交际场合，必须学习、了解、遵从异国的文化和习俗，这样做既是对他们表示尊重，又不失礼节，所谓“入境而问禁，入国而问俗，入门而问讳”。德国著名学者冯特说，“禁忌是人类最古老的无形法律”。一个民族的禁忌也是一种民族心理的反映和古老宗教信仰的一种转化，只有先了解各国禁忌，才可能避免旅游接待工作中出现不必要的麻烦。

任务一　亚洲国家习俗礼仪

亚洲是亚细亚洲的简称，位于东半球的东北部，面积4 400万平方公里，占全球陆地总面积的29.4%，是世界上最大的洲。亚洲是世界文明古国中国、古印度、古巴比伦的所在地，又是世界三大宗教的发祥地。

一、日本

日本是位于亚洲东部太平洋西岸的一个由东北向西南延伸的弧形岛国，领土面积37.78万平方千米，是世界上人口密度最大的国家之一。美丽的樱花是日本的国花，有300多个品种，日本也因此被称为“樱花之国”。日本民族语言为日本语，简称日语。日本是一个多宗教信仰的国家，有神道教、佛教、基督教等多种宗教。

1. 礼节

日常交往中，日本人通常都爱以鞠躬作为见面礼节。鞠躬礼分立礼和跪坐礼两种，立礼即站立鞠躬礼，跪坐礼即跪坐时的鞠躬礼。在行鞠躬礼时鞠躬度数的大小、鞠躬时间的长短往往会同向对方所表示尊敬的程度成正比。妇女与他人见面时，是鞠躬而不握手的。日本人见面常用的礼节语是“您好”、“拜托您了”、“打搅您了”、“对不起”、“请多关照”等。称呼日本人时，可称之为“先生”、“小姐”或“夫人”，也可以在其姓氏之后加上一个“君”字，将其尊称为“××君”。

到日本人家里做客时，进门前要脱下大衣和鞋子。脱下的鞋子要整齐放好，鞋尖向着房间门的方向，这在日本是尤其重要的。参加庆典或仪式时，不论天气多热，都要穿套装或套裙。

2. 习俗

日本人注意穿着，在正式场合通常穿西式服装。在隆重的社交场合、结婚、过成人节或节庆日时才穿自己的国服——和服。日本饮食，也称为和食或日本料理，主食是米饭，副食有蔬菜和海产品，传统食物做工精细、清淡可口、味鲜带甜。日本人吃饭时采取分食制，还爱吃酱汤、酱菜和酸梅，很少吃动物内脏。典型的和食有寿司、拉面、刺身、天妇罗、铁板烧、煮物、蒸物、酢物、酱汤等，此外，还有饭团与便当，其中，尤以刺身，即生食鱼片最为著名。逢年过节或过生日时增添红豆饭以示吉利。日本人非常爱喝酒，西洋酒、中国酒和日本清酒都是他们的最爱。在日本，斟酒讲究满杯。日本人普遍爱好饮茶，特别喜欢喝绿茶。

3. 节庆

日本多节庆，法定节日就有13个。新年1月1日，庆祝方式似我国春节，前一天晚上吃过年合家团圆面，“守岁”听午夜钟声，新年第一天早上吃年糕汤，下午举家走亲访友。1月15日是成人节，庆祝男女青年年满20周岁，从此开始解禁烟酒，女子过成人节时都要穿和服。女孩节是3月3日，又称“雏祭”，凡有女孩子的家庭都要陈设民族服装和玩具女娃娃。3 月 15 日至 4 月 15 日是樱花节，在此期间人们多倾城出动赏花游园，饮酒跳舞，喜迎春天。5 月 5 日是男孩节，旧称“端午节”，习俗似我国的端午节，此时家家户户都要挂菖叶、吃粽子。9 月 15 日是敬老节，社会各界和晚辈会向高龄者赠送纪念品。此外还有秋分、体育节、文化节、勤劳感谢节、天皇诞生日等。

知识拓展

各国元旦趣谈

元旦是全世界人民传统的新年。元旦的“元”字是开始的意思，“旦”是指天刚刚亮的意思。“元旦”泛指一年的头一天。每当这天，世界各国人民都举行活动辞旧迎新。

日本人特别重视新年，每年的 12 月 29 日至 1 月 3 日为全国休假日。日本人除夕之夜全家围坐在火炉边，一边吃过年面，一边聆听远处寺院传来的钟声。除夕钟声一共要敲 108 下，意味着驱散 108 种烦恼。元旦早晨互相拜过年后就开始用餐，早餐是很丰盛的，吃砂糖芋艿、荞麦面、年糕汤，喝屠苏酒等。此后一连三天都吃素的，以示虔诚，祈求来年大吉大利。

朝鲜在新年时家家户户贴窗花、对联和年画，祈求上天保佑、赐给幸福。朝鲜人在新年时除了享用美酒佳肴外，还必定做一种药饭，用糯米加上松子、栗子松、枣泥和蜂蜜等蒸煮成与我国的八宝饭相类似的甜饭，以预示家里来年人丁兴旺，生活甜蜜。

希腊人过新年时，家家都要做一个藏有银币的大蛋糕，由一家之主切成若干块，分给其他人。谁能吃到藏有银币的那块，谁来年就会好运不断。

英国的公历元旦虽没有圣诞节那样隆重，但在除夕夜和元旦，人们还是根据当地的风俗开展各种庆祝活动，以示送旧迎新。苏格兰人给亲友送煤块，祝福生活像煤炭一样长燃不熄。

德国人庆祝新年约有一周的时间。这期间，家家户户都要摆上一棵枞树，树叶间系满绢花，表示繁花如锦，春满人间。德国人在新年来临之前要爬到椅子上，钟声一响就跳下椅子，并将一重物抛向椅子背后，以示甩去祸患，跳入新年。

法国人在新年到来之前，一定要把家中的酒全部喝光，以致许多人喝得酩酊大醉。他们认为，元旦时如果家中还有剩余的酒，新的一年里会交厄运。

意大利人在元旦前夜的午夜时分，人们都要把屋里的一些破旧瓶子、缸和盆等扔出门外砸碎，以示除旧迎新，来年好运。

4. 禁忌

日本人忌讳荷花图案，探望病人时忌讳送荷花、菊花、山茶花及白色和淡黄色的花。忌讳绿色，认为是不祥的颜色；禁食肥猪肉和猪的内脏，也有一些人不喜欢吃羊肉和鸭肉；对金色的猫以及狐狸和獾极为反感，认为它们晦气；忌讳“4”和“9”，因为“4”在日文里发音与“死”相似，而“9”的发音则与“苦”相近；在三人并拍合影时，日本人谁都不愿意在中间站立，他们认定，被人夹着是不祥的征兆；日本人在宴请客人时，忌讳将饭盛得过满，并且不允许一勺盛一碗饭；日本人在用筷子时，有“忌八筷”之说，即忌舔筷、迷筷、移筷、扭筷、插筷、掏筷、跨筷和剔筷。

二、韩国

大韩民国简称韩国，位于亚洲大陆东北朝鲜半岛的南部，韩国国土面积约 9.93 万平方千米。韩国人口约 5 008.7 万（2010 年 1 月底），人口分布密集，是世界上人口密度最高的国家之一。朝鲜族（韩国称之为韩族）为韩国的单一民族，通用韩国语。韩国居民多信奉基督新教、佛教、天主教，此外，还有少量天道教、大宗教和伊斯兰教信徒。

1. 礼节

韩国人十分注重礼节，长幼之间、上下级之间、同辈之间的用语有严格区别。讲究父慈子孝，尊敬长者、孝顺父母、尊重老师是全社会风俗。韩国人一般都采用握手作为见面礼节，当晚辈、下属与长辈、上级握手时，后者伸出手来之后，前者须先以右手握手，随后再将自己的左手轻置于后者的右手之上，韩国人的这种做法，是为了表示自己对对方的特殊尊重。与他人相见时，韩国人在不少场合有时也同时采用先鞠躬、后握手的方式。韩国妇女在一般情况下不与男子握手，代之以鞠躬或者点头致意。韩国人称呼他人时多用尊称和敬语，很少直接叫出对方的名字，喜欢称呼对方能够反映其社会地位的头衔。与他人初次打交道时，韩国人非常讲究预先约定，遵守时间，并且十分重视名片的使用。韩国人还有尊重长兄的传统，特别是父亲去世后，一般都由长兄主持家业，重大事宜要由长兄做主，节假日还要到长兄家团聚。

2. 习俗

韩国的服装样式，无论男女皆具有上衣短、裤子或裙子肥大的特点。韩国传统服饰受阴阳五行思想影响，以白色等浅色为主，只有在节日和有特殊意义的日子里才穿民族服装。女性的传统服装是短上衣和宽长的裙子，长裙的腰线高至胸部，用做礼服和外出服的裙子较长。男装有裤子、袄、坎肩和长袍，衣服必须上下同一色系。韩服有“风的衣裳”之美称，是韩国色彩和韩国文化最为浓郁的代表。

韩国人主食主要是米饭、冷面，肉类和蔬菜为副食，饮食的主要特点是辣和酸。韩国菜特色风味有泡菜、烤肉、冷面、火锅、生鱼片、生牛肉等。韩国人普遍喜饮酒，烧酒、啤酒、洋酒消费量较大。传统的酒有镯酒（用大米或糯米酿成）、药酒和烧酒，还有清酒、啤酒和威士忌等。韩国人用筷子用餐，与长辈同桌就餐时不能先动筷子，不可用筷子对别人指指点点，在用餐完毕后要将筷子整齐地放在餐桌的桌面上。

知识拓展

韩国泡菜的渊源

韩国的泡菜文化里，有着深厚的中国儒家文化痕迹。在中国的《诗经》里，出现了“菹”字，它在中国的字典里被解释为酸菜，正是这种腌制的酸菜传入了韩国。

韩国泡菜的发展经历了几个重要阶段。三国时期由中国传入，那时主要用蕨菜、沙参、茄子、黄瓜、萝卜加上盐、米粥、醋、酒糟、酱等腌制。到了高丽时代，蔬菜的种植技术提高，泡菜中加入了韭菜、水芹菜、竹笋等新鲜的蔬菜，并且出现了用盐水腌制后同汤一起食用的泡菜汤。到了朝鲜时代早期，泡菜的制作方法开始丰富，原料也更加多样，由于韩国三面临海，水产品充足，开始在泡菜中加入各种鱼、虾、蟹等海产品。到朝鲜时代末期，由于大量种植，白菜成为了比萝卜、黄瓜和茄子更常用的主要原料。此时传进来的辣椒使泡菜的制作出现了革命性的变化。因为辣椒可以去除鱼类制作泡菜时产生的腥味，并让色彩鲜艳，看起来就让人有食欲，所以它被认为是绝佳的泡菜调味品。

3. 节庆

韩国节庆较多。农历正月初一至正月十五的节日活动类似我国春节。正月十五为元宵节，传统饮食是种果（栗子、核桃、松子等）、药膳、五谷饭、陈茶饭等。农历四月八日为佛诞节及颂扬女性的春香节。农历五月五日为端午节，家家户户都以食青篙糕、挂菖蒲来过节。农历八月十五为中秋节，农历九月九日为重阳节。清明扫墓，冬至吃冬至粥。除上述传统节日外，韩国人还很重视圣诞节、5 月 5 日的儿童节、3 月 28 日至 4 月 1 日的恩山别神节等。

4. 禁忌

韩国人忌讳“4”，是由于其发音与“死”相同的缘故，与韩国人交谈时，发音与“死”相似的“私”、“师”、“事”等几个词最好不要使用；受西方礼仪习俗的影响，也有不少韩国人不喜欢“13”这个数；韩国人喜欢单数，不喜欢双数；农历正月头三天不能倒垃圾、扫地，更不能杀鸡宰猪；招呼人过来时手心要向下；韩国人的民族自尊心很强，他们强调所谓“身土不二”；向韩国人馈赠礼物时，宜选择鲜花、酒类或工艺品；在民间，仍讲究“男尊女卑”，进入房间时，女人不可走在男人前面，进入房间后，女人须帮助男人脱下外套；男女一同就座时，女人应自动坐在下座，并且不得坐得高于男子。

三、泰国

泰国位于中南半岛中南部，国土面积约 51.4 万平方千米。泰国是一个由 30 多个民族组成的多民族国家，总人口约 6 426 万，是世界上人口最多的 15 个国家之一。泰语为国语，英语为通用语。佛教是泰国的国教，90% 以上的居民信奉佛教，主要是南传佛教，华人主要信奉北传佛教和儒教；伊斯兰教是泰国第二大宗教。因盛产许多热带水果，如椰子和芒果等，泰国有“水果王国”之称。

1. 礼节

泰国自古就有“微笑之邦”的美誉。泰国最常见见面礼节是带有浓厚佛门色彩的合十礼。辈分不同，合十双手的位置也不同，双手举得越高，表示尊重程度越高。目前，泰国人所行的合十礼大致可以分为四种规格：一是双手举于胸前，多用于长辈向晚辈还礼；二是双手举到鼻下，一般在平辈相见时使用；三是双手举到前额之下，仅用于晚辈向长辈行礼；四是双手举过头顶，只用于平民拜见泰王之时。行合十礼时，晚辈要先向长辈行礼；身份、地位低的人要先向身份、地位高的人行礼。对方随后亦应还之以合十礼，否则即为失礼，只有佛门弟子可以不受此类限制。在一般情况下，行合十礼之后，不必握手。

在社交场合，泰国人习惯以“小姐”、“先生”等国际上流行的称呼彼此相称。在称呼交往对象的姓名时，为了表示友善和亲近，不称呼其姓，而是惯于称呼其名。去泰国人家里做客或是进入佛寺之前，务必要记住先在门口脱下鞋子。

2. 习俗

泰国人的服装，总的来说比较朴素，在乡村多以民族服装为主。泰国男子的传统民族服装叫“绊尾幔”纱笼和“帕农”纱笼。纱笼由于下摆较宽，穿着舒适凉爽，是泰国平民历史最悠久的传统服装之一。

泰国人主食为大米饭，副食以鱼和蔬菜为主，喜食辛辣、鲜嫩之物，不爱吃过咸或过甜的食物，也不吃红烧的菜肴。最爱吃的食物，当数具有其民族特色的咖喱饭。一般不喝热茶，通常喜欢在茶里加上冰块，令其成为凉茶。在一般情况下，绝不喝开水，而习惯于直接饮用冷水。在喝果汁的时候，还有在其中加入少许盐沫的偏好。泰国人就餐时，习惯屈膝围桌而跪坐，不用筷子，而是用手抓着吃，现在也有用叉子和勺子的。在泰国餐桌上，无论饭菜是否丰富，汤是不能缺少的，分为清淡的肉和菜汤、稀米汤、冬荫功汤三大类。泰国人饭后喜欢吃鸭梨、苹果等水果，但不吃香蕉，因为香蕉在泰国是用来给大象吃的。

3. 节庆

泰国节日很多，通常有年节、宗教性节日、生产性节日、国家纪念日和其他节日。泰历 1 月 1 日是泰国人的元旦，这一天举国欢庆；万佛节的清晨，国王也在玉佛寺斋僧；泰历 4 月 13 日至 15 日为宋干节，也叫泼水节，大致有五项活动，即浴佛、堆沙、放生、庆祝游行和泼水，节日期间人们可以毫无顾忌地互相泼水；泰历 5 月 9 日是春耕节，这一天由国王主持典礼，农业大臣开犁试耕，祈求风调雨顺、五谷丰登；公历 5 月 23 日是佛诞节，又称浴佛节，为佛祖释迦牟尼诞生纪念日，佛寺在这一天都要举行斋戒、诵经法会，以各种香水、鲜花水浴洗佛像；每年公历 7 月的守夏节，是重要的佛教节日，玉佛寺会举行隆重的玉佛更衣仪式，一般由国王或御代表主持，膳食只能早晚两餐，晚餐只能吃流食；泰历 12 月 15 日是水灯节，也叫佛光节，人们用香蕉叶或香蕉树皮和蜡烛做成船形灯，放进河里让其随波逐流，以感谢水神和祈求保佑。

4. 禁忌

泰国是佛教之国，有“千佛之国”、“黄袍佛国”之称。泰国人视头部为身体至高无上的部分，是神圣不可侵犯的。不能随便触摸泰国人的头部，否则是对人的不恭；若触摸小孩子的头，他们认为这个小孩一定会生病。长辈在场时，晚辈必须坐在地下或跪坐，以免高于长辈头部；睡觉时不能头朝西，因日落西方象征死亡；忌用脚指东西、踢门，不能盘腿而坐，不能脚心对人；绝对不能以左手取用食物或递物品，因泰国人右手吃饭，左手是用来拿不洁之物的。泰国人比较忌讳褐色，忌讳用红色的笔签字或是用红色刻字。

泰国人眼里，佛永远是至高无上的，不要非议佛教或对佛门弟子有失敬意；与泰国人交谈绝不能讲对佛祖和国王不敬的话；购买佛饰时，严禁说“购买”，必须说“求租、尊请”之类的词语，以防亵渎神灵；泰国寺院是泰国人公认的神圣地方，进入佛教寺庙时必须衣着得体端庄，身着任何短裙、短裤或袒胸露背装都不得入内。在进入到佛堂、回教寺或私人住宅时，必须脱鞋，摘下帽子和墨镜，并注意不可脚踏门槛。在佛寺之内，切勿高声喧哗或随意摄影、摄像等。

四、新加坡

新加坡属热带海洋性气候，植物繁茂，终年常绿，热带植物种类繁多，花园遍布，绿树成荫，素以整洁和美丽著称，因此被称为“花园城市”。新加坡国语为马来语，英语为行政用语。多民族的新加坡宗教信仰也十分复杂，各民族有不同的宗教信仰，世界上的主要宗教在这里都有信徒。

1. 礼节

新加坡人待人接物十分注重礼节，举止文明，彬彬有礼，处处体现着对他人的尊重。在社交场合，新加坡人与客人相见时，一般都施握手礼。新加坡的马来人则大多采用其本民族传统的“摸手礼”，先用双手互相接触，再把手收回放到自己胸前。新加坡人接待客人一般是请吃午饭或晚饭，和新加坡的印度人或马来人吃饭时，注意不要用左手。到新加坡人家中吃饭，可以带一束鲜花或一盒巧克力作为礼物。在新加坡，进清真寺一定要脱鞋。去新加坡人家里做客，进屋要脱鞋，并要特别注意不要以鞋底朝向对方。

2. 习俗

在正式社交场合，男子一般要穿白色长袖衬衫和深色西裤，并且打上领带，女子则须穿套装或深色长裙。在日常生活里，不同民族的新加坡人的穿着打扮往往各具其民族特色。例如马来人男子头戴一顶叫“宋谷”的无边帽，上身穿一种无领、袖子宽大的衣服，下身穿长及足踝的纱笼，女子上衣宽大如袍，下穿纱笼；华人妇女多爱穿旗袍；印度血统的妇女额头上点着檀香红点，男人扎白色腰带。

新加坡在饮食习惯方面融合了马来人和华人的烹调特色，中西结合，丰富多彩。新加坡人的主食是米饭，其中最具代表性的是“娘惹食物”。新加坡华人口味上喜欢清淡，偏爱甜味，讲究营养，平日爱吃米饭和各种生猛海鲜，对于面食不太喜欢。粤菜、闽菜和上海菜都很受他们的欢迎。新加坡人，特别是新加坡华人，大都喜欢饮茶，对客人通常喜欢以茶相待。

3. 节庆

新加坡是一个移民国家，荟萃了东西方民族的文化，具有多元化的文化背景，因此新加坡的节日庆典也是渗透了不同民族、不同宗教的风俗习惯，异彩纷呈。由于新加坡华人较多，因此，华人节日在新加坡有重要的地位。新加坡华人过春节相当隆重，也过元宵节、端午节、中秋节等。信奉印度教的人过“屠龙节”。国定节日为食品节，每年4月17日举行。大宝森节是教徒答谢神恩的日子，每年的游行都有多名男女信徒自愿以苦行僧的方式抬杠针座、头顶奶壶，赤脚完成4 000米的艰苦路程。回教开斋节是回教徒庆祝赴麦加朝圣的日子，教徒清晨聚集在回教堂一起祷告，然后屠杀牲畜并将肉分送给穷人。新加坡人在假日安排上十分灵活，如果假日恰逢双休日，那么随后的星期一就延休一天；如果赶上星期二或星期四，部分新加坡人会借用一天，使假日与周末相连，享受4天长假。

4. 禁忌

新加坡人对“恭喜发财”这句祝颂词极其反感，他们将“发财”理解为“不义之财”，说“恭喜发财”将被认为是对别人的侮辱和嘲骂；新加坡人忌讳数字“4”与“7”，因为在汉语中，“4”的发音与“死”相仿，而“7”则被视为一个消极的数字。在色彩方面，新加坡人视紫色、黑色为不吉利，黑、白、黄为禁忌色，一般红、绿、蓝色很受欢迎；忌讳猪的图案，不喜欢乌龟。在标志上，禁止使用宗教词句和象征性标志。与新加坡人谈话，一般忌谈宗教与政治方面的话题。新加坡的印度人以牛为圣物，禁忌吃牛肉，马来人忌食猪肉、狗肉、自死之物和动物的血，不吃贝壳类动物，不饮酒；在用餐时，不论马来人还是印度人都不用刀叉、筷子，而惯于用右手直接抓取食物，绝对忌用左手取用食物。

五、印度

印度位于亚洲南部，是世界四大文明古国之一。印度人口 11.66 亿（2009 年），居世界第二。印度有 10 个大民族和许多小民族，印度斯坦族为第一大民族。印度是世界上使用语言最多的国家之一，仅宪法规定可使用的语言就有 14 种，大多数印度语属梵语系。在众多语言中，印地语最为通行，与英语同为官方语言。印度约有 82% 的居民信奉印度教，还有居民信奉伊斯兰教、基督教、锡克教、佛教和耆那教等。

1. 礼节

印度人较有特色的见面礼节有三种。一是贴面礼，流行于印度的东南部地区，具体的做法是：与客人相见时，将自己的鼻子与嘴巴紧贴在对方的面颊上，并且用力地吸气，同时还要念“嗅一嗅我”。二是摸脚礼，它在印度是一种礼遇极高的见面礼，具体的做法是：晚辈在拜见长辈时，首先弯腰用右手触摸长辈的脚尖，然后再用它去回摸一下自己的前额，以示用自己的头部接触对方的脚部。三是举手礼，是合十礼的一种变通，当一手持物，难以双手合十时，则举起右手，指尖向上，掌心内向，向交往对象致敬，与此同时，还须问候对方“您好”。目前，印度也流行握手礼，但是，在一般情况下，印度妇女仍不习惯同异性握手。在迎接嘉宾之时，印度人往往要向对方敬献用鲜花编织而成的花环，为了表示诚意，主人通常要亲自将其挂在客人的脖子上。

2. 习俗

印度人的着装讲究朴素、清洁。在一般场合，男子往往上身穿“吉尔达”，即一种宽松的圆领长衫；下身则穿一条“陀地”，即一种以一块白布缠绕在下身并垂至脚面的围裤。在极其正规的活动中，他们则习惯于在“吉尔达”之外，再加上一件外套。印度妇女的最具民族特色的服装是纱丽，它实际上是一大块丝制长巾，披在内衣之外，好似一件长袍。出门在外时，尤其是在正式场合，印度妇女所穿的纱丽色彩鲜艳，图案优美，非常漂亮。印度的妇女，大都习惯在自己的前额上以红色点上一个“吉祥痣”，过去，它用于表示妇女已婚，而今则主要用于装扮。

印度人主食为大米、面食，南印度和东印度普遍以大米为主食，北印度则以面粉为主食。在做饭的时候，他们喜欢加入各种各样的香料，尤其是爱加入辛辣类香料，例如咖喱粉等。印度人在饮食方面最大的特点，就是食素的人特别多，而且社会地位越高的人越忌荤食。大多数印度人都不吸烟，也不喜欢饮酒。用餐的时候，一般不用任何餐具，而习惯于用右手抓食。在印度南部的一些地方，人们惯于以摇头或往左或右轻轻地斜一下表示同意，点头表示不同意，这种做法与其他地区大不相同。

3. 节庆

在印度，除了一些政治性节日，其他重要的节日大都是宗教性节日。印度官方认可的节假日每年有120多个，其中多数节日不仅与宗教有关，有着神话般的由来，而且还有别具特色的传统庆祝方式。

公历1月1日的元旦是世界性节日，新年伊始，印度人在相互拜年时，要在亲朋好友的额头正中点上红点，以示吉祥；国庆节，每年1月26日，印度政府都要在总统府前的广场上举行声势浩大的游行；洒红节，公历2～3月间，是印度教节日，也是全国性的大节日；开斋节是穆斯林节日，开斋节前，穆斯林要封斋一月，白天不得进食，到了开斋节，穆斯林们到清真寺礼拜，而后宰牲摆宴，欢欣庆祝；丰收节，也叫庞格尔节，节日期间，家家户户要打扫清除，人们要穿戴一新，烧做甜牛奶米粥敬奉太阳神，还要举行敬牛仪式，给牛洗澡，染牛角，好食以待牛，牵牛游行或举办赛牛会等；宰牲节，公历4月左右，是伊斯兰教节日，这一天，穆斯林要沐浴盛装，到清真寺做礼拜，互相拜会，宰杀牛羊。此外还有除十节、扎格纳特乘车节、克里希纳神诞辰、佩镯节、独立节、十胜节、杜尔迦节、灯节、圣诞节等节日。在众多节日之中，最为重要的就是灯节、洒红节和十胜节。

4. 禁忌

在印度，牛是神圣不可侵犯的，每年僧侣有一个节日，叫“波高”节，以表示对牛的崇拜，这种仪式不许妇女参加。大象在印度被看做吉祥的动物，被视为智慧、力量和忠诚的象征。在参观清真寺和神庙时，必须脱鞋，不宜大声喧哗。印度人的双手分工明确，除上厕所，一般用右手。因此，在朋友相见，切忌伸出左手与人相握。印度教徒中的肉食者禁食牛肉，允许吃鸡、鸭、鱼。穆斯林喜食牛、羊肉，禁吃猪肉。

印度人喜爱红色、蓝色、紫色、金黄色、绿色，忌讳白色、灰色和黑色；喜爱的图案是“敬牛”，印度人不喜龟、鹤及其图案，忌讳弯月图案；荷花在印度受到很高的评价，忌讳送人百合花；印度人认为，头部是人体最高的部分，也是人体中最神圣无比的部分，尤其是孩子的头，被视为神明停留之处，所以，在任何情况之下绝不允许触摸；忌用浴盆给孩子洗澡，认为浴盆中的水不流动，是不吉利的。

任务二　欧洲国家习俗礼仪

欧洲在地域上包括英国、法国、德国、西班牙、意大利、荷兰、俄罗斯等40多个国家和地区。欧洲是产业革命的发祥地和人类文明发展较早的地区之一，很多国家语言相近，文化习俗既有很多相似之处又各有特色。

一、英国

英国是一个多元化民族国家，主要由英格兰人、苏格兰人、威尔士人和北爱尔兰人组成，还有少数犹太人、印度人、巴基斯坦人、美国人等。英国官方语言和通用语言为英语，居民多信奉基督教新教，另有天主教会及伊斯兰教、印度教、锡克教、犹太教和佛教等较大的宗教社团。

1. 礼节

英国人十分重视个人的修养，极其强调“绅士风度”，主要表现在对女性的尊重与照顾，仪表整洁，服饰得体，举止大方等方面。在正式场合的穿着庄重而保守，男士要穿三件套的深色西装，女士则要穿深色的套裙，或者素雅的连衣裙。参加宴会或音乐会，则穿得更加讲究，有时还穿晚礼服。握手礼是英国人使用最多的见面礼节，“请”、“谢谢”、“对不起”、“你好”、“再见”一类的礼貌用语，他们是天天不离口的。在进行交谈时，对英国人要避免说“English”（英格兰人），而要说“British”（不列颠人），因为他可能是苏格兰人或爱尔兰人。英国人，特别是那些上年纪的英国人，喜欢别人称呼其世袭的爵位或荣誉的头衔，要郑重其事地称之为“阁下”或是“先生”、“小姐”、“夫人”等。

2. 习俗

英国人有几种特殊的服饰，一是帽子，英语叫做“波乐帽”，是一种英国绅士的圆顶硬礼帽，通常是黑色，也有深灰或蓝黑色的；二是苏格兰传统服装，名叫“基尔特”，是一种用花格子呢料制作的从腰部到膝盖的短裙，在短裙前面有一小块椭圆形的垂巾和很宽的腰带，它形成于中世纪，是男子专用的裙子；三是英国人各种传统的工作服装和服饰，包括法院开庭时法官穿的黑袍、戴的假发，教堂礼拜时牧师所穿的长袍，历届国会开会时女王所穿的白色长裙礼服、戴的王冠，王宫卫士所穿的鲜艳的短外衣、黄束腰、高筒黑皮帽，伦敦塔楼卫士的黑帽、黑衣，近卫骑士的黑衣、白马裤、黑长靴等；四是雨伞，英国天气多变，随时可能下雨，因此，英国人外出常常手持雨伞。

英国饭菜讲究简朴实惠，花色品种不多，一般是一日三餐加茶点。传统的英式早餐有煎培根、香肠和煎吐司，现在最流行的早餐有玉米片粥加牛奶、火腿蛋和吐司涂果酱；上午茶点有咖啡、茶加饼干或点心；午餐多为快餐，通常食冷肉、凉菜、炸鱼、三明治等；下午茶点以茶为主，同时吃些糕点；晚餐为一天中的正餐，食物丰盛，通常正餐之后有甜点。

英国人的饮食具有“轻食重饮”的特点，英国名气最大的饮品是红茶与威士忌，英国人喜欢喝啤酒，尤其是苦啤酒或黑啤酒。在饮茶时，他们首先要在茶杯里倒入一些牛奶，然后才依次冲茶、加糖。喝茶是英国人“以茶会友”的一种社交方式。英国苏格兰生产的威士忌与法国的干邑白兰地、中国的茅台酒并列为世界三大名酒。

3. 节庆

英国除了宗教节日外还有不少全国性和地方性的节日。在全国性的节日中，国庆和除夕之夜是最热闹的。英国国庆按历史惯例定在英王生日那一天。除夕之夜全家团聚、举杯畅饮，欢快地唱辞岁歌。除夕之夜必须瓶中有酒，盘中有肉，象征来年富裕有余。丈夫在除夕还会赠给妻子一笔钱，作为新的一年缝制衣物的针线钱，以表示在新的一年里能得到家庭温暖。在苏格兰，人们会提一块煤炭去拜年，把煤块放在亲友家的炉子里，并说一些吉利话。在复活节前的星期四，女王每年会访问一座不同的大教堂，送当地居民一些金钱作为象征性的礼物。五朔节这一天人们要抬着花环游行。英国的圣诞节是最重要的家庭节日，人们举行家庭聚会、吃传统的圣诞大餐并交换礼物。

4. 禁忌

英国人认为“13”和“星期五”是不吉利的，尤其是“13”日与“星期五”相遇更忌讳，这个时候，许多人宁愿在家里不出门；与英国人聊天忌问私事，如收入、婚姻、职业、年龄、政治倾向等，并保持至少 50 厘米的距离；在英国，动手拍打别人，跷起二郎腿，右手拇指与食指构成“V”形时手背向外，都是失礼的动作；在众人面前，忌讳交头接耳；如果多个人相会或道别，不应越过另两个人握着的手而去和其他人握手，因为交叉握手正好形成一个十字架，据说这样做会招致灾难；烟友聚在一起，切忌一火点三支烟；英国人遵守纪律，在公共场合都有排队的习惯，加塞是一种令人不齿的行为；他们遵守约定，有时间观念，安排的日程尽量避免变动；购物时，英国人不喜欢讨价还价，认为这是很丢面子的事情；吃饭时禁刀叉碰响水杯，被认为会带来不幸；英国人不喜欢大象、孔雀与猫头鹰，厌恶黑色的猫；忌送百合花、菊花，其被视为死亡的象征；鲜花不用纸包扎，送花枝数和花朵数不能是 13 或双数；最反感的色彩主要是墨绿色。

二、法国

法国全称法兰西共和国，位于欧洲西部。法国官方语言和通用语均为法语，法语也是联合国的正式语言和国际会议的工作语言，使用人数超过 9 000 万。法国主要宗教是天主教，其次是基督新教、东正教、伊斯兰教和犹太教。

1. 礼节

法国是一个讲文明礼貌的国家，现在欧美流行的许多礼仪源于法国。在社交场合，法国人见面打招呼最常见的方式是握手，并处处体现着女士优先的原则，如为女性让道、为女性开门、上下车女性先行、为女性让座等，故以“殷勤的法国人”著称。法国人乐观热情，谈问题开门见山，说话时喜欢用手势加强语气。法国是第一个公认以吻表示感情的国家，法国人的吻有严格的界限。他们在见到久别重逢的亲友、同事时，是贴脸或脸颊，长辈对晚辈则是亲额头，只有在爱人和情侣之间才接吻。

2. 习俗

法国服装领导世界潮流，是一种产业，也是一种文化。法国人对于服饰的讲究，在世界上是最为有名的，所谓“巴黎式样”，在世人眼中是时尚、流行的代名词。在正式场合，法国人通常要穿西装、套裙或连衣裙，颜色多为蓝色、灰色或黑色，质地多为纯毛。出席庆典仪式时，一般要穿礼服。男士所穿的多为配以蝴蝶结的燕尾服或是黑色西装套装；女士所穿的则多为连衣裙式的单色大礼服或小礼服。

法国人爱美食，也会享受美食，在西餐之中，法国菜可以说是最讲究的，法国大餐在世界上享有很高声誉。法国烹饪用料考究，花色品种繁多，其特点是香浓味厚、鲜嫩味美，讲究色、香、味，但更注重营养的搭配。法式早餐是常见的西式早餐是面包涂上一些果酱或奶油，配上一杯咖啡牛奶，有些人会吃麦片或吐司、水果、酸奶等。午餐一般分为冷盘或称开胃菜以及茶式咖啡，味色俱佳。晚餐除了以汤代替冷盘外，大部分的主菜和午餐差不多，汤是晚餐必不可少的一部分。牛肉、鸭肉、鱼子酱、鹅肝也是法国人心仪的美食。法国人爱吃奶酪，干鲜奶酪世界闻名，品种有 365 种之多，有“奶酪王国”的誉称。

3. 节庆

法国节日以宗教节日为主，1 月 1 日是元旦，这一天也是亲友聚会的日子，除夕夜要将家中酒喝光，否则来年定遭厄运。复活节放假约一周，人们外出旅游、团聚、吃复活蛋、互赠礼物等。复活节后 40 天为耶稣升天节，复活节后 50 天为圣灵降临节。4 月 1 日为愚人节，该节规定节日期间可尽情地放松，不分男女老幼，可以互开玩笑、互相愚弄欺骗以换得开心快乐。7 月 14 日为国庆节，全国放假一天，城乡均有盛大庆祝活动，在巴黎香榭丽舍大街上举行大规模阅兵式。11 月 1 日为万灵节，到墓地凭吊已故亲人。12 月 25 日为圣诞节，是法国最重大的节日，人们大唱颂赞耶稣的圣诞歌之后，互赠贺卡和礼物，合家团圆共享圣诞节晚宴，香槟和白兰地是法国传统的圣诞美酒。

4. 禁忌

法国人大多喜欢蓝色、白色与红色，忌讳黄色、墨绿色；法国人忌讳仙鹤、孔雀和大象，仙鹤被视为淫妇的化身，孔雀被看做是祸鸟，大象象征着笨汉；给法国人送礼忌送菊花、牡丹、玫瑰、杜鹃、水仙、金盏花和纸花，因为他们视菊花为丧花，认为杜鹃花、纸花也是不吉利的；他们很忌讳“13”这个数字，认为“13”、“星期五”都是不吉利的；给法国妇女送花时，宜送单数，但要记住避开“1”与“13”这两个数目；在一般情况下，法国人绝对不喜欢13 日外出，不会住13 号房、坐13 号座位，或是13 个人同桌进餐；他们把对老年妇女称呼“老太太”视为一种污辱的语言；忌讳男人向女人赠送香水，否则，就有过分亲热或有“不轨企图”之嫌；忌讳别人打听他们的政治倾向、工资待遇以及个人的私事；到法国人家做客，千万不要用餐巾擦拭餐具，这样做是对主妇的莫大侮辱；送礼物是友好的表示，宜选具有艺术品味和纪念意义的物品，不宜送刀、剑、剪、餐具或是带有明显的广告标志的物品。

知识拓展

浪漫之都——法国巴黎

法国首都巴黎是世界上最繁华的都市之一，以世界浪漫之都和世界花都享誉全球。它位于法国北部巴黎盆地的中央，跨塞纳河两岸。巴黎有小巴黎、大巴黎之分。小巴黎指大环城公路以内的巴黎城市内，大巴黎包括城区周围的七个省，面积达 12 000 平方公里，人口约 1 000 万，几乎占全国人口的 1/5，也是世界人口最多的大都市之一。

巴黎既保留着许多闻名世界的历史遗迹，又有许多宏伟壮丽的现代化建筑。巴黎是法国政治、经济和文化的中心。法国政府以及各大财团、公司的总部几乎都设在巴黎。在文化设施方面，巴黎已建成世界上最大的用电子计算机控制的现代艺术文化中心——蓬皮杜国家艺术文化中心，还拥有许多世界闻名的历史遗迹和艺术建筑。埃菲尔铁塔、巴黎圣母院、协和广场、卢浮宫、凡尔赛宫等地更是让人流连忘返。

巴黎也是国际活动的重要场所。在此常设的国际组织也很多，如联合国教科文组织的总部就设在这里。今天的巴黎，不仅是法国，也是西欧的政治、经济、文化中心，备受世界的瞩目。

三、德国

德国全称德意志联邦共和国，是欧洲第二人口大国，德国通用德语。德国的主要宗教信仰是基督教，另外还有新教和天主教。现在随着社会的发展，信教的人正在减少，尤其是年轻人，有相当一部分青年人只是在出生后去教堂洗礼，长大成人后很少去教堂做礼拜。

1. 礼节

在德国，朋友见面以握手礼为主，与德国人握手时，有必要特别注意下述两点：一是握手时务必要坦然地注视对方；二是握手的时间宜稍长一些，晃动的次数宜稍多一些，握手时所用的力量宜稍大一些。此外，与亲朋好友见面时，往往会施拥抱礼。在交往过程中，大多数人往往用“您”以及姓氏之前冠以“先生”或“女士”、“大人”作为尊称，只有亲朋好友和年轻人之间互相用“你”以及名字称呼。对女性，不管其婚否或长幼，都可以称“×女士”，但对已婚妇女应以其夫姓称之。与人交谈时应避免涉及年龄、收入等私人问题。应邀去别人家做客时，应备鲜花、画册或书等礼物，所送礼物要事先用礼物纸包好。德国人不习惯送重礼，所送礼物多为价钱不贵、但有纪念意义的物品，以此来表示慰问、致贺或感谢之情。在收到礼后应打开观看，并向送礼人表示感谢。

2. 习俗

德国人在穿着打扮上的总体风格，是庄重、朴素、整洁。在一般情况之下，男士大多爱穿西装、夹克，并且喜欢戴呢帽。妇女们则大都爱穿翻领长衫和色彩、图案淡雅的长裙。在日常生活里，德国妇女的化妆以淡妆为主。在正式场合露面时，必须要穿戴得整整齐齐，衣着一般多为深色。在正式交往中，讲究男士穿三件套西装，女士穿裙式服装。在北方的港口城市汉堡，人们爱戴一种小便帽，这种小便帽已成为汉堡人服饰上的一个显著特征。德国人对发型较为重视，在德国，男士不宜剃光头，免得被人当做“新纳粹”分子。

德国人餐桌上的主角是肉食，最爱吃猪肉，其次是牛肉，爱吃以猪肉制成的各种香肠。德国人一般胃口较大，喜食油腻之物，所以胖人极多。在口味方面，爱吃冷菜和偏甜、偏酸的菜肴，不爱吃辣和过咸的菜肴。在饮料方面，最爱喝啤酒，对咖啡、红茶、矿泉水也很喜欢。

3. 节庆

除传统的宗教节日外，德国地方性节日有举世闻名的“慕尼黑啤酒节”，它是德国庆祝规模最大的民间节日。节日期间万人空巷，人们欢聚在一起，喝着自制的鲜酿啤酒，吃着德国独有的各式各样的香肠和面包，开朗活泼的金发女郎穿着五彩的民族服装载歌载舞。狂欢节大约持续 10 天，人们身穿节日盛装，带上各种假面具，上街游行。元旦也是德国人的重大节日，除夕之夜，男子按传统习俗聚在屋里，喝酒打牌，将近零点时，大家纷纷跳到桌子上和椅子上，钟声一响，就意味着“跳迎”新年，接着就扔棍子，表示辞岁。圣诞节是德国最重要的节日，就像中国的春节，节前人们忙着采购鲜花、家庭圣诞树、圣诞礼物和各种“年货”。复活节是德国的第二大传统节日，也最古老的基督教节日，节前准备复活节兔子和复活节彩蛋，以此来欢庆春回大地，万象更新。

5. 禁忌

德国人对纳粹党党徽的图案十分忌讳，服饰和其他商品包装上忌用纳粹标志；忌讳“13”和“星期五”；德国人讨厌菊花、蔷薇图案、蝙蝠图案，还忌讳核桃；向德国人赠送礼物时，不宜选择刀、剑、剪刀、餐刀和餐叉；以褐色、白色、黑色的包装纸和彩带包装、捆扎礼物也是不允许的；德国人对黑色、灰色比较喜欢，对于红色以及渗有红色或红、黑相间之色，则不感兴趣；忌讳在公共场合窃窃私语，不喜欢他人过问自己私事；按德国的习俗，生日不得提前祝贺；访友时要事先约定，在他人的办公室或家中，非经邀请或同意，不要自行参观，更不要随意翻动桌上的书籍或室内的物品。

四、意大利

意大利全称意大利共和国，是个多民族国家，官方语言是意大利语，个别地区讲法语和德语。意大利语同时还是圣马力诺和梵蒂冈的官方语言，是瑞士的四种正式语言之一。在意大利，90%以上的居民信奉天主教，还有少数居民信奉基督教新教、犹太教和伊斯兰教等。

1. 礼节

意大利人热情好客，待人接物彬彬有礼，注重公共场合的文明礼貌，与客人见面时以握手礼为主，亲朋好友久后重逢会热情拥抱，处处体现女士优先。在熟人之间，举手礼、拥抱礼、亲吻礼也比较常用。为了向交往对象表示恭敬之意，意大利人往往会对对方以“您”相称。在人际交往中，他们对别人的地位、等级十分重视。在社交场合，可称其姓氏，或将其与“先生”、“小姐”、“夫人”连称。对于关系密切者，可直呼其名。女子对“太太”、“小姐”的称呼颇为计较。在意大利人心目中，自由是最重要的，他们的时间观念极为奇特，与别人进行约会时，特别是出席宴会、招待会等活动时，许多意大利人都会晚到几分钟。我国国内常用的下列称呼在意大利不宜使用。一是“爱人”，在意大利，其含义为“情人”，即妻子以外的恋人；二是“老人家”，意大利人讳“老”，这一称呼在他们听来具有明显的贬义；三是“小鬼”，在中国，将小孩称为“小鬼”是一种爱称，但在意大利人看来，其含义是“小妖怪”，对孩子既不尊重而且又带有诅咒之意。

2. 习俗

意大利人穿衣不受性别、年龄的限制。意大利人在正式场合非常注意衣着整齐得体，有的饭店规定穿西装必须系领带，即使在夏天也不准穿衬衫入席。到歌剧院看歌剧大都比较讲究穿着和举止，尤其是男士，要穿晚礼服或至少穿西装打领带。工作之余，人们爱穿各种运动服装和休闲装。

意大利人喜爱面食，做法吃法甚多。源于那不勒斯的意大利烤饼“比萨”传遍全球，仅通心粉做的各种面条就有40余种。其制作面条有独到之处，各种形状、颜色、味道的面条至少有几十种，如字母形、贝壳形、实心面条、通心面条等。意大利人还喜食意式馄饨、意式饺子等。意大利人喜欢喝酒，一般在吃饭前喝开胃酒，席间视菜定酒，如吃鱼时喝白葡萄酒，吃肉时用红葡萄酒，席间还可以喝啤酒、水等。饭后饮少量烈性酒，可加冰块。在各种宴会上，每上一道菜都要换一种酒。常常边喝酒边聊天，不过很少酗酒，席间不劝酒。

3. 节庆

意大利人的节日很多，大多是宗教节日。1 月 1 日是元旦，新年钟声敲响后，他们纷纷将家中旧物抛出窗外，以辞旧迎新。3 月 21 日至 4 月 25 日春分月圆后第一个星期天为复活节，人们纷纷结伴去郊游、踏青、聚餐。狂欢节亦称谢肉节，在大斋前一天举行，大斋期间基督教徒不应食肉，亦不举行婚配和其他娱乐活动，所以在大斋开始前举行一次狂欢活动。国庆节在每年 6 月 2 日，这一天意大利总统要举行招待会，意驻外使、领馆也要举行招待会，以示庆祝。万圣夜到来，孩子们都会迫不及待地穿上五颜六色的化妆服，戴上千奇百怪的面具，提着一盏“杰克灯”走家窜户，向大人们索要节日的礼物。年轻人通常穿着鬼怪服装狂欢、接受款待或者制造恶作剧以庆祝节日。节日期间要去祭奠亡人、扫墓，一般要献上一些黄色或白色菊花。12 月 25 日为圣诞节，罗马教皇发表演说是这天最重要的活动。

4. 禁忌

意大利忌讳菊花，因为菊花是丧葬场合使用的花，人们把它视为“丧花”，也不能送带有菊花图案的礼物；送鲜花要注意送单数，但不送 13 朵，红玫瑰表示对女性的一片温情，非夫妻恋人一般不宜送；较为忌讳紫色、仕女图案、十字花图案等；意大利人忌讳用手帕作为礼物送人，认为手帕主要是擦眼泪的，象征情人离别，属于令人悲伤之物，所以，用手帕送礼是失礼的，同时也是不礼貌的；意大利人忌讳“13”和“星期五”；忌讳用一根火柴给 3 个人点烟，即使用打火机给两个人点完烟后，也要灭掉再重新打开给第 3 个人点；忌讳交叉握手，因为形成十字架形被认为不吉利；在与不认识的人打交道时，忌讳用食指侧面碰击额头，因为这是骂人“笨蛋”、“傻瓜”之意；在参加宴请活动或到朋友家做客时，尽量在喝饮料、酒水、菜汤和吃面条时不要发出声音，否则会被认为是没有教养的表现。

五、西班牙

西班牙全名为西班牙王国，位于欧洲西南端伊比利亚半岛上，号称“永不沉没的航船”。西班牙语是官方语言和全国通用语言。西班牙有 94% 的居民信奉天主教，其余也有新教徒、犹太教徒和伊斯兰教徒。

1. 礼节

西班牙人在正式社交场合与客人相见时行握手礼；亲朋好友间的相见，通常情况下，男子要相互抱一抱肩膀，女子要轻轻搂一搂并亲吻双颊。称呼西班牙人时，一般可称“先生”、“夫人”，未婚女性称“小姐”。西班牙人非常健谈，无论是斗牛、政治或是文艺及生活琐事，都是他们的好话题。西班牙人比较注重个人隐私，一般不能询问对方的年龄、收入、婚否、宗教信仰、政治立场等问题。赴约时一般喜欢迟到一会儿，西班牙人工作节奏较慢，早晨不习惯早起，午休时间长，对夜生活十分热衷。西班牙妇女用扇子主要不是为了扇风凉快，而是通过用扇子做出各种动作来表达一些不便说出口的话：当妇女打开扇子，把脸的下半部遮起来时，这意味着她在问“你喜欢我吗?”或者“我爱你”；如若她一个劲快速地扇扇子，则表示“请离开我”；若她把扇子一会儿打开一会儿合上，那是表明“我非常想念你”；若把扇子在手中翻来翻去，等于告诉你“你太讨厌了”；若把扇子收折起来，意为“你这个人不值得一爱”；若将扇子掷在桌上，等于告诉“我不喜欢你，我爱的是别人”；在男友面前打开扇子支着下巴，意为“我希望下次同你早点见面”。

2. 习俗

西班牙人除上班男子穿西装，女子着西装裙外，平时追求自然和舒适，青睐纯棉和纯丝，喜欢突出个性，风格各异。西班牙女子上街必定要戴耳环，认为如果没戴耳环，简直跟没穿衣服一样。西班牙人在外出旅游时无不一身休闲装、运动服，富有朝气，充满青春活力。

西班牙的饮食习惯和东方人一样，也是一日三餐，但其饮食结构和时间却大相径庭。早餐一般在 8 点左右，以简单快捷为主，大致有牛奶、面包、黄油、奶酪、果汁、咖啡等，午餐大约在下午 2 点，不大讲究，常常是份饭，外加一杯饮料或啤酒。晚餐通常在晚上 10 点，比较丰盛也比较讲究，有开胃汤、主菜和主食，还必备葡萄酒。主菜主要有牛排、猪排、烤牛肉、烤羊肉、炸鸡腿、烤鱼、焖火鸡、焖兔肉、火腿及炸虾、炸土豆等。

3. 节庆

西班牙每年有很多节日，因绝大多数国民信仰天主教，因而天主教的各种节日和祭典非常隆重。主要节日有元旦、三王节、劳动节、奔牛节、圣母升天日、国庆节、万圣节、圣诞节等。西班牙人天性热情开朗，大多能歌善舞，这种民族性使得他们每到过节都是全民出动、尽情狂欢。节日期间各地都有盛大的圣像游行等活动。西班牙三大节日瓦伦西亚火祭、塞维利亚圣周和潘普洛纳奔牛节就是其中的代表。火祭节是西班牙最具特色的节日之一，在为期一周的火祭节里，当地人用各种庆祝方式挥洒激情，迎接春天的到来；奔牛节是西班牙的传统节日，西班牙是世界上独一无二和名副其实的“斗牛王国”，虽然每年都会有人受伤甚至死亡，但当地人和游客仍乐此不疲。西班牙人在元旦之夜全家团聚，以教堂钟声为号，十二点时人们争着吃葡萄，每敲一下钟，必须吃下一颗，连续吃下十二颗，则表示来年一帆风顺，大吉大利。叠罗汉是西班牙加泰罗尼亚地区的一项传统民俗活动，一般常出现于马戏团特技表演、啦啦队表演以及舞蹈表演等之中。

4. 禁忌

牛在西班牙的文化里是图腾崇拜的象征物，所以在西班牙不要对斗牛活动有非议。西班牙人喜欢谈论体育和旅行，避免谈论宗教、家庭和工作。吃东西时，通常会礼貌地邀请周围的人与他分享，但这仅是一种礼仪上的表示，不要贸然接受，否则会被视为缺乏教养。西班牙许多禁忌与欧美基督教国家相同，如视“13”为不吉数字，视“13”日、“星期五”为不祥之日。忌用黄色、紫色、黑色，忌讳菊花，因为菊花是用来祭奠亡者的。西班牙人很讲究对女士的礼貌，尤其要注意的是男士不能当着女士的面解开领带，这在西班牙是被认为十分不礼貌的。到西班牙人家中做客，可送上鲜花，他们最喜爱石榴花。

六、俄罗斯

俄罗斯联邦简称俄罗斯，国土面积 1 707 万平方千米，占地球陆地面积的 1/8，是世界上面积最大的国家，东西最长 9 000 千米，南北最宽 4 000 千米，两端的时差达 11 个小时。俄罗斯拥有人口约 1.445 亿，是欧洲人口最多的国家，世界第八人口大国。俄罗斯是一个多民族的国家，约由 140 个民族组成，其中俄罗斯族占总人口的 80% 以上。俄语是俄罗斯联邦全境内的官方语言和通用语言，也是联合国六种官方语言和工作语言之一。俄罗斯是一个以东正教为主的多宗教国家，居民 55% 信奉宗教，其中 91% 信奉东正教。

1. 礼节

俄罗斯人习惯于和初次会面的人行握手礼。对于熟悉的人，尤其是在久别重逢时，他们则大多要与对方热情拥抱。有时，还会与对方互吻双颊。与他人相见时，他们通常都会主动问候“早安”、“午安”、“晚安”。在称呼方面，在正式场合，他们也采用“先生”、“小姐”、“夫人”之类的称呼。在俄罗斯，“您”和“你”的用法比较复杂，对自家人、熟人、朋友、平辈和儿童称呼“你”表示亲热、友好和随便，对长者和陌生人称呼“您”表示尊敬和客气。在俄罗斯，人们非常看重人的社会地位，因此对有职务、学衔、军衔的人，最好以其职务、学衔、军衔相称。应邀去做客，最好按约定的时间准时或稍晚一点到达，不要早到。进屋后应脱衣帽，先向女主人问好，再向男主人和其他人问好。

2. 习俗

俄罗斯人很注重仪表，在穿着服饰上讲究色彩的和谐和整体的搭配。在较正式的场合，男子通常穿西装，而女子则以裙装为主。俄罗斯人一直认为，裙子是最能体现出女人味的服饰，俄罗斯妇女有一年四季穿裙的传统，尤其在交际、应酬的场合，女士都穿裙，穿长裤被认为是对客人的不尊重。

俄罗斯人喜欢吃黑麦面包，对普通百姓来说，用麦面粉制作圣饼和白面包常常是节日的美食。面包种类多、风味全且形状各式各样，最普通的面包被称为“巴顿”，其次是黑麦面包。古往今来，俄罗斯人将面包和盐作为迎接客人的最高礼仪，以表示自己的善良慷慨，而且这种传统待客的风俗已经作为俄罗斯国家的迎宾礼。每当外国首脑来访俄罗斯，姑娘便端着新出炉的面包和盐款款走上前，请客人品尝。俄罗斯人喜爱吃土豆，苏联时期，土豆、圆白菜、胡萝卜和洋葱头是普通人的看家菜，一年四季不断。俄罗斯人对伏特加酒情有独钟，它的直接词义是“可爱的水”，俄罗斯人喝伏特加非常豪放，哪怕是满满一大杯也是一饮而干。伏特加一般是 40 度，与白兰地和威士忌一起同为世界三大烈酒。俄罗斯人尤其爱喝红茶，茶水中一般要放糖或盐，有的还放果酱、蜂蜜、糖果和甜点心同食。

3. 节庆

俄罗斯的传统节日主要包括新年和四季节日（送冬节、桦树节、丰收节和迎冬节）。除此以外，由于东正教长期作为俄罗斯的国教，影响深远，不少宗教节日已经成为俄罗斯人传统生活中不可缺少的部分。俄罗斯的节日有公历新年、东正教圣诞节、俄历新年、祖国保卫者日、国际妇女节、劳动者团结日、胜利日、国家主权宣言通过日即国庆日、人民团结日、宪法日等。

大多数俄罗斯人喜欢在家过年，男人们通宵饮伏特加。当电视和广播里传出克里姆林宫的钟响过 12 下后，男女老少互祝新年快乐。女主人则往往按照俄罗斯人的习惯，要大家说一个新年的心愿。东正教圣诞节常和新年连在一起庆祝，一般 12 月 25 日许多家庭就已经摆上圣诞树，用五光十色的彩灯、彩球和彩带装饰。与其他国家的圣诞老人不同，俄罗斯的严冬老人是穿着白色毛皮大衣的迷人女孩雪姑娘。谢肉节又称送冬节，人们用烤成金黄色的圆形小薄饼祭祀太阳，晚上则燃起篝火，烧掉用稻草扎成的寒冬女王像；桦树节的时候，家家户户都用桦树枝、矢车菊、铃铛装饰房间；最隆重的复活节仪式是在莫斯科克里姆林宫主显圣容大教堂举行，仪式由莫斯科和全俄东正教大牧师主持。

4. 禁忌

俄罗斯传统认为，每个人都有两个神灵：左方为凶神，右方为善良的保护神，因此不允许以左手接触别人，遇见熟人不可伸左手握手问好，早晨起床不可左脚先着地；与俄罗斯人初次交谈不宜问工薪、年龄和婚姻等生活私事，忌讳政治矛盾、经济难题等话题；见面或告别时，最好不要隔着门槛握手；不要送手绢和空钱包，如果送钱包，一定要象征性地在里面放一点钱；俄罗斯人酷爱鲜花，忌送菊花、杜鹃花、石竹花和黄色的花；送花的枝数和花朵数不能是13或双数，因为俄罗斯人认为单数吉祥，偶数不吉利，只有人去世时才送双数的鲜花，即2枝或4枝。忌讳兔子、黑猫；镜子被看成是神圣的物品，打碎镜子意味着灵魂的毁灭，将出现疾病、灾难等不幸；如果打碎了碟、盘等餐具则被认为是富贵和幸福的象征，因此在喜筵、寿筵等场合特意摔碎一些碟盘，以示庆贺；在数目方面，俄罗斯人忌讳“13”和“星期五”，最忌讳13个人聚集在一起，偏爱“7”，认为它是成功、美满的预兆；俄罗斯人非常崇拜盐和马，认为盐具有驱邪除灾的力量，视盐为珍宝和祭祀用的供品，如果打翻了盐罐或将盐撒在地上，习惯将打翻在地的盐拾起来撒在自己的头上，而通常认为马代表威力，能驱邪降妖，相信马掌是表示祥瑞的物体。

七、荷兰

荷兰全称荷兰王国，因位居欧洲大陆的关键位置，素有“欧洲门户”之称。荷兰官方语言为荷兰语，对荷兰社会影响最大的是罗马天主教和荷兰新教。近年来荷兰不信教的人数明显增多，不信教人口约占其总人口的32%。

1. 礼节

荷兰人遵守纪律，时间观念强，有很强的自信心。在正式场合，荷兰人与客人会面时通常行握手礼。在日常生活中，朋友相见时大多施拥抱礼，与亲密的好友相见时，也有亲吻三次的礼仪。荷兰人穿着相对比较随意，在会谈、外事活动等正式场合要求男士穿西装，打领带，穿深色皮鞋；女士穿职业套装（或套裙），特别隆重的场合要求穿礼服（如燕尾服等）。与荷兰人打交道时，务必使用适当的称呼，对一般关系的荷兰人可称之为“先生”、“小姐”或“夫人”。连姓带名一起称呼往往多见于十分正式的场合。对熟人相称，可以直接使用其本名，对于关系密切者，则可使用昵称。对女王要用“陛下”或“女王陛下”，对王室成员则通常宜以“殿下”相称。

2. 习俗

荷兰最富特色的是马根岛上居民的服饰，该岛女性的衬衣都是红绿间隔的条子，大部分地方的裙子都很长，还有蕾丝宽边大白帽以及金黄色的胸针。每逢节庆时节，如女皇诞辰、复活节和五旬节，人们穿着传统多层裙或宽腿裤衣服，脚踏木鞋庆祝。木鞋是鞋底厚实、鞋头上翘的船形鞋，鞋内填充稻草，可以御寒。按照传统，荷兰的青年男女在订婚时，新郎要给新娘送一双漂亮的木鞋作为订婚之物。

荷兰人早餐一般吃面包、黄油、奶酪、肉类、牛奶、酸奶等，午餐大多只是面包夹火腿。晚餐是三餐中最正式的，通常是两道菜、一道汤。第一道汤常常是粟米粉调成稀糊；第二道常常是蔬菜，这些蔬菜烧时都不加油盐调料，吃时用奶油、肉汁混和浇在这些蔬菜上；第三道通常是肉，大多是牛排，荷兰人用奶油煎牛排，牛排放在平底锅里略微煎一下就拿起来，放在盘子里再放精盐、胡椒粉、蕃茄酱等调味品。荷兰人为了纪念前人的难忘历史，把由胡萝卜、土豆和洋葱混合烹调而成的菜作为他们的“国菜”，每年10月3日，家家烹食“国菜”。

3. 节庆

荷兰节日有新年（1月1日）、主显节（1月6日）、复活节（3月底至4月初）、耶稣受难日（4月1日）、女王日（4月30日）、全国解放日（5月5日）、女皇国会游行日（在9月的第3个星期二）、万圣节（11月4日）、国庆节（12月6日，独立日）和圣诞节（12月25日）等。除对圣诞节比较重视外，荷兰的主要节日还有圣尼古拉斯节，是荷兰第一大传统节日。在圣尼古拉斯诞辰纪念日当天，大部分的人会到教堂或城镇的集会广场，参加宗教仪式的庆祝活动，还要专门准备一些特别的小食，如杏仁薄脆饼和饼干等庆祝节日。对荷兰人来说荷兰女王日是相当重要的节日，这一天到处可见橙色的东西，衣服、旗帜、帽子、充气气球……人们甚至在头发上喷上橙色，脸上画上橙色色块，只要是有颜色的东西都可以是橙色的，所以当天人们都穿着一身代表皇室的橙色，以符合节庆的意义。

4. 禁忌

荷兰人忌讳“13”和“星期五”。他们认为“13”象征着厄运，“星期五”象征着灾难。在荷兰，旅游、度假、足球、骑车、滑雪等都是很好的话题，要避免谈论美国政治、钱和物价，也不要提起纳粹。荷兰忌讳有人询问他们的宗教信仰、工资情况、婚姻状况、个人去向等问题。他们认为私人事宜不需要他人过问。荷兰人在交谈时，忌讳交叉式握手和交叉式谈话，认为这些都是极不礼貌的举止。他们喝咖啡忌讳一杯倒满，他们视倒满为失礼的行为和缺乏教养，认为只能倒到杯子的三分之二处才为合适。荷兰的古城史塔荷斯特被视为“神秘的女人村”。这里的妇女对现代化设施、器械以及社会风尚都很反感，甚至表示憎恶。另外，他们还特别忌讳别人对他们拍照。荷兰知识分子中很多人对中国传统文化知之颇深，因此中国人与之交往不妨谈谈中国孔孟哲学。

任务三　美洲国家习俗礼仪

美洲分南美洲和北美洲，北美洲的美国和加拿大，其礼仪习俗既有继承欧洲传统的一方面，又有创新和现代化的一方面。美洲除了美国、加拿大以外的区域，称为“拉丁美洲”，包括南美洲和北美洲南部，拉丁美洲的礼仪习俗主要继承西班牙、葡萄牙的传统，也受当地传统的影响。

一、美国

美国是一个移民国家，有“民族熔炉”之称。美国没有法定的官方语言，英语是事实上的国家语言和最通用的交流语言。除英语外，使用人口超过100万人的语言还有西班牙语、汉语、法语、塔加洛语、越南语和德语。美国是一个多民族、多宗教的国家，人人有信仰或不信仰宗教的自由，约占总人口91%的公民信仰宗教，主要信奉基督教和天主教，犹太教、东正教、佛教、伊斯兰教、道教等宗教亦有一定的信众。

1. 礼节

美国在习俗和礼节方面形成了以欧洲移民传统习惯为主的特色。美国人谈吐幽默诙谐，比较浪漫随和，性格开朗，自由平等观念较强，平时见面相互介绍很简单。在正式的社交场合很讲究礼节，握手时要摘下手套并注视对方，不可多人交叉握手。拜访美国人时，进门一定要脱下帽子和外套。美国人在称呼中也很少用正式的头衔，除非是法官、政府高级官员、军官、医生、教授和高级宗教人士。在社交场合，男子要谦让、保护女士。美国人在交谈中不喜欢涉及个人私生活的话题，谈话时不要距离太近，在公共场所也要尽量同别人保持一定的距离。美国人不喜欢随便送礼，送礼讲究单数，但不要3和13。礼物要有精美包装，收到礼物时，要马上打开，夸奖并感谢一番。美国人很珍惜时间，浪费他们的时间等于侵犯了他们的个人权利，因此拜访美国朋友须预先约好，准备好话题，谈完事就告辞。

2. 习俗

美国人在正式社交场合十分注重服饰，参加宴会、集会和其他社交活动，一定要根据参加的活动类型选择合适的服装。在日常生活中，美国人大多是宽衣大裤，追求舒适，平时穿着无拘无束，十分随便，T恤、夹克衫、运动衫和牛仔服都是深受人们喜爱的服装。

美国人一般喜欢比较清淡的口味，喜欢凉拌菜，还喜吃嫩肉排。不喜欢油腻，不爱吃蒜和过辣食物，也不爱吃清蒸菜肴和红烧菜肴，忌食动物内脏，不喜欢蛇一类食物。美国人的饮食日趋简便与快捷，热狗、炸鸡、土豆片、三明治、汉堡包、冰淇淋等快餐风靡美国，是其平日餐桌上的主角。美国人的主要饮料是咖啡，爱喝的饮料还有冰水、矿泉水、红茶、可乐与葡萄酒，新鲜的牛奶、果汁也是他们的必饮之物。习惯喝加冰的饮料、葡萄酒，大型宴会喝鸡尾酒，一般不喝烈性酒。

3. 节庆

美国的节日繁多。1月1日是新年，美国人过年最热闹的是除夕晚上，人们聚集在教堂、街头或广场，唱诗、祈祷、祝福、忏悔，并一同迎候除旧更新的一瞬。午夜12点，全国教堂钟声齐鸣，在音乐声中，激动的人们拥抱在一起，怀着惜别的感伤和对新生活的向往共同迎来新的一年。2月14日是圣瓦伦丁节，又称“情人节”，恋人之间都要互赠卡片和鲜花。愚人节是西方也是美国的民间传统节日。复活节是基督教纪念耶稣复活的一个宗教节日。5月第二个星期日是母亲节。6月的第三个星期日是父亲节，是美国的法定节日。7月4日独立日即美国国庆节，以纪念1776年7月4日大陆会议通过《独立宣言》。11月1日是万圣节，万圣节前夜是儿童们纵情玩乐的好时候，是一个充满神秘色彩的节日。11 月的第四个星期四是感恩节，也是美国人合家欢聚的节日。12 月 25 日是圣诞节，是美国最盛大的节日，全城通宵欢庆，教徒们跟随教堂唱诗班挨户唱圣诞颂歌，装饰圣诞树，吃圣诞蛋糕。

4. 禁忌

美国的禁忌同宗教有密切关系。他们忌讳“13”，不喜欢“星期五”；忌讳黑色，认为黑色是肃穆的象征，是丧葬用的色彩；喜爱白色、黄色、蓝色和红色，认为白色是纯洁的象征，黄色是和谐的象征，蓝色和红色是吉祥如意的象征；他们喜欢白猫，认为白猫可以给人带来运气；忌讳蝙蝠、黑猫图案，认为是吸血鬼和凶神的象征；忌打破镜子，认为会招致大病或死亡；忌一根火柴为三个人点烟；美国人不提倡人际交往间送厚礼，否则要被涉嫌别有用心；在美国，成年的同性共居于一室之中，在公共场合携手而行或是勾肩搭背，在舞厅里相邀共舞等，都有同性恋之嫌；不宜送给美国人的礼物有香烟、香水、内衣、药品以及广告用品；跟美国人相处时，与之保持适当的距离是必要的。

二、加拿大

加拿大位于北美洲北部，为世界上领土面积仅次于俄罗斯的第二大国，是世界上人口密度较低的国家之一。加拿大的官方语言是英语和法语。加拿大是个宗教信仰自由的国家，居民普遍信仰宗教，以信仰罗马天主教和基督教新教的人数最多。

1. 礼节

加拿大人朴实、友善、随和、爱说笑，被喻为是世界上“永不发怒的人”。一般握手致意作为见面礼节，分手时也行握手礼。亲友、熟人、恋人和夫妻之间以拥抱或亲吻作为见面礼节。加拿大人跟他人打交道时，只有在非常正式的情况之下，才会对对方连姓带名一同称呼，并且彬彬有礼地冠以“先生”、“小姐”、“夫人”之类的尊称。在一般场合，加拿大人在称呼别人时，往往喜欢略去其姓而直呼其名。在加拿人，父子之间互称其名是常见之事。对于交往对象的头衔、学位、职务，加拿大人只有在官方活动中才会使用。加拿大人在正式场合十分注重礼节，交谈时选择大家都感兴趣的话题，喜欢谈政治尤其是本国的政治，忌谈年龄、收入、家庭婚姻状况等涉及个人隐私的问题。加拿大人十分注重公共场合的文明礼貌，在教堂做礼拜、剧院看戏和听音乐会时都要衣着整齐。

2. 习俗

加拿大人的着装以欧式为主，在正式的场合，男子一般穿西装，女子一般为裙服。在非正式场合，穿着比较随便，夹克衫、圆领衫和便装裤随处可见。每逢节假日，尤其是在欢庆本民族的传统节日时，大都有穿着自己民族传统服装的习惯。

加拿大人对法式菜肴较为偏爱，喜欢清淡，爱吃酸、甜之物。在烹制菜肴时极少直接加入调料，而是惯于将调味品放在餐桌上，由用餐者自行添加。从总体上讲，他们以肉食为主，特别爱吃奶酪和黄油，爱吃烤制的食品。在饮品方面，喜欢咖啡、红茶、牛奶、果汁、矿泉水，爱喝清汤和麦片粥。动物的脚爪和偏辣的菜肴他们也不太喜欢吃。一日三餐中最重视的是晚餐，用餐时一般使用刀叉。

3. 节庆

加拿大过新年像中国人过年一样，人们以各种方式迎接新年的到来。主要节日有复活节、维多利亚日、国庆节、劳动节、感恩节、停战纪念日、圣诞节。除这些比较正规的节日以外，加拿大还有欧美流行的其他节日，如情人节、愚人节、母亲节和万圣节等。加拿大地区性节日常具有浓郁的地方特色，也有特定的民族庆祝的自己的节日，如冬日狂欢节、郁金香花节、枫糖节和淘金节。郁金香花节在5月的最后两周，是首都渥太华的盛大节日，庆祝活动以各种彩车游行最为隆重，丽都河上有装饰过的小船成串驶过，全城被300多万株荷兰女王赠送的郁金香装扮得花海一般。加拿大盛产枫树，其中以东南部的魁北克和安大略两省枫叶最多最美，每年三四月间，一年一度的枫糖节就开始了，几千个生产枫糖的农场装饰一新，披上节日的盛装，吸引了无数的旅游者。

4. 禁忌

加拿大人忌讳别人赠送白色的百合花，因为加拿大人只有在葬礼上才使用这种花；忌讳黑色和紫色；“13”被视为“厄运”之数，“星期五”则是灾难的象征，加拿大人对于二者都是深为忌讳的。在老派的加拿大人看来，打破了玻璃，请人吃饭时将盐撒了，从梯子底下经过，都是不吉利的事情；与加拿大人交谈时，不要插嘴打断对方的话或是与对方强词夺理；不要问女士的年龄和体重；不要以中国人的习惯在对方名字前加“老”字；加拿大人以自己的国家为自豪，反对与美国作言过其实的比较，尤其是拿美国的优越方面与他们相比，更是令人不能接受；忌食动物内脏和虾酱、鱼露、腐乳和臭豆腐等有怪味、腥味的食物。

三、墨西哥

墨西哥的全称是墨西哥合众国，也是拉丁美洲第二人口大国，仅次于巴西。官方语言为西班牙语，有8%的人讲印第安语。墨西哥是一个天主教国家，全国89%的人口是天主教徒，有6%的人信奉各个派别的基督教新教，其余5%的人口信奉其他宗教或没有宗教信仰。

1. 礼节

微笑和握手是墨西哥人的问候方式，熟人相见之时所采用的见面礼节主要是拥抱礼与亲吻礼。在上流社会中，男士们往往还会温文尔雅地向女士们行吻手礼。在正式场合不宜直接去称呼交往对象的名字，只有彼此之间十分熟悉的人才会有例外。其称呼方式是在姓氏之后加上“先生”、“小姐”或“夫人”之类的尊称。极爱使用某些可以体现出具有一定社会地位的头衔，诸如“教授”、“医生”、“法官”、律师”等。拜访墨西哥人要事先进行预约，否则是不会受到对方欢迎的。前去赴约的时候，墨西哥人一般都不习惯于准点到达约会地点，通常会比双方事先约定的时间迟到一刻钟左右。在公共场所，墨西哥人极少有夫妻并排而行的，他们主张丈夫应随行于妻子身后。舞会上通常只能女士邀请男士，而不能相反。

2. 习俗

墨西哥人在十分正规的场合穿西装套装或西式套裙。在日常生活里，男子爱穿格子衬衫，妇女爱穿色调明快、艳丽的绣花衬衣和图案、款式多变的长裙。据说这和当年玛雅人的习俗一致，认为色彩对比强烈的衣服能吓退妖魔，保佑众生平安。出门在外时，还喜爱披上一块用途多样的披巾。

墨西哥人的传统食物主要是玉米、菜豆和辣椒，被称为墨西哥人餐桌上必备的“三大件”。玉米被称做“墨西哥人的面包”，也是墨西哥文化的精髓，因为玉米就是墨西哥人的先民印第安人培育出来的，他们不仅爱吃玉米，而且还可以用它制作各式各样的风味食品，其中最有特色的是玉米面饼、玉米面糊、玉米饺子和玉米粽子等。墨西哥人的晚餐一般在 8 点以后，所以那个时候也是街上最热闹的时间。墨西哥是世界上以昆虫作为食品消耗量最大的国家，视蚂蚱、蚂蚁、蟋蟀、蝇卵、龙舌兰虫等为美味佳肴。墨西哥人还有吃仙人掌的习惯，仙人掌与香蕉、西瓜等一样，可以当水果吃。

3. 节庆

墨西哥是一个节日和庆典颇多的国家，几乎每个月都会有节庆活动，宗教性的节日最为重要，如圣周、受难节、瓜达卢佩圣母节、圣诞节和亡灵节等。

墨西哥人喜爱仙人掌，每年的仙人掌展览会总是盛况空前。10 月玉米收获时节有玉米粽子节，用嫩玉米包粽子，并举行盛大舞会。亡灵节放假一天，与我国清明节习俗相似。根据墨西哥的习俗，亡灵节首日专门用以纪念夭折的儿童，孩子们的亡灵将在 10 月 31 日晚回到家中，和亲人团聚一天后离家；11 月 2 日则祭奠去世的成人，这一天人们用花环、祭品和食物到墓地祭奠亡灵，并在家中摆放祭坛，等待已故亲人的归来。节日气氛并不凄凉，反而非常欢乐。

4. 禁忌

墨西哥人忌讳将黄色或红色的花送人，他们认为，前者意味着死亡，后者则会带给他人晦气；在墨西哥人眼里，蝙蝠凶恶、残暴，是一种吸血鬼，蝙蝠及其图案为人们所忌讳；在该国，人们不仅不惧怕骷髅，反而认为它象征着公正，喜欢以其图案进行装饰；墨西哥人喜欢白色，送礼物不能送紫色类的物品或以紫色包装的礼物，穿紫色系的衣服访问他人或招摇过市一样也不受欢迎。墨西哥人忌讳送人手帕和刀剪，因为手帕是和眼泪联系在一起的，而刀剪是友谊破裂的象征；讨厌数字“13”与“星期五”；墨西哥人忌讳外人用掌心向上的手势来比划小孩的身高，认为这种手势只适用于表示动物的高矮，用在人身上有侮辱的意味。

任务四　大洋洲国家习俗礼仪

大洋洲陆地总面积约 897 万平方千米，约占地球陆地总面积的 6%，是世界上最小的一个洲，国家有澳大利亚、新西兰及许多岛国。大洋洲各国经济发展水平差异显著，澳大利亚和新西兰两国经济发达，其他岛国多为农业国，经济比较落后。

一、澳大利亚

澳大利亚是世界上唯一一个国土跨越整个洲的国家，故也称为“澳洲”。澳大利亚是典型的移民国家，被社会学家喻为“民族的拼盘”。自英国移民踏上这片美丽的土地之日起，已先后有来自世界200个国家、140个民族的移民到澳大利亚谋生和发展。澳大利亚的官方语言为英语，少数土著人讲本民族语言。居民中70.3%信奉基督教，少数人信奉犹太教、伊斯兰教和佛教等。

1. 礼节

澳大利亚流行西方礼仪，澳大利亚人讲究礼貌，待人彬彬有礼。见面礼节既有拥抱礼、亲吻礼，也有合十礼、鞠躬礼、握手礼、拱手礼和点头礼。握手是一种相互打招呼的方式，拥抱亲吻的情况比较少见，在亲朋好友之间通常贴面以示感情。土著居民在见面时所行的勾指礼极具特色，做法是：相见的双方各自伸出手来，令双方的中指紧紧勾住，然后再轻轻地往自己身边一拉，以示相亲、相敬。人们相见总是热情打招呼，彼此称呼对方的名字。在社交场合，澳大利亚人待人接物非常随和，喜爱同陌生人交往，对待外来客人也是这样。与澳大利亚人交谈时不要涉及金钱、婚姻、年龄、职业、宗教等私事。被邀请到澳大利亚人家中做客，最合适的礼物是给女主人带上一束鲜花，也可以给男主人送一瓶葡萄酒。

2. 习俗

澳大利亚人，特别是英国后裔曾十分注重公共场所的仪表。在极为正式的场合要穿西装、套裙，平时一般都是T恤、短裤，或者牛仔装、夹克衫等。由于阳光强烈，他们在出门之时，通常喜欢戴上一顶棒球帽来遮挡阳光。在购物、游览等闲暇活动中，人们更加偏爱便装。

澳大利亚人一般喜欢英式西餐，其口味特点是清淡，不喜油腻，忌食辣味。有不少的澳大利亚人不吃味道酸的东西，一般不吃狗肉、猫肉、蛇肉及动物的内脏与头、爪。大都爱吃牛、羊、鸡、鱼等，爱喝的饮料则有牛奶、咖啡、啤酒与矿泉水等。澳大利亚人非常喜欢中国菜，特别爱吃中国风味的清汤饺子，华人餐馆在各大城市中均可见到。澳大利亚土著居民目前大多数尚不会耕种粮食、饲养家畜，他们靠渔猎为生，并且经常采食野果，在进食的时候经常生食，并且习惯于以手抓食。

3. 节庆

澳大利亚全国共同的节日为9天，另外各州也自行设立节日。国庆日是1月26日，为纪念白人进入澳大利亚的建国纪念日，届时，各大城市都举行庆祝活动。复活节是3月28日至3月31日，从28日耶稣受难日开始。圣诞节是澳大利亚的一个重大节日，节日前，亲朋好友互赠圣诞卡表示祝贺，节日圣餐十分丰富，有传统的火鸡、布丁，也有海鲜、烤肉。12月26日开盒节，是打开圣诞节所赠礼盒的日子，在南澳大利亚，称为“宣告节”。

4. 禁忌

在澳大利亚人眼里，兔子是一种不吉利的动物，他们认为，碰到了兔子，可能是厄运将临的预兆；喜爱袋鼠、琴鸟和金合欢花图案，忌菊花、杜鹃花、石竹花和黄颜色的花。他们对于“13”与“星期五”普遍反感至极；乘出租车必须有一人与司机并排坐，以示尊重；与澳大利亚人交往切忌对其国内事务发表议论，也不要说过分自谦的话；不可竖起大拇指表示赞扬（在当地被认为是下流动作）；澳大利亚人不喜欢将本国与英国处处联系在一起，不喜欢听“外国”或“外国人”这一称呼。

二、新西兰

新西兰位于太平洋南部，是一个君主立宪制国家。官方语言为英语和毛利语。70% 的居民信奉基督教新教和天主教。

1. 礼节

新西兰人与朋友的见面多行握手礼、鞠躬礼和面含微笑的注目礼。但是需要注意，与新西兰妇女握手时，必须由其首先伸出手来。新西兰人行鞠躬礼的具体做法十分独特，与中国人鞠躬时低头弯腰不同，新西兰人鞠躬时是抬着头、挺着胸的。路遇他人，新西兰人往往会向对方行注目礼，即面含微笑目视对方，同时问候对方“你好”。对于同自己一样身份的人，在称呼姓氏时应冠以“先生”、“夫人”或“小姐”，但新西兰人往往在见面一两次以后就直接称对方名字；称呼新西兰人，直呼其名非常受欢迎，称呼官衔却往往令人侧目。土著毛利人善歌舞、讲礼仪，他们有一种传统的礼节，当遇到尊贵的客人时，要行“碰鼻礼”（见图 9－1），即双方要鼻尖碰鼻尖两三次，然后再分手离去。据说，按照其风俗，碰鼻子的时间越长，就说明礼遇越高，越受欢迎。新西兰人喜爱户外运动，除喜爱赛马外，还特别喜爱橄榄球。

图 9－1　碰鼻礼

2. 习俗

新西兰人在正式盛大的集会大都穿深色西装或礼服，但在一般场合人们的穿着趋于简便。妇女打高夫球时都是穿裙子，外出参加交际应酬时，新西兰妇女不但要身着盛装，而且一定要化妆，在她们看来，参加社交活动时化妆是一种基本的礼貌。

在新西兰，欧洲移民的后裔通常习惯于吃英式的西餐。他们的口味比较清淡，对动物蛋白和乳制品的需求量很大，牛肉、羊肉、鸡肉、鱼肉都是他们所爱吃的。在用餐时，他们以刀叉取食，忌讳吃饭时频频与人交谈。除了爱吃瘦肉之外，欧洲移民的后裔们还爱喝浓汤，并且喜爱红茶。受英国习俗的影响，他们也养成了“一日六饮”的习惯，即每一天要喝六次茶，分别被称做早茶、早餐茶、午餐茶、下午茶、晚餐茶和晚茶。新西兰人爱喝酒，不管是威士忌之类的烈性酒，还是啤酒或葡萄酒，都非常喜欢。

3. 节庆

新西兰是一个移民国家，人们从世界各地走到一起，同时也带来了各自五花八门的节日。因为新年紧临圣诞节，所以新西兰人是将两节一并准备的，当地过圣诞节和新年，家家户户都要用各种灯饰把屋内屋外装饰一新。1840 年 2 月 6 日，英国全权代表霍布森和毛利人族长签订了《威坦哲条约》，规定新西兰为英国殖民地，这一天也叫“威坦哲日”，后来定为新西兰国庆日。澳新军团日是 4 月 25 日，纪念 1915 年 4 月 25 日在第一次世界大战中牺牲在土耳其加里波利之战中的澳大利亚和新西兰军人的日子。女王诞辰日是 6 月 5

日。劳动节是10月25日。圣诞节是在12月25日庆祝，与圣诞节通常的冬季冰天雪地形象完全相反，其时正值他们夏季的酷暑时节，结果出现圣诞老人穿着红色毛皮大氅，乘着冲浪板到海滩去吃露天火鸡烧烤的景象。

4. 禁忌

新西兰当地大部分居民为英国后裔，所以这里的主要习俗禁忌和英国相近。受基督教天主教的影响，新西兰人讨厌“13”与“星期五”。要是有一天既是13日，又是星期五，那么新西兰人不论干什么事都会提心吊胆，对于在这一天外出赴宴、跳舞、观剧之类的邀请，他们则能推就推。新西兰人一般对狗怀有特殊的感情，视狗为“终生的伴侣”和“牧羊的卫士”。他们历来珍爱几维鸟，把几维鸟看成是民族的象征，并以其为国鸟，视其为国家的象征。他们奉行所谓“不干涉主义”，即反对干涉他人的个人自由，朋友相处相互间话题多为运动，私人事务避免触及；对于交往对象的政治立场、宗教信仰、职务级别等，他们一律主张不闻不问；对其国内种族问题以及将新西兰视为澳大利亚的一部分，他们则更为反感。

任务五　非洲国家习俗礼仪

非洲是世界文明的发源地之一，非洲人勤劳、智慧。过去的几个世纪中，由于长期受葡萄牙、西班牙、英国、法国、荷兰、比利时、德国以及意大利等殖民者的侵入、瓜分和奴役，非洲成了一个贫穷落后的地区。直至20世纪60年代后大部分非洲国家才纷纷独立，加入第三世界发展中国家的行列。非洲文化具有多样性，礼仪习俗相对也复杂多样。

一、埃及

埃及地跨亚、非两大洲，大部分位于非洲东北部，是世界四大文明古国之一。官方语言为阿拉伯语，通用英语和法语。伊斯兰教为国教，信徒主要是逊尼派，占总人口的84%，科普特基督徒和其他信徒约占16%。

1. 礼节

在人际交往中，埃及人常用的见面礼主要是握手礼，与其他伊斯兰国家的禁忌相同，同埃及人握手时最忌用左手。除握手礼之外，埃及人在某些场合还会使用拥抱礼或亲吻礼。埃及人所采用的亲吻礼，往往会因交往对象的不同而采用亲吻不同部位的具体方式。其中最常见的形式有三种：一是吻面礼，一般用于亲友之间，尤其是女性之间；二是吻手礼，是向尊长表示敬意致谢时所用的；三是飞吻礼，多见于情侣之间。埃及人在社交活动中，跟交往对象行过见面礼节后，往往要双方互致问候。“祝你平安”、“真主保佑你”、“早上好”、“晚上好”等都是他们常用的问候语。去埃及人家里做客时，应注意以下三点：一是事先要预约，通常晚上6点后以及斋月期间不宜进行拜访；二是穆斯林家里的女性，尤其是女主人是不待客的；三是就座之后，切勿将足底朝外，更不要朝向对方。

2. 习俗

埃及人的穿着主要是长衣、长裤和长裙。努巴妇女还喜欢纹唇、纹额，认为这是努巴女性所特有的美。埃及人的衣服基本上都用透气性好的亚麻布制成。埃及城市里的下层平民和乡村中的农民，平时主要是穿着阿拉伯民族的传统服装——阿拉伯大袍，同时还要头缠长巾或是罩上面纱。埃及的乡村妇女很喜爱佩戴首饰，尤其是讲究佩戴脚镯，不穿绘有星星、猪、狗、猫以及熊猫图案的衣服。

埃及人喜吃甜食，正式宴会或正餐的最后一道菜都是上甜食。埃及人通常以“耶素”即一种不用酵母的平圆形面包为主食，并且喜欢将它同“富尔”、“克布奈”、“摩酪赫亚”一起食用。在通常情况下，埃及人很爱吃羊肉、鸡肉、鸭肉、土豆、豌豆、南瓜、洋葱、茄子和胡萝卜。在饮料上，埃及人酷爱酸奶、茶和咖啡。埃及人有在街头的咖啡摊上用午餐的习惯，用餐的时候，埃及多以手取食，忌用左手。在正式一些的场合习惯于使用刀、叉和勺子，用餐之后，他们一定要洗手。埃及人按照伊斯兰教教规是不喝酒的。

3. 节庆

每逢周五是埃及人传统的“主麻日聚礼”，当清真寺内传出悠扬的唤礼声，穆斯林便纷纷涌向附近的清真寺，做集体礼拜。埃及的国庆节为7月23日。4月下旬是埃及传统节日惠风节，人人都要吃象征春风绿地的生菜、象征生命开始的鸡蛋和有关崇拜的腌鱼。8月，当尼罗河水漫过河堤时，举行泛滥节庆祝活动，欢庆尼罗河定期泛滥带来沃土。众人聚集在尼罗河边进行祈祷，唱宗教赞歌，跳欢快的舞蹈。6月17日或18日是尼罗娶媳妇节，人们纷纷来到尼罗河边载歌载舞。穆斯林在斋月（伊斯兰教历9月）中实行斋戒，从日出到日落均不得进食。斋月结束后是开斋节，人们连续三天举行盛大庆祝活动，到清真寺做礼拜，亲友互相走访。这三天也是举行婚礼的吉祥日子。伊斯兰教历12月10日为宰牲节，也是盛大节日，各家各户根据自己的经济实力，宰牛杀羊，馈赠亲友，招待客人，送给穷人。

4. 禁忌

埃及人忌食猪肉、狗肉、驴肉、骡肉及动物的内脏等。他们讨厌猪，外形被认为与猪相近的大熊猫也为埃及人所反感。埃及人对绿色和白色都有很深的感情，把绿色喻为吉祥之色，把白色视为快乐之色。他们对生活中经常遇到的数字也有喜庆之分，一般人都比较喜欢“5”和“7”，认为“5”会给人们带来“吉祥”，认为“7”是个受人崇敬的完整数字。埃及人宠猫、敬猫如神，并视猫为神圣的精灵，在埃及人的心目中猫是女神在人间的象征，是幸运的吉祥物，是受人崇敬的国兽。喜爱仙鹤，认为仙鹤是一种吉祥鸟，美丽又华贵，象征着喜庆和长寿。黑色、蓝色在埃及人看来均是不祥之色。对信奉基督教的科普特人而言，“13”是最令人晦气的数字。针是缝衣的工具，几乎是家家必备的日常用品，但在埃及人的心目中却有几分神秘的色彩，每天下午3～5点，埃及人决不买卖针，认为那会带来贫困与灾祸，这已成为他们生活中的一条不成文的戒律。与埃及人交谈时，应注意下述问题：一是男士不要主动找妇女攀谈；二是切勿夸奖埃及妇女身材窈窕，因为埃及人以体态丰腴为美；三是不要称赞埃及人家中的物品，在埃及这种做法会被人理解为索要此物；四是不要与埃及人讨论宗教纠纷、中东政局以及男女关系。

二、南非

南非主要由黑人、白人、有色人和亚裔四大种族构成，其中黑人约占总人口的79%。官方语言为英语和南非荷兰语。居民主要信奉基督教新教、天主教、伊斯兰教和原始宗教。白人、有色人和大部分黑人信奉基督教新教和天主教，大部分亚洲人信奉印度教和伊斯兰教，部分黑人信奉原始宗教。

1. 礼节

南非社交礼仪可以概括为黑白分明，英式为主。所谓黑白分明是指受到种族、宗教、习俗的制约，南非的黑人和白人所遵从的社交礼仪不同。白人的社交礼仪，特别是英国式社交礼仪广泛流行于南非社会。在社交场合，南非人所采用的普遍见面礼节是握手礼，他们对交往对象的称呼则主要是“先生”、“小姐”或“夫人”。在黑人部族中，尤其是广大农村，南非黑人往往会表现出和社会主流不同的风格。比如，他们习惯以鸵鸟毛或孔雀毛赠给贵宾，客人得体的做法就是把这些珍贵的羽毛插在自己的帽子上或头发上。南非黑人在具体称呼上保留自己的传统，即在进行称呼时在姓氏之后加上相应的辈分，以表明双方关系异常亲密，如“乔治爷爷”、“海伦大婶”等。

2. 习俗

在日常生活中，南非人大多爱穿休闲装，白衬衣、牛仔装、西短裤均受其喜爱。南非黑人穿这类服装往往喜欢色彩鲜艳的颜色，尤其爱穿花衬衣。在南非，人们都喜欢穿马迪巴（在南非土语中意为“父亲”）衬衫，原因在于前南非总统纳尔逊·罗利赫拉赫拉·曼德拉经常穿一种真丝印花的长袖衬衫。人们出于对这位创业者的无限敬仰，所以把他穿的衬衫称为“马迪巴衬衫”，并纷纷仿效、蔚然成风。此外，南非人，尤其是南非黑人通常还有穿着本民族服装的习惯。

南非的主要食物是玉米、高粱和小麦，牛、羊肉是主要副食品，一般不吃猪肉和鱼类。在饮食习惯上，当地的白人平日以吃西餐为主，经常吃牛肉、鸡肉、鸡蛋和面包，并且爱喝咖啡与红茶。饮料主要是牛、羊奶和土制啤酒，南非著名的饮料是“如宝茶”，深受南非各界人士的推崇，与钻石、黄金一道，被称为“南非三宝”。在南非黑人家做客，主人一般送上刚挤出的牛奶或羊奶，有时是自制的啤酒。

3. 节庆

南非的新年是 1 月 1 日；人权日是 3 月 21 日；耶稣受难日为复活节前的星期五；自由日是 4 月 27 日，全国进行盛大的纪念活动，各种族人民都有不同活动；劳动节是 5 月 1 日，举行传统仪式及活动，是典型的宗教节日，有宗教活动；青年节是 6 月 16 日，全国适龄青年举行欢庆活动，是青年迈向成年的仪式；南非的妇女节是 8 月 9 日；南非部分地区有过传统节的习俗，时间是 9 月 24 日，一般举行传统的活动，如歌舞、特色饮食等。每年的 12 月 16 日是南非和解日，在南非原称“丁冈日”或“誓言日”，是为了纪念 1838 年的这一天向北迁徙的南非布尔人打败祖鲁王丁冈、夺取了南非内陆大片土地而设立的。1994 年新南非政府成立后，这一天被改名为“和解日”，寓意是希望南非黑白两大种族面向未来，和平共处。节日期间，一名黑人神父在比勒陀利亚总统府前自由广场上举行的“和解日”庆祝活动上为南非、非洲和全世界的和平祈祷。

4. 禁忌

南非信仰印度教者不吃牛肉，信仰伊斯兰教者不吃猪肉。信仰基督教的南非人，最为忌讳“13”和“星期五”，特别是与“13 日”同为一天的“星期五”，他们更是讳言，并且尽量避免外出。南非人非常敬仰自己的祖先，特别忌讳外人对其祖先在言行举止上表现出失敬。跟南非人交谈，有四个话题不宜涉及：一是不要为白人评功摆好；二是不要评论不同黑人部族或派别之间的关系及矛盾；三是不要非议黑人的古老习惯；四是不要为对方生了男孩表示祝贺。火堆、牲口棚等处被视为神圣宝地的一些地方，是绝对禁止妇女接近的。不要用“Negro”和“Black”强调肤色不同，这在南非是最大的禁忌。

情境实训与练习

一、思考题

1. 接待日本客人的主要礼节是什么？与亚洲国家交往应注意哪些习俗禁忌？
2. 欧洲国家主要有哪些习俗禁忌？拜访意大利人应该送什么礼物？
3. 美洲国家主要有哪些习俗禁忌？通常要注意什么礼节？
4. 澳大利亚人在社交礼仪上有何特点？与大洋洲人交往应注意哪些习俗禁忌？
5. 非洲国家在社交礼仪上有何特点？与非洲人交往应注意哪些禁忌？

二、礼仪实训题

1. 通过上网查询等方式，了解某个国家的民风民俗并讲解。
2. 以小组为单位，设定一个旅游接待场景，由不同同学分别扮演某类旅游企业的员工和不同国家的客人，进行情境模拟训练。

三、案例分析题

尴尬就在一瞬间

黄女士去卡塔尔旅游，出国前就了解到卡塔尔是个阿拉伯国家，有许多风土人情与中国不一样，所以她一直提醒自己注意。然而没想到，刚下飞机就出了状况。

黄女士的卡塔尔之行的第一站是多哈。他们在多哈国际机场下飞机并走出安检通道后，当地的地陪麦迪先生微笑着向黄女士一行招手，向导王小姐把他们一一向麦迪先生做了介绍。麦迪很绅士地挨个和大家握手，当他满面笑容地走到黄女士身边，她立刻伸出手来。但却见他皱了皱眉头，犹豫片刻后只是象征性地和她握了握手。想着麦迪先生和别人握手时热情有力，黄女士心里隐隐生出一丝不快。

他们一行人上了大巴，麦迪先生坐在黄女士的后面。车很快发动了，黄女士扭过头想和王小姐说句话，无意中却看见麦迪正拿着一张湿巾纸在仔细擦刚才跟她握过的右手。她简直有些愤怒了，黄女士想：“难道我的手就那么脏吗？”

入住饭店后，黄女士向王小姐表示了她的不满。王小姐听后问道“你是不是用左手跟麦迪先生握的手？”“是啊！我天生就是个左撇子，难道这有什么关系吗？”黄女士奇怪地问。“难怪他会这么做。”王小姐一脸歉意地说，“都怪出国前我没跟你讲清楚，在卡塔尔和当地人握手只能用右手，千万不能用左手。因为在卡塔尔人看来，右手是用来握手、用餐的，是洁净的；左手却是用来如厕的，是不洁净的。”听了王小姐的解释，黄女士恍然大悟，看来这次尴尬经历“错”在自己啊！

1. 黄女士忽视了什么礼仪因素？她该如何避免类似的尴尬？
2. 造成以上案例中尴尬的原因是什么？学习了本章内容，你将如何学以致用？

参考文献

［1］王明景．旅游服务礼仪［M］．北京：科学出版社，2010.
［2］崔佳山．旅游接待礼仪［M］．北京：科学出版社，2010.
［3］陆永庆，王春林，郑旭华．旅游交际礼仪［M］．4 版．大连：东北财经大学出版社，2010.
［4］孙庆和．社交战术［M］．北京：中国纺织出版社，2010.
［5］陈姮．旅游交际礼仪［M］．2 版．大连：大连理工大学出版社，2009.
［6］金正昆．实用商务礼仪［M］．北京：中国人民大学出版社，2009.
［7］金正昆．社交礼仪教程［M］．3 版．北京：中国人民大学出版社，2009.
［8］尤欣．旅游服务礼仪［M］．北京．电子工业出版社，2009.
［9］李巍．商务礼仪［M］．北京：北京大学出版社，中国农业大学出版社，2009.
［10］谷玉芬．旅游服务礼仪实训教程［M］．北京：旅游教育出版社，2009.
［11］覃常员，张幸花．现代商务礼仪［M］．北京：北京大学出版社，中国农业大学出版社，2009.
［12］杜岩．商务礼仪［M］．北京：北京航空航天大学出版社，2009.
［13］林友华．社交礼仪［M］．北京：高等教育出版社，2009.
［14］张鹰．节庆礼仪［M］．上海：上海人民出版社，2009.
［15］吴忠军．中外民俗［M］．2 版．大连：东北财经大学出版社，2009.
［16］陈光谊．现代实用社交礼仪［M］．北京：清华大学出版社，2009.
［17］谭增勇，李俊．旅游服务礼仪［M］．武汉：武汉大学出版社，2008.
［18］李娟文．中国旅游地理［M］．3 版大连：东北财经大学出版社，2008.
［19］李丽．现代旅游服务礼仪［M］．北京：机械工业出版社，2008.
［20］张晓其，范恪劼．公共关系与礼仪［M］．北京：冶金工业出版社，2008.
［21］文晓玲，李朋．社交礼仪［M］．大连：大连理工大学出版社，2008.
［22］黄英，苑丽红．旅游与饭店礼仪［M］．广州：广东经济出版社，2008.
［23］罗宇．商务礼仪实用手册［M］．北京：人民邮电出版社，2008.
［24］赵永生．大学生礼仪［M］．北京：冶金工业出版社，2008.
［25］杨丽．商务礼仪与职业形象［M］．大连：大连理工大学出版社，2008.
［26］牟红，杨梅．旅游礼仪实务［M］．北京清华大学出版社，2007.
［27］熊经浴．现代实用社交礼仪［M］．北京金盾出版社，2007.
［28］张晓玲．现代实用礼仪［M］．武汉：华中师范大学出版社，2007.
［29］王颖，王慧．商务礼仪［M］．大连：大连理工大学出版社，2007.
［30］金正昆．商务礼仪［M］．西安：陕西师范大学出版社，2007.
［31］蔡践．礼仪大全［M］．北京：当代世界出版社，2007.
［32］胡静．礼仪学［M］．武汉：华中师范大学出版社，2006.
［33］何浩然．中外礼仪［M］．大连：东北财经大学出版社 2006.

［34］谢苏．旅游社交礼仪［M］．武汉：武汉大学出版社，2006.
［35］宋莉萍．礼仪与沟通教程［M］．上海：上海财经大学出版社，2006.
［36］王兴斌．中国旅游客源国概况［M］．4 版．北京：旅游教育出版社，2006.
［37］陈平．社交礼仪［M］．北京：中国电影出版社，2005.
［38］金正昆．社交礼仪［M］．北京：北京大学出版社，2005.
［39］金正昆．国际礼仪［M］．北京：北京大学出版社，2005
［40］王琪．现代礼仪大全［M］．北京：地震出版社，2005.
［41］张利民．旅游礼仪［M］．北京：机械工业出版社，2004.
［42］胡锐，边一民．现代礼仪教程［M］．杭州：浙江大学出版社，2004.
［43］吴宝华．礼貌礼节［M］．北京：高等教育出版社，2004.
［44］姜文宏，王焕宇．餐厅服务技能综合实训［M］．北京：高等教育出版社，2004.
［45］舒伯阳，刘名俭．旅游实用礼貌礼仪［M］．天津：南开大学出版社，2003.
［46］百度文库 http://wenku. baidu. com
［47］中国礼仪网 http://www. welcome. org. cn
［48］社交礼仪网 http://www. eexb. com
［49］中华民族文化在线 http://www. chinancol. com
［50］中国佛教网 http://wh. zgfj. cn
［51］中国道教协会 http://www. taoist. org. cn
［52］中国伊斯兰教协会 http://www. chinaislam. net. cn

教师教学支持方案

（教学课件）

建设立体化精品教材，向高校师生提供整体教学解决方案和教学资源，是天津大学出版社“服务高校教育”的重要方式。

为支持相应课程的教学工作，我们配套出版了该书的教学课件，向采用本教材的教师免费提供。该课件仅为教师获得并服务，授课教师如果想享受个性化的服务，可到天津大学出版社网址 www. tjup. com“下载中心”的旅游与酒店管理专业课程教材栏目中下载填写“旅游与酒店管理专业教师资源库”入库信息表，并详细填写如下开课情况证明，以邮寄或者传真方式一并交与我们，我们将在收到后一周内寄出相关课件或与您联系相关事宜。

通信地址：天津市南开区卫津路92号天津大学出版社 总编办
邮编：300072
电话：022-27405002
传真：022-27401094
E-mail: 973662685@ qq. com
联系人：王馨

开课证明

兹证明____________大学____________学院____________系________专业第________学年开设的________课程，已采用天津大学出版社出版的________（书名、作者）作为本课程教材，本专业共________班，授课老师共______位，学生共______人。

授课老师需要与本教材配套的教学课件。

联系人：
通信地址：
邮编：
电话：
E-mail:

系（院）主任（签字）：
（系院办公室盖章）
年 月 日